高等院校经济管理类核心课程系列规划教材

产业经济学教程

INDUSTRIAL ECONOMICS

主编 王发明 张平 李爱

浙江大学出版社
ZHEJIANG UNIVERSITY PRESS

图书在版编目(CIP)数据

产业经济学教程 / 王发明，张平，李爱主编.
—杭州：浙江大学出版社，2015.5
ISBN 978-7-308-14596-1

Ⅰ. ①产… Ⅱ. ①王… ②张… ③李… Ⅲ. ①产业经济学—高等学校—教材 Ⅳ. ①F062.9

中国版本图书馆 CIP 数据核字（2015）第 073625 号

产业经济学教程

主编 王发明 张 平 李 爱

责任编辑 王元新 朱 玲
封面设计 续设计
出版发行 浙江大学出版社
（杭州市天目山路 148 号 邮政编码 310007）
（网址：http://www.zjupress.com）
排　　版 杭州中大图文设计有限公司
印　　刷 德清县第二印刷厂
开　　本 787mm×1092mm 1/16
印　　张 16.25
字　　数 406 千
版 印 次 2015 年 5 月第 1 版 2015 年 5 月第 1 次印刷
书　　号 ISBN 978-7-308-14596-1
定　　价 35.00 元

版权所有 翻印必究 印装差错 负责调换

浙江大学出版社发行部联系方式：0571－88925591；http://zjdxcbs.tmall.com

序　言

综观整个人类经济发展的历史，就是产业变迁和产业经济发展的历史。人类社会发生的三次社会大分工和四次产业革命，推动了整个社会经济的不断进步。正是在实践的推动下，经济学家以敏锐的眼光，关注着产业经济发展，以经济学的语言、研究范式和分析方法慢慢形成了产业经济学这样一门独立的经济学科。

产业是社会分工的产物，是社会生产力发展的必然结果，是具有某种同类属性的经济活动的集合。产业经济学，是应用经济学领域的重要分支，是现代西方经济学中分析现实经济问题的新兴应用经济理论体系。产业经济学从作为一个有机整体的“产业”出发，探讨在以工业化为中心的经济发展中产业间的关系结构、产业内企业组织结构变化的规律以及研究这些规律的方法。产业经济学的研究对象是产业内部各企业之间相互作用关系的规律、产业本身的发展规律、产业与产业之间互动联系的规律以及产业在空间区域中的分布规律等。产业经济学是人们将经济分析深入到产业层次，在进行“产业组织”、“产业结构”、“产业布局”、“产业政策”实践的探索过程中逐步形成、发展起来的。因此，产业经济学是介于微观经济学与宏观经济学之间的中观经济学。从亚当·斯密的分工理论到“马歇尔冲突”，从费希尔三次产业的划分到博弈论引入产业经济分析，从哈佛学派的传统分析范式到芝加哥学派对其批判，再到新产业理论的发展……产业经济学理论正在走向成熟，产业经济学的学科体系也逐渐趋于完善。

为了满足广大在校本科生和研究生对产业经济学的理论学习以及部分行业经济管理部门人员培训及业余自学的需要，我们在对产业经济学本科和研究生教学课件整理的基础上，吸收了网上部分教学课件和精品教材精华，特别是近年来产业经济学研究的部分经典案例，以及产业经济学最新研究前沿成果等编写了本教材，鉴于产业经济学的应用性与实践性，本书在编写过程中，力争实现以下几个特色：

(1)在编写的体例上，强调“导学、助学”的功能。在每一章开始部分都设有本章要点及导入案例，每章结尾部分还有本章小结、课后练习题及案例评析。另在书中还有相关延伸小知识及课堂案例讨论，给同学们的学习带来直观性和方便性，同时更有利于同学们掌握和理解所学的内容。

(2)在内容选取上，突出实用性。本教材的实用性首先体现在内容上精心选取了大量最新现实案例，注重理论与实践相结合，突出分析问题与解决现实问题的能力，充分体现产业经济学的实用性质。通过案例解析说明如何运用所学经济学理论分析现实问题，提高经济分析和经济决策能力，充分体现产业经济学作为经济部门决策工具的价值。

(3)在结构安排上，突出了完整性。在本教材的结构体系中，从四个主要方面研究产业经济活动的规律性，即产业组织、产业结构、产业关联和产业布局，最后落脚到产业政策上。基本包含了产业经济学涉及的所有内容。

(4)在文字上，力求简明扼要，浅显易懂。本教材所选内容都是产业经济学最基本的理论与原理，在每一章都用一节的内容，用浅显的语言介绍相关理论的发展演进，一些深奥的、边缘化以及纯理论研究没有包含在本教材中。在探讨如何进行经济问题分析时，努力做到理论分析与实用方法相结合，易学易懂。

本教材是在山东工商学院开设“产业经济学”主修、选修课程的基础上，由教授、博士组成的“产业经济学”教学团队，经多年来边教学边研究边实践，先后进行多次集体讨论的成果。参加本书编写的主要有王发明、张平、李爱老师。在各章节编写基础上，由王发明教授统稿和修改定稿。编写分工如下：第一篇（王发明）、第二篇（王发明）、第三篇（张平）、第四篇（李爱）、第五篇（张平）、第六篇（王发明）。

在本书编写过程中，参阅和引用了许多前人的有关著作和教材，参考了百度文库中许多老师的教学课件，以及大量媒体报道和专家评论。本教材已在文后列出部分相关参考文献，书中也尽可能对引用出处做了标注，但仍可能有遗漏，在此一并对相关作者表示我们最诚挚的感谢。由于产业经济学是一门发展中的学科，有许多理论和实践问题尚在探索之中，加之作者的水平有限，如有不当之处，请读者给予批评指正。在今后，我们也将继续努力，把更完善的教材提供给大家。同时，承蒙浙江大学出版社的支持、推荐。

编写组

2015 年 2 月

目 录

总论篇

产业组织篇

产业结构篇

产业关联篇

产业布局篇

产业政策篇

总 论 篇

- 教学目的：通过教学，要求学生了解产业分类及发展的一般规律；准确把握《产业经济学》的内容体系；初步了解产业经济学的研究方法；正确理解学习《产业经济学》的意义。
- 重点与难点：产业经济学学科体系，产业经济学与宏观经济学、微观经济学的区别与联系。

第一章　产业经济学导论

本章要点

通过本章学习，应掌握以下要点：

1. 产业经济学的研究对象及内涵
2. 产业分类
3. 产业发展的一般规律

导入案例

为防止2008年金融危机对中国经济的影响，国务院陆续出台了重要的产业调整振兴规划。

2009年1月14日汽车产业振兴规划公布；3月20日细则出台。2009年产销力争超1000万，三年平均增长率达到10%。形成2～3家规模超200万的大型集团，4～5家规模超100万的企业集团。

2009年1月14日钢铁产业振兴规划公布；3月20日细则出台。

2009年2月4日装备制造业振兴规划公布；5月12日细则出台。

2009年2月4日纺织产业振兴规划公布；4月24日细则出台。

2009年2月11日船舶产业振兴规划公布；6月9日细则出台。

2009年2月18日电子信息产业规划公布；4月15日细则出台。未来三年，电子信息产业销售收入保持稳定增长，产业发展对GDP增长的贡献不低于0.7个百分点，三年新增就业岗位超过150万个，其中新增吸纳大学生就业近100万人。

2009年2月19日轻工业振兴规划公布；5月18日细则出台。

2009年2月19日石化产业振兴规划公布；5月18日细则出台。

2009年2月25日有色金属业振兴规划公布；5月11日细则出台。

2009年2月25日物流业振兴规划公布；4月24日细则出台。

“十二五”时期的主要目标和任务

“我们要加快转变经济发展方式和调整经济结构。坚持走中国特色新型工业化道路，推动信息化和工业化深度融合，改造提升制造业，培育发展战略性新兴产业。加快发展服务业，服务业增加值在国内生产总值中的比重提高4个百分点。积极稳妥推进城镇化，城镇化率从47.5%提高到51.5%，完善城市化布局和形态，不断提升城镇化的质量和水平。继续加强基础设施建设，进一步夯实经济社会发展基础。大力发展现代农业，加快社会主义新农村建设。深入实施区域发展总体战略和主体功能区战略，逐步实现基本公共服务均等化。促进城乡、区域良性互动，一二三产业协调发展。”

摘自：第十一届人大四次会议《政府工作报告》

第一节　产业经济学研究对象

一、产业与产业经济学

产业经济学的研究对象是产业。我国当前的教材一般将产业定义为一些企业的集合，这些企业在某方面拥有相同的特质。但是，产业经济学是按照经济研究的要求来确定“产业”的分类标准即企业某种特质的。

在现代汉语中，“产业”一词的内涵较为模糊。而英语中的“industry”一词可以表示成“产业”、“工业”及“行业”等，其界定比汉语还模糊。因此，“产业”的定义应该随研究目标的改变而改变。“产业”可以简单地表示为具备某种相同特质的企业集合，其分类标准是某种相同特质。但由于企业拥有很多不一样的特性，同一家企业可能因为划分角度不同而被纳入不同的“产业”。如此一来，“产业”是不是就不能明确其边界了？事实并非如此，产业经济学是一门应用经济学，它根据现实的应用性来界定“产业”，而非理论依据，即产业经济学会选择性地依据企业的某种特性对“产业”进行分类，这种选择性通常由下述两个经济研究要求来决定。

一是由企业市场关系的研究要求来决定。即为了更容易地研究同一产业市场中企业间的垄断和竞争形势，把企业分成了不同的产业。因为这种研究要求，“产业”的划分标准应选择的特质是“生产同种或有紧密替代关系的产品或服务”。由此可以得出该条件下的“产业”可描述为“生产同种或有紧密替代关系的产品或服务的企业集合”，产业组织理论就是这样来界定“产业”的。我们选择企业的这些特性当作“产业”分类的标准，是由于竞争及垄断是发生在生产同种或有紧密替代关系的产品或服务的企业群——产业当中。我们研究企业的市场关系，就必须对产业竞争或垄断形势进行分析，并实现保护市场秩序的目标。

二是由对社会再生产进程中的中间产品之间的均衡状态的研究要求来决定。这些中间产品可能来自于行业内、制造业各工业行业或各大类部门。这种研究要求是有原因的，由产业经济学形成的历史，当宏、微观经济理论出现一定程度的“失灵”，无法解释市场经济中必须应对的现实问题时，就会产生这种研究要求。微观经济学可以科学地分析单个经济主体的行为和后果以及单个产品市场的局部均衡，但前提是无政府干预，市场会自发调节、优化资源配置，导致其无法解释垄断及经济危机的产生。对于经济危机，宏观经济学主要通过总需求与总供给来研究国民收入。这种总量研究发现总需求、总供给不均衡会导致失业、通货膨胀等现象，提出了预防及应对总量失衡的措施，其最重要的理论是提出了国家政策干预弥补市场缺陷，使总量维持均衡。然而这种理论同其他资产阶级经济理论一样，都没有触及导致总需求和总供给失衡的根源，即资本主义生产方式：生产社会化同资本主义私人占有。除此之外，该理论还有一个明显缺陷，即对于怎样实现社会再生产过程中具体的需求、供给间的均衡这一问题完全没有涉及，增加了寻求社会经济总量失调的具体缘由的难度。所以这一理论涉及的国家直接干预经济，也只限于对总需求和总供给的调节，以及对国民收入分配、再分配的调节，生产过剩的危机仍然存在，资源的合理配置问题仍然没有得到解决。因此，新型产业经济理论应运而生，它通过各个层面的"结构"均衡分析来寻求总量失调的主要原因，包括社会生产与再生产过程内部，各个部门之间，还有各种具体生产同具体需求之间、中间需求同中间供给之间、最终需求同最终供给之间。由于这种"结构"研究的需求，各企业才会根据某种特质被划分为"产业"。

在本教材中，我们赋予"产业"两种含义，即当以产业组织为背景研究某产业中企业间的市场关系时，用"生产同种或有紧密替代关系产品或服务的企业集合"来定义"产业"；其分类标准是：竞争与垄断在企业群中形成的前提是，这些企业必须生产同种或有紧密替代关系的产品或服务，将这种企业集合即产业当做研究对象，分析同种产业中的竞争与垄断，更深入地认识企业间的市场关系。这种研究目的要求我们在划分产业标准时选择"工艺、原材料、生产技术相同，或产品用途一致"的特征。这里的"产业"同产业结构理论中对"产业"的界定相一致，即"具有使用相同原材料、相同工艺技术或生产相同用途产品企业的集合"。这种对产业的界定，有助于对社会再生产过程的深入研究。因为同种产业中的企业是使用相同的原材料、工艺技术，或是生产用途一致的产品，所以通过产业对复杂的社会再生产过程进行划分，可以将大批企业间盘根错节的中间产品或最终产品的供给和需求关系简化成各产业部门间的供给和需求关系，并把产业部门间这种相互关系叫作产业结构。如此，首先能借助研究产业间的均衡找到使社会经济总量失调的具体缘由，然后出台相应的战略举措，推动社会再生产各个部门、环节的平衡发展，进而保证国民经济总量的持久稳定增长；其次，借助研究产业结构的发展变化来认识其演变法则，以便于制定相关的战略举措，促进产业结构高级化，提升国民经济现代化的步伐。综上，产业经济学的分析目标——产业指的是具备某种特质的企业集合或系统。但是产业的分类标准很难统一，因为不同的研究需要使其选择的企业集合的特质也不同。相应具备紧密替代关系的产品或服务是"产业"在产业组织中常用的企业划分标准；在产业结构中，"产业"的划分准则是，按照原材料、产品用途或生产工艺技术来划分不同的企业。并且在产业结构中，"产业"的概念有广义、狭义之分，广义的概念如第一次产业、第二次产业与第三次产业，狭义的概念如机械产业、石油产业等。但是在产业组织中，"产业"只表示生产具备紧密替代关系的产品或服务的企业群。在产业组织中，产业所包括的企业是不断变化的，新技术革命通常会增加具备替代关系的商品群，使原本归于不同产业与市场的企业具有同一产业与市场的竞争关系。如电子计算机的出现，让本来归于集成电路的电子产业与计算机的机械制造业融合成新的电子计算机产业。

产业经济学将产业当作研究对象，其产生扩大了经济学领域。经济学要解决在实际经济运转中所产生的问题，如在单个产品市场中单个经济主体应怎样运行，如何平衡国民收入中的总需求和总供给，以及社会再生产进程中产业中的中间产品生产、分配、流通与消费的具体情形，这样从个体到中间再到总体的过程，促进人们对社会经济运行的全面认识。因为所有经济现象都不是孤立存在的，所以分析特定经济现象的特定经济理论同其他经济理论是相关联的，而非完全孤立。这种现象也适用于产业经济学，虽然其研究对象与宏、微观经济学有差异，但仍是紧密关联的。

二、产业经济学与经济学

微观经济学和宏观经济学是现代西方经济学的两大主要理论。微观经济学的核心理论是价格理论，分析市场中单个经济主体的行为特点。宏观经济学的核心理论是国民收入理论，分析国民经济总量的产生、分配与支出的特点。

微观经济学以个量分析为主，其研究对象是单个经济主体（企业、家庭）的行为，分析企业在有限的资源条件下，如何决定生产目标、生产总量与生产方式，即资源是稀缺的，怎样使资源配置达到最优并取得长期利润最大化，研究消费者或家庭为了获得最大的效用，怎样将有限的收入合理地分摊在各种商品或劳务的支出上。显而易见，微观经济学的研究主要涉及两个方面：一是消费者、生产者对各种产品的需求与供给如何影响每种产品的价格和产量；二是自然物、所有者和生产者对生产要素的供给与需求会对生产要素的使用及价格产生怎样的影响。

宏观经济学则侧重于总量分析，其研究对象是国民经济中经济总量的变动及特点，分析影响国民收入的各种因素及其相互关系，这些因素有：总投资、总消费、国民收入、外汇收支、物价水平、货币发行量、国民生产总值等。其研究的出发点是国民收入循环的产生及分配，分析国民收入来源同支出间的均衡以及因失衡所导致的如失业、通货膨胀等各种问题。

微观经济学主张个量分析，重点考察在特定领域中单个经济主体所面临的主要限制因素、单个经济主体获取利润最大化的途径，这些限制因素实现均衡状态的条件与方式，以及利润最大化同均衡状态之间的关联。个量分析有助于解释在特定条件下单个经济主体的经济行为及其后果，然而经济活动在现实中并非单个或若干独立经济主体的活动，而应是由若干经济主体构成的集合——产业，这些经济主体都具备特定的属性，并且相互关联、相互作用。微观经济学分析并没有研究产业内部同产业之间的关联及其形态，对于由单个经济主体构成的群体的经济行为及其引起的整体规律也未涉及。也就是说，“产业”层面在微观经济学的理论逻辑中是不存在的。而宏观经济学主要研究两个方面，一是研究怎样避免与应对因总量失衡造成的经济危机，使经济总量维持均衡；二是分析总量失衡的原因，指出在总量调整上市场存在的局限，证明政府应当对经济活动进行干预、调节经济总量使之均衡。由此可以看出，宏观经济学仅研究社会再生产进程中的最终产品总量的活动与后果，对于产品进程中形成的很多问题，中间产品的生产与交换关系即产业之间的关系却没有涉及。因此，在宏观经济学以及微观经济学中，产业作为经济学中重要分支，却没有立足之地。

对于产业经济学，虽然传统经济学没有给予足够的重视，但这并不能削弱其在现实经济生活中的重要性。对于经济活动，越靠近现实，人们越能认识到产业与产业经济学存在的重要性。社会分工的不断细化，产业的快速分化，造成产业间、企业间的关系越来越纵横交错，传统的宏观经济学与微观经济学只关注总量与个量分析，对于这些问题已无力解决，而产业经济学恰好填补了这一空白。产业经济学是中观经济学，居于宏观经济学与微观经济学之间。宏观经济学的研究对象是国民经济，微观经济学的研究对象是企业与家庭，而产业经济学的研究对象产业，则是一个介于两者之间的具备特定属性的经济活动主体的集合。

三、产业经济学的研究领域

产业经济学的理论实质具有多方面、多层次的特点，并且受其研究对象控制。产业经济学主要研究产业分类理论、产业组织理论、产业结构理论、产业关联理论、产业布局理论、产业发展理论、产业规制与产业政策理论。产业分类理论研究产业的类型；产业组织理论研究产业中企业间的联系与法则；产业结构理论研究产业的组成、经济技术关系与演化法则；产业关联理论研究产业间的中间投入与产出的联系；产业布局理论研究空间中产业的分布特点与演变法则；产业发展理论研究产业发展的进程与规律；产业规制与产业政策理论研究以产业经济学的基础理论为依据，对产业实施恰当的规制，并准确拟定各种产业政策，推动产业的发展与完善。

产业经济学理论体系的逻辑建立受多方面、多层次内容的关联影响。该逻辑次序为：由理论条件到基本理论，进而到理论应用；由产业的质的关系到量的联系；由产业的全部方面、层次的实际内容到产业的发展。概括地说，我们首先要确定产业经济学的研究对象及方法，然后对产业进行分类，考察相异产业间量与质的联系，接着从空间上分析产业的布局，研究产业中各企业间的联系，考察产业发展状况，最终在产业经济学基本理论的指导下探讨产业规制及产业政策。产业经济学的理论体系如图 1-1 所示。

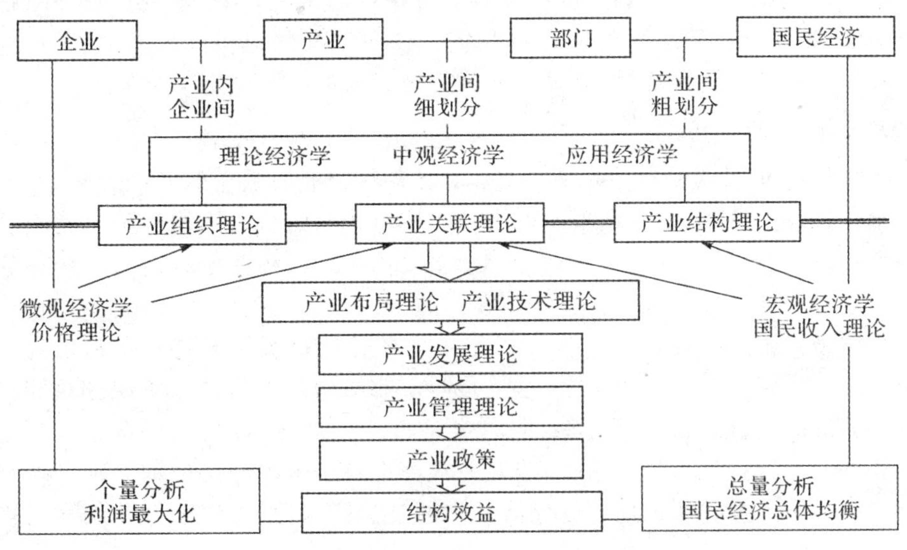

图 1-1 产业经济学理论体系结构

从图 1-1 可以看出，产业经济学的理论体系主要包括三个层次与六个方面。理论条件是第一个层次，由两个方面组成，即产业经济学的研究对象与方法以及产业分类理论。基本理论在产业经济学中具有重要作用，是第二个层次，由三个方面构成，即广义的产业结构理论、产业组织理论以及产业发展理论。其中，狭义的产业结构理论、产业关联理论与产业布局理论共同组成了广义的产业结构理论。狭义的产业结构仅表示基于质的产业的组成与经济技术关联；产业关联表示基于量的产业之间的比例联系；产业布局表示空间中产业的分布情况。理论应用是第三个层次，将产业经济学的基本理论应用在产业管理上，重点是探究产业政策。

(一)产业组织理论

产业组织理论侧重于分析产业中各企业间的联系,尤其是各企业间在交易、利益、行为以及资源占有方面的联系。产业中各企业间在实际经济活动中的这种联系是多方面的,这种联系的演变及发展对企业甚至产业自身的生存及发展影响很大。此外,该产业对国民经济发展的促进程度也会受到这种联系的制约。考察产业组织在经济运行时的情况,明确特定市场的成效以及竞争秩序的状况,提供理论依据与实证指导,使政府能够更好地维护基本的经济效率及市场秩序,这就是我们研究产业组织的宗旨。在产业经济学体系中,产业组织被归于"微观"领域,这是因为产业组织理论主要研究的是产业中各企业间的联系。

(二)产业结构理论

我们把产业之间的互相联系及联系手段称为产业结构。产业结构的研究对象包括两部分:一部分是由狭义的产业定义延伸出的产业间的联系,如三次产业之间的关系;另一部分是由广义的产业定义延伸出的产业间的联系,如制造业中各产业之间的联系。产业结构分析基于经济发展的视角,考察产业结构的演变法则,即产业间的资源占有关系,研究取得的理论结果可以为政府制定经济与产业发展的政策服务。产业结构分析被视为产业经济学的"宏观"构成,因为像产业分类或产业间的中间产品交换、消费、占有等比较详细的问题通常很少研究。产业经济学这门经济学学科的应用性非常高,不仅研究产业发展的普遍规律,对于产业发展与调整等应用层面也有研究。产业结构的应用性也较强,其研究范围包括各国产业结构演变的普遍规律,以及产业结构规划与调整等应用层面。

(三)产业关联理论

产业关联理论也可叫做产业联系理论,主要考察产业间的质与量的关联,比产业结构理论更加量化、普遍、详尽、准确。里昂惕夫(W. Leontief)的投入产出经济学是产业关联领域的代表性理论,它利用投入产出表与投入产出数学模型,将特定时期内一个国家在社会再生产过程中,基于特定的经济技术联系,各产业部门间形成的投入产出关系进行量化,进而研究这个国家在该时期的社会再生产进程中的各种比例关系与特点。清晰地反映各产业的中间投入与中间需求是其特点之一,也是同产业结构理论与产业组织理论相比产业关联理论所特有的一个重要属性,该特点同时也是将产业经济学同宏、微观经济学区分开来的一个重要特征。并且基于技术角度,产业关联理论对于国民经济中的全部产业都能够进行详细的分析。产业关联理论是产业经济学中的"中观"部分,并居于产业结构与产业组织之间。

(四)产业布局理论

产业布局理论主要研究产业布局的特点、条件、机制、层次和区域产业结构等内容。产业布局通常是指产业在一国或一地区范围内的空间分布和组合的经济现象。产业布局在静态上看是指形成产业的各部门、各要素、各链环在空间上的分布态势和地域上的组合。在动态上,产业布局则表现为各种资源、各生产要素甚至各产业和各企业为选择最佳区位而形成的在空间地域上的流动、转移或重新组合的配置与再配置过程。产业布局特点主要有以下两个方面:一是各产业由于自身的经济技术要求不同,而在布局上呈现出不同的特征。二是各地区根据自身条件,充分发挥优势,规避劣势,形成具有不同特色的多种产业的地域组合,形成不同的产业结构。

(五)产业规制与产业政策理论

产业规制与产业政策是国家政府对整个产业实施的保护、扶植、调整及完善政策,以达成特定的社会与经济目标。其干预方式有主动或被动地介入特定产业或企业的生产与交易活动,直接或间接地干预服务、金融、商品等市场形成及市场机制。产业政策是将国民经济视为一个整体,科学、条理地筹备安排其活动,对经济建设中的总体布局问题加以解决,使国民经济持久健康发展。产业政策被视为产业经济理论的归宿,在政策上体现了产业结构与产业组织理论。产业政策一般由产业结构政策、产业组织政策、产业技术政策与产业布局政策等构成。

四、产业经济学的研究方法

产业经济学的研究对象决定了产业经济学的研究方法。产业经济学主要研究产业组织、产业结构、产业关联与产业政策等,单一的研究手段并不能满足产业经济学各方面的研究要求。因此,产业经济学的研究方法是由多种研究方法集合而成的,而不是单一的某种方法。该研究方法的集合主要由下列几种研究方法构成。

(一)实证方法和规范方法

在现代西方经济学甚至是产业经济学中,实证方法都被视为最根本的研究方法,在产业经济学的整个方法论集合中处于核心地位。实证研究,即通过研究历史与现实的众多局面及变化,归纳出相关规律并据此建立有关经济学说体系,例如实证研究主要解释经济现象或采取什么样的措施来解决实际问题。此外,产业经济学是一门应用经济学,但从方法论的角度看,还具备强烈的规范经济学色彩。规范分析主要考察经济活动“应该是什么”或社会所面临的经济问题“应该是怎样解决的”,即规范分析是以特定的经济价值标准为基础,通过理论的研究得出相关判断或结论。比如,人们在评价市场结构和市场行为的“好”与“坏”时,往往用公平的竞争、经济发展、经济效率、社会福利以及市场竞争是否充分作为评价准则及依据。显而易见,评价标准的重要程度不同,形成的价值判定就不同,据此形成的诸多学说或流派可能也会大相径庭。

(二)静态分析法和动态分析法

静态分析主要探讨研究对象在特定时间点的现象与实质问题,若利用这种方法来考察对比不同发展阶段的研究对象在同一时间点或考察某一对象在同一时刻内部结构的数量指标,常被叫做横截面分析。虽然静态分析在很多情况下可视为动态分析的基础与出发点,然而产业经济学以动态研究为主要研究方法,并非静态研究。动态分析主要考察随时间变化产业所呈现出的各种发展、演变的规律,尤其是经济发展中的产业间关系的此消彼长的规律,在统计分析中,我们称之为时间序列分析。产业经济学中的经验性规律,多数是动态分析方法和静态分析方法相结合研究的结果。

(三)统计分析法和比较分析法

产业经济学要分析产业中企业关系、产业间关系和产业的演变规律,而上述关系都是依托于某一国家或地区的某一经济发展阶段。某一国家特定时期的产业与产业间联系的发展演变过程,并不适用于所有国家,基于统计学视角,这只是特定个体的属性,因此,应当挑选更多样本,即研究多个国家的同一过程,并据此归纳出典型的一般产业及产业间联系的演变规律，使结果更加科学。产业经济学中的很多研究成果都是借助大量的统计分析归纳出来的。统计分析工具通常用来总结普遍规律，当详细考察一国的产业问题时就需要利用比较分析的手段，这是由于所有国家的产业与产业联系肯定会受本国的人口、资源、经济状态、文化传统等诸多要素的影响，研究这种影响并同相应国家的产业与产业联系状况作对比，可以获得有关的论断或可效仿的做法，有助于发展本国的产业经济。

(四)博弈分析法与结构分析法

在这里，博弈分析是指通过博弈论来考察产业经济学的问题，产业组织学对博弈论的应用相对较早，尤其是在寡头垄断、企业兼并、反垄断规制、不完全竞争市场的定价等领域。20 世纪 40 年代，冯·诺伊曼(J. V. Neumann)与摩根斯坦(O. Morgenstern)创立了博弈分析方法，纳什(J. F. Nash)、泽尔滕(R. Selten)和豪尔绍尼(John C. Harsanyi)等人相继对其进行完善使其渐渐成熟，80 年代后，甚至一些西方学者利用博弈分析方法再造了整个产业组织学体系。然而，因为博弈分析在产业经济学研究中要求有较高的数学基础，使国内产业经济学研究者不能普遍利用该方法。而皮亚杰的结构主义分析方法尽管不能对市场主体或寡头之间的互动形式进行详尽描述，但由于使用简单而得到了普遍运用，该方法主要研究结构的起源及演变，尤其适用于产业经济学中相关产业结构与市场结构的分析。

五、产业经济学研究的意义

产业经济学的形成时间还较短，理论还没有较好地完善、成熟，人们对其的关注程度也低于宏、微观经济学，然而其价值并不比宏、微观经济学低。研究学习产业经济学的理论意义与实践意义都是很有用处的。

(一)产业经济学研究的理论意义

社会经济由三大方面(国际经济关系除外)构成，相应的，分析社会基本经济问题的理论经济学也包括三个大的层次，可用图 1-2 来表示。

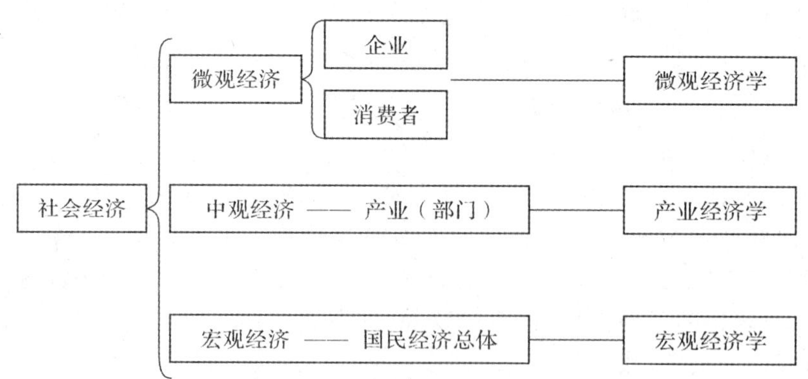

图 1-2 社会经济的构成体系

微观经济学研究单个企业与消费者的经济行为；宏观经济学研究国民经济总体；中观经济学研究产业间、产业内部企业间的经济关联。由于产业经济学只研究产业，因而是中观经济学。有些学者指出，中观经济学是“研究介于宏观经济和微观经济之间的集团经济或地区经济活动规律的科学”。对于该观点，我们认为其准确性和科学性还有待提高。中观经济处于宏观经济和微观经济之间，它不是地区经济，也不是集团经济，而是产业经济。企业聚集形成产业，政府、消费者与产业集合的经济活动形成国民经济，产业恰居于中间层次，处于宏观经济和微观经济之间。

宏观经济学和微观经济学构成了现代西方经济学。基于理论视角，产业经济学最大的贡献在于，创立了一门新的理论经济学科，对中观经济研究的空白作了填充，使理论经济学系统更加完善，并为管理学与应用经济学的发展奠定了重要的理论基础。产业经济学的学习分析可以促进经济学学科系统的发展与完善，使经济学的研究内容更加丰富。

产业经济在国民经济的组成与发展中具有重要地位，是将宏观经济与微观经济有机连接的中间层次，没有中观经济学，理论经济学就不能成为一个完整、系统的科学体系。然而很久以来，理论经济学中仅包括宏观经济学、微观经济学和国际经济学，中观经济学没有被包含在内，即使是美国著名经济学家萨缪尔森的著作《经济学》，在世界上普遍传播，并再版了十多次，也没有涉及中观经济学方面的知识，对产业经济的分析也不系统、不全面，令人感到十分遗憾。宏观经济学和微观经济学的研究对象各不相同，各负其责，相互独立，相互分裂。两者对于客观存在的产业都没有涉及，而且宏观经济学并不能全面说明个量同总量的联系、个量怎样构成总量，微观经济学也不能准确解释企业和企业间的联系。理论经济学的教材通常只包括宏、微观经济学这两个彼此独立的部分，不能形成一个完整统一的、有内在逻辑关联的科学体系。把产业视为研究对象的产业经济学的创立，恰恰弥补了这些缺陷，将宏、微观经济通过产业经济的层次有机连接起来，有助于理论经济学形成关联密切、完整统一的科学体系。

(1)微观经济学——个量分析工具，考察市场中抽象的单个市场主体的经济行为。主要分析如下基本问题：①需求的决定要素有哪些；②供给的决定要素有哪些；③需求和供给的相互作用是怎样决定产出及价格的；④价格机制是怎样决定资源的有效配置的。

(2)宏观经济学——总量分析工具，分析宏观经济总量的演变法则，主要解决如下问题：①资源总量怎样配置；②高就业率如何维持；③价格总水平怎样保持稳定；④经济总量如何维持平衡。

(3)这种二分法研究手段存在的问题：①“产业”这一经济集合是现实存在的。②经济总量运动同微观经济所分析的个体活动的变化好像没有关联，然而经济总量其实是由相应的经济个量集合而成的。③宏观与微观二分法破坏了经济学学科系统的统一，造成经济学的内在逻辑结构的完整性、合理性受到威胁。

(4)产业经济学——中观经济学。产业经济恰好填充了宏观和微观之间的空缺领域，产业经济学是中观经济领域，居于宏观和微观之间。

目前已有许多著作对产业经济学同宏、微观经济学的联系进行了很好的阐述，然而一些方面深入不够，在此对其作一点补充。过去的理论经济学不包括中观经济学，所以是不完整的。产业经济学是一门独立的经济学，从事对中观经济的考察分析，自创立之后，克服了理论经济学的不足，这样理论经济学中包含了微观经济学、中观经济学、宏观经济学和国际经济学，发展成了一个完整的体系。西方经济学中的宏观经济学与微观经济学一直以来都是彼此独立的两大领域，很难将两者联系在一起。我们把产业经济学当作连接两者结合的桥梁。产业经济学同宏观经济学、微观经济学，既存在相同的地方也有不同的地方。微观经济学仅对个量开展研究，专门考察单个企业与消费者的经济行为，对同一产业内部企业间的联系并不涉及，而产业经济学正是把这个内容作为研究主题；宏观经济学仅对总量开展研究，专门考察国民经济总体的运行，对产业和产业的联系、各个经济部门之间的生产与交换关系问题并不涉及，而产业经济学就是弥补了这个研究不足。在产业经济学中，为使产业组织理论同微观经济学的联系更加密切，可以将其视为微观经济学的延伸与发展；产业经济学中的产业结构理论、产业关联理论、产业布局理论、产业发展理论等，其实是宏观经济总量分析的细化、深化及具体化，使其同宏观经济学的联系更为密切。产业经济学可以将宏观经济学和微观经济学有机连接成一个整体。

（二）产业经济学研究的实践意义

(1)研究产业经济有利于指导企业制定合理有效的竞争策略。

竞争是提高资源配置率的根本，是市场经济的永恒主题。产业存在于企业生产经营活动的各个方面。企业在决定进入或退出哪个行业、投资领域、建设项目、生产对象、生产产量、产品价格、营销策略等时，首先要考察、研究产业，对各种产业的详细情况都要进行正确、全面、深入地了解，如产业的市场结构、市场行为、市场绩效、市场容量、进入和退出壁垒、发展状况与前景、竞争或垄断的态势、国家的产业规制及政策、在国民经济中的地位与作用等。不然企业的生产经营就会缺乏方向，导致决策失误、经营失败。产业经济学恰好是系统科学的产业研究理论与方法，为企业的产业研究提供了便利的理论基础与基本手段。

(2)开展产业经济学的研究，可以促进产业结构的调整以及产业结构合理化与高度化，推动经济发展；可以加快市场经济的完善以及规模经济的实现，使产业布局更加合理等。

国民经济的发展受产业各个方面情况的影响。产业结构的优化程度决定了产业间的资源配置率，影响国民经济的协调高效发展；产业布局的合理程度决定了地区间的资源配置合理程度以及各地区能否完全展现比较优势，影响地区经济的协调健康发展；产业组织的合理程度决定了产业内部企业间的资源配置合理程度，影响企业效益的提升、产业的顺利发展。产业经济学对产业结构、组织、布局等诸多方面的现状及演变法则进行了系统、全面的分析，得到了各方面实现合理化的标志、限制要素及方法。学习研究产业经济学理论，可以提升产业各方面合理化的进程。

(3)研究产业经济学有利于用正确的理论来指导公共政策的制定，以促进经济的可持续发展。

在传统的经济政策框架中，为了实现经济进步、经济稳定、经济公正和经济自由等经济目标，需要采用财政政策、货币金融政策、国民收入分配政策、国际贸易政策、农业政策和人力资源政策等一系列经济政策。财政政策是政府为了调节总需求变动及总需求与总供给关系，而调整财政收入与财政支出的政策总和。货币政策是国家调节货币供应量与货币需要量的相互关系的政策总和。国民收入分配政策是指对实物或货币形态的社会产品在社会集团和成员之间进行分配和再分配的政策总和。但是，以财政政策、货币政策为代表的宏观经济政策对实现这些经济目标是不充分的。例如，经济进步绝对不是单纯经济总量指标的数量扩张，而是一个由经济总量增长、经济结构转换和水平提高构成的经济进步过程。经济进步中的经济总量增长是指国民经济各产业部门的生产规模在原有基础上的扩大及其总和，即国民生产总值的增长。经济进步中的结构转换是指随着数量扩张而带来的社会资源在各产业部门之间的配置和再配置，从而使某些产业部门增长较快、某些产业部门增长较慢，甚至有些产业收缩、转移或消失的结构变化现象。经济进步中的水平提高是指产业的生产技术水平和组织管理水平的不断提高。这三方面的内容是相互联系、相互依存的。一方面，如果经济增长是一种没有结构转换和水平提高的纯数量扩张，那么将是一种低效益、低质量的增长，而且由于没有增长质量的提高，缺乏对需求结构变动的适应，这种增长也就缺乏可持续性。另一方面，如果没有一定的增长速度和水平提高，不是在发展的过程中进行产业间资源的重新配置，将会大大增加结构调整的难度，因为调整中的大量问题只有在发展中才能缓解和解决。而产业经济研究的一个重要内容是产业结构理论，它研究产业结构演进的一般规律和特殊问题，并由此制定有效的产业政策，促进经济总量的扩张、经济结构的转换和水平提高，从而促进经济进步目标的实现。所以，作为产业经济重要内容的产业政策也应该是经济政策的一个重要内容。

第二节　产业形成及分类

一、产业的形成

产业的形成是社会分工的结果。人类社会中最早的产业分化，是从狩猎业中分化出来的原始畜牧业，即“游牧部落从其余野蛮人群中分离出来”。接着，又出现了被称为人类社会第一次大分工的农业从原始畜牧业中的分离。随着农业逐渐成为社会生产的主要部门，又接连发生了三次社会大分工。第一次大分工是在原始公社的新石器时代，表现为畜牧业从农业中分离出来；第二次社会大分工发生在原始公社末期和奴隶社会初期，表现为手工业从农业中分离出来；第三次社会大分工发生在奴隶社会初期，表现为专司经营商品买卖的商人阶层的形成，即商业的独立化。这三次社会大分工，实际上已形成了三大产业：农业、畜牧业；手工业；商业。而爆发于18世纪下叶的产业革命，把工业推到历史前台，农业作为最重要的产业的地位开始动摇，机器大工业已成为经济发展的主导力量。工业的产生，在马克思看来它是特殊分工的产物，即在第二次社会大分工所产生的手工业中进一步分工所得到的。三次社会大分工是一般分工，就这种分工而言形成了农业、工业、商业等大类；而具体的工业部门如冶金、纺织、食品、机械等则是特殊分工的结果。至于企业内的分工，则为个别分工。由于社会分工将随着社会化大生产的发展而不断深化，故一般分工条件下的特殊分工和个别分工将愈加细化，这样作为特殊分工产物的具体产业部门或称之为具体的工业部门就不断地分化和产生。可见，产业的产生和形成是社会分工发展的结果。

一般认为，现代工业始于手工业，现代服务业始于商业。那么我们可以认为一般分工导致了包括畜牧业和农业、工业和服务业三大产业的产生；而基于一般分工的特殊分工，使农业内部分为种植业、畜牧业、林业和渔业；工业内部分为冶金、造船、机械、电子、食品、纺织、造纸、建材等产业部门；而服务业则分化为商业、金融、通信、旅游、教育、信息、生活服务等一系列部门。

随着经济的发展和科学技术的进步，出现了诸如电子计算机等许多现代化的生产工具。这些现代化生产工具的出现，已对传统的大机器生产方式提出了挑战。而生产方式的革命,势必形成新的社会分工,从而带来产业的重新组合和新产业的出现。马克思将社会分工分为三种类型:“单就劳动本身来说,可以把社会生产分为农业、工业等大类,叫做一般的分工;把这些生产大类分为种和亚种,叫做特殊的分工;把工场内部的分工,叫做个别的分工。”显然,早期产业的形成,都是由一般分工而成。而随着经济发展和社会分工的深化,新产业的出现越来越多地依赖于特殊分工的结果。

二、产业的分类

为了对产业进行研究的方便起见,人们按各自不同的理解,对产业进行了各种各样的分类。产业分类包括对产业进行分解和组合两个方面,也就是把产业按不同特点进行分解,把具有相同特点的产业加以组合,以形成不同类型的多层次的产业概念。从这个意义上说,产业分类是进行产业研究的基础,分类的方法是服务于研究的。下面择其主要的产业分类方法加以介绍。

(一)生产结构分类法

生产结构分类法是指依据再生产过程中各产业间的关系而进行分类的方法。由于研究问题的角度和目的等的不同,人们对产业的划分也有所差异。

1. 马克思的两大部类分类法

马克思在对社会再生产过程进行分析时,对物质生产领域中的社会总产品进行了调研。马克思认为,根据产品在再生产过程中的不同作用,可在实物形态上把社会总产品分为两大部类,即第一部类的生产资料生产和第二部类的消费资料生产。这是以产品的最终用途不同作为分类标准的分类方法。即生产资料和生活资料,目的是为了分析不同物质生产部门的相互关系,揭示社会再生产的实现条件。第一部类是指专门生产生产资料的部门,目的是要满足社会生产消费的需要。第一部类又分为两个小的副类:一是为生产生产资料提供生产资料的部门;二是为生产生活资料提供生产资料的部门。第二部类是指专门生产生活资料的部门,目的是要满足社会消费需求。第二部类又分为两个小的副类:一是生产必要消费品的部门,以满足基本生活需要;二是生产奢侈消费品的部门,以满足发展和享受的生活需要。

两大部类的分类方法,是马克思研究资本主义社会再生产过程的理论基础。马克思通过对两大部类产品消耗和补偿关系的研究,得出了社会进行简单再生产和扩大再生产的条件,并揭示了剩余价值产生的秘密。然而,在实际应用中,马克思的两大部类分类法也受到了一些限制。其限制主要表现在以下两个方面:

(1)从分类范围来看,两大部类分类方法未能将一切物质生产领域和非物质生产领域包括进去。如教育、科技、卫生、商业等非物质生产部门,运输、生产性服务等物质生产部门。

(2)从分类界限来看,有些产品难以确定为两大部类中的生产资料或消费资料。两大部类中的生产资料和消费资料,由于其使用价值的多样性,导致了在实际工作中划分界限的困难。也就是说,这些产品既可以划为第一部类,也可以划为第二部类。因此,两大部类分类法若直接运用于实际工作,将会遇到在划分范围上的重复问题。

2. 农轻重分类法

为了应用马克思两大部类的分类理论,包括我国在内的一些社会主义国家,在计划经济时代，都长期使用过“农轻重分类法”。这是以物质生产的不同特点为标准的分类方法。这里的生产特点，主要指劳动对象、劳动资料、生产过程、加工方式和劳动产品的不同。农轻重产业分类法就是将社会经济活动中的物质生产划分成农业、轻工业和重工业三个产业大类的产业分类法。其中农业包括种植业、畜牧业、林业和渔业等；轻工业是主要生产消费资料的各工业部门的总称，包括纺织、服装、食品、饮料、印刷、家具、制革等工业部门；重工业是主要生产生产资料的各工业部门的总称，包括冶炼、钢铁、煤炭、电力、石油、化工、机械等工业部门。

农轻重分类法的应用实践表明，它具有比较直观和简便易行的特点。此分类方法可以大致反映出社会再生产过程中两大部类之间的关系，对宏观上进行国民经济的计划和控制有相当的实用价值。因此，这种分类方法已不仅在社会主义国家被应用，而且也已被一些其他国家和世界组织所采用。如联合国工业发展组织就在其研究报告中采用过这种分类方法。应该说，农轻重分类法是马克思的两大部类分类法在实际工作中的具体应用。它虽在某些方面对两大部类分类法做了一些修正和改进，但同样还存在着其本身的缺陷。如这种分类方法仍主要是针对物质生产领域的，依然存在着涵盖面不全的不足。此外，随着经济的发展和生产技术的进步，出现了越来越多的这个部门生产那个部门产品的现象，传统的农轻重之间的界线越来越趋于模糊。如被视为属于轻工业的造纸业，现在已越来越多地生产工业用纸了；而被认为是传统的重工业的机械工业，则越来越多地生产作为消费资料的电冰箱、洗衣机和家用小轿车等。由于农轻重分类法在这些方面的限制，所以一般认为，这种分类方法只能适用于工业化发展程度较低的阶段。在我国，随着工业化的发展和社会主义市场经济体制的建立，这种分类方法的使用也日趋减少。

3.霍夫曼的产业分类法

德国经济学家霍夫曼(W. G. Hoffman)在1931年出版了《工业化的阶段和类型》。他为了研究工业化及其发展阶段而将产业划分为三大类：一是消费资料产业，其中包括食品工业、纺织工业、皮革工业和家具工业。二是资本资料产业，其就是形成固定资产的生产资料。该产业包括冶金及金属材料工业、运输机械工业、一般机械工业和化学工业。三是其他产业，其中包括橡胶、木材、造纸、印刷等工业。主要目的在于区分消费资料产业和资本资料产业，研究两者比例的变化趋势。

为了避免生产某产品的产业既属于消费资料产业，又属于资本资料产业的情况出现，霍夫曼在进行产业分类时确定了一个划分的原则。该原则规定，某产业产品的用途有75%是消费资料时，即把该产业划入消费资料的产业；当某产业产品的用途有75%是资本资料时，就把该产业归入资本资料产业；而那些难以用上述原则进行划分的产业，则统统列入其他产业之下。

(二)三次产业分类法

三次产业分类方法，是目前研究产业经济和产业结构的一种重要的分类方法，也是许多国家进行国民经济统计时常用的一种方法。其主要是以产业发展的层次顺序及其与自然界的关系作为标准的分类方法。三次产业分类方法就是把全部的经济活动划分为第一次产业、第二次产业和第三次产业。

根据人类经济活动与产业发展的相互关系，费歇尔最早于1935年在《安全与进步冲突》一书中系统地提出了三次产业的分类方法和分类依据。第一次产业是与人类第一个初级生产阶段相对应的农业和畜牧业，第二次产业是与工业的大规模发展阶段相对应，以对原材料进行加工并提供物质资料的制造业为主的产业，第三次产业是以非物质产品为主要特征的包括商业在内的服务业。后来，英籍澳大利亚经济学家和统计学家克拉克在其1940年出版的《经济进步的条件》一书中，用这种分类方法对经济发展和产业结构变化之间的关系进行了研究。这种分类方法先是得到了澳大利亚和新西兰统计学界的承认，并正式出现在政府的统计手册中。后来，三次产业的分类法就流行于世界许多国家了。

1. 克拉克大分类法

费歇尔虽然首先提出了三次产业分类的方法，但没能在此基础上总结出带有普遍性和规律性的东西。而克拉克则运用此分类方法对经济发展中的产业结构问题作出了规律性的总结，并对这种分类方法进行了大规模的推广。因此，三次分类的方法更多的是同克拉克的名字联系在一起，这种分类方法也就被称为“克拉克大分类法”。克拉克大分类法在克拉克最初出版的《经济进步的条件》一书中，将农业、畜牧业、渔业、林业和采矿业称为第一次产业；将制造业、建筑业和电力、煤气的制造和供给等公用事业称为第二次产业；将运输通信业、批发零售业、金融业、房地产业、服务业和国家机关等公务业称为第三次产业。然而到了1951年，在该书第二版出版时，克拉克将采矿业划入了第二次产业。从上述分类可以看出，在三次产业中，第一次产业的劳动对象基本上是直接取自于自然界；第二次产业则主要是对取自于自然界的物质进行加工；而第三次产业主要是指那些在无形的非物质生产领域进行活动的产业(第一次和第二次产业，都属于有形的物质财富生产领域)。对于三次产业划分的理论依据，据克拉克的解释有三点。首先，第一次产业的产品均是缺乏需求弹性的，而在第二次和第三次产业中，除了2～3种产品是例外，其余的都具有一定的弹性；其次，在第一次产业中，可体现收益递减规律的作用，而在第二次和第三次产业中，则可体现收益递增规律或收益不变规律的作用；最后，第一次产业和第二次产业的产品，可成为国际贸易的对象，而在第三次产业中，除一部分服务业以外，一般不能构成国际贸易的对象。

三次产业分类法也有其本身的局限性。如对于有些产业的划分比较困难，像供水、供电和煤气等部门，似乎放在第二次产业也说得过去，放在第三次产业也说得过去(在克拉克的分类中属于第二次产业，在我国也是在第二次产业之列。但在日本，则属于第三次产业的范畴)。又如，第三次产业的范围过于宽泛，许多性质相差甚远的部门混杂在一起，难以对第三次产业进行有效的产业结构分析。

2. 我国对三次产业的划分

我国对三次产业分类方法的引入是在20世纪80年代中期。1985年5月，国务院办公厅转发了国家统计局关于在我国建立第三产业统计的报告。该报告提出了国家统计局对我国进行三次产业划分的意见。在报告得到国务院的认可后，三次产业的概念和划分方法就逐渐在我国开始得到普及。

根据国家统计局的上述报告，我国对三次产业的划分界线是：第一次产业为农业，包括林业、畜牧业和渔业；第二次产业为工业和建筑业，其中工业包括采掘业、制造业，自来水、电力、蒸汽、煤气的制造和供给业；第三次产业是指除上述第一、第二次产业以外的其他各业，由于第三次产业包含的行业多、范围广，所以该报告同时提出，将第三次产业再分为两大部分和四个层次。第三次产业的两大部分是流通部门和服务部门。而四个层次是：

(1)流通业。包括交通运输业、邮电通信业、商业、饮食业、物资供销业和仓储业。

(2)为生产和生活服务的各个行业。包括金融业、保险业、地质普查业、房地产业、公用事业、居民服务业、旅游业、咨询业、信息服务业和各类技术服务业。

(3)为提高科学文化水平和居民素质服务的各个部门。包括教育、文化、广播电视、科学研究、卫生、体育和社会福利等。

(4)为社会公共需要服务的部门。如国家机关、党政机关、社会团体和军队、警察等。

(三)标准产业分类法

标准产业分类法(Standard Industrial Classification，SIC)是为统一国民经济统计口径而由权威部门制定和颁布的一种产业分类方法。标准产业分类法就是这样的一种分类方法。一般来讲，为满足上述功能，标准产业分类的方法应具有相当的权威性、涵盖的完整性和较强的实用性。另外，还表现为产业统计具有很高的可比性，能为各种各样的产业结构分析所利用。

由于标准产业分类法的作用是为政府制定政策和进行管理服务，因此对它的要求就是划分界线上的统一性。为保证分类的统一，就必须使这种方法具有相当的权威性。通常各国政府都是将标准产业的分类作为“官方统计”的依据，由政府的权威机构进行编制和颁布。如在我国，就是由国家标准局主管此项工作的。标准产业分类在划分产业时主要考虑以下三个因素：社会产品和服务的种类；生产工艺与技术的相似性；统计上的需要和方便。标准产业的分类，常以社会产品和服务的种类、生产工艺和技术的相似性以及统计工作的要求和便利为其划分原则。

1. 国际标准分类法

联合国在 1971 年颁布了《全部经济活动的国际标准产业分类索引》(简称 ISIC)。1971 年版的“国际标准产业分类”将“全部经济活动”分为 10 个大项，即：

(1)农业、狩猎业、林业和渔业；

(2)矿业和采矿业；

(3)制造业；

(4)电力、煤气和供水业；

(5)建筑业；

(6)批发与零售、餐饮与旅游业；

(7)运输业、仓储业和邮电业；

(8)金融业、房地产业、保险业和商业性服务业；

(9)社会团体、社会及个人的服务；

(10)不能分类的其他活动。

在每个大项下面分成若干中项，每个中项下面又分成若干小项，最后将小项分解成若干细项，不仅将全部经济活动划分为大项、中项、小项、细项四级，而且各大项、中项、小项、细项都规定有统一的统计编码，便于计算机管理。这样，通过层层分解，就将全部经济活动划入了各自相应的界域。如在联合国的分类索引中，飞机制造业的代号是“3845”。其中的“3”，表示的是第 3 大类——制造业；“8”，代表着制造业中的金属制品、机械和工业设备的制造；“4”是运输工具制造业的代码；而最后一位“5”，则是表示运输工具中的航空工业。

2. 我国的标准分类法

我国政府也十分重视对国民经济各产业的分类，将其作为国家的一项标准工作来进行管理。在国家标准局颁布的《国民经济行业分类与代码》(GB/T 4754—1994)中，把全部的国民经济分为16个门类、92个大类、360个中类和812个小类(见表1-1)。这16个门类依次是：

(1)A类的农、林、牧、渔业(含5个大类)；

(2)B类的采掘业(含7个大类)；

(3)C类的制造业(含30个大类)；

(4)D类的电力、煤气及水的生产和供应业(含3个大类)；

(5)E类的建筑业(含3个大类)；

(6)F类的地质勘查业、水利管理业(含2个大类)；

(7)G类的交通运输、仓储及邮电通信业(含9个大类)；

(8)H类的批发和零售贸易、餐饮业(含6个大类)；

(9)I类的金融、保险业(含2个大类)；

(10)J类的房地产业(含3个大类)；

(11)K类的社会服务业(含9个大类)；

(12)L类的卫生、体育和社会福利业(含3个大类)；

(13)M类的教育、文化艺术及广播电影电视业(含3个大类)；

(14)N类的科学研究和综合技术服务业(含2个大类)；

(15)O类的国家机关、政党机关和社会团体(含4个大类)；

(16)P类的其他行业(含1个大类)。

表1-1　中国国民经济行业分类(数)、类别名称与代码索引

门类	大类(数)	中类(数)	小类(数)	类别名称	代码索引
A	5	14	16	农、林、牧、渔业	0110—0590
B	7	11	21	采掘业	0610—1220
C	30+1	172	543	制造业	1311—4392
D	3	7	10	电力、煤气及水的生产和供应业	4411—4620
E	3	7	7	建筑业	4710—4900
F	2	8	15	地质勘查业、水利管理业	5010—5100
G	9	21	22	交通运输、仓储及邮电通信业	5200—6030
H	6+1	32	67	批发和零售贸易、餐饮业	6111—6799
I	2+2	8	11	金融、保险业	6810—7000
J	3	3	3	房地产业	7200—7400
K	9+1	29	36	社会服务业	7511—8490
L	3+1	11	17	卫生、体育和社会福利业	8511—8790
M	3	18	25	教育、文化艺术及广播电影电视业	8911—9130
N	2	12	12	科学研究和综合技术服务业	9210—9390

续表

门类	大类(数)	中类(数)	小类(数)	类别名称	代码索引
O	4+1	5	5	国家机关、政党机关和社会团体	9400－9720
P	1	2	2	其他行业	9910－9990
16	92+7	360	812		

注:表中大类C、H、I、K、L、O中的加数表示留有的空码个数,共7个空码。

国家标准的国民经济行业分类与代码表是按照门类(A～P共16个门类)、大类(用2位编码表示,包括7个大类的空码,共99个大类)、中类(用3位编码表示,不包括空码,共360个中类)、小类(用4位编码表示,不包括空码,共812个小类)、类别名称、说明等六项内容来制表的。具体地说,门类采用了字母顺序编码法,即用A,B,C,…,P顺次表示门类;大、中、小类依据等级制和完全十进制,形成三层4位数字码的产业类别标识系统。但大类在参与层次编码的同时,又采用了数字顺序编码法,即代码前2位表示大类,从01开始依据分类体系的排列次序按升序给大类赋码;代码的前3位和前4位分别表示中类和小类,每层代码从1开始编,按升序排列,最多编到9。如82表示大类"信息、咨询服务业",822表示中类"咨询服务业",8223表示小类"会计、审计、统计咨询服务业"。

我国的标准分类法与国际标准分类法的编制原理完全相同,所不一样的是对各产业的归类以及产业层次的划分。如在国际标准分类法中,摩托车的制造和自行车的制造同属于一个小项(代号"3844"),而在我国的标准分类法中,两者虽在同一个大类(交通运输设备制造业)下,但分别属于两个不同的中类——摩托车制造业(代号"C373")和自行车制造业(代号"C374")。

(四)其他分类方法

1.按生产要素的集约程度分类

根据不同的产业在生产过程中对资源的需求种类和依赖程度的差异,即以生产要素集约程度的不同作为标准划分产业的一种分类方法。这里的资源是指劳动、资本、土地、知识和技术、管理、自然资源等投入生产活动的生产要素的总和。根据不同产业在生产过程中对要素的需求种类和需求依赖度的不同,一般可将国民经济各产业划分为劳动集约型产业、资本集约型产业和技术集约型产业三种。

(1)劳动集约型产业,是指在其生产过程中对劳动力的需求依赖度较大的产业,其范围可用一个产业的就业系数来界定。需要注意的是,这里的"劳动",通常是指体力劳动。在劳动集约型的产业中,资本的有机构成较低,在生产过程中消耗的主要是活劳动。一般认为,像食品工业、纺织工业、服装工业和各类服务业(如零售业、餐饮业等)都是比较典型的劳动集约型产业。

(2)资本集约型产业,是指在其生产过程中对资本的需求依赖度较大的产业,一般可用资本系数来对其范围进行界定。资本集约型产业在其生产过程中,需要消耗大量的物化劳动。因此,其资本的有机构成较高。如钢铁工业、石油化学工业等就是公认的资本集约型产业。

(3)技术集约型产业(也称为知识集约型产业),是指在其生产过程中,对技术的需求依赖度较大的产业。通常在该类产业的生产过程中,具有产品的物耗小而附加价值高(该类产业主要消耗的是大量的脑力劳动)的特点。一些新兴的产业,如计算机工业、航天工业、新材料新能源工业等,是被一致公认的技术集约型产业。

(4)知识密集型产业,是指在生产和服务过程中对知识的需求依赖程度较大的产业或者说是以知识的生产和传播为主体的产业,如文化创意产业、软件产业等。

生产要素集约分类法的特征在于产业划分标准的相对性而非绝对性。因为任何一个产业被确定为某一资源密集型产业都是相对的,它会随着科学发展、技术进步和资本有机构成提高而发生动态变化。按生产要素的集约程度分类,其长处:

第一,有利于将各个产业使用的各种生产要素的组合在产业之间进行比较。

第二,有利于判断整个国家的经济发展水平。国家经济发展历程:劳动密集型→资本密集型→技术(知识)密集型;对于某一个产业发展而言,也会由劳动密集型向资本密集型、技术密集型方向发展。

第三,有利于研究产业之间对生产要素依赖程度的差异,对于获得最佳宏观经济效益和制定经济发展战略具有重要的意义。

这种分类方法的不足之处是各种类型的范围不易界定。由于各种生产要素在生产过程中具有一定的可替代性,导致了同一产业在不同地区对各要素需求强度的差异。其结果是同一产业在不同的地区,可能就会分属于不同的类型。因此,从这一点来说,这种分类方法的理论尚未完善。

2.按生产过程中各产业之间的衔接关系分类

随着社会分工的深化,一个产品的最终形成,需经过越来越多的生产部门。也就是说,在社会生产过程中,产业链是越来越长了。所谓按生产过程中各产业之间的衔接关系分类,就是按各产业在产业链中的位置来分类。这种分类方法,依分类的目的不同有多种形式。如常见的有:

(1)初级产品生产部门、中间产品生产部门和最终产品生产部门。一般来说,像农业、林业、各类矿产原料的采掘业和一次能源工业等产业,均被视为初级产品的生产部门;各类对初级原料进行加工的产业,如金属的冶炼、化工原料的生产、建筑材料的制造等,都是中间产品的生产部门;而那些向社会提供最终产品(包括投资品)的生产部门,就被称为最终产品生产部门。

(2)上游产业、中游产业和下游产业。这种分类方法与初级产品生产部门、中间产品生产部门和最终产品生产部门的分类方法基本上是一样的。

(3)采掘工业和加工工业。这种分类方法是研究工业内部结构时常用的分类法。采掘工业是指对自然资源进行开采的产业,而加工工业则是指对已开采的资源进行加工(又称原材料工业)和再加工(又称加工制造业)的产业。当然,为了对工业结构进行深入的研究,还可以进一步对采掘工业和加工工业进行细分。

3.钱纳里—泰勒分类法

钱纳里—泰勒分类法是指1968年美国经济学家钱纳里和泰勒(Chenery H. & Taylor)在考察生产规模较大和经济比较发达的国家的制造业内部结构的转换和原因时,为了研究的需要,将不同经济发展时期对经济发展起主要作用的制造业部门划分为初期产业、中期产业和后期产业的一种分类方法。

初期产业是指在经济发展初期对经济发展起主要作用的制造业部门,包括食品、皮革、纺织等部门，其产品主要满足基本生活需求，具有最终产品性质，且需求的收入弹性低，生产技术简单。

中期产业是指在经济发展中期对经济发展起主要作用的制造业部门，包括非金属矿产品、橡胶制品、木材和木材制品、石油化工、煤炭制品等，既包括中间产品又包括最终产品，其产品需求收入弹性高，增长较快。

后期产业是指在经济发展后期对经济发展起主要作用的制造业部门，包括印刷出版、粗钢、纸制品、金属制品、机械制造等部门，其产品需求收入弹性很高，产业关联效应强，增长速度大大超过 GDP 的增长速度。

这种分类方法一方面有利于在经济发展的长期过程中深入考察制造业内部各产业部门的地位和作用的变化，进而揭示制造业内部结构转换的原因，即产业间存在的关联效应；另一方面有利于有关政府部门根据不同经济发展时期产业的不同特征制定产业政策，促进制造业内部结构优化，从而推动经济的快速发展。

4. 关联方式分类法

关联方式分类法就是将具有某种相同或相似关联方式的企业经济活动组成一个集合的方法。它又可以根据不同的关联方式分为多种分类法。

(1)技术关联分类法：按照一些比较密切的技术关联关系，划分企业的经济活动，这些企业的经济活动的集合要么具有技术、工艺方面的相似性，要么具有相类似的生产工具、生产流程和管理技术等。如制造业、建筑业、冶炼业等产业均具有各自密切技术关联关系。

(2)原料关联分类法：按照相同或类似的原材料为依据来划分企业经济活动。如造纸业、纺织业、服装业等都具有相同原材料。

(3)用途关联分类法：这类产业具有相同或相似的用途，如造船业、汽车制造业、仪器工业等。

(4)战略关联分类法：按照在一国产业政策中不同战略地位划分产业的一种分类方法。主要分成以下五类产业：

①主导产业，是指能够依靠科技进步或创新获得新的生产函数，能够通过快于其他产品的“不合比例增长”的作用有效地拉动其他相关产业快速发展的产业或产业群。这类产业既对其他产业起着引导作用，又对国民经济起着支撑作用。

②先导产业，是指在国民经济体系中具有重要战略地位，并在国民经济规划中先行发展以引导其他产业往某一战略目标方向发展的产业或产业群。这类产业对其他产业起引导作用，但未必对国民经济起支撑作用。

③支柱产业，是指在国民经济体系中占有重要的战略地位，其产业规模在国民经济中占有较大份额，并起支撑作用的产业或产业群。这类产业往往在国民经济中起支撑作用，但不一定能起到引导作用。支柱产业的形成：先导产业发展壮大，达到较大产业规模以后就成了支柱产业或先成为对其他产业既起引导作用又对国民经济起支撑作用的主导产业，然后再发展成为不再起引导作用而只对国民经济起支撑作用的支柱产业。

④重点产业，在国民经济体系中占有重要的战略地位并在国民经济规划中需要重点发展的产业。重点产业的概念较模糊，缺乏科学性，它可以包括主导产业、先导产业、支柱产业、先行产业、瓶颈产业、基础产业等。

⑤先行产业，有狭义与广义之分。狭义先行产业是指根据产业结构发展的内在规律或

自然规律必须先行发展以免阻碍其他产业发展的产业。这类产业包括瓶颈产业和基础产业。另一类先行产业是指根据国民经济战略规划的需要人为确定必须先行发展以带动和引导其他产业发展的产业,即先导产业。广义先行产业包括狭义的先行产业和先导产业。

5.增长率产业分类法

增长率产业分类法,就是按照产业在相邻的两个时期(约20年)不同的增长速度变化划分产业类型的方法,一般可以将产业划分为四种类型(见图1-3)。

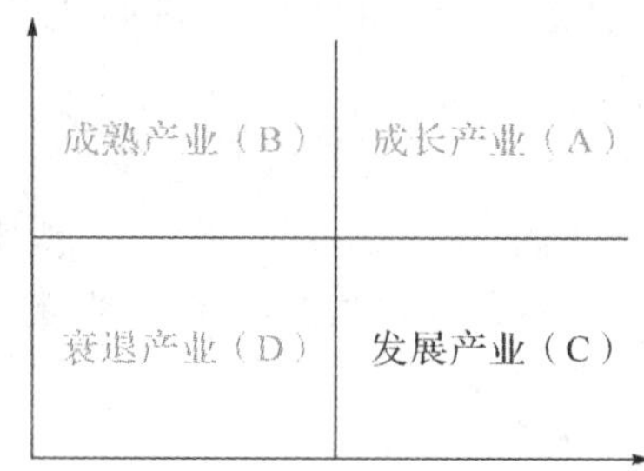

图1-3 增长率产业分类

这种产业分类法的优点是可以动态地观察产业发展的有序更替过程但有时界限不太明显。因为有时根据接近于平均增长率或略大于平均增长率的界限,还难以准确判断产业的性质。

6.产业发展阶段分类法

产业发展阶段分类法是指按照产业发展所处的不同阶段进行产业分类的一种方法。由于不同发展阶段的产业的界限并不是很明确,因此可以大概按照发展趋势来确定不同发展状况的产业。按照这种分类法划分的常见产业有幼小产业、传统产业、高新技术产业、新兴产业、朝阳产业、衰退产业、夕阳产业、淘汰产业。

幼小产业是指在开发初期因生产规模过小、成本过高、技术不成熟而不能享受规模经济的好处并缺乏国际竞争力的产业。有些幼小产业经过一定时期的政府保护能够安全度过幼年生命危险期而成为前途无量的新兴产业,进而成为一国的先导产业或主导产业;有些幼小产业因为技术、成本、需求、原料等方面的缺陷或其他原因,即使经过政府一定时期的保护和扶持也不能安全度过其幼年生命危险期而成为夭折产业。

传统产业是指其应用的技术并不代表现代新技术的发展,在经济发达国家中增长缓慢甚至下降的产业。如传统种植业、纺织业、钢铁业、煤炭业、造船业、一般机械制造业等产业都属于传统产业。虽然传统产业在经济发达国家的产业结构体系中存在下降趋势,但是在经济落后的发展中国家的产业结构体系中仍然占有十分重要的地位,有些传统产业还是发展中国家的支柱产业。

高新技术产业是高技术产业和新技术产业的统称。它是指其应用的技术代表了世界技术高水平的新的发展趋势,且在经济发展中增长较快的产业。按联合国有关机构的分类,高新技术产业包括信息产业、生命工程产业、新能源与可再生能源产业、新材料产业、航空航天产业、海洋开发产业、环境保护产业、咨询服务产业。

新兴产业是指由于科技的发展和生产力水平的提高,出现已经度过了幼年生命危险期的新的细分产业。这些新的细分产业的产品在技术工艺、用途、生产方式、用料或其他方面与原有产业的产品有较大的不同。

朝阳产业是指新兴产业进一步发展使其进入技术不断成熟、平均成本不断下降、产业规模不断扩大、市场需求不断增加的时期，处在这一发展时期的产业称为朝阳产业。朝阳产业常常与夕阳产业相对应。

衰退产业是指由于技术逐渐老化、需求逐渐萎缩、平均成本不断上升引起规模收益逐渐下降、产业规模逐渐缩小的产业。这类产业往往是由过了壮年期的产业发展而来的，继续衰退下去就成为夕阳产业，最后成为淘汰产业。这类产业如果出现某些技术的重大突破也会重新获得新生，进入另一产业生命周期。

夕阳产业是指衰退产业继续衰退下去，得不到政府的有关扶持，也没有某项技术的重大突破来改革原有的技术条件而即将退出市场的产业或产业群。夕阳产业也可以在出现重大技术突破的条件下重新焕发青春，进入另一产业生命周期。政府往往会采取产业转移政策，将此类产业转移到更有成本等竞争优势的地方去，或在适当时期引导该产业的人、财、物等资源向其他产业转移。

淘汰产业是指产业发展到一定时期，由于技术老化、需求萎缩、成本上升、长期亏损而不能适应市场的需要而退出市场的产业。

第三节　产业演进及发展的一般规律

经济发展有其一般规律。虽然各国的产业发展由于其自身的政治、经济、文化等背景的不同显示出不同的个性，但各国的产业发展也有一些共同的规律，有产业内部发展的历史必然趋势。认识和把握产业发展的基本规律和历史趋势，才能进行高水平的产业建设，把产业的培育、发展与现代世界经济的发展联系起来，使产业和国民经济尽快走上现代化的轨道。

一、产业演进

（一）产业的生命周期

跟其他任何事物一样，每一个产业都有自己的生命周期，即都有一个产生、发展和衰亡的过程。就如我们大家都知道的，每一个产业都有自己特定的产品，对产品来讲，有所谓的产品寿命周期。产品寿命周期将一个产品的经济寿命分为投入期、成长期、成熟期和衰退期四个阶段。因此，每一个产业的生命周期也可以分为形成期、成长期、成熟期和衰退期四个阶段。对产业阶段的确定一般可依据该产业在全部产业中比重的增长速度来划分。显然，产业的发展速度不同，决定了它所处的生命阶段。

在产业的形成阶段，某类产品由于各种原因，其原来的潜在需求逐渐被市场所认可，转化为现实需求。但此转化过程一般来说往往并不会很顺利，也即在此阶段的产业，有时发展得较快，有时却发展得十分缓慢。因此，此阶段的产业生命周期曲线，呈现出不同的形状。当产业的产出在整个产业系统中的比重迅速增加，并且该产业在产业结构中的作用也日益扩大时，就可认为该产业已度过了形成期而进入了成长期。成长期产业的一个主要特征是产业的发展速度大大超过了整个产业系统的平均发展速度，该产业的技术进步迅猛且日趋成熟，其市场的需求则有明显的扩大。在此阶段，周期曲线的表现，一般来说其斜率是比较大的；当某产业经过成长期的迅速增长阶段，其发展的速度将会放慢。这是由于一方面，其产出的市场容量相对稳定了；另一方面，该产业在产业结构中的潜在作用也基本得到了发挥。此时，就标志着该产业从成长期进入了成熟期。成熟期产业的生命周期曲线，其曲线的变化比较平缓。当技术的进步向市场推出了在经济上可替代老产业的新产业时，老产业就逐渐萎缩，一步步地退出市场，这就表示该产业已步入了衰退期。衰退期产业的周期曲线具有不断下降的趋势，其斜率一般为负数。

由于产业是由生产具有某种同类特性产品的企业所构成，这就导致了在产业生命周期和产品寿命周期之间的某种相似性。但一个产业的产出往往由多种产品所组成，由于同一产业内的产品一般处于不同的产品寿命周期，因此，很难用某一产品的寿命周期来代表整个产业的生命周期，这又造成了两者间的差异。当然，产业的代表性产品越是集中，产品寿命周期和产业生命周期就越是相近。由于上述原因，导致了产业生命周期具有如下的一些不同于产品寿命周期的特点。

其一，周期曲线的变化率更为缓慢。由于一个产业集中了众多的产品，因此对于从某个角度反映了众多产品的产业生命周期而言，其曲线的变化率自然要小于某一特定产品寿命周期的变化率。这一特点也可从产业的形成和发展过程一般总是要慢于产品的投入和生产过程中得到验证。

其二，具有明显的“衰”而不“亡”的特征。一个产业进入了衰退期，意味着该产业在整个产业系统中的比重和作用下降。当其比重和作用下降到零时，我们就说该产业已经“死亡”了。从理论上讲，任何事物有生就有死，这一规律对产业也同样适用。但产业结构的演进历史却表明，相对于新产业的不断形成而言，真正“死亡”的产业却并不多见，更多的产业是“衰”而不“亡”。导致这一现象出现的主要原因是技术进步和经济发展，技术的进步和经济的发展可使产业“起死回生”。

其三，周期曲线的表现时有不规范性。对于一个产业来说，其资源是可流动的，当该产业的某一代表产品进入衰退期时，该产业可通过生产要素的转移，生产其他的同类产品。因此，有些产业虽已进入了衰退期，但由于技术或市场等原因，也往往会“重焕青春”，再次显示出成熟期甚至是成长期的一些特征。所以相对于产品寿命周期而言，产业的生命周期有时会表现出不规范的特点。

值得注意的是，产业生命周期与经济可持续发展并不矛盾。产业有生命周期，单个产业有衰退甚至消亡的一面，这是客观事实，但另一方面，有死必有生，一部分产业消亡，可能会有另一部分更多、更强大的产业发展起来，从整体上说，经济仍然实现了可持续发展。而且，随着现代科学技术的发展，还可以利用高新技术改造传统产业，部分传统产业不仅不会衰落，而且会重新焕发出青春，坚强地屹立于产业结构变化的浪潮中。未来学家托夫勒在《第三次浪潮》中，对产业作了朝阳产业和夕阳产业的划分，中国有的论著中也运用了这一观点。现在看来，这样的划分是不够科学的，也是不符合实际的。如汽车、钢铁、石油、化工、机械、纺织、食品等产业，托夫勒都作为夕阳产业，但这些产业在获得高新技术改造后，仍屹立于产业结构变化的浪潮中，持续地发展。例如，纺织业用现代科学技术改造和武装，同样能够焕发出新的活力。当今发达国家纺织业强劲的发展势头，给纺织业的产业属性

(夕阳产业)作了新的诠释和新的定位,说明只要不断进行产业升级,不断地用新技术、新工艺加以渗透和改造,它就会成为“常青产业”;如果不进行技术改造和结构调整,就可能会“日落西山”。又如蒸汽机车衰老后取而代之的是内燃机车,内燃机车落后了,又有电气机车来替代。尤其对于发展中国家来说,正在进行工业化建设,这些所谓的夕阳产业还在发展,科学一点地说:只有夕阳技术,没有夕阳工业。

(二)产业演进的动态过程

产业发展是一个国家或地区不断进步的产业演进的动态过程。其动态性主要表现为以下四个方面:

第一,单向的产业生命周期。这就是说,任何一个产业在经济上对经济的增长、社会主体的需要以及在技术上为新的产业技术所代替,对于一定历史时期或一个国家和一个地区来说,都必然经历形成、成长、成熟和衰退四个发展阶段,这是单向的、不可逆转的。

第二,产业时序作用周期。这里以三次产业分类为例,随着社会生产力的不断发展,在社会再生产中渐次形成第一、二、三次产业,而各次产业次第在经济增长中起主导作用,成为国民经济的支柱产业。如首先是第一产业在国民经济中占有绝对优势,起着绝对主导和支配作用,使古代人类社会直至近代产业革命、先进国家实现工业化之前的整个世界经济一直是农业经济。近代以来第一次产业革命后,大机器工业取代了简单协作的手工工具,继而机器工业不断发展,促进了一批先进国家如英、法、美、德、意等较早地实现了工业化,于是以制造业、采矿业和建筑业等为主导的第二产业在国民经济中成为支柱产业,成为决定国民经济增长的主导力量。到现代,在发达国家和地区高度工业化的基础上,又形成了以科技、教育、商业、金融、服务等为主导的第三产业,并获得在国民经济中的支柱产业地位,对国民经济的增长起着主要的决定作用,其产值在发达国家和地区的国民经济中所占比重甚至已高达60%以上。这使世界经济逐渐由倚重自然资源和制造业的国别经济向倚重知识、信息资源和服务业的国际经济时代过渡。这种渐次产业演进虽然经历了漫长的历史过程,使人类付出了极大的代价,但它毕竟推动了人类社会由低级形态不断进入高级形态,由古代社会进入近代和现代社会,促进人类社会经济不断加速增长,带来了社会经济的高涨和繁荣、社会的进步和文明。

第三,产业主导地位上演进的阶段性和周期性。按产业战略地位变化分类可划分为战略产业、主导产业、支柱产业、辅助产业、基础产业等,它们之间的关系本质上是一种技术和利益的关系,彼此能按一定时序转化,即战略产业转化为主导产业、转化为支柱产业、转化为辅助产业等。这既是产业发展中对经济增长决定作用和历史地位的演变过程,又是产业发展中动态性的表现。在这里,战略产业是一种可以在未来成为主导产业的新兴产业,决定国民经济增长的方向、速度、质量和规模,在国民经济增长和国民经济的空间布局中起主要决定作用,占据主要份额,代表一个国家和地区产业结构的某一产业发展阶段的产业;辅助产业是与主导产业或支柱产业在经济技术上具有密切关联关系,并为它们服务,与它们相适应、相配套的产业。

第四,产业结构高度化的演进过程。这就是从消费资料产业到生产资料产业,沿着农业、轻工业、重化工业及消费资料产业,由粗放向集约,由生产生活资料的生产资料产业向生产生产资料的产业的方向高度化、多样化发展的上升运动过程,是一个产业由低级到高级、由简单到复杂、由小规模到大规模的进化过程。

上述从四个方面对产业作为一个经济技术发展的动态过程作了考察。其中,第一、二、四个方面作为经济过程中的阶段性一般是不可逾越的,即社会不能不发展农业作为第一产业就有工业作为第二产业的发展,不生产消费资料就单一首先生产生产资料,以及产业发展不经过成长期就直接进入成熟期和衰退期,等等。但是,某一产业的发展和成熟,以及彼此之间的衔接时间可以有长有短。而第三个方面作为产业动态过程的表现形式,则具有很大的不确定性,如不仅发展时间可以缩短,而且某产业在某一阶段一般应为主导产业或支柱产业。就发展中国家和地区来说,到底如何应对产业的动态过程,立足其国情地情,选择和确定产业发展的战略,没有固定的模式。在这个基础上,其导向决定因素就是经济发展的战略目标,如需要加快发展,暂时改善一下人民生活、实现社会稳定和进步,还是实现赶超世界先进水平的目标,大幅度改善人民生活,促进社会的长期稳定与显著进步。这是任何一个国家和地区尤其是发展中国家和地区,必须认真考虑的重大战略问题。只有选择和确定正确的产业发展战略,才能扩大社会生产力的规模,提高社会生产力的水平,促进社会经济的持续增长,实现经济发展和产业发展的战略目标。

(三)产业发展的基本要素

产业发展是指一个国家或地区的不断进步的产业演化过程,即伴随着产出的增长而出现的经济结构、社会结构、政治结构及观念意识的变化或变革,这些变化包括投入结构、产出结构、产业技术结构、产业组织结构、产业市场结构、产业布局等的变化以及由此引起的分配状况、消费模式、社会福利、文教卫生、群众参与等一系列的变化。它的基本要素是:

(1)产出增长。即一个国家或地区在一定时期内的产品和服务(或人均产品和服务)的实际产出量的增加。产出增长的实质是规模不断扩大的社会再生产过程和社会财富的增值过程。产出的增长可以用不同的方法来衡量,常用的方法是采用反映产业经济活动的某种综合性指标来计量产业增长的水平和速度,如国民生产总值、国内生产总值、产业增加值以及折合成产业内某一典型产品的实物数量指标。

(2)结构变迁。主要是产业结构的变化,也包括产业组织结构、产业技术结构、产业布局、分配结构、职业结构等各方面各层次上的经济结构变化。更广义的结构变迁还包括与经济结构变化直接相关的社会结构和政治结构等的变化,如家庭结构、阶层结构、政治体制等的变化。

(3)福利改善。即社会成员生活水平的提高。一般认为,发展的中心意义是社会和个人的福利提升,产业发展的根本也必然是社会福利的改善。如何判断、衡量和评价社会福利水平是一个比较复杂的问题,其中含有相当程度的主观性。社会福利水平的提高和产出的增加有密切关系,但两者又不是一回事。一个国家产出总量的增长不等于一定能使大多数社会成员的生活福利状况获得改善。在分配不合理或结构不协调的情况下,产出增长可能只使少数人获益,而大多数社会成员的生活条件并没有显著改善,甚至比以前更加恶化。这样,即使产出增长较快,社会生产水平有所提高,也不能视为理想的产业发展,或者说,算不上是真正的产业发展。

(四)产业发展的国际竞争阶段

在经济全球化的大背景下,产业发展的国际竞争是各国经济关系的主要内容之一。产业发展的国际竞争阶段,实际上就是一国进入工业化和工业社会后,产业发展和产业国际关系所经历的各个演进过程。波特(Michael E. Porter)教授研究了许多国家特定产业发展和参与国际竞争的历史,认为一国产业参与国际竞争的过程大致可以分为四个依次递进(也可能发生折返)的阶段:

(1)要素驱动阶段(Factor-driven)。处于这一阶段的国家,凡具有国际竞争优势的产业几乎都是得益于某些基本的生产要素,或者是拥有自然资源、某些植物的有利生长条件,或者是拥有丰富廉价的劳动力。这种国家中土生土长的企业参与国际竞争只能依靠较低价格,产业的技术层次低,或者所需技术是廉价的和可以广泛使用的;技术主要来源于其他国家而不是自创的;较先进的产品设计和技术是通过被动的投资(如交钥匙工程)或外商直接投资获得;外商企业提供了大多数的进入国际市场的(营销)渠道,本国企业很少能直接与外国消费方建立关系。

(2)投资驱动阶段(Investment-driven)。这一阶段的国际竞争优势以国家及其企业的积极投资意愿和能力为基础。企业投资于建设现代的、有效率的、常常是以适应于全球市场的最好技术所装备的大规模设施。它们也投资于获得外国的更复杂产品和生产技术(通过购买技术许可、办合资企业及其他方式)。这种技术一般低于国际领先水平,因为外国通常不会愿意出售最新一代的技术。但是,在这一阶段,不仅仅是使用外国技术,而且也改进外国技术。企业具有吸收和改进外国技术的能力,是一国达到投资驱动阶段的关键,也是要素驱动与投资驱动的根本区别。

(3)创新驱动阶段(Innovation-driven)。在这一阶段,民族企业能在广泛的领域成功地进行市场竞争,并实现不断的技术升级。随着个人收入的增加、教育水平的提高、对生活便利的要求不断增强,以及国内竞争的强化,消费者需求变得越来越成熟。在一系列产业中民族企业竞争力的不断增强,使国内的生产性消费也成熟起来。许多产业中新进入的国内竞争者使产业改造和创新不断加速。在重要的产业群中,出现具有世界水平的辅助行业,并在相关产业中形成有竞争力的新产业。

要素成本上的优势越来越减弱,要素上的劣势刺激了创新以及产品和生产技术的进步。大学、研究机构和基础设施越来越发达,创造高级的专业化要素的新机制已经形成。这一阶段之所以被称作创新驱动阶段,是因为企业不仅运用和改进从其他国家获得的技术,而且创造技术。民族企业在产品和生产技术、市场营销以及产业竞争的其他方面,居领先地位。有利的需求条件、供给基础、专业化的要素以及本国相关产业的形成,使民族企业不断地进行创新,而且创新能力向更多新产业扩散。

(4)财富驱动阶段(Wealth-driven)。这一阶段是最终导致产业竞争力衰弱的时期,它的驱动力是已经获得的财富,而由过去的财富所驱动的经济是不可能保持其财富的。这是因为,投资、经理人员和个人的动机转向了无助于投资、创新和产业升级的方面。

在这一阶段,企业开始失去在国际产业界的竞争优势。它们回避竞争,更注重保持地位而不是进一步增强竞争力,实业投资的动机下降,有实力的企业试图通过影响政府政策来保护自己。随着收入水平的提高,企业员工也失去进取心。管理者和劳动者之间的关系紧张,各方都力图保持自己的既得利益和权利,工资不断提高,限制了生产力的提高。

该阶段创造要素的投资下降,转向较少对产业发展有利的领域。当国家变得越来越不注重对产业投资的刺激时,就更倾向于对财富征税。总之,长期的产业投资不足是财富驱动阶段的突出表现。投资者的目标从资本积累转变为资本保值。创新的缓慢导致有吸引力的产业投资机会下降,金融投资取代了实业投资。

二、产业发展的基本规律

(一)产业发展是渐进与突变的统一

新古典经济学的代表、英国经济学家马歇尔(A. Marshall)提出过著名的经济分析"连续原理"。他说:"时间的因素——这差不多是每一经济问题的主要困难之中心——本身是绝对连续的:大自然没有把时间绝对地分为长期和短期;但由于不知不觉的程度上的差别,这两者是互相结合的,对一个问题来说是短期,而对另一个问题来说却是长期了"。[①] 因此,他认为,经济发展是渐变的过程,"经济进化是渐进的。它的进步有时由政治上的事变而停顿或倒退,但是,它的前进运动绝不是突然的,因为,即使在西方和日本,它也是以部分自觉与部分不自觉的习惯为基础。天才的发明家、组织者或财政家虽然似乎可以一举而改变一个民族的经济组织,但是,他的成功不纯粹是表面的和暂时的那一部分影响,一经研究就可知道,也不外乎是使得久已在准备中的广泛的建设性的发展达到成熟而已。"[②]

连续性原理尽管遭到过各种批评,但它几乎成为纯粹经济分析和产业分析不可缺少的方法论基础,特别是,当经济学家运用数学工具时,连续性假设往往是基本前提,即使在运用离散数学分析手段(如差分方程)时,一般也认为它所反映的经济现象本身是连续的,数学上的离散化处理只是为了使分析过程简单一些,或更便于使用离散化的统计资料。

很明显,绝对化了的连续性原理与产业发展的性质是有矛盾的。如本章前面指出的,产业发展是产业变化的一种长期动态过程,是产业质态的变化,它不仅仅只是产业量的扩张或收缩,一般是不可逆的过程,而且产业发展是有阶段性的,各个阶段之间是有明显的特征差别的。这表明,产业发展在时间上的特征不是匀质的过程。因此,产业发展过程必然包含非连续因素。非连续因素在一定时期内的聚积和实现其能量的集中释放,有可能导致产业进化过程出现飞跃。第二次产业革命的发生实际上是一大批技术发明家、经营管理专家等长期能量聚集、共同推动的结果。

当然,飞跃也是一个具有一定跨度的时间持续过程,在这一过程中,产业发展表现为可以明显观察到的全面性突变。这种突变过程对于具有漫长历史的整个人类或整个民族来说,也许只是短暂的一刻,但是,对一代人来说,却是相当长久的,突变可能持续一代人甚至几代人的时间。在这一意义上,也许马歇尔所说的长期与短期没有绝对界限是合理的。但是完全否认产业演进中的非连续性和突变过程的重要性,绝不是经济分析的正确方法论基础,即使仅仅是为了分析的方便而在技术上作这样的假设,也不能保证一定不会损害产业分析的科学性和分析结论的可靠性,尽管在一定限度内作这种连续性假设是合理的或可取的。

产业发展甚至一切的变化和发展都是连续性与非连续性的统一。渐变中孕育着突变,突变是渐变的积累;反之,突变也为新的渐变开辟广阔的空间。在产业发展过程中,人们可以缩短其他产业演化的进程,但不能人为地跳跃过产业发展的某些阶段。否则,产业发展的客观规律会迫使人们不得不回到原点重新补课,再次进行渐变的积累。苏联和中国的赶超实践和20世纪90年代后期发生的亚洲金融风暴即从一个侧面证实了这一产业发展规律

① 马歇尔.经济学原理(第六卷).北京:商务印书馆,1983:13.

② 马歇尔.经济学原理(第六卷).北京:商务印书馆,1983:17—18.

的客观性。

(二)产业发展是产业的进化过程

在古代社会,由于社会生产处于初级阶段,生产活动主要是以农业和畜牧业为主,农业作为第一产业是社会生产中基本的甚至是唯一的产业。至于工业则仍然处于小手工业阶段,商业更处于极不发达的小商小贩性质的个别商业活动阶段,两者都尚未成为独立的产业。与此相适应,这个时期就是人类社会历史上的自给自足的自然经济时期,社会产业结构尚未形成,农业作为这个时期的基础产业也是整个社会存在和发展的主要经济基础。这是产业发展变化的第一阶段。第二阶段是18世纪中叶到19世纪中叶,第一次产业革命之后,产业发展以新的步伐迈出升级的第一步,产业结构发生革命性变动的阶段。其标志是第二次产业,即工业生产的大规模迅速发展,并反过来改造第一产业,带动第一产业的发展。在这一阶段,工业开始取代农业成为社会的主要产业,在社会物质财富的价值总额中开始占主导地位,成为近代社会的主要经济基础。第三阶段是在第一产业和第二产业的效率达到相当水平后,由于社会财富的增加,相应大幅度增加了人们的享受资料和发展资料,于是以人作为主体的发展及为整个社会生产和生活提供服务和娱乐的第三产业便获得了空前迅速的发展。现在,在一些发达国家,第三产业产值在国民生产总值中所占的比例已超过60%,第三产业已成为国民经济的支柱产业。据此有人认为,产业发展是从以生物学为重点的产业即农业向以化学和物理学为重点的产业即工业转移和发展,然后又向以社会生产和生活的管理科学为重点的第三产业发展。这种发展,按时间顺序和人对自然的依赖程度来说,是一个明显的前进上升运动过程;按产业经济在社会发展中的重要性来说,则是一个产值比重的倒金字塔形,倒金字塔越明显,产业的前进上升运动就越显著。

在上述三次产业发展的基础上,有些学者认为,在社会生产发展中,还会有第四次产业、第五次产业等。这说明,产业的结构在社会生产发展中遵循着一条由低水平到高水平的上升运动规律。这个规律在三次产业中的第二次产业的运动中表现得尤其突出。它一方面不断扩张,另一方面又沿着高度化方向不断发展。自第一、二次产业革命以来的200多年中,经济发达国家的产业部门结构的变化大体经历了四个阶段。第一阶段为18世纪中叶至19世纪末的第一次产业革命,由于蒸汽机和纺织机的发明与应用,带动钢铁、机械、煤炭、造船、铁路、纺织等产业的发展,奠定了第二次产业的大机器工业体系的初步基础,从而使法、德、美等国家相继完成了工业化过程。第二阶段为19世纪后半期由于电力的发明和应用,使第二次产业内部又分化出电力、汽车、飞机、冶金、化学、石油等工业并得到迅速发展,产业规模进一步扩大,产业结构由初级阶段向中级阶段演变。这是第二次产业革命的伟大成果。第三阶段为从20世纪40年代开始的第三次产业革命,由于原子能、电子计算机、空间技术的广泛应用,促进社会生产跃进到一个新时代,即从机械化大生产时代进入到自动化大生产时代,各种高加工度、高附加值的产业迅速发展,产业结构进一步升级。到20世纪60年代,电子、宇航、原子能、高分子合成工业等成为现代工业的主要标志,工业发达国家和地区的产业结构实现了高度化,社会经济在新阶段的条件下实现了现代化。第四阶段,即目前正在发达国家进行并迅速普及的第四次产业革命,社会经济由电子时代迈进到信息时代,信息、知识产业迅速发展,产业结构进一步高度化,生产系统由过去的大批量、标准化生产的刚性结构转变到小批量、多元化的柔性结构,产业运动进入到结构的后高度化阶段,也有人称之为空心化阶段。

在第二次产业的扩张和上升运动中，国民经济的各次产业都得到了改造。例如，农业作为第一次产业由手工劳作的农业转变为机械化农业乃至生态农业，同时作为经济产业相应由自然农业转变为商品农业，由低产、低质、低附加值农业转变为高产、高质、高附加值农业。第三次产业，不仅形成和发展的速度加快，而且物质技术基础、服务手段等都不断扩大，水平也不断提高。今天，由于交通、通信手段的机械化、电脑化、智能化，已经使宇宙空间大大“缩小”，使人们在一天之内能到达地球的任何一个角落，从而使地球正在缩小成一个“地球村”。由此可见，国民经济的整个产业结构也同样沿着上升路线运动。

综上所述，我们可以看到，产业由小到大的扩张和产业结构由低级到高级的上升运动是按规律进行的。总的趋势是：沿着农业→轻工业→基础产业→重化工业→高附加值加工工业→现代服务业和知识经济。

本章小结

1. 产业经济学是研究产业及其发展规律的经济学。产业是国民经济中以社会分工为基础，在产品和劳务的生产与经营上具有某些相同特征的企业或单位及其活动的集合。产业是社会分工的产物，具有多层次、多方面的内容。产业经济学的主要任务是揭示产业经济活动的规律，根本目的是促进资源在产业层次上的优化配置。

2. 产业经济学的内容主要包括研究对象和方法、产业分类、广义的产业结构、产业组织、产业发展、产业规制、产业政策。广义的产业结构包括狭义的产业结构、产业关联和产业布局。

3. 产业经济学是中观经济学、理论经济学，不只是产业组织学，更不是工业经济学。理论经济学包括微观经济学、中观经济学、宏观经济学、国际经济学。

4. 产业经济学的基本研究方法包括唯物辩证法、实证研究与规范研究相结合的方法、定性分析与定量分析相结合的方法、静态分析与动态分析相结合的方法；主要研究工具包括数学和统计学工具、投入产出分析、社会调查和案例研究、系统论、博弈论。

复习思考题

1. 产业经济学的研究对象是什么？
2. 你如何理解产业经济学的学科性质？
3. 产业经济学的研究领域主要有哪几个方面？
4. 产业发展的一般规律有哪些？
5. 简述产业分类方法。

【案例评析】

行业组织引领企业搏击风浪

席卷全球的国际金融危机给石油和化工企业的发展带来了严峻挑战。危急关头，这些企业比任何时候都更需要支持、帮助和引路。2009 年，石油和化工行业的各协会组织为保证行业的健康发展，在争取国家产业政策支持、完善行业规范和标准、研讨应对金融危机之策、构建畅通的信息交流平台等方面工作活跃，显现了前所未有、不可替代的作用。

为了给企业营造一个良好的发展环境，中国石油和化学工业协会及各专业协会通过加强经济运行监测，向国家有关部门报送行业信息，积极反映企业呼声。在参与政府有关部门法规政策的研究和制定中，各协会提出了有利于行业发展的意见和建议，并使相关法规和政策更具实践性与可操作性。其中最值得一提的是，石化协会协助国家发改委和工信部等有关部门制定了《石化产业调整和振兴规划》，并在 2009 年下半年推出了《石油和化工产业结构调整指导意见》和《石油和化工产业振兴支撑技术指导意见》，以引导投资流向，推进产业升级，并为行业企业的发展提出了具体的行动建议。

各专业协会还积极向政府反映问题、争取政策，如中国磷肥工业协会提出取消出口淡旺季差别，实行零关税，对企业高成本磷铵给予适当财政补贴，以促进磷肥产业结构调整；中国氟硅有机材料工业协会呼吁国家进一步严格控制萤石、氢氟酸出口等。

在金融危机的背景下，为保证行业有序发展，更需要加强行业自律，刷新行业的社会形象。为此，石化协会组织了推行责任关怀的系列活动，引导企业将实施责任关怀作为应对危机、转变经济发展方式的一项重要举措，树立产业健康形象。

金融危机以来，石化产业贸易摩擦频发。在处理贸易纠纷、维护产业安全方面，行业协会也发挥了不可替代的作用。在 2009 年备受瞩目的美国轮胎特保案中，中国橡胶工业协会及时召集业内企业商讨对策，向政府部门反映特保措施对我国橡胶产业的影响，并组织业内企业代表国内轮胎产业赴美进行抗辩，向国际社会表明自己的态度和理由。在美国最终裁定对我国轮胎产品实施高额关税后，石化协会第一时间发出了坚决支持我国政府反对贸易保护主义、捍卫公平贸易的声音。中国橡胶工业协会还向国家有关部门提出了提高轮胎出口退税等 7 条建议，并积极引导企业开展了提升产品品质、开拓其他国家市场等行动。

——资料来源：山东农业大学《产业经济学》案例分析汇总

案例评析问题：

1. 行业与产业有何区别？
2. 社会协作体系是怎样形成的？
3. 行业组织的活动如何推动产业升级？
4. 行业组织怎样引导企业转变经济发展方式？
5. 如何防范行业组织形成垄断地位？

产业组织篇

- 教学目的：通过教学，要求学生了解产业组织理论渊源及其产生与发展脉络；掌握产业组织、马歇尔冲突、有效竞争等概念，SCP分析范式和可竞争市场理论等主要内容；重点掌握SCP分析框架，并能用它来分析现实中的产业组织现状。
- 重点与难点：SCP分析框架，市场结构、市场行为和市场绩效的有关内容。

第二章　产业组织理论渊源及其发展脉络

本章要点

通过本章学习，应掌握以下要点：

1. 产业组织形成及发展脉络
2. 产业组织发展各阶段的代表人物及主要学术思想

导入案例

国际创意产业发展启示录

创意产业自20世纪90年代作为一个新的产业概念被提出以来，得到很多国家特别是经济发达国家和地区的重视，制定并实施了一系列创意产业发展战略和政策，创意产业已经成为一个国家或地区经济发展的重要动力。据不完全统计，全球创意产业每天创造220亿美元产值，并以5%左右的速度递增，在一些国家增长得更快，美国为14%，英国为12%。特别是在英国、美国、澳大利亚、韩国、新加坡等发达国家和地区，创意产业已经形成了各国的特色，并产生了巨大的经济效益，创意产业已经成为引领国家产业创新和发展的一股重要力量。

英国是世界上第一个政策性推动创意产业发展的国家。目前，创意产业不但是英国仅次于金融服务业的第二大产业，更是英国雇用就业人口的第一大产业，英国的文化创意产业在国际上具有标杆作用。就产出和就业而言，英国创意产业对英国经济的重要性已超过金融业，成为英国增长最快的名副其实的支柱产业。

美国的文化创意产业称为“版权产业”，并将其分为四大类，即核心版权产业、交叉版权产业、部分版权产业和边缘支撑产业。美国是全球版权产业最为发达的国家，版权产业已经成为当今美国最大、最富有活力并带来巨大经济收益的产业。

韩国文化创意产业的重点行业包括电影业、广播电视业、游戏业、动漫业、音乐产业和出版业，创意产业的高速发展得益于政府的经济推动。主要表现在：一是提供设备支持技术。政府提供设备给从业者，只收取低廉的使用费。二是投入硬件。政府陆续出台了相关的法律法规体系，成立了专门的组织机构，建立了文化创意产业资金支持体系，颁布支持文化创意产业的经济政策，并注重文化创意产业的国际市场开拓。

日本的创意产业以动漫产业为核心，是世界上最大的动漫制作和输出国，目前全球播放的动漫作品中有六成以上出自日本，在欧洲这个比例更高，达到八成以上。广义的动漫产业实际上已占日本GDP的十多个百分点，已经成为超过汽车工业的赚钱产业。日本的动漫产业已经以年营业额230万亿日元成为日本第二大支柱产业。

——资料来源：山东农业大学《产业经济学》案例分析汇总

第一节　产业组织及理论渊源

产业经济学不仅要研究产业之间的相互关系，而且还要考察产业内部企业之间的相互关系。产业结构理论、产业关联理论和产业布局理论主要说明产业与产业之间的相互关系和产业的空间布局，产业组织理论（the theory of industrial organization，简称IO理论）则是分析产业内部企业与企业之间的竞争和垄断关系，是产业经济学的重要组成部分。

一、产业组织的界定

社会经济资源存在三个层次的配置，即宏观层次的配置、中观层次的配置和微观层次的配置。研究宏观的资源优化配置是宏观经济学的任务；研究微观的资源优化配置是微观经济学的任务；研究中观层次也就是产业层次的资源优化配置，则是产业经济学的任务。产业组织理论则是通过对市场结构、市场行为、市场绩效的分析，说明产业内部资源的优化配置。产业组织理论是产业组织政策的理论基础。

产业组织理论是以产业内部企业之间关系为研究对象的理论，主要任务是分析同一产业内部企业之间的关系，揭示企业之间关系变化的规律及其对企业经营绩效的影响。产业组织理论主要是由市场结构、市场行为、市场绩效三大部分按顺序构成的体系。无论是在理论上，还是在实践上，市场结构、市场行为、市场绩效都存在密切的逻辑联系。市场供求环境形成市场结构，市场结构制约企业的市场行为，企业的市场行为决定市场经营绩效。产业组织或者说同一产业内部企业之间的关系，正是在市场结构、市场行为、市场绩效中体现出来的，分析市场结构、市场行为、市场绩效，也就是分析产业组织，或是同一产业内部企业之间的相互关系。

组织在现代汉语中是一个多义词，既可指按一定规则联结组成的结合体，如党团组织；又可指联结、组合、安排人或事的行为，如组织比赛活动；还可指事物组成的形式和组成部分之间的关系，如组织状态。而产业组织理论中的组织具有特定含义，这里的产业组织是特指同一产业内部企业之间的关系。在市场经济中，企业之间的关系是通过市场形成和体现的利益关系，具体来说，就是市场交换关系、竞争和垄断关系、市场占有关系、资源占用关系等。值得指出的是，产业组织中的产业是指生产同一类产品的企业的集合，或是在同一商品市场上从事生产经营活动的企业的集合；产业组织中的组织也不是通常所说的生产组织、企业组织，而是专指产业“组成部分之间的关系”。

二、产业组织理论渊源

与产业结构理论、产业关联理论等领域已经有较长研究历史不同，产业组织理论是产业经济学的各领域中定型较晚的部分。现代产业组织理论的形成以贝恩1959年出版的《产业组织》一书为标志，迄今只有近60年的历史。然而，从其产生和形成的渊源来看，最早萌芽于马歇尔的“工业组织”生产要素的理论，奠基于张伯伦等人的“垄断竞争理论”，完整体系形成于贝恩等人的系统研究。

(一)产业组织理论的萌芽

从经济学的发展历史来看,产业组织理论的最初思想渊源通常要追溯到英国古典经济学奠基人亚当·斯密。斯密在他著名的《国富论》中对资本主义的市场活动进行了细致的研究,提出了可能是最早的产业组织理论,即市场自发调节自由竞争的市场机制以及这一条件下厂商的市场行为,最早较为全面地阐明了合理的生产组织能带来社会资源的节约。英国经济学家马歇尔(A. Marshall)对斯密的理论作了修正,在其1890年问世的名著《经济学原理》一书中,在论及生产要素时,在萨伊的劳动、资本和土地"生产三要素"学说的基础上,首次提出了第四生产要素,即"组织"。马歇尔所提出的"组织"概念,包容了企业内的组织形态、产业内企业间的组织形态、产业间的组织形态和国家组织等多层次多形态的内容,其外延的界定具有较显著的宽泛性和不确定性。后来的产业组织理论则是从马歇尔"组织"概念的第二层次的组织形态,即产业内企业间的关系形态基础上发展起来的。将产业内企业间关系结构从马歇尔混杂的"组织"概念中分离出来的工作,最后是由产业组织学家梅森(E. S. Mason)及其弟子贝恩(J. S. Bain)完成的。不过,这并不影响马歇尔作为产业组织学的奠基人。马歇尔把组织作为第四大生产要素的重要原因在于他在研究分工与机器、产业集中、大规模生产及企业经营管理、企业形态等问题时,涉及规模经济的问题,企业追求规模经济的结果是垄断的发展,而垄断是阻碍价格机制作用的主要原因,垄断使价格受到人为的控制,扼杀了自由竞争这一经济运动的原动力,使经济活动失去活力,破坏资源的自然分配。后来的学者把这一矛盾称为"马歇尔冲突"。其实,竞争的活力和规模经济两者的关系,正是现代产业组织理论的核心问题。作为产业组织概念的提出者以及产业组织内在矛盾的揭示者,表明马歇尔是产业组织学的重要先驱者。

(二)产业组织理论的奠基

资本主义进入20世纪以后,随着自由竞争的进一步发展,企业规模的不断扩大,生产的日益集中,卡特尔、托拉斯和康采恩等垄断组织和形式已有了相当的发展,垄断、寡头垄断对经济的统治已经是发达资本主义国家中的普遍现象。以完全竞争的市场为基本前提的新古典经济学理论在解释垄断条件下厂商的生产和定价等一系列问题时面临着巨大的挑战。在20世纪二三十年代兴起的现代厂商理论首次对传统的完全竞争假设提出了质疑,其中较有代表性的人物是美国哈佛大学的教授张伯伦和英国剑桥大学经济学院琼·罗宾逊夫人,他们在1933年几乎同时出版了各自的专著《垄断竞争理论》和《不完全竞争经济学》,这两部著作围绕着竞争和垄断的关系进行了更接近实际的全面探索,提出了垄断竞争理论,修正和发展了西方传统经济学中的竞争—垄断理论。尤其是张伯伦在其《垄断竞争理论》著作中提出的一些概念和理论观点,成为现代产业组织理论的重要来源,他本人因此也被认为是现代产业组织理论的奠基人。在垄断竞争理论中他认为由于许多行业存在产品差异,因此即使这些行业是高度竞争性的,其个别厂商面对的需求曲线也可能是向下倾斜的,即在定价上具有垄断性,它不再是市场价格的接受者。这样,每个行业的平均成本曲线和收益曲线就不再一致,因而只有相同和正常的长期利润的假定也就不成立了。其中张伯伦还把市场结构划分为从完全竞争到独家垄断的多种类型,总结了不同市场形态下价格的形成和作用特点,并着重分析了垄断竞争、同类产品的生产者集团、企业进入和退出、产品差别化、过剩能力下的竞争等现代产业组织理论的重要问题。

20世纪40年代至60年代，哈佛大学成为产业组织理论研究最活跃的组织之一，在那里集聚了张伯伦、梅森、贝恩这样的大师，并形成了著名的哈佛学派。哈佛学派的最主要贡献是建立了完整的产业组织理论体系，即市场结构、市场行为和市场绩效理论范式，即我们通常所讲的SCP分析范式。这一范式的最初形式是贝恩的市场结构、市场绩效二段论范式，它是由贝恩从垄断竞争模型中推导出来的，他认为，竞争是结构问题，判断一个行业是否具有竞争性，不能只看市场行为或市场绩效，而应看该行业市场结构是否高度集中，是否实际上由一个或数个寡头所控制，此外还要看进入该行业的壁垒是否很高，以致扼制新厂商进入该行业。贝恩的这一从市场结构推断竞争结果的市场结构、市场绩效二段论范式在其代表作《产业组织》中得到了充分的表达。他在书中说："如果存在着集中的市场结构，厂商就能成功地限制产出，把价格提高到正常收益以上的水平。"这种十分强调结构对行为和绩效决定性作用的观点使哈佛学派又被人们称为结构主义学派。而现代主流产业组织理论中流行的市场结构、市场行为和市场绩效三段论范式则是由谢勒在贝恩二段论范式的基础上，采纳了各种批评意见后发展而成的。谢勒认为，市场结构首先决定市场行为，继而决定市场绩效。他于1970年出版的《产业市场结构和经济绩效》一书集中体现了这一思想。

克拉克在1940年发表了著名的论文《以有效竞争为目标》。在这篇论文中，他首次提出了"有效竞争"的概念，并对该指标的度量标准进行了分析探讨。他认为，在不完全竞争中，最重要的问题是直接的、短期的压力和长期均衡的条件不协调。因此，研究有效竞争条件的出发点在于以现实中产生的条件为基础，寻求缩小企业上述背离程度的方法和手段。梅森认为有效竞争的定义和条件可分为两类：一种类型是寻求维护有效竞争的市场结构及形成这种市场结构的条件，即"市场结构基准"；另一种类型是从竞争中可望得到的市场成果出发，寻求市场的有效性，即"市场成果基准"。这两种基准各有利弊，要把握有效竞争，将这两种基准综合起来加以考虑是比较现实的选择。贝恩在1959年出版的《产业组织》一书中系统地提出了产业组织理论的基本框架，标志着现代产业组织理论的基本形成。在该书中，贝恩系统地总结了已有的研究成果特别是哈佛学派的研究成果，第一次完整而系统地论述了产业组织的理论体系。其两个主要标志是：①明确地阐述了产业组织研究的目的和方法；②提出了现代产业组织理论的三个基本范畴：市场结构、市场行为、市场绩效，并把这三个范畴和国家在这个问题上的公共政策（即产业组织政策）联系起来，规范了产业组织的理论体系。科斯、威廉姆森、谢勒等人在此基础上作了进一步的补充、完善，认为市场结构(S)决定企业的市场行为(C)，企业的市场行为决定市场绩效(P)。某一市场结构又取决于特定情况下市场供求的基本环境，从而形成了SCP框架的产业组织理论体系（见图2-1），这也标志着以哈佛大学为主要基地的正统产业组织理论的形成。

在产业组织理论的早期发展中，还有不少哈佛学派之外的学者也对产业组织理论作出过重要的贡献。比较著名的两个经济学家是霍特林(Hoteling)和兰开斯特(Lancaster)。当时，张伯伦已提出垄断竞争是产品差异造成的，不过他未进一步去比较、检验不同行业的产品差异，霍特林则用他的空间竞争理论，把产品差异划分为空间中直线段上的不同点，从而使产品差异具有可检验含义。兰开斯特则用他发展的特征空间理论，把消费者偏好序列定义为特征向量，由此推导出了厂商面对的需求曲线，这使传统厂商理论中对市场离散划分的四分法（即完全竞争、垄断竞争、寡头垄断、完全垄断）扩展成连续序列分析法。这为现代产业组织理论中的广告推销、销售契约等问题提供了理论基础。

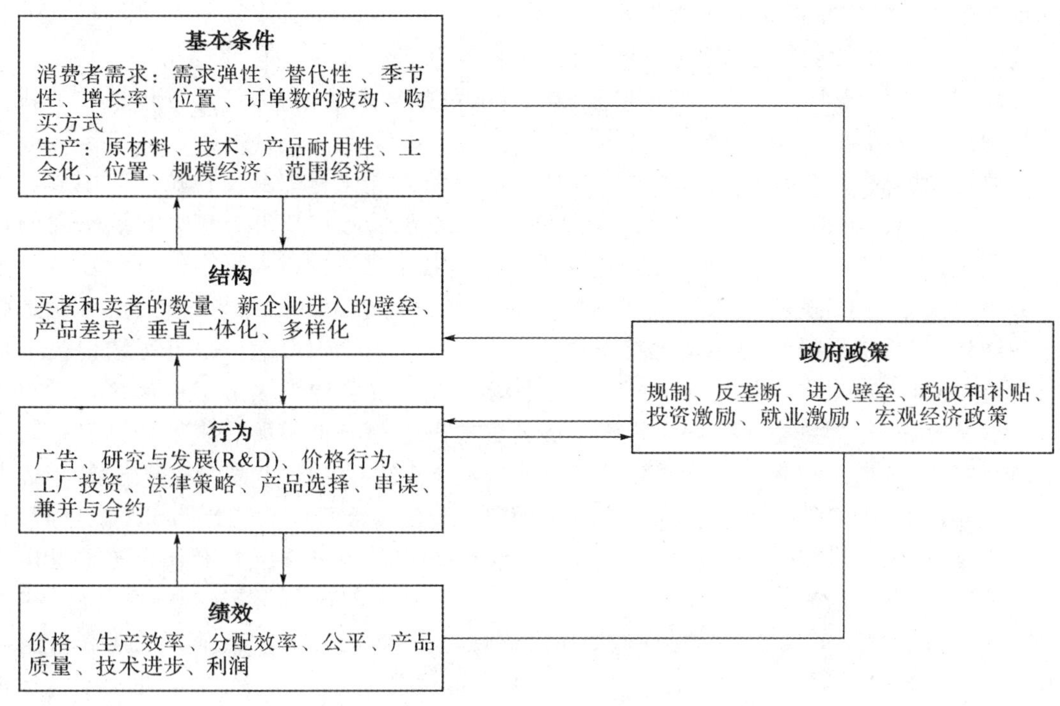

图 2-1 产业组织理论 SCP 分析框架

第二节 产业组织理论体系的形成及发展

一、产业组织理论体系的形成及演进

产业组织理论体系的最终形成，离不开马歇尔、张伯伦等人早期开拓性研究的贡献，特别是张伯伦的垄断竞争学说，不仅成为现代产业组织理论的主要来源，而且他还率先实现了经济理论研究从规范研究到实证分析的方法论的转变。不过，现代产业组织理论体系中的绝大多数实证研究的方式方法和判别标准，主要是得益于 20 世纪 30 年代以后的一些西方学者实证研究的结论而发展起来的。

虽然哈佛学派对产业组织理论体系的建立作出了巨大的贡献，但是这并不意味着它的理论观点不受批评，这些批评主要来自芝加哥大学的一批经济学家，他们包括施蒂格勒(J. Stigler)、德姆塞茨(H. Demsetz)、波斯纳(R. Posner)、麦吉(Y. McGee)、布鲁曾(Brozen)等人，正是在对哈佛学派的结构主义批判中，诞生了以施蒂格勒为代表的芝加哥学派。施蒂格勒作为芝加哥学派的代表人物，他在产业组织理论的许多领域都作出了重要的贡献，较有影响的研究涉及垄断与兼并、市场容量与劳动分工、规模经济、进入壁垒及政府管制。另外，施蒂格勒还开创性地分析了企业结构和界限，提出了产业生命周期假说，特别是把市场容量、劳动分工与产业的产生、发展与衰落联系在一起。以施蒂格勒为首的芝加哥学派特别注重判断集中及定价的结果是否提高了效率，而不像结构主义者那样只看是否损害了竞争。芝加哥学派的这种注重效率标准的理论取向，被人们称为“效率学派”。

芝加哥学派的基本思想是强调价格理论及其应用的重要性，认为经济分析无非是新古典价格理论的应用而已，即相信个人总是在既定的均衡市场价格和数量下使其行为最优化。由此得到的决策结果，可以用来解释各种经济现象。产业组织及反托拉斯问题应该用价格理论来研究。芝加哥学派运用局部均衡福利经济方法来判断市场势力和效率间的权衡取舍，企图重新把竞争性产业作为解释相对价格的主导模型。芝加哥学派进一步认为兼并未必一定损害竞争，垄断厂商的高利润率未必一定是垄断定价的结果，而完全可能是高效率的结果，与哈佛学派结构主义观点不同的是，芝加哥学派认为并不是市场结构决定市场行为，市场行为再决定市场绩效，而应该是市场绩效和市场行为决定了市场结构。在市场进入壁垒方面，芝加哥学派代表人物施蒂格勒也提出了与哈佛学派代表人物贝恩不同的观点，他认为进入壁垒是新厂商比老厂商多承担的成本，这一观点对以后 20 世纪 70 年代发展起来的“可竞争性市场”理论有很大影响。可竞争性市场理论的提出者鲍模尔（W. J. Baumol）、帕恩查（J. C. Panzar）和韦利格（R. D. Willing）以产品的多元性和快速进入退出为基本前提，认为既然新老厂商成本和需求条件相同，新进入厂商就可实行与老厂商争夺战略，或实行所谓的“打了就走”式的战略，即在最优规模上生产，如果价格下跌到无利可图甚至亏本的程度就可以退出。这样的话，问题就不在最优规模的大小，而在于进入退出是否自由，即沉没成本的大小。因此，根据可竞争性市场理论，即使一个自然垄断市场，也可以是“可竞争性”的。

与哈佛学派相同，芝加哥学派的思想对美国反托拉斯活动及政府管制政策也产生了深远影响。哈佛学派的结构主义理论对美国国会尼尔委员会报告及 1968 年司法部兼并准则的出台起了重要的推动作用，该准则对各类兼并采取了严厉的限制措施。而这一学派的有些经济学家，则干脆加入司法部反托拉斯局，直接参与反竞争商业活动的司法实践。芝加哥学派的许多经济学家虽然也在里根政府的司法部反托拉斯局、联邦贸易委员会等重要部门担任要职，但由于芝加哥学派重视效率标准的理论取向，使他们并不把视角局限于分析兼并是否损害了竞争，而是考察兼并是否从总体上提高了资源配置和使用的效率，所以，1982 年又颁布了新的兼并准则，大大放宽了对兼并的限制，这也是美国第四次兼并高潮兴起的重要原因。

虽然科斯（R. H. Coase）著名的《企业的性质》一文早在 1937 年就已经发表了，按照科斯的观点，企业和市场是两种可相互替代的协调生产的手段，生产的集中和大企业的兴起不仅仅是垄断的兴起和自由竞争的衰落，它同时还意味着企业这种协调手段对市场协调手段的替代，但是这一观点长期未被学术界重视，直到 20 世纪 60 年代初才引起人们的注意。以这一理论观点为依据的产业组织理论直到 1985 年新制度学派产业组织理论的代表人物威廉姆森（O. E. Williamson）出版了《资本主义经济制度：企业、市场和关联合约》一书，对交易费用经济学的理论体系、基本假说、研究方法和研究范围作了系统阐述，才建立起了比较系统的新制度经济学派的产业组织理论。新制度经济学派的产业组织理论的主要特点在于它引入了交易费用理论，用以说明企业与市场的边界关系，从而彻底改变了只从技术角度考察企业和只从垄断竞争角度考察市场的传统观念。

二、新产业组织理论的产生及发展

自SCP理论体系形成以来，产业组织理论即进入了以正统理论为主干或参照系的多元化发展阶段。20世纪60年代以来一些经济学家发现哈佛学派的产业组织理论在理论方法及其微观基础等方面存在缺陷，他们在不放弃SCP分析框架的前提下，对正统学派的产业组织理论进行了修正和补充，并在80年代发展了新产业组织理论。特别值得一提的是，以博弈论为基础的运筹学方法对产业组织理论的某些领域起了重要的作用，早在20世纪40年代，博弈论先驱者冯·诺伊曼和摩根斯坦就出版了一本被经济学家誉为对寡头垄断市场模型尤其是双寡头垄断理论研究具有突破性的著作。后来，美国普林斯顿大学的数学教授纳什、加利福尼亚大学的豪尔绍尼以及德国波恩大学的泽尔滕分别解决了完全信息、不完全信息和动态条件下的求解问题，使这一最初就被应用于产业组织的研究方法得到了完善。为此，他们三人同时获得了1994年的诺贝尔经济学奖。或许是因为博弈论要求非常高深的数学理论作为基础，对于经济学家来说加入这一学派具有太高的"进入壁垒"；或许是因为博弈论与其说是一种经济理论，不如说是一种运筹学方法，以博弈论作为主要研究方法的产业组织理论在很长一段时期内没有成为主流的产业组织学派。但尽管如此，作为一种先进而又过于高深的理论方法，一直被一部分学者青睐，他们以博弈论的理论方法对整个产业组织理论体系进行改造，并将这一产业组织理论体系称为"新产业组织学"。将博弈分析引入经济理论中，意味着开始怀疑传统的由市场机制决定的瓦尔拉均衡的可行性。企业可以通过许多非市场的制度安排来解决传统的市场问题，如内部组织结构调整、合谋等。与此相关的理性预期学派认为，企业行为通常是由其行为可能导致的其他企业反映的预期决定的，即企业行为是其心理预期的函数。新产业组织理论对正统产业组织理论的发展主要体现在如下五个方面：

(1)在分析框架上改变了单向和静态的研究模式。由于逐步认识到SCP这种单向的和静态的研究方法限制了产业组织理论的研究，一些学者开始强调企业行为对市场结构的反作用和市场运行状况对企业行为进而对市场结构的影响。施蒂格勒等人认为S、C、P三者之间没有必然的因果关系，或强调P、C、S的逆向因果关系。鲍莫尔提出的"可竞争市场"理论，摆脱了哈佛学派的市场结构与市场行为之间单一的既定的逻辑关系。因为在可竞争的市场中，潜在进入厂商的压力促使已进入的厂商降低成本、扩张规模、注重创新，从而既改变了市场结构，又影响了经济运行结果。德姆塞茨认为较高的利润是组织规模经济的报酬。任何成本最低的企业的规模自然也就迅速扩大，从而在市场绩效与市场结构之间架起了一座新的桥梁。

(2)在理论基础上，广泛吸取了现代微观经济学的新进展，修正了正统产业组织理论基于新古典主义的理论假设。在这方面，以芝加哥学派、新制度学派和新奥地利学派最有影响。芝加哥学派主张维护竞争，反对政府干预，认为现实生活中的垄断现象是有限的和暂时的，因而他们对政府的产业组织政策持保留态度；新制度学派主要从企业内部产权结构和组织结构的变化来分析企业行为的变异以及对经济运行效果的影响；新奥地利学派则认为竞争是一个动态过程，而不是一种静态的市场结构。新产业组织理论把交易费用理论、产权理论、委托—代理理论等都纳入自己对企业行为的研究，如运用交易费用理论说明组织的效率来自交易费用的节约，运用产权理论说明市场资源配置的失误在于产权配置的失误,运用委托—代理理论分析两权分离对企业动力结构的影响以及建立相应约束机制的途径。

(3)在研究方法上,推理演绎研究与实证归纳研究逐步走向融合。从时间上看,20 世纪 50 年代产业组织理论最主要的研究方法是案例分析,它曾被主流学派广泛使用,特别适用于分析无法精确定量的复杂经济事例,有助于揭示不同表现形式掩盖下的普遍规律。

20 世纪 60 年代以后计量经济学方法替代其成为主流,这是产业组织理论转入实证研究后一直延续至今的主要研究方法,但传统的产业组织理论仍以静态的截面分析为主要手段,当新产业组织理论改变了其单向和静态的分析框架后,过去的静态实证方法就难以满足需求了。到 20 世纪 70 年代后期,随着新产业组织理论越来越强调对具有较大不确定性的行为进行研究,以博弈论和信息经济学为主要分析工具的推理演绎法被广泛引入,如非合作博弈论的应用就使产业组织理论在动态学和不对称信息中取得很大进展。

20 世纪 80 年代以来,一方面,推理演绎法虽更具理论逻辑性,但其假定往往过于严格,缺乏有力的实证支撑;另一方面,随着数据的可获得性增加,实证研究本身也开始自静态分析转向更具说服力的动态分析,所以新产业组织理论的研究方法呈现推理演绎与实证归纳的融合状态。例如在寡头定价问题上,研究者们已不再只是笼统抽象地讨论行业定价的博弈问题,而是更多地深入到具体行业的定价行为中去进行实证观察,并通过大量案例研究和分析来验证先前的各种推断。

(4)在研究重心方面,从产业组织分析的结构主义转向厂商主义,即从最重视市场结构转向最重视企业行为的分析。1985 年,索耶尔在其著作《产业和厂商经济学》的修订版中第一次把厂商纳入产业组织理论著作的标题中,并以厂商为中心展开了分析。索耶尔认为,行业是不确定的、虚的,厂商才是基本的、实在的经济单位,市场结构事实上反映的是企业之间的竞争关系。这里需要指出的是,产业组织研究重心方面的上述变化并非索耶尔一个人的功劳,现代产业组织理论的研究重心向厂商行为倾斜,还与新制度经济学、产权理论、公共选择理论和交易费用理论等领域的最新进展密切相关。

(5)在政策主张上,从强调政府规制转向放松规制和规制的细化。哈佛学派将政府政策看成是影响经济活动的外生变量,对政府规制的必要性和有效性深信不疑;而芝加哥学派则将政府规制当成影响经济活动的内生变量,认为政府规制受行业集团的利益影响而形成,它们反过来又会对行业的经济活动产生影响。在这一过程中,如果将政治家视为具有自身利益需求的独立行为者,那么任何一项规制都会引发一系列寻租活动,因此政府规制应该受到限制。但是,自 20 世纪末以来,针对欧美一些发达国家连续发生的金融诈骗和财务丑闻事件,有关财务公开制度、公司股权问题和金融诚信问题成为热门,一些研究者又预测,今后美国的产业组织政策将向更严格、更具体和更细致的方向发展。

本章小结

1. 马歇尔 1890 年出版的《经济学原理》一书,是产业组织理论萌芽的标志。他在萨伊生产三要素基础上提出“组织”这一第四生产要素,并划分为四个层次。

2. 1933年英国剑桥大学经济学家琼·罗宾逊夫人的《不完全竞争经济学》和美国哈佛大学教授张伯伦的《垄断竞争理论》几乎同时问世。两部著作都围绕竞争和垄断的关系进行了更接近实际的全面探索，成为现代产业组织理论的重要来源，被认为是奠基者。

3. 贝恩1959年出版《产业组织》一书，系统地总结了已有研究成果，第一次完整系统地提出了产业组织理论的体系框架。谢勒1970年出版的《产业市场结构和市场绩效》，提出完整的三段论，认为市场结构(S)决定企业的市场行为(C)，企业的市场行为决定市场绩效(P)。这标志着以哈佛大学为主要基地的正统的产业组织理论的形成，被称为哈佛学派。

4. 1968年，施蒂格勒的《产业组织》一书问世，标志着芝加哥学派理论上的成熟。其在分析框架上改变了单向和静态的研究模式，认为S、C、P三者之间没有必然联系或强调它的逆向因果关系。

复习思考题

1. 何谓马歇尔冲突？
2. 什么是可竞争市场？
3. 简述SCP分析框架及三者关系。
4. 简述产业组织理论形成发展中主要人物和代表作以及他们的理论观点。

【案例评析】

基于SCP框架分析的我国电力产业规制研究

电力产业由于其自然垄断的特性，导致了一般的分析理论不能贸然运用于该产业中，SCP框架在分析电力产业时，还要根据我国电力产业的特殊性，在大体框架不变的情况下，相应地做一些调整。电力产业由于其自身的特点，不适合完全将竞争机制引入其中，我们在对电力产业进行分析时，也不能单纯地按照传统的SCP框架来研究，而要将政府规制政策和相关机制考虑其中，根据我国的实际情况和电力产业固有的特点，全面地考虑该产业发展需要面临的因素，在政府规制的前提下，更好地引入竞争机制，使得电力产业各方面机制更加完善。

(一)完善市场结构

如果单纯地将电力市场划分为发电、输电、配电、售电四个环节，并进行纵向分离，其成本会变得更高，并且绩效也会降低。电力市场的四个环节之间并没有竞争关系，并且由于其规模经济效益，各项业务之间如果完全剥离，会导致内部交易费用的增加，从而带来相互协调等一系列问题的产生。所以，要改变电力产业的市场结构，只有横向和纵向分离相结合才能达到良好的效果。

(二)规范电力企业的市场行为

1. 价格行为

电力产业进行横向和纵向拆分完毕以后，消费者支付的电力价格包括四部分：发电企业的上网价格、高压输电企业的输电价格、低压配电企业的配电价格和供电企业的供电价格。每一部分的电价要有针对性地进行合理制定，才可以满足消费者的需求。

2. 进入规制

1987年提出"政企分开、省为实体、联合电网、统一调度、集资办电"和因地制宜的方针之后，将原有的大区电力管理局改为联合电力公司，将省电力工业局改为省电力公司，都成为独立核算、自负盈亏的实体，具有法人地位。

（三）建立高效的规制机构

政府对电力产业的规制，要求能有适当的监管方式可以适应市场，根据市场的变化积极调整。规制机构的职责主要是市场进入和价格规制——事前规制，以及反垄断或竞争政策规制——事后规制。高效的规制机构应该确保平等对待所有的企业，尤其是在竞价上网方面；同时，要确保以最低的价格给消费者，并提供有效的服务；允许企业获得适当的收益率并鼓励个人投资；规制机构必须能够确保公平和持续的竞争；同样需要确保竞争收益的公平分配。只有高效的规制机构，才能更好地规范电力企业的行为，为电力产业进一步持续、稳定发展尽力。

综上所述，单纯以原始的SCP框架分析的我国电力产业并进行改革是不全面的，我们必须结合电力产业自然垄断的属性和我国电力产业的特点来对近些年来的电力产业改革做出客观、公正的评价，在此基础上才能对今后电力产业发展提供正确建议。我国电力产业的改革，现在才刚刚是一个起步阶段，以后还有更长的路要走，只有以市场为导向，结合多方面因素，电力产业的改革才能有效地进行。

——资料来源：山东农业大学《产业经济学》案例分析汇总

案例评析问题

1. SCP分析框架的理论含义是什么？

2. 什么叫横向分离？什么叫纵向分离？

3. 对电力产业进行横向分离与纵向分离的目的分别是什么？分离的过程中需要注意哪些情况？

4. 电力产业进入规制改革，会带来哪些负面影响？

5. 为什么我国的电力产业不适合完全将竞争机制引入其中？

第三章　市场结构

本章要点

通过本章学习，应掌握以下要点：

1. 市场结构主要类型及特征
2. 市场结构的主要影响因素
3. 市场集中度、产品差别化及进退壁垒的主要内容

导入案例

中国电信业：垄断还是寡头竞争？

1994 年 7 月 19 日，成立中国联通，打破了由中国电信垄断的中国电信市场。（一变二）

1999 年 2 月 14 日，原中国电信拆分成新中国电信、中国移动和中国卫星通信 3 个公司。同时，网通公司、吉通公司和铁通公司获得了电信运营许可证，形成“数网竞争”的经营格局。（二变七）

2002 年 5 月 16 日，原中国电信集团按地域南北拆分，电信南方 21 省仍叫中国电信，原北方 10 省电信公司、网通公司以及吉通公司并购成立中国网通。（七变六）

2008 年 5 月 24 日，中国联通与中国网通并购，中国卫星通信的基础电信业务并入中国电信，中国铁通并入中国移动，国内电信运营商由 6 家变为 3 家。（六变三）

——资料来源：来自网络课件及相关资料整理

第一节　市场结构的主要类型及影响因素

一、市场结构的主要类型

市场结构是现代产业组织理论中，特别是 SCP 分析框架最基本的概念和研究主题，它一般是指产业内企业间市场关系的表现形式及其特征。这里主要是指某一经济市场的组织特征，即影响竞争性质及市场价格确定的因素，主要包括卖方之间，买方之间，买卖双方之间，市场内已有的买卖方与正在进入或可能进入市场的买卖方之间在数量、规模、市场份额、利益分配等方面的关系与特征，以及由此决定的竞争形式。也就是说，特定市场中的相关市场主体在市场交易中的地位、作用、比例关系，以及他们在市场上交换的商品及其特

点，即形成了具体产业的市场结构，这些市场主体之间的关系在现实市场中的综合反映集中体现为市场的竞争和垄断关系。根据市场竞争和垄断的不同程度，人们一般粗略地把市场结构划分为完全竞争的市场结构、完全垄断的市场结构、垄断竞争的市场结构和寡头垄断的市场结构四种类型。如表 3-1 所示。

表 3-1 市场结构的分类

市场结构	厂商数目	代表性领域	企业对价格控制的程度	销售方式
完全竞争市场	许多	农业	没有：厂商是价格的被动接受者	市场交易或拍卖
垄断竞争市场	较多	零售业	一定程度	广告、质量竞争
寡头垄断市场	几个	钢铁、化学、汽车、计算机	较大程度	广告、产品竞争与勾结
完全垄断市场	一个	水电气等公共事业	很大程度，但受政府管制	产量与价格控制

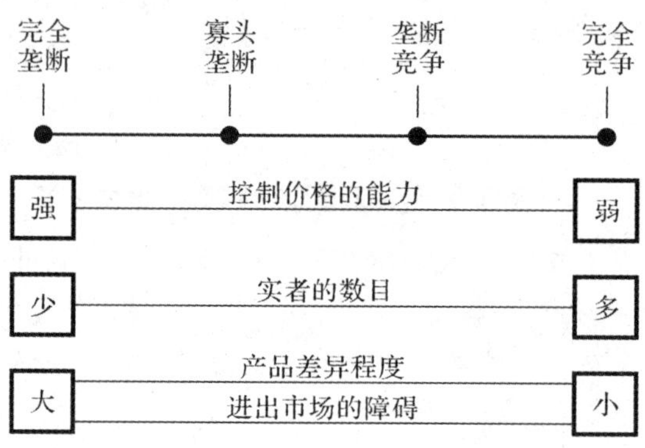

图 3-1 市场结构中竞争与垄断关系图

表 3-1 列出的是上述四种市场类型的结构、行为和绩效特征。其中，完全竞争和完全垄断是两种极端的市场结构，现实中的绝大多数市场是介于这两者之间的垄断竞争和寡头垄断两种类型。因此，产业组织理论研究的重点是垄断竞争和寡头垄断这两种市场类型条件下的市场结构、市场行为与市场绩效，以及其相互关系和政府干预的政策建议。在研究过程中，完全竞争和完全垄断的市场结构、行为与绩效则往往是研究垄断竞争和寡头垄断这两种市场结构、行为与绩效的参照和出发点。

（一）完全竞争市场

完全竞争市场是指不受任何外力干扰，没有任何障碍，完全不受外力控制的竞争类型。它是一种非常理想化理论上的市场。一般认为完全竞争市场应具备以下条件：

（1）市场上生产者和消费者众多，对整个市场份额而言，任何一个生产者的销售量或消费者的购买量都只是其中的一个极小的部分。

（2）市场上的产品都是同质的标准化产品，即产品是同质的，在原料、加工、包装及服务等方面是完全一样的，不存在产品差别，产品之间具有完全替代性。

（3）完全自由流动性，不仅各种产品可以自由流动，各种生产要素也可以不受任何限制地完全自由流动。

（4）信息完备性。市场信息是畅通的，因此市场上每个厂商都完全掌握市场信息，使得厂商只能按照既定的价格出售产品，不能高也不能低。

在完全竞争市场中，在价格的调节作用下，市场可以实现：

(1)产品的市场价格等于产品的长期边际成本。完全竞争市场能够实现资源的最优配置，当某行业的市场结构是完全竞争市场结构类型，行业和厂商实现长期均衡时，产品的长期边际成本恰好等于产品的市场价格。当产品的长期边际成本小于产品的市场价格时，意味着该产品的市场供给小于市场需求，为实现市场均衡需要提高产量；当产品的长期边际成本大于市场价格时，意味着该商品的市场供给超过市场需求，应当减产。在这两种情况下，都没有达到社会供给等于社会需求的均衡条件，资源配置没有实现最优配置。因此，只有当产品的长期边际成本等于市场价格时，市场供给才等于市场需求，资源配置才实现最优化。值得一提的是，产品的市场价格等于产品的长期边际成本这一均衡条件只有在完全竞争市场才能实现，其他市场结构都无法实现。这说明，完全竞争市场条件下的资源配置是最有效的。

(2)平均成本最低。在完全竞争与资源自由流动状态下，完全竞争市场上的产业与厂商在实现长期均衡时，平均成本达到最低点，这意味着完全竞争市场条件下，以最节约生产要素为前提实现了生产，即生产要素的使用是最为有效率的。

(3)价格最低。由于在完全竞争市场上，实现行业与厂商的长期均衡时满足产品的市场价格等于产品的最低长期平均成本，因此产品价格是最低的，这时厂商只能实现正常利润。

(4)经济剩余最大。在完全竞争市场上，能够获得最大的经济剩余，这也说明完全竞争市场是有效率的。经济剩余是消费者剩余和生产者剩余之和，表示一个经济所能得到的总效用或者满足超过它生产成本的部分。

需要指出的是，尽管完全竞争市场是有效的但并不意味着它是最好的，完全竞争市场也有其自身的一些局限性，具体表现在：

(1)厂商的平均成本最低并不一定表示社会成本也是最低的。这是因为市场可能存在外部性，使得厂商的私人成本不等于社会成本，特别是存在负的外部性时，私人成本低于社会成本，所以，厂商达到平均成本最低时社会成本可能并没有达到最低。

(2)无法满足消费者的多样性需求。完全竞争市场的一个基本条件就是产品是同质的标准化产品，即产品之间没有差别。而在现实生活中，消费者的需求偏好往往是多种多样的，因此完全竞争市场无法满足消费者的多样性需求。

(3)价格和产量变动过程中的效率损失。信息完备和自由流动是完全竞争市场的基本假定，但是在实际经济生活中，这两个假定是不成立的，信息是不完全的且资源的流动也受到或多或少的限制。这种情况下，当产品出现供不应求时，新厂商会进入，原有厂商会增加产量，而当其增加的供给已经足够时，这一过程不会立刻停止，这就会导致过度供给，这必然会造成一定的效率损失；而当产品供过于求时，厂商会减产或部分退出旧行业进入新行业，而在生产要素转让过程中会带来相应的价值损失，并且现实中的许多投入是无法回收与转让的沉没成本，如购买专用资产的投入、装修房屋的投入等。因此，在实际经济生活中存在着效率损失。

(4)不利于科技进步。由于完全竞争市场上的生产者，其生产规模比较小，而且长期以来只能获得正常利润，因此，他们没有能力也没有动力进行科技创新与新产品的开发，即完全竞争市场缺乏技术创新与新产品。这说明,从长远意义上来说,完全竞争市场并不是理想的市场结构类型。

(5)现实生活中几乎不存在完全竞争市场。一方面完全竞争市场的假定条件过于严苛,另一方面竞争必然引起垄断。

(二)垄断竞争市场

在现实生活中,垄断竞争市场是一种最常见的市场结构。它是介于完全竞争市场与完全垄断市场之间的一种既包含竞争因素又包含垄断因素的市场结构类型,它既不是完全竞争又不是完全垄断,而是竞争与垄断并存的更接近现实的一种市场。垄断竞争市场具有以下特征:

(1)产品具有"差别性"。这里所说的产品差别性指的并非是不同种类产品之间的基本性能方面的差别,而是指基本性能相同的同类产品之间存在着差别。

(2)市场上的厂商数量和消费者数量比较多。在同一产品集团内厂商数量众多,单个厂商所生产的产品数量占整个市场的份额较小,因此个别厂商无力影响整个产品集团市场。

(3)厂商进入和退出市场相对都比较容易。

垄断竞争市场具有许多优点,主要包括:

(1)规模经济。垄断厂商的生产规模可以很大,较大的生产规模给厂商带来规模经济。不仅如此,垄断厂商在研究与开发上也具有优势,也可能使其具有更低的生产成本 。

(2)尽管垄断厂商在产品市场上缺乏竞争者,但是它会在资本市场上面临竞争。

(3)垄断厂商或行业通过生产新产品获得长期超额利润,能够刺激它们进一步创新。

(4)垄断竞争市场上的产品差别化能够满足消费者的多样性需求,对提高消费者的福利有益。此外,垄断竞争市场的竞争已不再是单纯的价格竞争,而是要求厂商采取技术创新、改进服务方式以及提高产品质量等非价格竞争手段,而这也有利于增进消费者的福利。这使得垄断竞争市场比完全竞争市场更具吸引力,因为完全竞争市场上虽然具有较低的产品价格,但是同类产品是完全一样的,难以满足消费者的多层次需求,且厂商缺乏创新动力。

垄断竞争市场也有一定的缺点,具体表现在:

(1)垄断竞争市场上达到均衡状态时均衡市场价格高于完全竞争市场价格。在长期均衡过程中,垄断竞争市场上的厂商没有按照完全竞争市场上最低的生产成本进行生产,导致其所生产的产量低于完全竞争市场中应该达到的产量。而垄断厂商的超额利润会造成收入分配的不平等。

(2)在垄断竞争市场上,不仅产品产量低于最低平均成本时的产量、产品价格高于最低平均成本,而且厂商往往通过提高产品质量、广告促销等方式来形成产品的差别化,这就导致额外支出增加,产品成本上升,造成资源浪费。

(三)寡头垄断市场

寡头垄断市场也是比较普遍存在的一种市场结构类型,它是指一个行业仅被少数几个厂商完全控制的市场。寡头市场上几家寡头企业之间具有相互依存性,这是其他市场结构所不具备的一个重要特点。在寡头垄断市场上,为数不多的厂商企业使得每个企业在市场上都具有举足轻重的地位，一家企业在产量或价格等方面的决策变化会对其他竞争者的行为以及整个市场行为产生影响。可见，寡头市场上各企业之间存在着极为密切的关系。因此，寡头市场上的企业在作决策时，不仅需要考虑企业本身的成本收益状况，而且还必须考虑这一决策对整个市场的影响，以及其他企业对此可能做出的反应。

寡头垄断市场的优点：

(1)寡头垄断市场的优点是产品不会出现相对过剩，因为垄断厂商可以完全控制产量，从而不会出现产品相对过剩，不会造成浪费。

(2)寡头垄断市场上的寡头厂商一般都具有非常雄厚的实力，不会轻易破产，维持了市场的稳定。此外，他们在资金筹集、市场信息收集、广告宣传和运用销售渠道等方面具有优势。

(3)寡头垄断市场上的厂商生产规模巨大，能够带来规模经济，而且强大的财力支撑能够支持企业的创新。

寡头垄断市场的缺点表现在：

(1)垄断者为了获得超额利润，往往垄断产品的供应量，使得供给量小于需求量，导致部分产品需求者无法享受这种产品。

(2)寡头垄断的市场存在明显的进入退出障碍。这也正是寡头市场得以存在的原因，如果进入退出比较容易，市场不可能被少数企业所控制。寡头市场之所以存在明显的进退壁垒，一个最基本也是最重要的原因就是这些行业具有明显的规模经济性。规模经济性使得大公司在大规模生产时具有强大的优势而不断壮大，小公司因生产规模过小而具有较高的平均成本，使得它难以与大公司抗衡而最终无法生存，少数几家企业激烈竞争的格局最终形成。对潜在进入者而言，除非它从一开始就能形成较大的生产规模，并迅速占领较大的市场份额，否则它根本无法与在位者相抗衡。由于企业规模庞大，沉没成本高昂，使得寡头企业不会轻易退出市场。

(四)完全垄断市场

完全垄断市场是市场上只有一家厂商的市场结构类型，它的形成必须具备一系列条件：首先，市场上的供应者唯一，该企业构成了行业；其次，该厂商所提供的产品完全没有相近的替代品；再次，新厂商不能进入该市场，原厂商也不能退出；最后，价格由厂商完全控制，它可以实行差别价格，但往往受到政府管制。它的基本特征包括：关键资源由一家企业拥有；独家厂商拥有某种产品生产的专利权；政府的特许或自然垄断等。

完全垄断市场具有以下优点：

(1)规模经济。由于完全垄断是独家经营的，所以其生产规模非常大，通常能够达到平均成本最低的规模，从而降低成本、获得规模经济，且对社会有益，这是垄断的一大理由。

(2)创新能力强。因为完全垄断市场的创新收益为企业所独享，且垄断厂商具有足够的资金支撑创新科研，所以完全垄断市场上的企业具有更强的创新能力。

(3)垄断厂商凭借其垄断地位可以通过差别定价、降低服务质量、限产提价等方式获取高利润。

(4)完全垄断市场上不会产生因重复建设而造成浪费的现象。垄断厂商在提供产品之前可以制定统一计划，因此不会造成重复建设的现象。举例来说，如果我国只有移动通信公司一家，它处于完全垄断地位，那么它会事先计划好在全国建设多少个网点、多少个发射和接收装置,因此不会出现重复建设的现象。但是,如果市场上还有联通公司与其竞争,情况就不一样了。因为联通公司也会根据自己的计划在全国建设网点,设置发射和接收装置,那么重复建设就出现了。再比方说,一家面包厂就足以满足某地的需求时,如果另一个人偏要建一个面包厂与它竞争,那么两家各自只能利用一半生产效能,重复建设造成了浪费。

完全垄断市场的缺点表现在:厂商能够获得超额利润,造成收入分配的不公平。由于在完全垄断市场上,新厂商不能进入使得在位者可以长期以高于完全竞争市场上的价格出售产品而获得超额利润,这种垄断性超额利润被看成是以某种不平等为基础的收入。

二、影响市场结构的主要因素

市场结构受诸多因素影响,主要包括:

(1)市场集中度。

(2)产品差别化。

(3)进入和退出壁垒。

(4)市场需求的价格弹性。

(5)市场需求的增长率。

(6)短期成本结构。

上述影响市场结构的各因素也是相互影响的,一个因素变动,同时也会导致其他因素变化,进而整个市场结构的特征也随之发生变化。从下节开始就其中的市场集中度、产品差别化、进入和退出壁垒等影响因素分别加以讨论。

第二节　市场集中度

一、市场集中度概念

市场集中度通常用来反映一个市场的垄断程度与集中程度,它是指某一产业市场中买方或卖方的数量及其相对规模(即市场占有率)的分布结构。根据分析对象的不同,市场集中度可分为买方集中度与卖方集中度。前者反映的是市场上购买的集中情况,后者反映产业内的生产集中状况。在实际应用中,人们谈及的市场集中度多为卖方集中度。因为一方面市场上买者数量庞大,相较于此,人们更加关注产业的供给状况;另一方面卖方集中度也更容易测量。

二、影响市场集中度的主要因素

(1)规模经济水平。某一行业的规模经济水平愈高,大企业的效率愈高,市场竞争力愈强,其市场地位愈高,它们占有的市场份额也就愈高。

(2)市场容量大小。在正常情况下,某一产业或产品(服务)的市场愈大,企业拓展市场的余地愈大,新企业愈容易进入,大企业所占市场份额也就可能愈小。反之亦然。

(3)行业进入壁垒高低。某一行业进入壁垒高,意味着该行业的保护程度高,市场竞争程度低,该行业内大企业的支配地位高、势力大,它们所占市场份额也可能就高。反之亦然。

(4)横向合并的自由度。一个行业的市场内部愈能自由地合并,大企业通过横向合并控制的能力愈强,大企业所占份额也可能愈高。

(5)相关的产业政策和法律法规。政府如果实行授予少数企业特种产品或服务的专营权、保护性关税、限制外国投资等政策,就可以推动这部分企业经营规模的扩张,提高其市场集中度。相反,作为体现国家维护市场竞争政策的反托拉斯法在某种程度上可成为阻止市场过度集中的一种因素。

三、市场集中度主要衡量指标

(一)行业集中度

行业集中度(Concentration Ratio),通常用绝对集中度与相对集中度来衡量。

1. 绝对集中度

绝对集中度(CR)是测量产业竞争性和垄断性最简单易行和最常用的指标。绝对集中度一般以产业内规模最大的若干家厂商的有关指标值 x(产量、销售额、资产额、增加值、职工人数)占整个市场或行业的份额为准。该产业 n 家企业中前几位企业的集中度 CR 的计算公式是:

$$\mathrm{CR}_n = \frac{\sum_{i=1}^{n} x_i}{\sum_{i=1}^{m} x_i}$$

式中:CR_n——产业中规模最大的前 n 位企业的行业集中度;

x_i——产业中第 i 位企业的产值、产量、销售额、销售量、职工人数或资产总额等数值;

m——产业内的企业数;

n——产业内的企业总数。

公式中 n 取值可以根据计算的需要确定,在分析各产业的集中度时,通常以最大的 4 家或 8 家厂商的指标份额来计量,分别称为"4 厂商集中度"(four-firm concentration ratio, CR_4)和"8 厂商集中度"(eight-firm concentration ratio, CR_8)。CR_4 或 CR_8 测算相对比较容易,而且能较好地反映产业内的生产集中状况,显示产业的垄断和竞争程度,因此是使用比较广泛的反映市场结构的指标(见表 3-2),但是它们也存在一些局限性:

(1)由于产业分类只是以生产过程为标准,没有考虑需求替代的因素,因而集中度往往不能很好地反映产业内厂商间的竞争程度。

(2)在产业分类中属于某一产业的厂商,有可能进行生产结构的调整而生产属于其他产业的产品,这可能会影响产品的价格,而并不影响所统计的产业集中度。

(3)由于只考察少数大企业的生产集中程度,而没有考察产业内厂商规模分布情况,因此在实际运用中存在不足。如果 n 的取值不同,得到的产业集中度指数结果可能差距较大,这里反映了取值的人为性可能导致测量结果缺乏客观可比性。

(4)产业集中度将全国作为一个整体,没有反映国际经济关系和地区经济关系对产业竞争性的影响，因而有可能低估或高估产业竞争性。

(5)其他因素，如限制进口和进入的政府管制，对产业竞争性的影响可能比产业集中度更重要。

表 3-2 贝恩对产业垄断与竞争类型的划分及实例(美国)

类型	CR4	CR8	该产业的企业总数	列入该类型的产业
1. 极高寡头 A B	 75%以上 75%以上		 20 以内 20～40	 轿车、电解铜、氧化铝 卷烟、电灯、平板玻璃
2. 高集中寡头	65%～75%	85%	20～100	轮胎、变压器、洗衣机
3. 中(上)集中寡头	50%～65%	75%～85%	企业数较多	粗钢、钢筋、轴承
4. 中(下)集中寡头	35%～50%	45%～75%	企业数很多	食用肉类制品、杀虫剂
5. 低集中寡头	30%～35%	40%～45%	企业数很多	面粉、男式鞋、女式鞋、水果和蔬菜罐头、涂料
6. 原子型			企业数极多，无集中现象	女式服装、纺织、木制品中的大多数

2. 相对集中度

(1)洛伦茨曲线

洛伦茨曲线(lorenz curve)是一种相对集中度的指标，它表明市场占有率与市场中由小企业到大企业的累计百分比之间的关系(见图 3-2)。

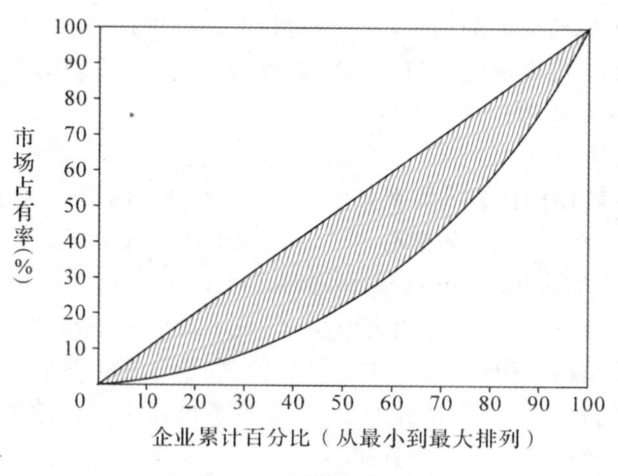

图 3-1 洛伦茨曲线

横轴表示按规模从最小企业到最大企业数目的累积百分比，纵轴表示这些企业的销售额占市场销售总额的百分比，即市场占有率。洛伦茨曲线反映产业内全部企业的市场规模分布情况。当行业内所有企业的规模都相同时，洛伦茨曲线与图中的对角线重合，因此这条对角线又被称为均等分布线；当企业的规模不完全相同时，洛伦茨曲线是对角线(均等分布线)下方的一条曲线。一般来说，曲线越偏离对角线凸向右下角，就表明企业规模分布的不均匀度越大，换句话说，就是市场集中程度越高。当然，有一种情况洛伦茨曲线反映不出来，那就是当行业中只有极少数几个规模相同的企业时，使用洛伦茨曲线无法反映出这种寡头垄断的市场结构。

(2)基尼系数

基尼系数(gini coefficient)也是一种相对集中度的指标，它建立在洛伦茨曲线的基础上，等于均等分布线与洛伦茨曲线之间的面积与以均等分布线为斜边、以横轴为直角边构成的三角形面积之比，如图 3-3 所示。

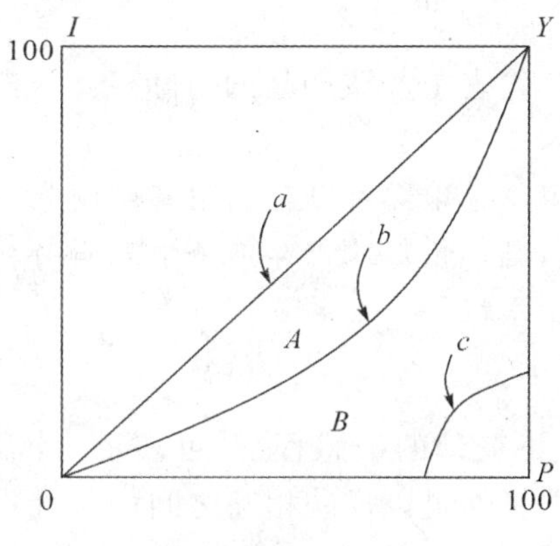

图 3-3 基尼系数

用公式表示为：基尼系数 $=A/(A+B)$

若 $A=0$，基尼系数等于零，收入绝对平均；若 $B=0$，基尼系数等于 1，收入绝对不平均，即全社会收入为一人所有。实际上，基尼系数在 0 与 1 之间，基尼系数越大，收入分配越不平均。

洛伦茨曲线和基尼系数原来是经济学家用来反映收入分配不均的一对指标，产业组织学者用它们来反映行业内部企业规模的不均。基尼系数的值在 0 与 1 之间变动，当基尼系数等于 0 时，表明洛伦茨曲线与均等分布线重合，即所有企业规模完全相等；当基尼系数趋向 1 时，表明企业的规模分布越来越不均等。与产业集中率指标相比，洛伦茨曲线和基尼系数作为相对集中度指标，可以反映出某一特定行业市场上所有企业的规模分布状况，但是它也有一定的局限性：

①洛伦茨曲线和基尼系数是对特定市场中企业规模分布情况的一种相对度量，而不是绝对度量，所以两家各自拥有 50%市场占有率的企业组成的市场，会与 100 家各自拥有 1%市场占有率的企业组成的市场具有相同的洛伦茨曲线，即均等分布线，它们的基尼系数都等于 0。但是，显然这两种情况下的市场结构的性质是完全不同的。

②当两条不同形状的洛伦茨曲线所围成的面积大小相等时，所计算出来的基尼系数的大小也就相等，因此基尼系数并不能代表某一特定市场中唯一的一种企业规模分布的状况。由于洛伦茨曲线和基尼系数存在这样的缺陷，所以在使用它们衡量市场集中度和判断市场结构时，必须非常小心。

(二)赫希曼—赫芬达尔指数

由于以上三个测量指标都有一些不足和缺陷，产业组织学者又提出了一种测量产业集中度的综合指数，即赫希曼—赫芬达尔指数，简称 H 指数。赫希曼—赫芬达尔指数

(Herschman-Herfindahl Index,HHI)是指市场中所有企业市场占有率的平方和。它是某特定行业市场上所有企业的市场份额的平方和,用公式表示为:

$$HHI=\sum_{i=1}^{N}S_i^2$$

(三)勒纳指数

阿贝·勒纳(A. Lerner)提出了一种以垄断势力强弱来衡量市场结构的方法,反映产业绩效量度指标,表示价格与边际成本的偏离率。用公式表示:

$$L=(P-MC)/P$$

其中,P 代表产品的价格,MC 代表生产该产品的边际成本。勒纳指数在 0 到 1 之间变动,数值越大表明垄断势力越大。

由于价格偏离边际成本可能是由多种复杂的因素所引起,而且要计量产品的边际成本也是一件比较困难的事,所以,勒纳指数尽管在理论上具有分析意义,但在实践中并不是衡量产业垄断性和竞争性的理想指标。

(四)交叉弹性

弹性,即需求数量对于价格变动的敏感程度,可表示为:需求变动百分比/价格变动百分比。不同产品间的交叉价格弹性可以反映相互之间的替代性和互补性,交叉价格弹性为负,表明 y 与 x 具有互补性;交叉价格弹性为正,表明 y 与 x 之间具有替代性。交叉弹性越高,替代性越强,竞争性也越强。

(五)贝恩指数

贝恩指出,在一个市场中,如果持续存在超额利润,一般就表明有垄断因素存在。

$$经济利润\ \pi=R-C-D-i\cdot v$$

其中,R 为总收入;C 为当期成本;D 为折旧;V 为业主的投资额;i 为从投资中可以获得的正常收益率,即资本的机会成本。

利润率就等于 π/v。

贝思指数的特点是:测算相对容易;具有一定的不确定性。

【案例评析】

行业市场集中度分析

2004、2005 和 2006 年,我国拖拉机制造业前 4 家企业的集中度系数 CR4 分别为 43.82、45.61 和 66.09,呈现逐年递增的趋势(见表 3-3)。

表 3-3 2004—2006 年我国拖拉机制造业集中度系数

年份	CR1	CR2	CR3	CR4
2004	20.88	34.90	42.31	43.82
2005	19.82	33.04	43.60	45.61
2006	27.12	46.29	64.04	66.09

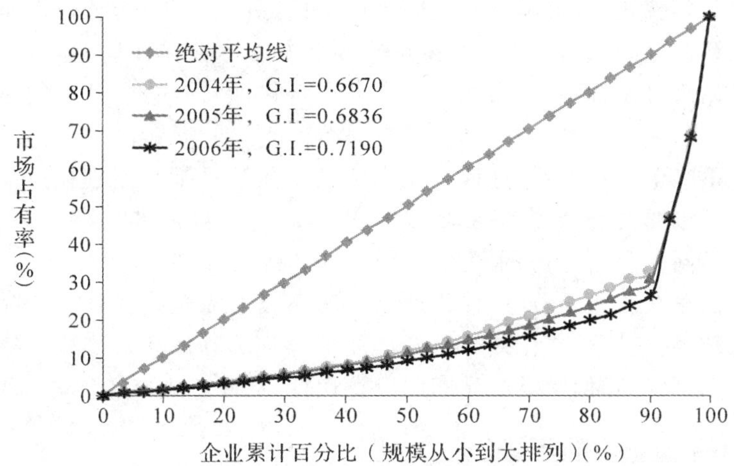

图 3-2 2004、2005 和 2006 年，我国拖拉机制造业洛伦茨曲线和基尼系数

2004、2005 和 2006 年，我国拖拉机制造业洛伦茨曲线偏离绝对平均线较远，且偏离程度有逐年增加的趋势。基尼系数从 0.667 增加到 0.719，表明业内企业实力相差悬殊，且实力不均衡和规模差距增大等问题愈加明显。由此可初步判定，我国拖拉机制造业整体市场结构属于寡头型，有向高度垄断发展的趋势(见图 3-4)。

——资料来源：根据网络课件材料整理

第三节 产品差别化

一、产品差别化的含义

产品差别化是指同一产业内的不同厂商所提供的同类商品，存在内外方面的某些差异，使得同类产品之间也不能完全替代的情况。厂商之所以进行制造差别化产品就是为了引起消费者对该厂商产品的特殊偏好，从而使其能够在市场竞争中占据更有利的地位。产品差别化可以看做是厂商的一种经营手段，同时也是一种非价格竞争手段。产品差异化既可以是产品本身确实存在差异，也可以是消费者主观上认为的差异。例如，牙膏的生产厂商往往通过各种手段使其生产的牙膏比同类其他厂商生产的牙膏更具特色(如双氟、儿童防龋、清凉薄荷口味等)，这些特色可能对一部分消费者极具吸引力，因此他们专爱购买该厂商生产的牙膏。再比如，使用相同原料生产的款式相同的 T 恤衫，但是一部分被缝上甲企业的商标，另一部分被缝上乙企业的商标，那么对于它们就会被认为是两种不同的产品。对于更偏好甲商标的消费者而言，只要在一定的范围内，他们愿意以更高的价格购买缝上甲企业商标的 T 恤衫。产品差别化吸引力在于能够引起消费者需求量的变动，使消费者对其偏好的产品宁愿支付更多的钱而不购买其他同类产品。这就降低了同一产业内不同厂商所生产的同类产品的可替代性，使得市场竞争存在不完全性并促使寡头与垄断的形成。

产品差别化概念与产品之间的替代性表达基本上是相同的含义。对于消费者而言，同类产品之间可以互相替代，这也是把它们归为同类的原因。完全的替代性是指产品之间在使用性能、外观、结构、广告宣传及售后服务等各个方面不存在任何差别，对于需求者来说它们是同一种产品。可见，两个产品之间具有完全替代性与两个产品之间是无差别的是等同概念。但在实际生活中几乎不存在完全替代性或无差别产品，同类产品之间往往是部分替代关系或者说不完全替代关系，这说明现实中的产品几乎都是差别化产品。产品差别化不仅是企业的一种重要的经营竞争手段，而且也是一种重要的非价格壁垒。具体而言，它是指同一产业内不同厂商所生产的同类产品在质量、性能、款式、销售服务、信息提供以及消费者偏好等方面存在的差异，从而使得产品之间不具有完全替代性。产品价格定位差异化、功能差异化、技术差异化、文化差异化是产品差异化的具体表现形式。产品差别化能够影响消费者的需求，同时降低同类产品间的可替代性，从而造成市场竞争的不完全性。

二、形成产品差别化的因素

(1)产品的物理性差异。产品的用途本质相同，但性能、构造、外观等有所不同，直接影响产品的使用效果。

(2)买方的主观差异。即由于厂商的广告、宣传等促销活动而引起买方对这一产品的偏好；或买方受消费潮流的影响而对某种产品产生偏好；或者是由于买方对产品不够了解而产生的主观差异。

(3)对买方的服务差异。包括向买方提供有关信息、发送服务、技术维修服务、提供信用支持等。在这些服务方面的差异会引起买方对商品的不同偏好。

(4)地理位置差异。因厂商或销售点的位置不同而给买方带来的购买时间、方便程度、运输成本的差异，这也会造成买方在产品选择上的差异。

(5)特殊促销活动差异。如赠送礼品、配附件、进行有奖销售等活动而造成买方在产品选择上的差异。

有时，人们喜欢把“真实的”产品差异和“人为的”产品差异两者区分开来。真实的产品差异是指产品自然特性的差异，如提供相同功能的两种不同品牌的洗衣粉，它们的实际化学性能可能有差异；人为的产品差异是指产品内容相同但包装材料、商标名称及广告费用等不同；另外，厂商也能根据地点的不同和为产品销售所提供的服务的不同而把他们的产品区别开来。但更重要的是，消费者认为，在任何一类产品中，单个产品之间存在着相当大的差异；消费者有时宁愿买某些价格更高的产品而不愿买另一些产品，认为价格反映了产品明显的质量差异。值得注意的是，产品存在差异是由于消费者认为它们不同。也就是说，尽管某品牌产品从化学角度看同另一品牌产品是相同的，但如果消费者认为产品不同并相应地进行购买，那么产品实际上便存在差异。

通过以上分析，我们可以将产品差异的原因简要地概括为：质量或设计方面的差异；消费者对要购买的商品的基本性能和质量不了解引起的差异，如不是经常被购买和设计复杂的耐用品；由卖者的推销行为，特别是广告和服务所引起的品牌、商标或公司名称的差异；同类商品销售者地理位置的差异等。

三、产品差别化战略和实施差别化策略的动因

差别化战略是提供与众不同的产品和服务，满足顾客特殊的需求而形成的竞争优势战

略。企业形成这种战略主要是依靠产品和服务特色。企业采用这种战略，可以很好地防御行业中的五种竞争力量，获得超过行业平均水平的利润。具体来讲，主要表现在以下四个方面：一是形成进入障碍；二是防止替代品的威胁；三是增强讨价还价的能力；四是降低顾客敏感程度。

产品差别化使同一产业内不同企业的产品减少了可替代性，这就意味着该产品市场的垄断因素的增强。只要有了一定程度的差异性，就有了相对应的垄断力量，即厂商具有在边际成本之上定价的能力。因为差别化程度高的产品买方偏好强，即使企业稍微提高那些产品的价格，需求的下降也小，即需求价格弹性小。因此，差异化程度高的产品涨价的诱因强烈，降价的诱因微弱，即价格与边际成本差额越大，厂商的垄断力量就越强，厂商获得的利润也就越大。

四、产品差别化的策略

(1)R&D策略。企业可以通过大力开展研发工作，不断推出新产品或者使其产品在质量、样式或造型等方面不断改变，从而将自己的产品同其他同类企业的产品区别开来，通过满足顾客的需求建立竞争优势。

(2)地理策略。企业在选择生产和销售产品的地点时以地理便利为基础。便利的地理位置不仅便于运输、节约成本，而且有利于广揽顾客。

(3)促销策略。产品差异策略对吸引消费者具有重要意义，一般消费者对购买次数不多的商品特别是耐用品等并没有足够的了解，这时，就需要企业通过包装、广告、销售宣传以及公关活动等方式给买者留下良好的主观形象和偏好。

(4)服务策略。服务是产品的重要组成部分的观念在现代市场营销观念中已被普遍接受。优质的服务能够引起消费者一定的合理的需求差异，因此，企业可以通过培训使员工训练有素，从而使其能够提供优质的服务、缩短结账的过程进而满足消费者的这部分差异性需求。其实，许多消费者乐意获得优质服务，并愿意购买包含一定信息和训练费用的产品。

【案例评析】

国产手机的差别化战略

目前，手机市场的竞争越来越激烈，众多手机厂商都想在这个领域中抢占地盘，分到一杯羹，作为国内手机厂商，如何在这样的环境中与国际手机厂商进行竞争呢？唯一的办法就是走差异化的路线，推出具有个性、更符合中国人使用习惯的手机，而我们很多的国产手机厂商，目前就正朝着这样的方向在努力。

如何实现差异化？在这个手机产品极其丰富的今天，能够吸引眼球的手机肯定有和别的手机不一样的地方；如何吸引眼球，独特的设计就是最好的办法。

1. 机型差别化

机型差异化是国产手机所擅长的方面 。机型是国产品牌手机后来居上、超过洋品牌而制胜的法宝。国内品牌在不掌握手机核心、次核心技术的局面下，采取了从机型、铃声等产品边缘突破的方式，通过设计适合中国人审美造型的手机来赢得市场。追求外观设计突破一直以来都是国产手机最突出的优势所在。

夏新A8以精美知趣的当时全球最薄的超薄机身、多功能的双屏折叠设计、简洁明快的外形轮廓、独有的16和弦音乐振铃、流光溢彩的一体化设计的按键背光、国人喜欢的腾龙图案、简明快捷的文字输入转换，以及超大的内外双屏显示等特点，配合7色炫彩背光灯，更兼其独门“跳舞绝技”焕发出来的“梦幻魅力”，让消费者第一次感受到了国产手机非凡的人性化、时尚魅力。新加坡《联合早报》在报道中赞扬这款夏新手机在设计风格上体现出中国传统文化与高科技的完美结合。该机型推出后，手机市场上就引起了不小的震动，其销量一路上涨，出现了市场中少有的产品一下线就打包被经销商运走的情景。当时，夏新手机每月5万台的生产规模全负荷运转还是满足不了需求，许多经销商都是预付了货款等着手机下线。在某些地方，夏新A8甚至被炒到一台8000元左右的天价。更有消息说，由于产品供不应求，夏新当年仅预收经销商的现金货款就达到了4亿多元。夏新从A8上赚到的单机利润竟然高达1000元左右，到2002年年底，夏新手机总销量高达200多万台，双倍超出当年年初100万台的预期目标。

2. 功能差异化

手机的智能化已经成为如今手机发展的一大趋势，现在的手机往往具备功能的多样化，如MP3、照相机、摄像机、录音机、学习机等多种设备的功能。手机的多功能化和智能化很好地满足了我国市场日益多样化的需求。

酷派携手中国联通推出首款双待双核手机cheer7728，将原来仅在高端商务手机上配置的双网双通技术首次应用于中高端的产品。该手机具备双网、双待、双通、双核、双摄像头，同时，配备4.0英寸IPS全视角高清大屏，搭载Android4.0智能系统。该手机的推出填补了WCDMA市场上2000元左右双核双通产品的空白。酷派cheer7728是双网双待产品，而且具备双通技术。这是当时市面上很多双核双待手机不具备的功能；同时，针对年轻人的移动互联应用需求，配备了双摄像头和DTS音效，预装安卓4.0操作系统，用户体验更出色。

赛诺的数据显示，2012年4月，酷派在国内WCDMA智能手机市场份额进一步增长，以7.4%的市场份额超越诺基亚排名第四。这也是酷派首次进入WCDMA产业前4名。据悉，酷派WCDMA产品的比重在2012年还会大幅增加，预计将会有近13款左右的智能机推出，特别是双核双通的WCDMA产品将是布局的重点。

3. 营销差别化

近两年手机行业最热的话题之一无疑是高配低价的小米手机，小米以主流高端的配置卖1999元确实让不少人心动了，如此爆炸性的价格立刻引发众多媒体的跟踪报道。再通过连贯的网络营销，可以说小米手机不需要投放一分钱广告，已经达到惊人的宣传效果。

小米手机的营销策略有点类似苹果，营销学称之为“饥饿营销”。小米手机与其他手机不同点如下：①销售渠道不同：小米手机是纯网络销售的品牌，只能在网上订购，还不一定有现货，其他品牌手机在线下各类手机门店或电器店均可以买到；当然除了联通电信合约机之外。②产业链不同：小米手机是轻资产运作，怎么轻的呢？系统用的是安卓，虽然有小米系统，但基本上就是个山寨安卓系统，硬件设备的芯片知识产权等用的是其他品牌的模式；生产加工组装等生产模块是委托给第三方代工的。简单地说，小米公司运营的就是小米这个品牌！

作为一名消费者来说很想要这款手机，却迟迟到不了货，迟迟买不到，那心情可想而知；作为一名旁观者，不得不佩服小米的营销手段，试问有哪个品牌能在如此匮乏的硬件条件下创造出这样一个知名度、销售量如此之高的新品牌。小米没有手机生产经营经验，没有手机营销经验，但却通过一系列的操作，创造了一个甚至被称为中国苹果的销售奇迹。

——资料来源：根据网络课件材料整理

第四节　进退壁垒

一、进入壁垒的含义与分类

（一）进入壁垒的定义

简单而言，进入壁垒是指新企业进入某一市场时所面临的来自外界的约束其进入的障碍与限制。进入壁垒是决定产业结构特征的一个重要因素，进而对产业竞争与市场绩效产生影响，因为它决定了企业数量与规模分布，并且对在位厂商的定价（高于、低于或等于边际成本）产生影响。任何可以降低外来企业进入的可能性、进入的范围以及进入的速度因素或原因都属于进入壁垒的范围。然而，除技术、法律、政府规制及其他方面的原因造成的壁垒外，市场本身的基本条件限制是最基本的进入壁垒。进入壁垒在不同时期、不同产业内具有较大的差异，因此不同的经济学家对进入壁垒的产生与影响具有不同的意见。但就进入壁垒是影响市场集中度与市场份额的决定因素这一点已经达成共识。

（二）进入壁垒的分类

按照成因可将进入壁垒大体分为以下三小类。

1.结构性（或称为经济性）进入壁垒

结构性进入壁垒是由欲进入行业的产业基本特征决定的，也就是新厂商进入某一产业时必须克服的经济障碍，具体包括成本、技术、消费者偏好、市场容量及规模经济等方面的障碍，克服这些障碍必然导致成本的增加，这就构成了壁垒。根据具体障碍的不同形成了不同的壁垒，如由在位者生产能力与规模所引起的壁垒称为生产规模壁垒；由技术障碍所产生的壁垒称为绝对成本壁垒；由消费者偏好所引起的壁垒称为产品差别壁垒；等等。进入壁垒的结构性因素主要包括规模经济、必要资本量、绝对成本优势、网络效应、产品差别化及政策性因素。

（1）规模经济壁垒。随着产量的增加，企业的平均生产成本不断下降，这就是规模经济效应。企业必须达到最小有效规模（MES）才能获得规模经济。所谓最小有效规模是指使企业长期平均成本最小所必须保证的最小产量。

（2）绝对成本优势壁垒。绝对成本优势是指在位厂商的平均成本在任一产量水平下都比潜在进入者低，也就是说在位厂商比进入厂商在平均成本上具有绝对的优势。必要资本量是形成绝对成本优势的原因，而必要资本量壁垒是指新进入者进入某一行业时所必须要达到的最低资本量。在资本密集型及高新技术等产业中必要资本量壁垒通常比较高。以房地产业为例，它是一个资本密集型产业，假定每平方米建筑面积造价需要3000元，那么一个50万平方米的房地产项目就需要15亿元的资金。根据国家的相关规定，从事房地产开发的企业，其自有资金比例不能低于30%，也就是说房地产企业的自有资金必须达到4.5亿元才能开发这样的项目。这完全可以把一些中小投资者挡在门槛外。

(3)网络效应壁垒。网络效应也称作网络外部性，它是一种消费的外部性，即某种商品的消费者的效应水平随着购买者数量的增加而增加，导致消费者对该商品的需求量增加。网络效应可分为直接网络效应和间接网络效应。前者是消费同一种产品的消费者之间所产生的外部效应，也就是说某一产品的消费者数量增加直接影响消费者的效用。如移动通信网络。后者是指某种产品的互补品的需求量会随着该产品消费者数量的增加而增加，相应的价格也会降低从而产生价值。如计算机的硬件和软件、操作系统与应用软件、影碟机与碟片等。某种产品已有用户数量越多，购买这种产品的愿望就越强烈，那么用户数量的增长速度就越快。而用户数量的不断增长又进一步促进了消费者的购买，从而形成一种正反馈效应。正反馈效应的作用机制形成一种进入壁垒阻碍了潜在进入者的进入。

(4)产品差异化壁垒。产品差别化或产品差异，是指同一产业的不同厂商所生产的同类产品存在某方面的差异使得产品之间不能完全替代。

由于质量、款式、性能、信息提供、售后服务及消费者偏好等方面的差异使得同一产业内不同企业生产的同类产品之间出现替代不完全性的状况，从而使新进入者面临一定的障碍即产品差异化壁垒。以苹果手机为例，它在产品设计和生产制造方面树立的高品质形象、在定价及销售服务等方面树立了良好的声誉、通过广告宣传而建立的消费者忠诚度等使其形成产品差异优势，对潜在进入者而言具有产品差异化壁垒。

(5)制度性壁垒。如果政府认为某一产业只有少数几个企业比较合适，那么它就会对进入进行管制，从而形成制度性壁垒，如通信产业、改制之前的铁路运输业。

2.策略性(或称为行为性)进入壁垒

策略性行为是指企业通过影响竞争者对该企业行动的预期，使竞争者在预期的基础上作出对该企业有利的决策行为。而策略性进入壁垒是指因企业采取策略性行为而形成的进入壁垒。企业通过策略性进入壁垒阻止潜在进入者进入时会采取它认为最优的行动来提高结构性壁垒。与结构性进入壁垒不同，这种行为有时候也会使企业本身蒙受一定的经济损失。这在企业的定价行为中表现得更为明显，为了驱逐竞争对手或阻止潜在进入者的进入，在位者可能将价格定在使其也蒙受一定损失的水平上(这种定价行为在下一节中会有具体介绍)。新进入者会根据在位者的行动调整或改变其决策和行动，这必然会使其收益蒙受损失，即策略性进入壁垒发挥了作用。

(1)策略性行为转化为策略性进入壁垒的必要条件：

①在位者的策略性行为必须发生在潜在进入者制定进入决策之前，且能被潜在进入者观察到；

②所采取的策略性行为能够向潜在进入者传递有关信息，使其对进入后的利润预期发生改变，进而影响其进入决策；

③策略性投资必须是真实的，不可逆且不可回收，从而使威胁可信。

(2)策略性进入壁垒的实现：在位者通过策略性行为使潜在进入者在市场中处于成本劣势，从而阻止其进入。

①过度生产能力投资,如图 3-3 所示。

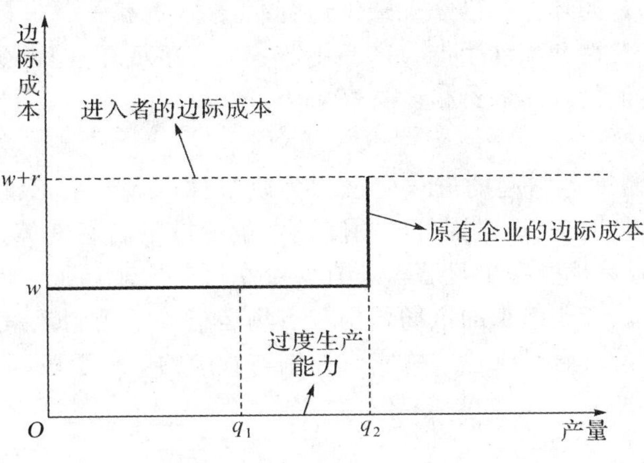

图 3-3 过度生产能力投资

②干中学。由于在生产过程中能够积累生产经验、形成学习效应,因此随着累计产量的增加,企业的生产效率不断提高,平均成本不断下降。

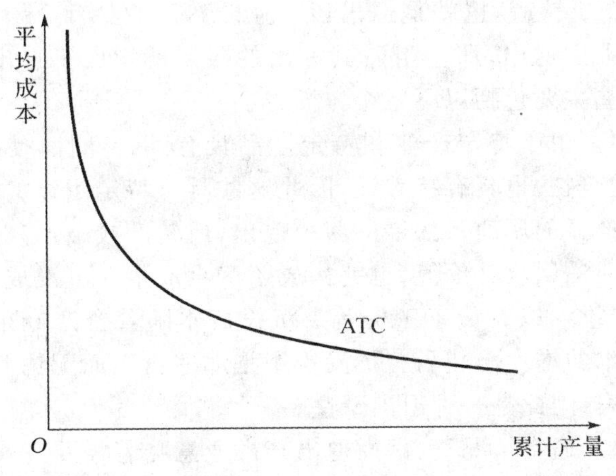

图 3-4 干中学

为了获得更多的生产经验和学习效应,第一阶段原有企业降低产品的价格以增加销量,第二阶段的成本将随着第一阶段累计产量的大幅增加而明显降低。

干中学能使在位企业获得多少优势取决于两点:

第一,干中学所产生的学习效应能够使在位企业的成本比新进入企业低多少。

第二,学习花费时间的长短。太长或太多的学习周期都不能使在位者获得较大优势。因为如果学习周期很短,那么新进入企业可以通过学习较容易地赶上在位厂商。如果学习周期很长,那么在位者本身所获得的学习优势不会很大,只能稍稍领先一点。因此,只有学习周期适中时,干中学的策略效应才会比较明显,在位厂商才可以通过策略性投资阻止新厂商进入,并获得较高的利润。

(3)提高竞争对手的成本

①垂直一体化。在位厂商可以通过垂直一体化策略垄断式签约收购优质原材料,从而

对上下游环节进行控制。如长虹收购彩管、汇源收购红富士苹果、鄂尔多斯垄断羊绒等。

②利用政府管制。如环保标准——造纸厂管制,减少配额——进口原材料管制。

③利用产品的互补性和配件生产。产品不兼容——手机充电器、视频软件。

④提高工资和其他投入品的价格。提高工资,增加产品的人工成本,提高进入门槛。

3.政策性进入壁垒

由法律、法规及制度等引起的进入壁垒称为政策性进入壁垒,具体包括特许经营权制度、专利保护制度、税收壁垒、进口许可证制度及资金筹措限制制度等。对于市场体系还不完善的国家而言,其政策性壁垒更显著。还有些壁垒属于宏观层面,如跨地区壁垒、跨行业壁垒及所有制壁垒等。产业组织的市场结构和市场运行等会受到政策性壁垒的影响,因此政策性壁垒可以看作是政府对产业实施宏观控制与管理的一种手段。

二、退出壁垒

(一)退出壁垒的概念及影响因素

退出是指某个厂商从某产业撤出不再提供该产业的产品。破产与转产是退出的两种方式。理论上,当某个厂商长期处于经营亏损、资不抵债的状态,即无法进行正常的生产经营活动时,就应该破产或转产,也就是退出该产业。然而,在实际生活中,这些厂商受到各种制约而难以从该产业中退出,那些阻碍其退出的限制就构成了退出壁垒,即厂商退出产业遇到障碍。退出壁垒主要包括以下几个方面:

(1)沉没成本壁垒。由于特定产业和特定产品具有其特殊性,使得厂商所投资的固定资产(指厂房、设备、建筑物)也具有特殊性,因此这些具有特定用途的固定资产通常不容易转卖给生产销售其他产品的厂商。如果厂商想退出(或转产或破产)时,那些专用性非常强的设备只能被废弃而无法回收其价值,也就构成了沉没成本。沉没成本具体包括专用生产设备投入、研发与广告投入以及员工工资等。沉没成本随着资产专用性的提高而增大,而退出动机随着沉没成本的增大而减弱。沉没费用是那些投入而无法收回的费用,它是厂商退出产业时的一种损失,因此是一种退出壁垒。

(2)解雇费用壁垒。通常情况下,厂商退出某产业意味着需要解雇工人,但是解雇工人需要支付解雇费用,包括退职金、解雇工资等,有时甚至还需要支付一定的转业费与培训费以便工人改行。这些费用也构成了厂商退出壁垒。

(3)联合生产壁垒。在许多产业中联合生产现象普遍存在。例如,在石油精炼产业中,可能用石油联合生产汽油、轻油、煤油及重油等多种产品。这种情况下,即使重油的市场需求明显下降,但其产量降低的幅度却有限。也就是说,在存在联合生产的产业中,即使部分产品的市场需求急剧下降,也难以导致作为联合生产结果的这部分产品的单独退出。

(4)多元化战略形成的退出壁垒。企业采取多元化战略经营时,退出其中某一特定业务时,可能会使企业遭受重大战略损失。

(5)政策和法规壁垒。在某些特定产业中,政府为了一定的目的往往制定某些政策法规来限制厂商退出。例如在提供电力、邮电、煤气等公共产品的产业中政策和法规壁垒在各个国家中普遍存在。

(二)企业退出市场方式

(1)企业并购重组。如国美并购永乐,2006 年 7 月 24 日,传闻 9 天之久的国美并购永乐案终于水落石出，国美电器和永乐电器发布公告称：国美将以 52.68 亿港元以“股票＋现金”的形式并购永乐。其中，国美电器将以 0.3247 股自身股票置换 1 股永乐电器股票(1：3.08 的比例)，国美电器还将为每 1 股永乐电器股票支付 0.1736 港元(共 4.09 亿港元)现金。在国美完成换股手续之后，永乐电器将会退市。这是中国家电零售业最大的一起并购，行业老大国美和老三永乐经过数月秘密协商，终于走到一起。

(2)主动调整实现退出。如 IBM 甩掉 PC。

(3)破产退出。如美国雷曼兄弟倒闭，其为全球最具实力的股票和债券承销和交易商之一，历史最悠久、美国第四大的投资银行。2008 年 9 月雷曼宣布破产，涉及总债务 6130 亿美元。

(4)强制关闭淘汰退出。如三鹿奶粉事件，政府勒令强制关闭。

本章小结

1. 根据市场竞争和垄断的不同程度，人们一般粗略地把市场结构划分为完全竞争的市场结构、完全垄断的市场结构、垄断竞争的市场结构和寡头垄断的市场结构四种类型。

2. 市场集中度主要衡量指标有行业集中度、赫希曼—赫芬达尔指数、勒纳指数和交叉弹性。

3. 产品差别化使同一产业内不同企业的产品减少了可替代性，这就意味着该产品市场的垄断因素增强。只要有了一定程度的差异性，就有了相对应的垄断力量，即厂商具有在边际成本之上定价的能力。

4. 进入壁垒大体上可以分为结构性壁垒、策略性壁垒与政策性壁垒；退出壁垒主要包括沉没成本壁垒、解雇费用壁垒、联合生产壁垒、多元化战略形成的退出壁垒以及政策和法规壁垒。

复习思考题

1. 简述市场结构的四种类型特征。
2. 简述不同市场集中度指标测量优点与不足。
3. 简述产品差别化战略类型及策略。
4. 简述进入与退出壁垒类型及影响因素。

【案例评析】

我国纺织业的退出壁垒

我国有着悠久的纺织工业历史，是当今世界上纺织品的生产和贸易大国。新中国成立以来，特别是改革开放以来，纺织工业获得了快速发展。1978—1996 年，纺织业累计创汇 2800 亿美元，纺织品和服装出口额占全国商品出口总额的比重一直保持在 1/4 左右，成为我国重要的出口产业之一；18 年累计实现利税 3700 亿元，产值占全国工业总产值的 16%，为国家经济建设作出了突出贡献。但与此同时，国有纺织工业长期积累下来的矛盾和问题也日益突出，主要表现在：①困难持续时间长，亏损额不断扩大。纺织工业从1993年开始，已连续5年亏损，全行业国有企业净亏损最初为19亿元，而1996年已达106亿元；②困难涉及面广。1996年国有纺织工业亏损面达42%，比全国国有工业的平均水平高出8个百分点，亏损企业职工约占国有纺织工业企业职工总数的一半，在全国绝大多数地区国有纺织工业都出现了全行业亏损；③国有纺织工业已经成为全国国有工业中困难最为严重的行业。1996年，国有大中型纺织亏损企业数占全国国有大中型亏损企业总数的18%，亏损额占19%，涉及职工人数180万人，占全国大中型亏损企业人数的20%，均居全行业第一位。在纺织业全行业长时间效益低下的情况下，其生产能力并未见缩减，现仍有1000万锭，即约1/4的生产能力过剩，纺织工业靠自身力量进行结构性调整举步维艰。

为了使纺织工业在改革和解困方面取得重大突破，国务院及有关部门先后确定了一系列有力的政策措施，其中援助退出政策是其重要组成部分，主要包括：①为搞好压缩淘汰落后棉纺锭工作，每压1万锭给予300万元补贴，提供贴息贷款200万元，补贴由中央和地方财政各承担一半，贴息由地方财政承担。②1998年国家核销银行呆账坏账准备金重点向纺织业倾斜，各地在安排1998年计划时，纺织核销规模不低于1997年水平，新增的100亿元规模，主要用于解决棉纺织企业的压锭重组项目。③妥善安排下岗职工。下岗职工要进入再就业服务中心，保证下岗职工的基本生活费和养老、医疗保险的支付。

以上情况表明，我国政府对纺织行业的退出援助，是基于大量亏损的国有纺织工业企业无法克服高退出壁垒这一背景作出的政策安排。从经济性退出壁垒看，纺织业具有资产专用性强的特点。在棉纺织业中，机器设备的专用性很强，没有通用性，若改变原来生产的产品，则原有的设备或变得毫无用处，或要经过成本高昂的改造才能用于生产新产品。例如纺锭、织机只能用于纺织纱布，无法转产。另外，纺织企业的技术能力和操作工人技能的专用性也很强，主要靠自己的力量可以开发的其他行业的产品数量少。由于沉没资本比例较大，使纺织企业只要价格处于停止营业点之上，就可以继续生产。我国的国有纺织企业由于债权软化，流动资金主要从银行获得，一般能够维持必要的现金流，因此一部分国有企业长期在亏损的状况下仍然继续生产，而退出难以发生。另外，传统的纺织业尤其是初级加工业，属于劳动密集型工业，雇用着大量工人，若企业退出，则劳动者解雇和改行的费用也是高昂的。因此，纺织业所具有的行业特点造成了纺织企业经济性退出成本比较高。

——资料来源：山东农业大学《产业经济学》案例分析汇总改编

案例评析讨论：

1. 我国国有纺织企业的制度性退出壁垒有哪些？
2. 造成我国国有纺织企业制度性退出壁垒的因素是什么？

第四章　市场行为

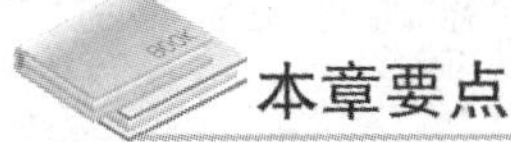

本章要点

通过本章学习，应掌握以下要点：

1. 市场行为及其内容
2. 市场价格与非价格行为
3. 企业的组织调整行为

导入案例

"彩电价格大战在汉上演"

武汉晨报报道：一石激起千层浪。长虹13日在武汉大幅下调彩电价格，引来意料中的彩电大战。昨日一大早，武商、徐东平价、中南等各大家电卖场就传来一股火药味。从昨起，19款29英寸康佳超平彩电全线下调，最高降幅达到1400元，一般降幅都在400～500元。康佳武汉分公司市场部经理栗波介绍，因康佳已无多少库存旧机型，只得忍痛拿出2000型超平彩电投放市场。TCL彩电一负责人说，尽管TCL不主张降价，可长虹降价对TCL有相当冲击，TCL近日也将会采取相应对策。武商家电城有关人士则称，高路华、创维、厦华等多家彩电已频频与商场接触，大有出击势头。

从各大卖场传来的消息是，长虹降价以来销售一路飙升，已对其他品牌形成强烈冲击。长虹降价3天来，中商集团下属的各大卖场长虹销售已突破2000台，武商家电城一个卖场就卖出了250多台。康佳首日降价，效果立现，武商、徐东平价等卖场围满了消费者，一扫两天来的冷清场面。在这场彩电大战中，武汉已成了各大品牌抢驻的"要点"。据可靠消息，4月22日和5月1日，康佳、长虹将分别会有一位重量级的人物来武汉，为彩电大战"助兴"。可以预见的是，长虹、康佳、TCL等一线品牌的价格大幅下调，势必会带来一场全行业的价格大战。业内人士担心：2000年彩电行业全面亏损，如这次价格大战持续下去，对二三线品牌来说，不啻是一场血光之灾。待到秋后算账之时，难免哀鸿遍野。

——案例来源：郭斌. 我国彩电产业的价格竞争、价格战与产业绩效. 中国工业经济，2001(7)，部分引用.

第一节　市场行为概念及其内容

企业的市场行为，也即企业市场竞争行为，是指企业在充分考虑市场的供求状况及其与其他企业关系的基础上所采取的战略决策行动，目的是提高市场占有率与获得更大的利润。企业的市场行为受市场结构的影响并直接影响市场绩效，同时市场行为对市场结构具有反作用，影响市场结构的状况和特征。

企业的市场行为是其为实现一定经营目标所做出的现实反应，受到企业内外部因素的制约。企业的经营目标是驱使企业采取某种市场行为的直接决定因素，它是指导企业行为的导航标，是企业行为的动力源泉，同时也是企业行动的准则。制约企业市场行为目标的形成和实现因素既包括企业内部因素也包括企业外部因素。这里的内部因素主要指企业的产权关系，尤其是企业的委托—代理关系的权利明晰状况，也就是企业所有权与控制权之间的关系。而外部因素主要包括企业所在行业的市场结构与市场绩效状况、法律环境与相关的产业政策等。

企业市场行为的主要内容涉及以下三个方面：

(1)定价行为及价格协调行为，其基本特征表现为控制或影响价格，具体包括价格歧视行为、阻止进入定价行为、驱逐对手定价行为以及控制市场、限制竞争的价格协调行为。

(2)非价格竞争行为，其基本内容涉及研究与开发、促销、产品差异等方面，如技术开发行为、广告宣传行为等。

(3)组织调整行为，其基本特征表现为产权关系与企业规模的变动，如企业一体化行为、兼并行为、跨国经营行为、多元化行为等。

第二节　企业的价格竞争与协调行为

一、价格竞争行为

价格竞争行为包括限制性定价行为、掠夺性定价行为及价格歧视行为三种类型。

(一)限制性定价行为

限制性定价行为也称为阻止进入定价行为，是寡头垄断市场上的在位企业为了阻止新企业的进入而采取适度降低产品价格的定价行为，并由此获得长期垄断利润。企业采取限制性定价行为的目的是为了完全阻止潜在进入者的进入，具体包括静态限制性定价和动态限制性定价两种形态。

(1)静态限制性定价是指主导性在位厂商为维持其在市场上的主导地位，最大限度地降低价格，从而使潜在进入者无法进入或从属企业无法获益而放弃扩张。利润是驱动潜在企业进入的基本决定性因素，只有潜在进入者预期进入后可以获得超过正常报酬的经济利润它才会进入市场，至于进入后能否真正获得利润则决定于进入后的价格与成本。

(2)动态限制性定价是指在位厂商为了获取长期利益而设定一个能够阻止潜在企业进入的价格，并以此成功地维持其原先的市场地位。在位厂商也可以设定一个较高的垄断价格，这时在位者能够获得短期较高超额利润，不过，超额利润的存在会吸引潜在进入者的进入，从而使其面临着失去垄断地位的风险。因此，在位企业在定价时必须在长期利润与短期利润之间进行平衡以实现利润最大化，进而采取跨时期利润总额最大化的定价策略即动态限制性定价。

（二）掠夺性定价

掠夺性定价也叫做驱逐竞争对手定价，是指在掠夺期在位者为驱逐竞争对手或遏制潜在进入者的进入而将价格降低到对手平均成本之下，在短期内其本身也可能遭受损失；但是一旦竞争对手离开市场，在位者就会立即提高价格以补偿掠夺期所遭受到的损失。

一般而言，在位厂商首先将价格压低至成本水平以下，等到竞争对手退出后就将价格提到垄断水平以补偿之前的损失并获取较大的收益。换句话说，在位厂商通过放弃短期收益来获取长期利益。而价格提高后往往又会吸引新的企业进入，这就要求企业必须通过一定的方式来表达自己将会把价格降到足够低水平的决心，从而使欲进入的企业谨慎行事。采取掠夺性定价行为的结果或者说目的往往使得竞争对手面临经营困难甚至破产，因此在位者需要通过收购、兼并等方式掌控对方的资产，防止其被其他潜在进入者利用，这也将为下一次的掠夺性定价策略行为奠定基础。企业采取掠夺性定价策略行为不仅能够驱除或消灭已有的竞争对手，而且还可以警告潜在进入者不要轻举妄动，从而有效阻止潜在进入者的进入。此外，如果市场结构类型为一个大企业主导而众多附属企业跟随时，大企业采取掠夺性定价策略还可以给那些不积极合作的企业一些教训，使其根据主导企业的意志来行事。

成功实施掠夺性定价策略的一个前提是在位者必须向潜在进入者释放强有力的信号，使其相信如果进入将会受到严重打击，而释放这种信号的一种措施是在位者在一个或几个市场做示范，从而使潜在进入者相信进入就会受创而放弃整个相关市场，在位者由此获得较高的垄断利润。此外，如果在位者可以表明它能够获得金融机构的强有力支持，而潜在进入者不具备获得金融机构支持的相关条件，那么在位者采取掠夺性定价策略行为就比较容易成功。

【案例分析】

民营快递痛斥“掠夺性定价”

2008 年随着油价上涨、人工成本上升，民营快递整体成本上升 30%。第一季度，某民营快递企业净亏 1 个多亿，正好是往年一季的净利润。

快递物流行业是个劳动密集型企业，新《劳动合同法》颁布后，人力成本大幅上升；航空燃油近来累计增长了 80%，运输成本高企，年初雪灾，全网停运；5 月地震，西南地区的网络大瘫痪；接下来是雨灾，仓库被淹，光给客户赔付就是一大笔钱；8 月奥运，交通管制，安全检查，电子产品不允许航空运输。最重要的是，成本上升、人民币不断升值，企业出口形势恶化。终端客户有的倒闭，有的迁移，业务量急剧下降。该民营快递巨头接触了多家本地民营企业，希望联手提价，部分转移成本压力。

但联邦快递反其道而行，有针对性地制定了低价抢占市场的价格竞争策略，采用不正当竞争手段，疯狂抢夺民营快递企业的国内业务市场份额，强大的价格攻势不但毁了民营快递们的涨价梦，更让他们赖以生存的价格优势荡然无存。

联邦快递的降价，来得凶猛。以广州到北京的快递为例，选择联邦快递“次日达”1 公斤起价 20 元，上一年是 40 元；“次早达”1 公斤起价 24 元，上一年是 60 元。对于联邦快递销售价格远低于成本的指责，联邦快递回复称，联邦快递的目的是在中国为客户提供高质量、与众不同的服务，降价“将进一步巩固联邦快递在市场上的领导地位”。联邦对运费每月达1万元的客户给予1折的优惠，只有EMS价格的一半，明显低于联邦自身运营成本。

（三）价格歧视

1.价格歧视的定义与种类

在不完全竞争市场上，厂商能够自主定价，为追求最大利润会主动采取差别性定价行为。也就是说，相同的产品对不同的顾客制定不同的价格，以尽可能多地攫取消费者剩余，这就是价格歧视。庇古最早对价格歧视进行了分类，他将价格歧视分为3类，即一级价格歧视、二级价格歧视和三级价格歧视。

（1）一级价格歧视

一级价格歧视也称完全价格歧视。采取一级价格歧视的厂商事先完全了解需求曲线，也就是说他不仅了解市场的出清价格，而且还知道每个消费者购买各单位产品所愿意支付的最高价格。采取一级价格歧视时，厂商根据消费曲线对每位消费者收取不同的价格，使该价格恰好等于消费者愿意为每单位产品所支付的最高价格（但该价格应该超过生产的边际成本），这时全部的消费者剩余被生产者所攫取。例如，2003年8月，成都电信通过拍卖方式将电话号码028－88888888以233万元的天价拍卖给了四川航空公司；类似的，2004年5月，乌鲁木齐电信拍卖给新疆一家实业公司的电话号码0991－6888888，价格为32万元。

（2）二级价格歧视

二级价格歧视又称非线性定价，厂商采取二级价格歧视时，定价的差别是根据消费者购买数量的差别而不是针对不同的消费者。这种价格歧视在实际生活中比较常见，而在二级价格歧视中又以数量折扣最为常见。在二级价格歧视中，厂商只是部分占有消费者剩余，但在现实生活中二级价格歧视比一级价格歧视流行得多，这是因为卖方通常并不能完全掌握单个消费者的支付意愿水平或者搜集成本很大。比如，电信公司采取二级价格歧视，根据客户每月上网时间的不同定不同的价格，对使用量大的客户，收取较低的价格；而对使用量较小的客户，收取较高的价格。

（3）三级价格歧视

三级价格歧视是指将消费者划分为几个不同的群体，即将整个市场划分为若干分市场，厂商在每个分市场制定不同的价格。在三级价格歧视下，处于相同分市场上的消费者支付相同的价格，但不同分市场的消费者支付不同的价格。它是日常生活中最常见的一种定价形式。

厂商采取三级价格歧视的依据是不同分市场上消费者的需求弹性不同，并据此制定不同的价格，对于需求价格弹性较大的买者，厂商收取较低的价格；相应地，对于需求价格弹性较小的买者，厂商收取较高的价格。垄断厂商通过三级价格歧视能够从需求价格弹性小的买方手里攫取更多的消费者剩余。例如，有些旅游景点对本地和外地游客采取三级价格歧视，对本地游客收取较低的价格，对外地游客收取较高的价格。

（4）三类价格歧视的比较

一级价格歧视的依据是每个消费者为每单位产品所愿意支付的价格，歧视对象是消费者（如天价电话号码）。

二级价格歧视的依据是商品的购买数量与质量，歧视对象是商品而非消费者，消费者可以自主选择是否被歧视(如大红枣牛奶)。

三级价格歧视的依据是消费者的群体特征,歧视对象是不同的消费者群体(如云南世博园门票)。

2.价格歧视的实施条件

(1)市场必须是非完全竞争的,也就是说厂商具有一定的市场垄断势力;因为在完全竞争市场上,所有厂商都是价格的被动接受者,因此不可能实施价格歧视。

(2)厂商必须能够根据支付意愿的不同将消费者加以区分。

(3)厂商必须具备阻止转售现象发生的能力。例如,关税、各种税收以及较高运输成本构成了转售的障碍,如TP高端笔记本565USD、化妆品等;对于某些服务性产品,由于产品本身的特性,使其难以转售,如学生票;某些法律或产品的修改也能有效阻止转售,如0元购机、软件。

【课堂讨论】

麦当劳为什么不打折?

获取麦当劳的优惠券,需要花费一定的成本,如上网寻找优惠券,阅读麦当劳的宣传单,需要花费搜寻成本;打印优惠券,或者索取优惠券,需要花费时间成本。通常是那些时间成本比较便宜的人更愿意使用优惠券,而时间成本比较便宜的,往往是一些收入偏低的人。这样,麦当劳就成功地把顾客分成了两类:富人和穷人。对于富人(不持有优惠券的人),麦当劳供给他们的商品就比较贵,而对于穷人(持有优惠券的人),麦当劳给他们打折。

同一商品收取不同价格,这就是典型的价格歧视。通过价格歧视,麦当劳的总利润达到了最佳状态。

二、价格协调行为

价格协调行为是指同一市场上的企业为了某些共同的目标在价格决定和调整过程中相互协调而采取的共同定价行为。价格协调行为的目的在于限制价格竞争,共同控制市场,获取垄断利润。价格协调行为的主要类型有价格卡特尔和主导企业的价格暗中配合两种。

(一)价格卡特尔

价格卡特尔是指以限制竞争、控制市场、谋求最大利润为目的的同一产业内部独立企业间的一种价格协调形式。如欧佩克卡特尔就是石油输出国政府间的一个国际协定,它在十多年间成功地将世界石油价格提高到远远高于本来会有的水平。

卡特尔通过明确协定或口头的秘密协定维持某一特定价格,一般是垄断高价、在不景气时的稳定价格或者降价以排挤非卡特尔企业。

【知识点发散】

卡特尔与托拉斯

卡特尔 (cartel)是由一系列生产类似产品的独立企业所构成的组织,集体行动的生产者，目的是提高该类产品价格和控制其产量。卡特尔是垄断组织形式之一。生产或销售某一同类商品的企业，为垄断市场，获取高额利润，通过在商品价格、产量和销售等方面订立协定而形成的同盟。参加这一同盟的成员在生产、商业和法律上仍然保持独立性。如欧佩克卡特尔，就是产油国政府间的一个国际协定，它在十多年间成功地将世界石油价格提高到远远高于本来会有的水平。

托拉斯(trust)，是资本主义垄断组织的一种形式，生产同类商品或在生产上有密切联系的垄断资本企业，为了获取高额利润而从生产到销售全面合作组成的垄断联合。目前，托拉斯在美国最发达。托拉斯本身是法人，由托拉斯董事会集中掌握全部业务和财务活动，原来的企业成为托拉斯的股东，按股权分配利润，参加者在法律上和产销上失去独立性。如中国的烟草、盐业。

(二)价格暗中配合

1. 价格领导机制

价格领导机制模式是指在寡头垄断市场中，一家企业首先制定价格或调整价格，其他企业则相应跟着定价或变价。在这种定价模式下，先定价的企业依据 MR＝MC 首先确定其最优价格与最优产量，其他企业随后根据该企业的价格与产量确定自己的价格与产量。首先定价的厂商一般称为领袖厂商，由于其效率高，成本低或规模大，实力强或拥有丰富的洞察市场的能力和经验，因此它确定的价格为大家所承认。也就是说，价格领导下，行业的价格变化总是由领袖厂商率先做出，随后被跟随者所采纳。一般来说，领袖厂商通常是行业中的大厂商。比如我国冰箱业的海尔、彩电业的长虹等。价格领导下，领导者的价格就是合谋的价格，因此解决了合谋结果的选择问题。这种模式在很多行业可见：一家或少数几家厂商首先决定价格，随后其他厂商据此定价，当然这个过程通常存在几天的时间延滞。当领袖厂商在价格变动方面具有较大凝聚力，且不存在不同意见或阻碍作用时这种价格领导就是有效的。通常行业中的厂商数量越少，价格领导就越有效。但由于不同产业具有不同的市场结构，因此价格领导的具体模式也不相同。

价格领导机制主要有以下三种模式：

(1)主导企业领导定价模式：采取这种模式定价的寡头垄断市场，往往具有一家规模非常大的主导企业，它占市场份额的比例达 50%～95%，那些实力较弱的小企业自愿或被迫跟随定价，如佳能数码相机。

(2)串谋领导定价模式：当产业的市场集中度处于中等偏上时应采用这种模式，市场中规模较大的主导企业占 20%～30%的市场份额，且各寡头企业之间具有相似的成本结构，这时寡头们联合定价，其他小企业跟随。如康师傅方便面与统一方便面联合带头涨价。

(3)晴雨表式领导定价模式：当市场更接近于竞争市场，且产业集中度较低时，市场上的领导企业只是最先宣布价格变化，并且市场上的领导者经常变换。

2. 有意识的价格平行调整

如宝洁、纳爱斯、联合利华等对其旗下的全线产品进行组合涨价。

第三节　非价格竞争行为

一、非价格竞争行为的概念

企业间竞争大致可分为两类:价格竞争和非价格竞争。价格竞争是通过降价来使顾客花更少的钱却得到同样满足的一种竞争。非价格竞争,即价值竞争,就是为顾客提供更好、更有特色,或者更能适合各自需求的产品和服务的一种竞争。让竞争对手误以为它是一家低成本企业,这是一种真正意义上的策略定价行为。与价格竞争行为不同,企业的非价格行为不是通过降价和涨价或协调价格获得较高的利润,而是通过研究和开发(R&D)及产品促销获得较高利润。非价格行为实质上是企业产品差别化策略的具体实施,因为企业最基本的两种非价格行为——产品研究与开发及产品营销活动(如广告宣传、销售服务)的核心旨在通过扩大产品差别程度,形成比较鲜明的产品特色,从而增强其竞争力。

二、非价格竞争行为的优势

(1)非价格竞争行为相对于价格竞争行为具有相对广泛的市场针对性和适应性——它以消费者喜好为目标。

随着社会经济的发展和人们生活水平的提高,消费者的消费水平开始由温饱型向小康型转变,消费结构和消费心理也发生着变化。需求的个性化、差异化、多样化、层次化、动态化已逐步成为当今市场消费的基本特征。单一的价格竞争行为当然是无法适应和满足这一市场需求的。而非价格竞争则可以通过了解消费者需求的变化,不断按照消费者潜在的和现实的需求改进产品和营销策略,以丰富多彩的竞争手段和形式,满足消费者的消费需求,应对竞争者的挑战。

(2)非价格竞争行为相对于价格竞争行为,具有相对无限的竞争空间——无形鞭策企业软文化建设。

价格竞争仅通过价格的升降来刺激消费,达到竞争的目的,而非价格竞争则可以通过产品升级、技术革新、质量改良、品牌建设、超值服务等多种手段来吸引消费,达到扩大产销量的目的。

(3)非价格竞争行为相对于价格竞争行为更具有市场开拓创新能力——附加值创新潜力无限。

价格竞争对市场的开拓主要表现为对消费者求廉心理的满足,通过低价刺激对产品的购买需求,最终实现产销量的增加。非价格竞争以其竞争手段的多样性,针对多样化的需求和消费质量的提高来开展市场竞争。因此,它对市场的开拓可以说是多点开拓和值得开拓,非价格竞争的市场开拓能力是强劲的,具有创造性。

(4)非价格竞争行为相对于价格竞争行为更突出了竞争的公平性和兼容性——营造良好市场环境。

价格永远是产品对消费者具有较强诱惑力和影响力的方面。但目前价格竞争却因诸多原因而变成了一种恶性竞争。一味盲目降价,对消费者、企业乃至整个经济都是得不偿失的。而非价格竞争,则通过增加科技投入、开发新产品、提高产品质量、提供优质服务等来满足消费者的不同需要。这样的竞争公平、公正、公开,有利于推进企业进步。同时,非价格竞争更容易使企业联合起来,互相兼容,形成良好的市场竞争环境。

三、非价格竞争行为的特点

非价格竞争行为作为社会化商品经济或发达商品经济阶段的产物,与此时的经济发展状况相适应,也有其独有的特点,主要表现在以下方面。

(一)非价格竞争是一种产品单一因素竞争向多因素竞争的转变

在价格竞争阶段,产品竞争主要是通过产品自身的因素完成的,自由竞争阶段的压低价格和垄断竞争阶段的抬高价格都是如此。其原因在于,一方面生产力的水平不高,产品十分有限,经济竞争只能是数量的竞争,往往通过提高产品的产量、增加产品的市场占有量相应地降低产品价格的竞争方式就能取得竞争的优势。从经济结构的特点来看,主要是技术含量低和低附加值的产品,企业没有必要花大力气树立名牌和企业形象,也不需要完善的服务。另一方面是人们手中的货币也十分有限,社会的有效需求相对不足;同时人们了解商品信息的渠道也不够畅通,在没有其他条件可供选择的情况下,价格是唯一的选择目标。随着产品的逐渐丰富,同类产品之间的可选择性在不断增强,进而产品的质量也成了人们选择商品的主要标准。与此同时,商品的外观、形状、包装等可视性因素及延伸性因素如服务等都成了人们选择商品的依据。

(二)非价格竞争是从注重产品内在因素竞争向产品内外部因素相结合竞争的转化

现代社会是信息爆炸的时代,在数以万计的同类商品面前,消费者选择哪些商品,很大程度上依赖于人们掌握的信息情况。现代社会的发展,特别是信息传播技术的大力发展也在客观上为人们多方面、多渠道地选择商品提供了保证。过去产品的竞争主要靠产品的内在因素,即产品的性能、品质等因素来完成,产品的宣传和传播主要靠人际传播来进行。而现在随着同类商品的不断增多,人们不可能对每种商品都能有很清楚的了解,也不可能把所有的信息都掌握清楚,在这种情况下,企业或产品通过广告宣传就可以被广大公众所认知,公众也不像过去那样只认识产品而不认识生产者或只认识此产品而不认识彼产品了,而往往是通过产品来了解企业,或有时就是通过企业形象而认识其产品,信赖其产品的。这也正是现代名牌战略和企业形象战略不断得到普及和推广的主要原因。

(三)非价格竞争实现了销售方式从推销观念向营销观念再向竞争观念的转化

在早期的商品经济发展阶段,产品销售以推销为主,这种方式是企业为处理掉它所制造出来的产品所做的工作,它是以产品为中心的销售方式;而营销则是注意观察消费者不断变化的需求,调整企业的产品、服务和分销方式以适应市场新的需求的销售方法,这种方法变以产品为中心为以顾客为中心,从而实现了产品竞争中销售模式的改变。目前竞争观念又取代了营销观念。一些企业家认为营销观念片面强调顾客导向而对竞争者的经营战略,特别是对竞争者即将采取的措施及其潜能重视不够,就使企业生产的产品和提供的服务不能区别于其竞争对手,从而使相关企业面临的市场相对狭小,彼此之间都无法实现利润极大化。因此,必须在考虑顾客需求满足的同时考虑竞争者的经营战略,才能在最小风险下实现盈利的持续增加。因而企业的差别潜能、产品的市场定位、产品开发、信息沟通和营销策略就与价格的制定一起成了生产者实现产品竞争不得不考虑的内容。这种营销方法的改变，也正是非价格竞争行为的主要表现方式之一。

非价格竞争是比价格竞争更高层次的一种竞争方式。因为价格竞争主要是生产成本的竞争，即在尽可能减少生产成本条件下的竞争。而非价格竞争所涉及的方面更为广泛，层次更为深入，对生产者的技术、知识、信息及其管理水平都提出了更高的要求。随着时代的进步，对市场营销者来说，产品的制造将不是一个最主要的问题。因此，非价格竞争行为是一种能够适应商品经济不断发展的要求，并代表着市场营销竞争大趋势的竞争方式。

四、非价格竞争策略

（一）产品创新策略

社会发展飞速前进，在今天知识经济时代的前提下，消费者对产品的要求越来越高，标准化产品、统一的营销方式和水准已经远远不能满足他们的需要，单一的产品品种无法满足消费者需求，价格因素在竞争中的影响降低，消费者开始关注产品的差异化及其更新换代的速度。

（二）产品品牌个性化

每一种产品不同的质量、价格、外观、品位、内涵都会给消费者带来不同的感受和理念，也会给消费者带来不同程度的心理上的满足，这些都是影响消费者购买产品的重要因素。现代生活水平在不断提高，高技术含量还有高档次的产品在不断增加，产品的差异化、品牌的个性化倾向越来越显著。除了质量、价格、外观等理性方面，消费者越来越强调的是产品的文化内涵、个性等感性方面的影响因素，这种情感因素的增加也加深了消费者对产品及品牌的理解和依赖。

（三）产品服务竞争策略

美国著名市场营销学家莱维特曾说过："未来企业竞争的焦点不再是企业能为消费者生产出具有什么使用价值的产品，而是企业能为消费者提供什么样的附加价值——即服务。"因此，企业拥有的竞争优势，必须实施销售服务竞争策略。销售服务竞争策略包括：①服务到个性化；②服务到精细化；③服务到互动化；④服务到知识化。

（四）战略联盟

战略联盟就是指两家或两家以上公司为了达到某些共同的战略目标而结成的一种网络式联盟。联盟成员各自发挥自己的竞争优势，相互合作，共担风险，在完成共同的战略目标后，这种联盟一般都会解散，其后为了新的战略目标，公司也可能与新的合作者结成新的联盟。战略联盟是一种适应市场环境变化的新型竞争观念，它以一种合作的态度来对待竞争者，形成商业联盟，通过建立双方的信任关系，在合作中竞争，实现优势互补，借助对方来加强各自的竞争力，在合作的基础上展开竞争，从而不断提高竞争的水平，促进社会经济和技术的不断发展进步。

（五）广告策略

随着经济的不断发展进步，买方市场格局逐渐稳定，广告越来越显示出其不可替代的价值与作用。广告是以促进销售为目的，付出一定的费用，通过特定的媒体传播商品或劳务等有关经济信息的大众传播活动。广告宣传的基本功能在于向消费者传递商品的信息，沟通生产者与消费者之间的联系，以此促进商品销售。而广告之所以能在市场促销过程中具有举足轻重的作用是由广告的功能所决定的。广告的功能特点是高度普及公开，渗透性强，富于表现力，广告促销既能用于树立企业形象，也能促进快速销售。当前，促销宣传不再是仅以某种优惠或变相优惠来吸引消费者购买，而是以妥善处理公共关系，树立产品和企业的良好形象，增强消费者和社会的信任为其主流的一种商业方式。

第四节　企业的组织调整行为

企业的组织调整行为主要表现为企业的并购，它是指两个或两个以上企业变成一个企业的组织调整行为。通过并购，企业间发生产权关系的转移从而实现资本集中、市场集中，这是企业外部成长的基本途径。

一、融合并购和吸收并购

从并购的过程来看，并购可分为融合并购和吸收并购两种类型。前者是指参加并购的各企业协商同意解散原企业，共同组建一个新企业。后者则是指参加并购的企业中有一个吸收企业，其余企业宣布解散并被吸收企业吸收。吸收并购在我国通常被称为兼并。现实中，企业并购可以是实力相当的企业之间的并购，即通过并购建立起一个新的企业或公司，也可以是吸收式兼并或吞并，通常是大企业吞并一个或多个小企业。但如果小企业掌握特有的生产技术或其产品具有较大的潜在市场，它也可能兼并外强中干的大企业。

二、横向并购、纵向并购和混合并购

从并购的形式来看，企业并购可分为横向并购、纵向并购和混合并购三种形式。

(一)横向并购

横向并购又称水平并购，是指同一行业生产同种产品或提供相同服务的企业间的并购。水平并购的动因是追求规模经济，并购的结果会减少该行业内企业数量，扩大企业规模，从而限制竞争，显著提高新组建企业的市场集中度。横向并购的目的是为了获得规模经济、更大的市场份额和市场势力。横向并购对市场结构的影响主要表现在以下方面：

有利方面：①易于实现规模经济；②淘汰低效率企业，提高资源配置效率；③有利于将资本集中在具有更高管理水平的人手中，提高管理效率。

不利方面：①增加市场垄断势力；②削弱竞争，导致垄断；③产生 X-非效率。因此，政府应当在集中度高的行业限制横向购并。

【知识补充】

X-非效率

哈佛大学莱宾斯坦教授于 1966 年首次提出 X-非效率(X-inefficiency)理论，也称内部

低效率理论，他认为，垄断性大企业的外部市场竞争压力小，内部组织层次多，关系复杂，机构庞大，加上所有权和经营权分离，使企业难以形成利润最大化和费用最小化的共同行为，导致企业利润费用化，企业内部资源配置效率低。因为这种类型的低效率的性质当时尚不明了，所以称作“X-非效率”。

（二）纵向并购

纵向并购或称为垂直并购，是指处于同一产业链上的上下游企业之间发生的并购，这些企业之间通常具有投入产出关系。向上游投入方向延伸的纵向并购称为“后向并购”，例如钢铁企业对原材料企业的并购。向下游最终产出品方向和销售阶段延伸的纵向并购称为“前向并购”，例如生产汽车发动机的企业对汽车制造企业的并购。纵向并购的动因有很多，包括降低交易成本、降低生产销售的不确定性、充分利用技术经济联系、增强市场支配力等。我们不能把纵向并购对市场结构的影响简单地概括为提高市场集中度。其影响具体表现为：①由于进行纵向并购的企业生产的是同一行业内不同阶段的多种产品，因此并购通常不会扩大某一产品的生产规模。②纵向并购减少了市场上企业的总数目，并扩大了企业的生产规模，因此会在总体上提高一般集中度。③经过纵向并购后，企业通常会重新组合各生产阶段的生产能力，使得各生产阶段都向最有效率的生产规模看齐，这会扩大某些产品的生产规模，而与这些产品相关的市场集中度会受到一定影响。

（三）混合并购

实施多元化经营战略的企业往往会进行混合并购，它是指不同行业不同产品的生产企业之间的并购。具体而言，混合并购包括以下三种形式：①产品扩张型并购，即进行并购的企业之间所生产的产品在功能上具有互补性；②市场扩张型并购，即进行并购的企业之间所从事的是同一阶段的同一生产经济活动，但其顾客对象或市场区域不同；③纯混合型并购，即进行并购的企业之间在生产经营活动方面几乎没有任何联系。

混合并购的动因主要有：

(1)提高资产（包括有形资产和无形资产）利用率，具体包括：①提高非专用资产的利用率，如大多钢铁企业均有机械制造与加工企业；②提高季节性生产资源及人力资源的利用率；③提高商誉、商标的利用率。

(2)减少经营风险，特别是对于那些市场需求具有不确定性的产品。

(3)获得范围经济。如石油加工企业，同时生产多种产品。

(4)跨国经营。跨国经营的企业通过混合并购能够获得很多好处，如转移利润、避税等；还可以充分利用销售网络等。因此，多样化经营是大多数跨国公司的选择。

(5)可以减少企业进入新的经营领域的困难。

(6)增加企业进入新行业的成功率。

(7)有利于企业实行战略转移。

(8)有利于企业技术战略的实现。

因混合并购而形成的多元化经营格局从以下几个方面对市场结构与竞争产生影响：

(1)一般不会提高某行业的市场集中度，但会提高经济整体的一般集中度。

(2)有利于克服进入障碍、突破行业进入壁垒。

(3)会导致限制竞争及垄断因素的增强。

(4)对替代产品与互补产品的销售定价产生影响。

三、企业并购的动机与效应

(一)协同经营动机

协同经营动机本质上是追寻优势互补的动机,即两个或多个旧企业通过并购整合形成一个新的主体,并能创造更多的利润和财富,简言之就是寻求1+1>2的动机。这一目标在有效并购下通常是可以实现的。从经济学的角度看,实施横向兼并可以获得规模经济效应,实施纵向并购(纵向一体化)可以减少企业的机会主义行为与各种交易费用,主要表现在:

(1)通过并购,专业化造成各生产流程相互分离的问题可以得到有效解决,将各生产环节纳入同一系统,可以减少生产过程中的环节间隔,降低各种成本如讨价还价费用、联络费用以及机会主义行为所带来的损失等,从而提高生产能力。

(2)通过并购,企业可以对其现有的资产进行整合与补充,从而降低成本,提高效率。

(3)并购双方可以在管理及生产经营方面实现优势互补。

(二)市场份额动机

企业的市场份额是其对市场控制能力的表现,随着企业市场份额的扩大,企业的垄断势力也在不断增加。企业规模的不断扩大使得其市场力量不断扩大,横向并购使得行业中企业数量减少,增加了剩余企业通过"合谋"获得寡头垄断利润的机会。寡头垄断不仅能给企业带来垄断利润,而且能够使其保持一定的竞争优势。因此,追求市场份额是许多并购活动的动机。

(三)经营战略动机

随着市场经济的发展,竞争也越来越激烈与残酷。因此,生产某一种主导产品的企业不仅需要不断调整产品的市场定位,而且还必须制定长期发展战略,根据市场发展方向有意识地进行企业并购,以实现产品转移或行业转移。这一过程不仅隐含了实现规模经济效应的可能性,而且有利于充分利用未充分使用的管理能力。其作用具体表现在:

(1)通过并购,能够有效降低进入壁垒。企业进入一个新行业或新市场时,若通过投资新建的方式进行,必然会引起在位企业的激烈反应,容易引发价格战,此外也可能使行业内部产生过剩的生产能力,从而加大进入成本。而企业若通过并购的方式进入,不仅可以降低或绕过这种进入壁垒,而且客观上可以减少重复建设,避免社会资源的浪费。

(2)通过并购,企业可以获得科技上的竞争优势。随着科技力量在企业竞争中的作用不断增加,为获得在产品技术或生产技术上的优势而进行的并购活动也越来越多。与企业自己研发获得技术后投产、开拓市场相比,通过并购方式能够以较低的成本和较快的速度获得先进的技术与产品。

(3)通过并购,可以实现企业间经验的互补与共享,主要包括管理经验与企业文化等。在并购过程中,选择目标企业时考虑的一个重要方面就是是否具有相近的企业文化。

(四)资本运作平台动机

企业的发展不仅依靠产品经营,也靠资本经营,企业通过并购上市公司,可以直接介入资本市场,强化资本运作,顺利实现由产品经营到资本经营的转型。大多数企业在发展过程中特别是在扩张期,往往在其产品经营的基础上,通过收购兼并等方式进行资本运作,迅速形成规模，获得市场领先优势。通过并购上市，企业实现借壳上市，企业以上市公司作为资本运作平台，采取增发、配股、收购兼并等方式使企业实现由强变大的转变，提高公司竞争力。

（五）财务协同效应

财务协同效应是指通过并购企业能够在财务方面所获得的各种效益。税率、会计处理方法以及证券交易等方面的内在规定是形成这种效益的重要原因，主要表现在以下方面：

(1)通过并购不仅可以享受优惠税率而且可以实现合理避税。

(2)在某些政策条件下，企业通过并购活动能够获得资金供给方面的一些优惠，比如免除部分利息、较低的贷款利率以及延迟还贷等。此外，它还可能为那些由于行业因素而导致缺乏投资机会的富余现金流提供一个良好的资金出口。

(3)预期效应，它是财务协同效应的重要组成部分。预期效应是指并购活动使得股票市场对企业股票的评价发生改变从而影响股票价格的效应。

本章小结

1.企业的市场行为是主要以控制和影响价格为基本特征的定价行为和价格协调行为，以研究与开发、形成产品差异、促销为基本内容的非价格竞争行为以及以产权关系和企业规模变动为基本特征的企业组织调整行为。

2.价格竞争行为包括阻止进入定价行为的限制性定价、驱逐对手定价行为的掠夺性定价和价格歧视行为三种类型；价格协调行为目的在于限制价格竞争、共同控制市场、获取垄断利润，主要类型有价格卡特尔和主导企业的价格暗中配合两种。

3.非价格竞争是一种更高层次竞争，是单一因素竞争向多因素竞争、非价格竞争转变，是从注重产品内在因素竞争向产品内外部因素相结合竞争转变，是从推销观念向营销观念再向竞争观念的转变。

4.企业的组织调整行为主要表现为企业的并购，从并购的过程来看，并购可分为融合并购和吸收并购两种类型；从并购的形式来看，企业并购分为横向并购、纵向并购和混合并购三种形式。

复习思考题

1.简述企业定价行为类型及区别。

2.简述企业价格协调行为类型及区别。

3.简述企业价格行为与非价格行为区别与联系。

4.简述企业并购行为类别及比较。

【案例评析】

可口可乐并购汇源案

2008 年 9 月 3 日，美国可口可乐公司与旗下全资子公司 Atlantic Industries 联合宣布，将以每股 12.20 港元、合计 179.2 亿港元（约合 24 亿美元）的代价，收购汇源果汁集团有限公司(简称汇源果汁公司)全部已发行股本。此外,还计划收购汇源果汁公司所有可转换流通债券和期权,交易总价值达196亿港元(约合25.1亿美元)。合计持有汇源果汁公司66%股份的汇源果汁控股有限公司(简称汇源控股公司)、法国达能集团和美国华平基金三大股东表示接受并做出不可撤回的承诺。这不仅是我国食品及饮料业有史以来的最大交易,也是迄今为止国内最大的一宗外资并购。作为世界上最大的饮料公司,可口可乐为何要耗费巨资并购汇源果汁公司?汇源果汁公司的三大股东,尤其是实际控制人朱新礼,缘何接受并购?“以身试法(2008年新版《反垄断法》)”的并购双方,各得其所的胜算有多大?该并购案有哪些值得我们反思的呢?

一、可口可乐公司的并购动机

可口可乐公司是软饮料销售市场的领袖和先锋,亦是全球最大的果汁饮料经销商。拥有全球软饮料市场48%的市场占有率。那么,可口可乐为何要高价并购汇源果汁公司呢?

1. 饮料市场呈现的态势

目前,可口可乐公司在中国的饮料市场正面临着很大的经营压力:碳酸饮料的销售下降,可乐的市场份额被百事赶超,纯净水方面无法与娃哈哈抗衡,在果汁市场输给了汇源,茶饮料上则输给了康师傅和统一。为此,可口可乐公司制定了全方位发展饮料业务、加大非可乐市场特别是果汁市场的经营战略。

2. 汇源品牌的吸引力

可口可乐公司赶超我国本土品牌的最好手段,除了利用其强大的品牌优势,就是凭借其经济实力和娴熟的资本运作,并购知名的本土品牌,加速本土化的布局。而汇源果汁公司的吸引力就在于,它是我国最大的果汁供应商和出口商,在纯果汁和中浓度果汁市场稳居领导地位,两者的产品将形成良性互补。可口可乐公司在与我国同类企业的竞争中,无疑将占得先机。

二、朱新礼及三大股东缘何接受并购

汇源果汁公司的第一大股东汇源控股公司由朱新礼全资控股,其同时还是汇源果汁的创始人、汇源果汁公司的董事长。但曾表示要将汇源做成“百年老店”的朱新礼,为什么要将苦心经营16年才培育出的全国果汁第一品牌拱手转让他人呢?达能集团和华平基金为什么也选择撤手退出呢?

1. 超常的收购溢价

在全球市场一片低迷的状况下,该项收购给出了近3倍于公司股价的超常溢价,由朱新礼全资控股的汇源控股公司将坐收超过74亿港元的股份出让款,并由其出任名誉董事长,可谓是“顺势而为,见好就收”。

2. 资金及经营压力

果汁饮料既是劳动密集型产业,也是典型的资金密集型产业。从原料基地建设、运输和加工环节、广告推广到销售通路,无不需要大量的资金投入。此外,从短期来看,低浓度果汁在我国更受欢迎。但是汇源在低浓度果汁市场的占有率仅为6.9%,远远落后于可口可乐、统一和康师傅等主要竞争对手。

3. 上游业务的诱惑

朱新礼虽卖掉了载有产品和生产线的上市公司,却保留了拥有果园资源与原料厂的汇源控股公司,其看重的是对源头的控制能力。

——案例来源:根据网络课件资料整理

第五章　市场绩效

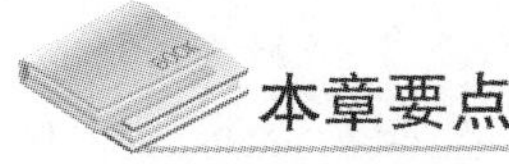

本章要点

通过本章学习，应掌握以下要点：

1. 市场绩效的概念和判定
2. 市场绩效的评价指标

导入案例

我国电信市场的市场绩效

我国电信行业的改革可谓一波三折，1949—1994 年，中国电信业一直是政企合一的状态，经营权和管理权独家垄断，邮电部是电信政策的制定者和执行者，又是电信企业经营者。1980 年之前，尽管电信行业独家垄断，但是国家对电话资费有严格的价格限制，电信业基本上不盈利甚至是亏损的行业。

随着 20 世纪 80 年代后期政府规制的放松，促进了电信业快速发展，但却没有引入竞争，导致邮电部门垄断的定价行为，最显著的是电话初装费用节节攀升。例如在北京，住宅电话初装费由 20 世纪 80 年代的 200 元上升到 1996 年的 5000 元，移动电话的价格最高达到 2.8 万元(联通进入后，中国电信一年内降了 3 次价，一直在 8000～10000 元)。由于独家垄断的高定价，因此当时虽然业务量有限，但电信行业的利润率相当高。1999—2002 年，中国电信通过两次拆分，从一家垄断到数家电信运营商共同运营，电信服务资费也在不断下降。

但是从现在的情况看，我国的电信行业市场结构基本还处于垄断极高的状态，也维持着高额的利润水平。我们以中国移动为例，中国移动历年的利润情况如表 5-1 所示。

表 5-1　中国移动历年营业额和净利润

年份	营业额(亿元)	增长率(%)	净利润(亿元)	增长率(%)
2005	2430	28.6	535	28.3
2006	2953	21.5	660	23.4
2007	3570	20.9	871	31.9
2008	4123	15.5	1127	29.6
2009	4521	9.8	1152	2.3

从表 5-1 中我们可以看到，中国移动在近 5 年间不论营业额还是净利润，都维持在较高的水平上，2009 年每天的净利润超过 3 亿元。据人力资源和社会保障部统计，目前，电力、

电信、金融等垄断行业平均职工工资是非垄断行业职工工资2～3倍，加上福利差异在5～10倍。在世界移动通信业中，净利润超过10%的企业很少，像美国最大的移动通信企业AT&T，利润率只有1%，而在中国却达到20%以上，电信职工的年薪均值达到5.577万元，居各行业榜首。山东2006年审计报告显示，中国网通山东分公司月均工资基数2.13万元，月人均缴存公积金6389元。

这个例子引发我们思考，为什么中国移动有每天超过3亿元的纯利润，却不一定能够说明该行业具有市场绩效呢？市场绩效指的又是什么？我们又该如何比较和衡量不同产业市场绩效的状况呢？这一章我们会围绕着这样的问题进行分析和讨论。

通过这个小案例，同学们可以思考一下，中国移动等电信垄断企业拥有较高的利润率水平，但这是否说明这些企业具有较高的市场绩效？如果不是的话，你能找到相关的支撑论据来说明吗？中国电信行业资源配置效率如何？

——案例来源：根据网络课件资料整理

第一节　市场绩效及其评价指标

一、市场绩效的概念

在传统SCP分析框架中，市场结构用来反映市场经济运行的基础与环境，企业的市场行为用来反映市场经济运行的过程与方式，而市场绩效则是用来反映市场经济运行的结果与成就。在产业组织理论中，市场结构与企业行为之所以受到关注是为了取得更好的市场绩效。

市场绩效是指某一产业在一定的市场结构下，通过一定的市场行为使其在价格、产量、成本、利润、产品质量、品种以及技术进步等方面所达到的现实状态，本质上是市场运行效率的一种反映。其他一些学者对市场绩效也有类似的定义，如苏东水(2000)指出，市场绩效是指在一定的市场结构中，由一定的市场行为所形成的价格、产量、成本、利润、产品质量和品种以及技术进步等方面的最终经济成果。王俊豪(2003)定义的市场绩效是在特定市场结构下，通过一定的市场行为使某一产业在价格、成本、产量、利润、产品质量、品种及技术进步等方面达到的最终经济成果。可见，市场绩效的实质就是反映了特定市场结构与企业市场行为下市场运行的效率。

在产业组织理论中，研究市场绩效主要涉及以下两个方面：

首先，对市场绩效本身的描述与评价。具体可以从产业的规模结构效率、资源配置效率、技术进步以及X-非效率等方面，对市场绩效进行直接或间接描述，进而对市场绩效的优劣做出评价。

其次，分析市场绩效同市场结构与企业市场行为间的关系，重点从三者之间的相互作用中，寻求影响市场绩效的因素，并以此为基础解释产生某种市场绩效的原因。

评价市场绩效时除了一些可度量的指标外还应考虑社会活动的公平、效率、稳定和进步等多方面的内容，因此，对市场绩效的评价必定是多方位、多层次的。

二、市场绩效的评价指标

关于市场绩效的评价不仅包含一些可度量的指标，还包括社会活动的效率、公平、稳定和进步等多层次及多方位的内容，这就决定了对市场绩效的评价也必然是多层次、多方位的。如何定量地反映市场绩效？这是产业组织学者长期以来一直非常关注的问题。目前，被普遍用来衡量市场绩效的指标主要有利润率、勒纳指数、贝恩指数及托宾 q 系数。但这些指标并不是完美的，因为它们本身无法同经济活动的目标完全吻合，此外在计算的过程中，还会存在基础数据的不足和偏差。

（一）利润率（收益率）指标

行业利润率的一般计算公式是：

$$R = \frac{\pi - T}{E}$$

式中：R 为税后资本收益率；π 为税前利润；T 为税收总额；E 为自有资本。

利润率是一种衡量每一元投资盈利多少的方法，是一种比较直观地分析企业盈利水平的指标，可以反映企业的市场绩效。

在微观经济学理论中，只有在完全竞争市场中，才能够实现资源的最优配置。在完全竞争市场上所有企业只能获取正常利润而不能获得超额利润，并且所有产业的利润率水平也趋于一致。因此，衡量社会资源能否达到最优配置效率的一个基本的指标是看产业是否形成平均利润率。如果企业获得了一个较高的利润率水平，似乎意味着企业具有较高的竞争力以及较好的市场绩效，但是事实上经典经济学理论的解释恰好相反。资源的最优配置是经济学研究的一个核心问题，而实现资源最优配置的市场结构必须是完全竞争市场（即充分竞争的市场），但是在这种市场结构下，企业只能获得正常利润而不能获得超额利润，利润率越高的行业其市场就越偏离完全竞争状态。因此，利润率越高表明整个行业的市场绩效越低。

（二）勒纳指数

美国学者勒纳提出了一种特殊的方法来衡量市场绩效，这种方法避免了有关收益方面的计算，而被许多经济学家所使用，也被称为勒纳指数。它度量的是价格与边际成本的偏离率。用公式表示为：

$$L = (P - \mathrm{MC})/P$$

式中：L 为勒纳指数；P 为价格；MC 为边际成本。

由于 $P \geqslant \mathrm{MC} > 0$，所以勒纳指数的数值在 0 和 1 之间变动。在完全竞争条件下，价格等于边际成本，勒纳指数等于 0；在垄断情况下，勒纳指数会大一些，但不会超过 1。从直接的角度观察，勒纳指数越大，价格与边际成本之间的差越大，市场的竞争程度就越低，行业市场竞争程度越低，则行业的绩效越差。

尽管勒纳指数本身就是用价格与边际成本的偏离程度来反映市场支配力量的指标，但是它不能反映企业为谋取垄断地位而采取的策略性行为如限制性定价及掠夺性定价等。此外，在实际计算过程中，很难取得边际成本的有关数据，只能用平均成本来代替，但是两者之间可能存在较大偏差。勒纳指数的局限性具体表现在：

（1）计算所需数据的获取难度较大，特别是测算边际成本的数据较难获得，同时要求在价格上具有可比性。

(2)它只是对企业垄断势力的一种现实度量，不能反映企业潜在的垄断力量。

(3)勒纳指数是对价格与边际成本的静态比较，而且它还把价格与边际成本之间的差额完全归于垄断行为。事实上，除垄断因素外，造成这种差额的原因还有很多。

【小知识】

阿巴·P.勒纳

经济学家阿巴·P.勒纳(Abba Ptachya Lerner)1903年出生于俄国的比萨拉比亚，曾就读于伦敦经济学院。1934年，阿巴·P.勒纳提出了计算垄断势力的方法，即价格减去边际成本再除以价格的加价率，这种方法后来被称为勒纳的"垄断势力度"。1944年，阿巴·P.勒纳在琼·罗宾逊的理论基础上进一步提出贸易收支状况是与出口值相关，而不是与出口量相联系的，此即"马歇尔—勒纳条件"。

(三)贝恩指数

贝恩指数是著名的产业组织理论学者贝恩提出的一个衡量产业市场绩效的指标。他把利润分为会计利润和经济利润两种，它们的计算公式分别是：

会计利润＝总收益－当期总成本－折旧

经济利润＝会计利润－正常投资收益率×投资总额

贝恩指数＝经济利润/投资总额

可见，贝恩指数实际上衡量的是行业的超额利润率水平。如果市场中存在持续的超额利润(即经济利润)，则通常意味着市场上存在垄断势力，且垄断力量与超额利润率正相关。

贝恩指数所需数据比勒纳指数所需数据更易获得，因此其产生系统偏差的可能性也比勒纳指数小。但是，与利润率指标一样，这两个指标也都是建立在不完全的理论假定基础之上的，它们并不能完全反映市场的垄断状况，因为高利润的获得并不一定是通过企业或行业的垄断力量实现的，而有些垄断力量较强的市场的这些指标也可能表现得较低，这是因为垄断企业可能会制定较低的价格使市场无利可图以驱逐竞争对手或阻止潜在竞争者的进入。

(四)托宾 q 系数

美国著名经济学家、诺贝尔经济学奖得主托宾于1969年提出了衡量市场绩效的一个指标即著名的托宾 q 系数。它表示的是企业资本的市场价值与其资产重置成本之间的比例关系，其中企业的市场价值用企业公开发行的股票与债券来计量。它通过企业资产价值的变化来反映市场绩效状况。其计算公式为：

$$q=\mathrm{MV}/Q$$

式中：q 是托宾 q 系数；MV 为股票市值；Q 为企业资产重置成本。

当 $q>1$ 时，即企业的市场价值超过按当前市场价格评估的企业资产重置成本，表明企业能够从市场中获取垄断利润。且 q 值越大，企业的垄断利润就越大，相应的社会福利损失也就越大，市场绩效就越低。

托宾 q 系数是资本的市场价值与其重置成本之比。这一比例兼有理论性和实践的可操作性，打通了虚拟经济和实体经济，在货币政策、企业价值等方面有着重要的应用。使用托宾 q 系数的好处是避免了估计收益率或边际成本的困难，但是使用托宾 q 系数的困难在于必须准确计算企业的市值和重置成本，企业的市值可以用其发行的股票和债券的市值来计算，但计算企业的重置成本则比较复杂，除非存在一个比较成熟的二手设备市场。另外，广告及研究与开发的费用也产生了难以估价的无形资产，而托宾 q 系数的计算中忽略了这些无形资产的重置成本。因此，在货币政策中的应用主要表现在将资本市场与实业经济联系起来，揭示了货币经由资本市场而作用于投资的一种可能。在未来，我国货币政策如果开始考虑股票市场的因素，则托宾 q 系数将会成为政策研究与政策制定的重要工具。托宾 q 系数常常被用来作为衡量公司业绩表现或公司成长性的重要指标，尽管由于资本市场发展的不完善，托宾 q 系数理论在我国的应用还很有局限性，但它依然给我们提供了分析问题的一种思路。

【小知识】

詹姆斯·托宾

詹姆斯·托宾(James Tobin，1918—2002)，美国经济学家，1981年诺贝尔经济学奖获得者。托宾的贡献涵盖经济研究的多个领域，在诸如经济学方法(econometric methods)、风险理论(risk theory)等内容迥异的方面均卓有建树，尤其在对家庭和企业行为(household and firm behaviour)以及在宏观经济纯理论和经济政策的应用分析方面独辟蹊径。

第二节　市场绩效的综合评价

尽管市场绩效反映的是特定市场结构及特定市场行为下市场经济运行的实际效果。但换个角度看，它也显示了经济活动目标的最终实现程度。因此，市场绩效与经济活动目标之间是密不可分的。产业组织学中所指的经济活动目标是产业或整个国民层面上的而不是指企业层面上的经济活动目标。因此，在评价市场绩效之前，必须首先了解这些经济活动目标具体是什么。这个目标本身是一个多元化目标，这点是毋庸置疑的，但基于经济学角度常将这个目标具体化为社会福利，因为它是最具综合性也是最主要的目标。实际上，即使是社会福利目标本身也是一个内容复杂的综合体，具体涉及社会经济活动的公平、效率、稳定及进步等多个方面、多个层次，因此，对市场绩效的评价也必定是多层次与多方位的。市场绩效有广义与狭义之分，广义的市场绩效涉及对经济价值和社会价值的衡量。而狭义的市场绩效只涉及对经济价值的衡量，具体表现在资源利用率的高低、产业组织的技术效率高低、技术进步的快慢以及收入分配的公平与否等方面。在产业组织研究中，常用狭义市场绩效中涉及的有关指标来综合评价企业的市场绩效。我们将从产业的资源配置效率、规模结构效率、技术进步及技术效率等方面展开对市场绩效直接或间接评价。

一、产业的资源配置效率

(一)衡量资源配置效率的直接指标:资源利用效率

资源利用效率是指要素的投入产出效率。而衡量资源利用效率的一个重要指标是企业内部效率,也称X-非效率。X-非效率理论或者内部低效率理论,是哈佛大学莱宾斯坦教授于1966年首次提出,用来反映市场绩效优劣状况的理论。该理论认为,垄断性大企业由于外部市场竞争压力较小,内部组织机构庞大、层次多、关系复杂,以及所有权与经营权分离等原因,使得企业难以同时实现利润最大化与费用最小化目标而表现为企业利润费用化,因此企业内部的资源配置是低效率的。除此之外,X-非效率指出企业中还存在另一种类型的低效率:免受竞争压力的厂商明显存在超额的单位生产成本。由于当时这种类型低效率的性质尚不明确,故被称为"X-非效率"。X-非效率的影响如图5-1所示。

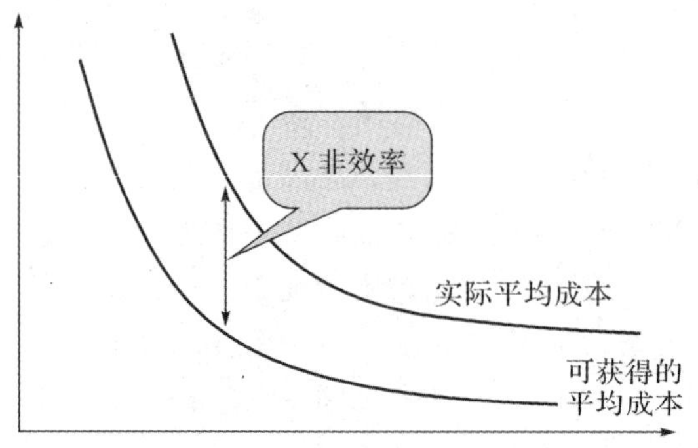

图5-1 X-非效率的影响图

从图5-1中可以看出,在X-非效率作用下,在每一产量水平上,产品的实际平均成本都超过其可获得平均成本。位于动态成本区域内由集中而增加的部分收益一定程度上抵消了竞争的损失。产生X-非效率的主要原因在于生产集中造成市场控制权的加强。一方面,生产集中可带来规模经济效应;另一方面,随着生产组织的膨胀,企业的管理成本也不断增加,从而使得总成本上涨,抵消了规模经济所带来的收益。多方面的原因直接导致了X-非效率的产生:科层组织机构臃肿庞大、层次多、关系复杂,带来高昂的管理费用;大企业内部信息不畅,造成较高的搜寻成本;企业内部不同阶层如企业家、白领、蓝领等具有不同的行为目标,导致偏离企业的利润最大化目标;垄断性大企业外部竞争压力小,使得激励效用与产权约束下降;等等。

莱宾斯坦教授的X-非效率理论还包含市场环境(ME)、企业组织(EO)及经济效率(EE)三个变量之间的关系,具体而言经济效率是市场环境与企业组织的函数,表达式为:

$$EE=f(EO,ME)$$

在市场环境给定(即假定没有市场竞争压力)的条件下,经济效率(即X-非效率的程度)就完全取决于市场组织(即垄断企业)适应环境的情况。在没有竞争压力的市场环境ME中,经济效率的值只能是X-非效率的而不可能是X效率。

X-非效率反映了实际的成本费用超出其所需的成本,主要表现在两个方面:一是存在闲置资源,即投入的资源比实际需要的多。二是员工工作效率的低下。

具体衡量:X-非效率导致的后果是实际成本高于所需的最低成本。X-非效率=超额成

本/最低成本

(二)产业的市场结构和资源配置效率

微观经济学理论认为,只要市场机制是正常运行的,那么就能实现资源的有效配置,从而使社会总剩余或社会总效用达到最大化,即社会福利最大化。在分析衡量社会资源配置效率时,经济学家通常用消费者剩余、生产者剩余以及社会总剩余三个指标来进行全面分析。消费者剩余是消费者所获得的净效用,等于其从所购买商品中所获得的效用减去所支付价格的差额;生产者剩余是指销售收入减去生产费用之后的差额;消费者剩余和生产者剩余共同构成了社会总剩余。微观经济学已对这部分内容做了很详细的讨论。根据微观经济学理论,资源配置的效率随市场竞争的增加而提高,随垄断程度的增加而降低。资源配置效率既从消费者的效用满足程度方面又从生产者的生产效率方面来考察资源的利用状态,具体包括以下三个方面的内容:

(1)有限的消费品在消费者之间进行分配,使消费者获得的效用满足程度。

(2)有限的生产资源在生产者之间进行分配,使生产者所获得的产出大小程度。

(3)同时考虑生产者和消费者两个方面,即生产者利用有限的生产资源所得到的产出的大小程度和消费者使用这些产出所获得的效用满足程度。

在现代产业组织理论中,反映市场绩效好坏的一个最重要指标就是资源配置效率,在实际生活中,该指标又常用利润率标准表示。在完全竞争条件下,价格由自由竞争的市场决定,从长期看,会使价格处于趋向正常利润在内的最低费用水平,那么可以认为市场机制下的资源配置是合理的、正常的。然而,在寡头垄断市场条件下,若某一产业长时期得到高利润率,则意味着该产业存在过度垄断,阻碍了资源的流入,并导致资源分配不合理,社会资源配置和利用效率低下。

福利经济第一定理表明:完全竞争市场经济的一般均衡是帕累托最优的。一般均衡表明整个经济处于高效率状态,因此所有的消费活动都是有效率的,所有的生产活动也都是有效率的,并且消费和生产活动是协调一致的,即对于任何两种资源,所有消费者的边际消费率全部相等,所有生产者的边际技术替代率都相等,而且边际消费率与边际技术替代率也相等。尽管这个定理本身有某些不严密性,受到某些学者的质疑,但是对于完全竞争的市场结构能够实现资源配置的最优状态,绝大部分的经济学家都持肯定态度。

与理想的完全竞争相比,垄断市场的供应量比完全竞争市场低,而垄断价格通常比竞争价格高。经济学的分析表明,与完全竞争的市场相比,垄断企业通过以较高的价格和较低的产量提供商品,攫取了一部分消费者剩余,使消费者剩余减少,同时还导致了一部分剩余的永久性损失,即所谓的社会福利的净损失,或称效率损失。当然,垄断所导致的社会福利的损失不仅仅表现在上述方面,我们知道,垄断企业为了谋取和巩固垄断地位,经常需要采取一些特殊的手段并为此支付巨额的费用,比如广告和特殊的产品差异化、设置人为的进入壁垒等。经济学家认为,只要是为竞争市场所采取的不必要手段及其开支,都可以看作是一种社会资源的浪费。

二、产业技术进步

技术进步反映的是动态经济效率,是经济增长的基本源泉,所以也成为衡量市场绩效的另一个重要指标。广义的技术进步包括除资金和劳动投入之外的所有有利于提高经济发展水平和效率的因素。狭义的技术进步是指发明、革新和技术转移以及提高劳动生产率的因素。

产业技术进步是指产业内的发明、创新和技术转移。技术进步渗透于市场行为和市场结构的方方面面，并且最终通过经济增长表现出来。产业技术进步反映了一种动态的经济效率，所以成为衡量市场绩效的一个重要指标。

(一)技术进步的三个阶段——发明、创新和模仿

产业技术进步表现为一个过程，美国著名经济学家熊彼特把技术进步分成三个阶段。

(1)发明。从一般意义上说，发明就是构思对人类生活或生产活动有用的新产品或新的生产方法以解决相关的技术问题。产业技术进步的这一阶段相当于研究开发。

(2)创新。创新是指发明第一次应用并导致一种新产品或新的生产方法出现。对于产业而言，就是企业家通过市场调查等可行性研究并筹集资本，将发明成果付诸实施，提供新产品和可应用的新生产工艺。

(3)模仿，或者说扩散和技术转移，是指新产品或新的生产方法被广泛应用。对于产业而言，是指新产品或新的生产方法被广泛采用时，所伴随的新技术模仿和扩散过程。

(二)企业规模与技术进步

不同规模的企业在技术进步过程中的作用和地位是研究产业组织和技术进步关系的重要内容。对于这个问题，不同经济学家的研究结论不尽相同。熊彼特等人认为，大企业对技术进步的作用最大，主要原因有以下几个：

(1)技术创新的成本巨大，只有大企业才能承担。反过来说，一旦创新失败，也只有大企业才有能力承担亏损，并用其他成功项目的利润加以弥补，可见大企业更有能力承担技术进步过程中的风险。

(2)研究与开发中也存在着规模经济，大企业比小企业更有能力利用和发挥这种规模经济的效益。

(3)由于大企业拥有的市场份额更高，并且大多从事多元化经营，因此大企业能够从发明和创新活动的成果中获取更高的收益。

(4)维护和巩固垄断地位的需要迫使大企业开展更多的技术发明和创新活动。

而谢勒等人的观点完全与熊彼特等人相反，他们认为小企业在推动技术进步方面的作用更大，其理由如下：

(1)大企业在试图形成垄断力量的过程中确实会从事技术进步活动，但是垄断地位一旦形成，技术进步的动力和行为就会逐渐消失，市场支配能力反而成为限制技术进步的障碍，因此竞争才是技术进步的原动力。

(2)大企业所拥有的大规模在技术进步的过程中也会成为劣势，比如决策过程的低效率、技术开发人员之间的相互倾轧、管理层对某些独特的创新活动的忽略和不支持等。

(3)实践表明，在许多产业中，小企业能对技术进步作出重要的贡献。

我们认为，学者之所以各执一词，是因为他们看到了问题的不同方面，企业对技术进步的贡献大小不仅取决于企业的能力，还取决于企业的意愿和实际执行的效果，因此我们必须同时从这三个方面展开理论和实证的研究才能得出全面而客观的结论。应该说，在研究和开发的投入能力方面，大企业确实比小企业强。经济学家所做的部分研究数据表明，大

企业在发明和创新的投入中所占的比重大于其规模的比重。可见，在研究与开发的实际投入方面大企业的确占据了主导地位。实证研究表明，大、中、小型企业在发明和创新方面的作用与产业类别、技术进步阶段的特点、专业化分工程度以及政府政策这些因素有着密切的关系。甚至可以说，大企业和中小企业的作用经常是互相补充和联系的，尤其需要指出的是，正是小企业的技术发明和创新对处于垄断地位的大企业构成了一定程度的挑战和竞争压力，才加速了技术进步的进程。因此，我们的结论是，技术进步并不限于某个特定规模的企业，所有规模的企业在技术进步上都可以有所作为。

(三)市场结构与技术进步

产业的市场结构与技术进步之间的关系也是产业组织理论所关注的问题。我们首先分析完全竞争和完全垄断这两种市场结构中的企业的创新收益(由此可以推断出这两种市场上企业创新动力的强弱)，然后再研究寡头垄断市场中企业技术创新行为的特点。

(1)竞争性市场和垄断性市场的创新收益比较。在成本和需求等初始条件相同时，完全竞争产业的创新预期收益高于完全垄断产业的创新预期收益。换言之，完全竞争企业比完全垄断企业有更强的创新动力。

(2)寡头垄断的市场结构中的技术创新。一般认为，在寡头垄断条件下，产品创新更快。原因主要是，具备了一定市场支配力量的寡头垄断企业更着眼于长期目标，他们愿意通过创新巩固垄断地位，其占据的高市场份额足以将创新后技术扩散的收益内部化。但是，我们也必须看到，如果一个寡头垄断企业在市场上已经处于支配地位，那么通过加速技术创新所能得到的市场份额的潜力就很小，自然这种企业就不太可能成为积极的创新者。当然，还有一种情况是，如果处于支配地位的寡头企业受到积极创新的小企业威胁，不得不加速技术创新以保持自己的领先地位。因此我们得出的结论是，在寡头垄断的市场结构中，企业数量较多有利于加快技术创新的速度，占有较小市场份额的企业创新速度通常更快。总的来说，较为紧密的寡头垄断不如松散的寡头垄断有利于推动技术进步，当然一般情况下，寡头垄断的市场结构比完全垄断更有利于技术进步。

(四)新技术在产业市场上的扩散

技术进步的第三阶段是新技术的转移和扩散。我们关心的主要问题是新技术扩散的过程和影响新技术在产业内扩散速度的因素。

一般而言，产业内新技术扩散表现出三个阶段的特征。

(1)扩散初期。多数企业无法肯定创新的价值而不愿意承担新技术投资的风险，因此采取“观望”的态度，致使新技术的扩散速度缓慢。

(2)扩散中期。随着新技术在某些企业中证明了它的价值并且创造了更大的收益，其他企业就加紧了模仿的速度，希望通过迅速跟进来分享创新收益，致使新技术的扩散速度加快。

(3)扩散晚期。没有采用新技术的企业越来越少，而剩下的这些企业通常缺乏采用新技术的实力，致使新技术扩散的速度再次缓慢下来。

影响产业内技术扩散速度的因素很多，归纳起来主要有如下方面：

(1)技术创新的预期收益和实际收益。这两种收益越大，企业自发创新和创新跟进的动力也就越大。

(2)产业市场容量的扩张。产业市场容量扩张越快,技术创新的空间和动力也就越大。

(3)产业的劳动密集程度。一般而言,产业目前的劳动密集程度越高,用新技术替代劳动生产的空间就越大。

(4)企业的数量。一方面企业的数量越多,新技术传播的时间就越长;另一方面企业的数量越多,竞争压力也就越强,有利于促进企业加快创新跟进的步伐。

(5)企业规模的差异。一般而言,在企业数量较多的市场上,不同企业之间的规模差异越大,新技术扩散的难度就越大,因为不同规模的企业在目标和行为方面存在着较大的差异。

三、产业规模结构效率

产业规模结构效率,反映产业经济规模和规模效率的实现程度。产业的规模结构效率,也称为产业组织的技术效率。由于规模经济的存在,资源在产业间的分配状况影响着资源利用效率。产业规模结构效率就是从产业内规模经济效益实现程度的角度来考察资源的利用状况。规模经济效益的实现程度,通常用达到或接近经济规模的企业产量占整个产业产量的比例来表示。

规模经济可以分为四个层次,即产品规模经济、工厂规模经济、企业规模经济和行业规模经济。在产业组织理论中,规模经济是一个很重要的指标。不过,它考察的对象通常不是某个具体的企业,而是整个产业。下面首先介绍与产业组织学研究最相关的两个层次的规模经济:企业规模经济和行业规模经济。

(一)企业规模经济和行业规模经济

企业规模经济是指企业自身通过横向一体化或纵向一体化所实现的规模效益。形成规模经济的主要原因是,企业规模的扩大可以大大增强企业的竞争能力以及承担亏损和抗风险的能力,同时还可以大量减少采购成本和销售费用。

行业规模经济是指当某个行业总产量扩张时,如果能使行业内部的企业提高专业化程度,降低单位成本,表明行业的长期供给是向下倾斜的,该行业就是一个规模报酬递增的行业。行业的规模效益与行业内的外部经济和不经济相关。

(二)产业规模结构效率的衡量

产业的规模结构效率反映了产业经济规模和规模效益的实现程度,是市场绩效的重要方面。产业规模结构效率既与产业内单个企业的规模经济水平密切相关,也反映出产业内企业之间的分工协作水平的程度和效率。衡量某个特定产业的规模结构效率可以从以下三个方面进行:

(1)用达到或接近经济规模的企业产量占整个产业产量的比例来反映产业内经济规模的实现程度。

(2)用实现垂直一体化的企业产量占流程各阶段产量的比例来反映经济规模的纵向实现程度。

(3)通过产业内是否存在企业生产能力的剩余来反映产业内规模能力的利用程度。

(三)产业规模结构效率的三种状态

产业内企业规模经济的实现可分为三种状态:

(1)低效率状态。即产业市场上未达到获得规模经济效益所必需的经济规模企业是市场的主要供应者。这种状态表明该产业未能充分利用规模经济效益，存在着低效率的小规模生产。

(2)过度集中状态。即市场的主要供应者是超过经济规模的大企业。由于过度集中，无法使产业的长期平均成本降低，在这种情况下，大企业的市场力量得到了过度增强，反而不利于提高产业资源配置效率。

(3)理想状态。即市场的主要供应者是达到和接近经济规模的企业。这表明该产业已经充分利用了规模经济效益，产业的长期平均成本达到最低，产业的资源配置和利用效率达到了最优状态。

在市场经济发达的国家和地区，如美国、欧洲和日本，已经实现了产业规模经济水平的理想状态，即主要生产企业都是达到经济规模的企业，尤其是那些规模经济性显著的产业，如钢铁、石油化工、汽车、家电等。而在另外一部分产业中，存在着超经济规模的过度集中。贝恩发现，许多过度集中的产业中大企业的生产成本比规模较小的企业高，可见过度集中实际上降低了产业的规模结构效率。

与此同时，研究也表明有一部分产业尽管长期处于产业规模结构的低效率状态，但市场中的企业却仍然能够获得一定的利润。日本学者越后和典认为造成这种现象的主要原因可能有如下两个方面：①产品差别化。小企业通过有效的产品差别化，可以找到自己的目标市场顾客，即使价格比较高，顾客也愿意购买自己所喜欢的有特色的商品。此外，企业还积极行动以有效地保持这些顾客对企业及其产品、品牌的忠诚度。②廉价劳动力。小企业可以通过雇用低工资的劳动力来转嫁小规模生产导致的成本上升，这种状况在劳动密集型的产业中非常多见。

(四)影响产业规模结构效率的主要因素

(1)产业内的企业规模结构。产业内的规模结构是影响产业规模结构效率的重要因素。

企业规模结构是指产业内不同规模企业的构成和数量比例关系，它同时反映了大企业和中小型企业所占的比例。根据不同产业的特点，形成大、中、小型企业按照一定比例组合的规模结构，有利于整个产业实现生产的协同效应。其中，大企业担负开拓市场、开发新产品、使用大型自动化生产线完成产品总装的工作，中小型企业则通过专业化为大企业提供零部件等配套产品，这样的协作可以从整体上发挥产业的规模经济水平。

(2)市场结构。市场结构是影响产业规模结构效率的直接因素。大量实证研究表明，产业市场的过度集中和分散都会降低产业的规模经济水平。在市场集中度过高的产业中，处于垄断地位的大企业的生产成本常常高于规模较小的企业，因为存在着X-非效率，同时垄断还会导致整个产业市场的效率损失，产业无法实现规模经济效益。而且，在市场集中度过低的产业中存在许多未达到最低经济规模要求的企业，他们之所以会长期存在于市场上，从外部原因看，可能是由于该产业存在很高的退出壁垒，导致资源要素无法合理流动，或者是因为得到了政府的扶持；从内部原因看，可能是企业有效的产品差别化和使用廉价劳动力。从产业总体看，大量不规模经济企业的存在导致了产业规模结构的低效率，但是如果从其他目标的角度评价，结论却不尽如此。比如，从社会就业和稳定的目标角度看，小企业能够提供消费者所需要的差异化产品，使他们得到了效用的满足，而这些产品常常是大企业不屑于提供或无法实现大规模生产的。因此，对于这个问题，必须加以综合考虑。

第三节 市场结构—市场行为—市场绩效

市场结构、市场行为与市场绩效是产业组织理论的三大主题。如果说市场结构是经济运行的环境,市场行为是经济运行的方式,那么市场绩效就是经济运行的效果。对于市场结构、市场行为和市场绩效这三者之间的关系,产业组织理论的研究经历了一个不断发展的过程,不同学派的学者在观点上尽管有一定的差异,但都作出了各自的理论和实证研究。

哈佛大学的梅森和贝恩等人所创立的正统产业组织学体系在理论上构造了市场结构—市场行为—市场绩效的分析框架(SCP 框架)。这一理论模式的形成大致经历了如下两个阶段:

第一阶段,是贝恩在 1959 年出版的《产业组织》一书中提出了从市场结构推断竞争效果的"结构—绩效"模式。他认为,判断一个行业是否具有竞争性,不能只依据市场行为或市场绩效,而要同时根据该行业市场结构的若干要素,如市场集中度、进入壁垒等来判断。贝恩对产业组织研究分析的框架,通常是假定市场结构决定市场行为,市场行为再决定市场绩效,其中大多数的分析直接从结构到效果,或从结构到行为、效果的组合。可见,贝恩十分强调市场结构对市场行为及市场绩效的决定作用,而忽视市场行为对市场绩效的影响,所以当时人们将贝恩称为结构主义学派。

第二阶段,是谢勒在 1970 年出版的《产业市场结构和市场绩效》一书中提出了完整的"市场结构—市场行为—市场绩效"模式。他认为,市场结构首先决定市场行为,继而市场行为又决定市场绩效。他对产业组织理论的发展在于,在看到市场结构对市场绩效的意义的同时,更强调了市场行为的重要性,认为只有通过对不同市场结构的市场行为的具体分析,才能确定市场的效果。

SCP 模式的形成标志着产业组织理论已趋于完善。但是,对于市场结构、市场行为和市场绩效三者之间关系的探讨并没有就此停止。到目前为止,产业组织学者不再简单地认为市场结构决定市场行为、市场行为决定市场绩效,他们发现这三者之间的相互关系是非常复杂的。分析市场结构、市场行为和市场绩效的关系,可以分别从短期和长期两个角度来考察。

从短期来说,市场结构变化不大,可以把它看做是不变的。从市场结构所包含的内容分析,市场结构是企业的外部环境。它是决定企业生产经营和竞争策略的客观依据,引导和约束着企业的市场行为。在一定的市场结构下,企业必然采取与外部环境相适应的价格行为、非价格行为和企业组织调整行为,必须选择有利于企业生存与发展的行为方式。也就是说,市场结构决定市场行为。市场绩效如何,取决于产业内全体企业的生产经营状况;而生产经营状况又取决于企业的定价策略、产品策略等市场行为。也就是,市场行为决定市场绩效。因此,在短时间里,市场结构、市场行为与市场绩效的关系可以总结为:决定市场绩效的直接因素是市场行为,而影响市场行为的主要因素则是市场结构,图 5-2 中实线所示的方向,表达了这种关系。

从长期来看,市场结构是在变化的,市场结构的变化经常是市场行为的结果,有时也会直接受市场绩效变化的影响。例如，企业的技术进步会影响产品差别、进入条件等，从而导致市场结构的变化。又如，企业的兼并行为会提高市场集中度，企业的价格行为会影响新企业的进入，等等。图 5-2 中虚线显示这种关系。因此，在一个较长时间内，市场结构、市场行为和市场绩效之间互为因果关系.

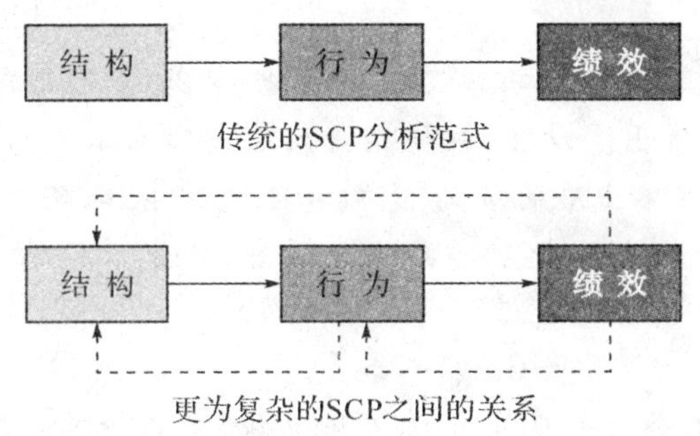

图 5-2　市场结构—市场行为—市场绩效的关系

本章小结

1. 市场绩效反映的是市场运行的效率，目前普遍用来衡量市场绩效的指标主要有三个，即利润率、勒纳指数及托宾 q 系数。

2. 广义的市场绩效不仅包括经济价值的衡量，还包括社会价值的衡量。狭义的市场绩效主要是指对经济价值的衡量，表现为资源利用率的高低、技术进步的快慢、产业组织的技术效率和收入分配的公平与否。

3. 从短期来看，市场结构决定市场行为、市场行为决定市场绩效。但从长期来看，市场结构、市场行为和市场绩效之间互为因果关系。

复习思考题

1. 如何评价市场绩效？
2. 简述市场结构、市场行为与市场绩效之间的关系。

【案例分析】

航空意外险风波

2004 年 3 月初，北京首都国际机场股份有限公司通知北京保险行业协会，从 3 月 15 日起，协会下属 19 家保险公司的航空意外险（以下简称“航意险”）产品，将不能在首都机场销售，首都机场将只代理其子公司——中美大都会人寿公司一家的航意险。首都机场的这份通知，使得平日里不受关注的航意险一下子成为媒体、民众和业界关注的焦点。

何谓航意险？航意险是一种“中国特色”的险种，很多国家并没有。尽管机票当中已经含了公共责任险，即在空难时航空公司作为运营方会向遇难旅客家属进行赔付，但由于国内生活水平较低等多种因素，空难赔偿额显得太低。针对这种情况，1989 年由中国人民银行、中国人民保险公司和中国民航总局三家共同设计了航意险这一产品，让旅客自由购买，以弥补空难补偿的不足，减轻家庭和政府的负担。经过多年经营和航空旅客人数的迅猛增长，这一险种日益得到旅客的认可和关注，具有了广泛的市场。

是否属于垄断？

在航意险的销售渠道中机场占有举足轻重的地位，2002 年北京航意险市场规模突破 1 亿元，其中 60%是在机场售出。以往，机场销售的航意险采取共保模式，由京城 19 家保险商统一出单，共分收益。在不出险的情况下，航意险利润丰厚，经济学家茅于轼曾指责其暴利高达 700%。而今，首都机场却要独霸航意险市场，不能不引起业界的震撼。一时之间，这种行为涉嫌垄断和保险销售的不正当竞争之声四起。

正方观点：

首都机场与中美大都会方面认为此举不属垄断，声称首都机场既然是一家公司，就有权利追求利润最大化。机场方面表示，作为代理销售商之一，机场选择代理哪一家保险公司的产品，完全是商业自主选择经营行为。代理中美大都会人寿的产品，正是其股东双方的一种合作形式。同时，首都机场与北京航意险共保体所签署的一年期代理协议实际上早在 2002 年 12 月 31 日就已告失效了。首都机场股份公司总经理王家栋还表示，航意险在机票销售代理、保险公司的柜台都可以买到，首都机场只是一个代理点，根本构不成垄断。另外，经济利益也是一个重要因素。机场一位人士表示，机场销售由航意险共保体提供的航意险，只能拿到 8%的代理费，而其他代理点拿到的代理费远远高于这个数。机场方面从 2003 年就开始与共保体协调代理费，但一直没有得到解决。

反方观点：

北京航意险共保体根据《反不正当竞争法》第 6 条规定："公用企业或其他依法具有独占地位的经营者，不得限定他人购买其指定的经营者的商品，以排挤其他经营者的公平竞争"，认为：首都机场是一个公共场所，公共客流并非首都机场专有，属于公共的资源，首都机场不能利用其自然垄断地位谋求超额利润。此外，首都机场集团公司正在以参股方式参与咸阳机场、南昌机场、武汉机场的经营，如果都以这种方式推行，那其他机场恐怕也难免出现这种状况。同时，首都机场此举还直接侵害了被保险人选择保险公司的权利，旅客将不能在首都机场按照自己的意愿挑选保险公司购买航意险，要么不购买，要么就只有购买中美大都会的航意险。

大多数专家学者的意见

对于机场航意险之争，专家学者的意见大多倾向于认为属于垄断行为。

国务院发展研究中心企业所副所长张文魁认为，此举确定无疑属于不正当竞争。首都机场作为代理方，完全可以选择合作方，但应该通过公开的招标方式进行，而不是指定与自己有利益关系的企业。中央财经大学保险系主任郝演苏教授也认为，这无疑是一种垄断行为，并总结了其根源所在——制度缺陷。

垄断还是反垄断？

"如果说首都机场的做法是属于垄断行为的话，那么共保体本身也是一种垄断。"一位身受共保体"垄断"之苦的业内人士一针见血地指出。

一直以来，高利润、低风险的航意险一直是保险公司觊觎的一块大蛋糕。每年，每份保额为20元的航意险形成了高达16亿元的市场，而发生事故的几率极低，平均赔付几率只有800万分之一。高利润曾经使市场十分混乱，为抢市场，保险公司不惜采用恶性竞争手段。20世纪90年代末，费额20元的航意险分给销售代理点的代理费居然达到16元。同时涌现了大量的假保单，旅客的利益根本无法保障。

为避免恶性竞争，由当时的中国人寿、平安、太平洋等几家公司牵头，在航意险市场形成了“共保”体制：凡是有航意险销售资格的公司共同组成一个销售体，按照约定的比例分享销售收入和承担一定比例的保费。虽然，这种共保机制在一定程度上避免了恶性竞争，但导致了各公司所占的市场份额趋于定数，航空意外险市场几乎形成了中国人寿独占50%，平安保险、太平洋保险等少数几家公司分享其余市场的垄断局面。中国保险监督管理委员会对共保现象也没有什么好的解决办法。

在这种共保局面下，参与共保和没有参与的公司都不满。“共保”的份额划分没有科学的标准和依据，不断成立的新的保险公司因很难涉足其中而愤愤不平。然而，“老大”中国人寿，却也认为自己受害最深，从当初独自占有90%以上的市场份额，到三家共保后却只有50%的市场份额。之所以以市场份额为代价，一方面是出于市场规范的需要，另一方面政策在其中也起了很大的作用。不断地有新公司加入共保，意味着中国人寿需要拿出更多的市场份额去协调各方利益。

航意险在上海

上海浦东机场早已打破航意险共保体系，实行招标经营。

2003年9月开始，共有7家公司进驻浦东机场10个柜台销售航意险。“利润很低，低到几乎忽略不计的程度。尤其是通过这种竞标方式后，航意险的利润会更低。但是，在机场的广告效应是相当高的。”然而期望往往不是现实。“现在出险率还是0，保险公司航意险业务正好持平。假如提取保费收入50%的责任准备金的话，那对保险公司来说完全就是一个亏损业务。”共保体系有垄断之嫌，竞价招标时，机场也有垄断之嫌。但招标方式，充分引入了竞争机制，通过价格机制自然淘汰，是符合经济规律的做法。

航意险在杭州

2004年3月，通过招标方式，萧山国际机场选择了中国人民财产保险公司杭州分公司和中国人寿杭州分公司两家进场设点销售。

与此同时，杭州各家保险公司在全城的各网点，开始销售各自的航意险和替代产品——交通工具意外伤害险。与一次性购买20元，保额20万元的航意险不同，交通工具意外伤害险不仅适用于飞机，还包括汽车、轮船等交通工具，并且投保一次，保障期为一年。

航意险，何去何从？

2004年4月28日，沸沸扬扬的北京航意险风波似乎尘埃落定，从北京机场出港的旅客，在机场购买航意险时多了一种选择：国内19家保险公司的共保航意险，或者中美大都会人寿保险公司的航意险。但此次风波的冲击并没有结束。市场竞争将出现两种趋势：一是保险公司之间渠道、品牌、标准的竞争，另一种是利用各自的资源优势进行的差异化竞争。中国保监会除了推出规范保险公司和代理点的政策外，更希望看到市场自发的推陈出新以及合理的竞争。

——案例来源：根据网络课件资料整理

本案例提出了产业组织理论所关心的几个问题，有待我们思考：

1.北京首都机场指定中美大都会独家在机场销售航意险产品的做法是否属于垄断？

2.原有的共保销售模式是否属于垄断？

3.北京、上海、杭州的模式哪一种对消费者更有利？哪一种对机场和航空公司更有利？

4.产品差异化策略在本案例中如何体现？

5.政府起了什么作用？应该起什么作用？

产业结构篇

- 教学目的：使学生基本了解产业结构形成与发展的过程；充分了解产业结构优化和产业结构合理化两者之间的关系；重点掌握产业结构演变规律及其影响因素同时运用到现实产业结构的分析中。
- 重点与难点：产业结构合理化，产业结构优化、产业演变规律。

第六章　产业结构的演变及其规律

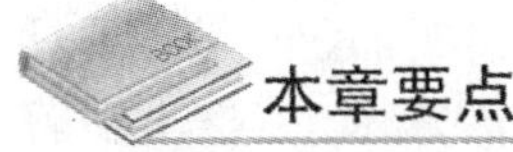

本章要点

通过本章学习，应掌握如下要点：

1. 掌握产业结构的一般演变趋势过程及内容
2. 掌握产业结构演变相关理论以及代表人物的主要贡献

导入案例

20世纪90年代美国工业结构的演变

自从1990年以来，美国就业结构的变化主要发生在第二产业和第三产业之间。第三产业就业增长得非常快，到20世纪90年代，美国服务业的就业已经突破了70%的比重。美国第一产业到2001年的就业比重微微下降，下降幅度为0.4个百分点。第二产业的就业比重下降了7.6个百分点，从1990年的26.1%下降到2001年的18.5%。相应的是第三产业的就业比重快速上升了9个百分点，从1990年的70.2%上升到2001年的79.2%。从20世纪开始到20世纪90年代，美国就业部门的变化是劳动力从第一、第二产业向第三产业转移。1991年新经济开始后，第一产业劳动力比重已非常小，仅占全部就业的3%。

20世纪90年代以来美国工业部门结构的演变过程中，工业内部结构表现出了由资金密集型向技术密集型转变的特点。20世纪90年代以前以钢铁等重工业为重心的结构，在工业部门结构的高度加工化发展过程中，工业部门结构进一步表现出技术密集化的趋势。20世纪90年代，美国技术密集型工业在成为主导工业部门的同时，不断向着更新更高技术水平型发展，这些技术密集型工业与以往的主导工业部门集中大规模生产的特征相反，它具有多样化、小型化和分散化的特征，其覆盖面之广、渗透力之强、波及程度之深，已使原来在重工业化过程中建立起来的传统工业部门不断被改造和更新，从而导致整个工业技术密集化程度的不断提高和工业部门结构的重大转变。

——案例来源：http://wenku.baidu.com/link?url

第一节　产业结构理论的渊源及发展脉络

产业结构理论是产业经济学的重要内容，它是以产业之间相互联系和联系方式为研究对象的应用经济理论，主要研究在经济发展过程中产业结构的演化规律及其原因。对于产业结构理论的研究可以分为两个层次:一是从广义的产业概念出发研究产业间的关系及其演进规律,主要是三次产业间的关系;二是从狭义的产业概念出发研究产业间的关系,主要是工业部门内各产业间的关系。本节分别考察这两方面的理论渊源及其发展。

一、产业结构理论演进

(一)产业结构理论的产生

产业结构理论的思想产生最早可以追溯到17世纪的欧洲。英国资产阶级古典政治经济学创始人配第早在17世纪就第一次发现了产业结构的不同是世界各国国民收入水平具有差异和经济发展存在不同阶段的关键原因。他于1672年出版的《政治算术》中指出了著名的配第定理:“比起农业来,工业的收入多,而商业的收入比工业多。”[①]配第定理揭示了产业结构演变和经济发展的基本方向。法国古典政治经济学的主要代表、重农学派创始人魁奈在1758年推出的《经济表》和1766年推出的《经济表分析》中分析了当时法国社会总产品的流通以及再生产等问题,并在他自己创立的“纯产品”学说的基础之上,提出了关于社会阶段结构划分的理论。他首次将各阶段收入的来源、资本和收入的交换、生产消费和个人消费统一起来分析,把农业与工业两大部门之间的流通看做是再生产过程的基本要素[②],从而为国民经济结构及产业经济结构研究奠定了初步的基础。可以说,配第和魁奈的发现和研究成果是后来的产业结构理论研究的重要思想来源之一。

当然,关于产业结构演变规律是在完成了三次产业的划分和克拉克(C. G. Clark)定理的发现之后才得以揭示的。20世纪初,澳大利亚和新西兰的统计学家曾使用第一次、第二次、第三次生产这样的概念,试图反映经济活动的先后层次。到30年代,一位叫费歇尔(A. G. B. Fisher)的澳大利亚经济学家,把第一次和第二次产业以外所有其他的经济活动统称为第三次产业,并指出第三次产业的本质在于提供服务,虽然费歇尔并没有进一步揭示三次产业间的规律,但他终于确立了对现代产业结构理论影响极为深远的三次产业分类法。三次产业分类法就是根据经济活动与自然界的关系,把取自于自然的产业,即广义的农业,其中包括种植业、畜牧业、林业和狩猎业称为第一次产业;把加工取自于自然的生产物的产业,即广义的制造业或工业,其中包括采矿业、制造业、建筑业、煤、水电等行业称为第二次产业;通常第一、二次产业都是有形物质财富的生产部门,第三次产业则是繁衍于有形物质生产活动之上的无形财富的生产部门。但是,与三次产业分类法联系在一起的是经济学家克拉克,他继承了费歇尔的研究成果,进一步利用三次产业分类法,总结了伴随着经济发展的产业结构变化的规律,从而开拓了产业结构理论这一应用经济理论领域,并使三次产业分类法得到前所未有的普及。克拉克搜集和整理了若干国家按年代的推移,劳动力在第一次、第二次、第三次产业之间移动的统计资料,经过分析得出了后来被称为“配第—克拉克定理”的结论:随着经济发展,即随着人均国民收入水平的提高,劳动力首先由第一次产业向第二次产业移动,当人均国民收入水平进一步提高时,劳动力便向第三次产业移动。劳动力在产业间的分布状况为第一次产业将减少,第二、三次产业将增加。

---

① 威廉·配第. 政治算术[M]. 北京:商务印书馆,1978:19.
② 魁奈. 经济表[M]. 北京:商务印书馆,1979:24—26.

(二)产业结构理论的形成及发展

20 世纪 30 年代中期较为著名赤松要的“雁行形态理论”和弗农(R. Venon)的“产品循环说”。赤松要在“雁行形态理论”中认为，本国的产业发展要与国际市场之间紧密结合起来，使产业结构逐渐国际化。他认为，后起的国家可以通过四个阶段来加快本国工业化进程，产业发展的政策应根据雁行形态的特点来制定。到 20 世纪五六十年代，擅长国民经济统计的美国经济学家库兹涅茨(S. S. Kuznets)分别出版了《各国经济增长的数量方面》和《现代经济增长》两部产业结构理论的名作。库兹涅茨继承了克拉克的研究成果，进一步收集和整理了 20 多个国家的数据，从国民收入和劳动力在产业间的分布两个方面，对伴随经济发展的产业结构变化作了更深入的研究。库兹涅茨的研究，无疑把“配第—克拉克定理”在广度和深度上推进了一步。后来的一些经济学家，如日本的大川一司，对库兹涅茨的材料和观点作了进一步的研究，提出了一些不同的观点，他认为，除了个别农业劳动生产率较为突出的高国民收入国家之外，发达国家和不发达国家之间在农业同工业、服务业的劳动生产率的差距上，没有库兹涅茨的统计结果中所出现的那么大。根据大川一司的研究，从低收入状况向中等收入水平过渡的阶段，农业比较劳动生产率是下降的，只有人均国民收入达到相当的水平后才能渐渐出现比较劳动生产率上升的情况。大川一司称这种现象为农业比较劳动生产率的“U 形现象”。

1973 年诺贝尔经济学奖获得者里昂惕夫作为美国著名的计量学家创新地提出了投入产出分析法。他在产业结构方面的研究具有相当大的影响力。早在 1941 年，他就对美国的经济结构进行了系统和深入的分析。他的《1919—1929 年的美国经济结构》一书是产业结构理论的经典之作。这些经济学家和学者对于产业结构的研究与探讨，从最初的对于现实社会经济状况进行实证分析而逐步转移到对产业的理论研究方面，也就是说这些理论研究促进了产业结构理论的形成及发展。

20 世纪 70 年代以来，还有一些学者利用库兹涅茨的研究方法，研究了 70 年代前后的产业结构状况，获得了一些产业结构变化的新趋势：第一次产业的劳动力及国民收入的相对比重在 60 年代的西方主要发达国家仍保持着下降趋势，进入 70 年代后，这种趋势有所减弱，美国和英国的劳动力和国民收入的相对比重都已降到 4%以下。第二次产业则无论劳动力还是国民收入的相对比重在 60 年代以后都呈下降状态，工业特别是传统工业在国民经济中的地位正在下降；而第三次产业的劳动力和国民收入相对比重两项指标都保持着向上的势头，其比重均在 50%以上，经济学家称这种现象为“经济服务化”。鉴于第一次产业所创造的国民收入比重已极小，而原来的第三次产业日益扩张，相对国民收入日益提高，日本经济学家宫崎勇认为原来那种三次产业分类法已难以把握产业结构的演变及其发展趋势，需要对产业进行重新分类。为此，他提出了他的三大产业分类，即物质生产部门(包括原来的第一、第二次产业)、网络部门、知识和服务部门，后两个部门是由原来的第三次产业分化而来。他认为，物质生产部门包括农林牧水产业、矿业、制造业、建筑业；网络部门则是为了对物、人、资金、信息进行流通和中介的部门，它包括运输、通信、商业、金融、保险、不动产，以及电力、煤气、供水等各产业；知识和服务生产部门则由医疗、健康服务、教育服务、娱乐服务、家务服务、公共服务等构成。应该说，宫崎勇的这种产业分类法有其合理性，但到目前为止，还没有成为一种公认的分类方法而加以广泛采用。

此外，以钱纳里(H. B. Chenery)为首的一批世界银行经济学家，对工业化和经济发展理论作出了重要的贡献，特别是钱纳里和赛尔奎因(M. Syrquin)提出的“发展型式”理论，吸收了克拉克和库兹涅茨的研究成果，把研究扩展到低收入的发展中国家，通过对100多个国家和地区20世纪50年代和60年代的经济结构全过程的研究，认为投资和储蓄只是经济发展的必要条件，而不是充分条件，重要的是进行全面的结构转变。钱纳里等人特别强调应对结构变动过程中的各种制约因素进行分析，这些因素应包括收入水平、资源禀赋、人口规模、政府政策和发展目标，以及国际资本、国际先进技术和国际贸易环境等，在此基础上，所揭示的经济发展标准形式对工业化和经济结构理论具有重要的影响。

(三)产业结构理论成熟及进一步完善

对工业结构演变规律作开拓性研究的是德国经济学家霍夫曼(W. G. Hoffmann)，他在这方面的研究成果主要体现在1931年出版的《工业化的阶段和类型》一书中，在书中，他把全部产业分为消费资料产业、资本资料产业和其他产业。消费资料产业包括食品工业、纺织工业、皮革工业、家具工业，资本资料产业包括冶金及金属材料工业、运输机械工业、一般机械工业、化学工业，而橡胶、木材、造纸、印刷等工业都归入其他产业。并根据近20个国家的时间序列数据，分析消费资料工业的净产值与资本资料工业的净产值的比例，即所谓的霍夫曼比例。著名的霍夫曼定理实际上就是指在工业化的过程中霍夫曼比例的不断下降。霍夫曼还根据霍夫曼比例由大到小把工业化分成四个阶段，他认为在第一阶段，消费资料工业的生产在制造业中占有统治地位，资本资料工业的生产是不发达的；在第二阶段，与消费资料工业相比，资本资料工业获得了较快的发展，但消费资料工业的规模要比资本资料工业的规模大得多；在第三阶段，消费资料工业和资本资料工业的规模达到大致相当的状况；在第四阶段，资本资料工业的规模将大于消费资料工业的规模。虽然霍夫曼的这一理论对工业结构，特别是工业结构中重工业化规律的研究作出了重要贡献，但也遭到了梅泽尔斯(A. Maizeles)、库兹涅茨和盐野谷佑一等经济学家的批评。梅泽尔斯指出，霍夫曼比例仅从工业内部比例关系来分析工业化过程是不全面的，而且霍夫曼比例还忽略了各国工业在发展过程中必然会存在的产业之间的生产率的差异。库兹涅茨则对用霍夫曼比例来研究工业化持否定态度，因为根据库兹涅茨对于美国资料的研究，无法得到支持资本资料工业优先增长的证据。盐野谷佑一认为霍夫曼的产业分类法是不科学的，他运用一种新的统计方法“商品流动法”的原则，重新计算了霍夫曼比例，得到了一些新的结论：从美国、瑞典等国的长期时间序列来看，制造业资本资料生产的比重大体处于稳定状态，但从轻重工业的比例关系来看，重工业比重增大却是一切国家都存在的普遍现象。盐野谷佑一进而指出霍夫曼定理在工业化初期是成立的，对于工业化水平较高的国家，消费资料工业和资本资料工业实际上是稳定不变的。霍夫曼定理及其修正主要揭示了工业化的第一阶段，即“重工业化”阶段的结构演化规律，至于第二阶段的“高加工度化”，以及第三阶段的“技术集约化”则是后来的一些学者提出和总结的。随着一些发达国家工业进入更高阶段，有些学者又提出了一些新的概念，如丹尼尔·贝尔(D. Bell)的“超工业社会”，以及“后工业社会”、“信息社会”等。在探求工业结构的演进动因方面，除了需求结构和供给结构两种观点外，还有些学者从国际贸易角度来探讨对工业结构的影响。

诺贝尔经济学奖获得者、美国发展经济学创始人之一刘易斯于1954年发表了著名论文《劳动无限供给条件下的经济发展》，提出了重要的理论模型——二元经济结构模型，即整个经济由强大的传统农业部门与弱小的现代资本主义部门所组成，以解释发展中国家的经济问题。刘易斯的二元经济结构理论中传统农业部门主要是自给自足的农业、大多数传统部门以及零售业，该部门的特点是边际劳动生产率很低导致存在着大量的剩余闲置的劳动力；而其中的现代资本主义部门，包括现代工业、少量的高效农业、现代商业，这一部门劳动生产率较高，但是就业人数较少，所需劳动力从传统农业部门逐渐转移过来。传统部门中的廉价劳动力大量转移进入现代资本主义部门，从中获得无限供给的廉价劳动力，同时在劳动力供给价格与边际劳动生产率差额中获得巨额利润，传统的农业部门不断缩小，现代资本主义部门不断扩大，此时的经济不断发展。发展中国家可以利用劳动力丰富这一有利条件，加速经济的发展。刘易斯还在1958年出版的《经济增长理论》中，全面分析了包括资本积累、技术进步、人口增长、社会结构、经济制度、政治、心理、宗教、文化历史传统等经济因素和非经济因素对于经济发展的影响。加拿大经济学家希金斯描绘了不发达国家的二元经济结构的特征，并对二元经济结构作了仔细研究。他的研究成果的主要论著包括《印度尼西亚的经济稳定与发展》、《经济发展：原则、问题与政策》等。他认为，原有部门和先进部门的生产函数完全不同，原有部门的生产函数属于可替代型的，而先进部门存在固定投入系数型的生产函数。原有部门因为资金的绝对不足而选择劳动密集型的技术，而先进部门采取的是资本密集型的技术。

1958年，美国发展经济学家赫希曼在《经济发展战略》中阐述了他创建的著名"非均衡"增长学说，他否定了当时十分盛行的发展中国家必须按照一个谨慎控制的平衡增长路线发展的理论，设计出了一个非均衡增长的模型。他的这一理论是运用了大量的拉丁美洲的经济发展实践来总结和阐述的。他以对国民经济计划制定是否应优先、重点发展某些部门的广义探讨代替了早期发展经济学家限于直接生产部门和基础设施部门发展次序的狭义论证。其中，"关联效应"（包括前向关联效应和后向关联效应）理论和"最有效次序"理论，已经成为发展经济学中的重要分析工具。美国经济学家、经济史学家罗斯托提出了著名的主导产业扩散效应理论和经济成长阶段理论。他的研究成果有《经济成长的过程》和《经济成长阶段》等著作。他根据技术标准把经济成长阶段划分为六个阶段，包括：传统社会、为起飞创造前提、起飞、成熟、高额群众消费和追求生活质量，而每个阶段的演进特征都是主导产业部门更替。罗斯托认为，产业结构的变化对于经济增长影响重大；同时要重视发挥主导产业的扩散效应对经济发展的重要影响。他同时还认为，决定社会经济发展的最终动因是人的主观倾向：发展科学的倾向、寻求物质进步的倾向、把科学应用于经济目的的倾向、消费的倾向、创新的倾向、生儿育女的倾向等。荷兰经济学家、经济计量学的创始人之一丁伯根关于制定经济政策的理论包含有丰富的产业结构理论。例如，他认为，经济政策就是要有意识地运用一些手段以达到某种目的，其中就包含了调整结构的手段。他把经济政策区分为数量政策、性质政策和改革三种。其中，性质政策就是要改变结构（收入产出表）中的一些元素，改革就是改变基础中的一些元素。又如，他在发展计划理论中所采用的大型联立方程式体系，就是凯恩斯、哈罗德—多马及里昂惕夫等人多种模型的混合物；另外，他所采用的部分投入产出法，就是一种产业关联方法，它直接从投资计划项目开始，把微观计划简单地加总成为宏观计划。

二、产业结构理论体系及代表人物主要理论贡献

产业结构是指产业间的技术经济联系与联系方式，是各产业的构成及各产业之间的联

系和比例关系，包括产业的构成、各产业之间的相互关系在内的结构特征。我们从两个角度来考察这种产业间的联系与联系方式：一方面，狭义的产业结构理论，从质的角度动态地揭示产业间技术经济联系及其联系方式不断发展变化的趋势，揭示经济发展过程的国民经济各产业部门中，起主导作用或者占支柱地位的产业部门的不断替代的规律及其相应的“结构”效益；另一方面，从量的角度静态地研究和分析一定时期内产业间联系与联系方式的技术经济数量比例关系，即产业间“投入”与“产出”的量的比例关系，从而形成产业关联理论。广义的产业结构理论包括狭义的产业结构理论和产业关联理论[①]。产业结构研究理论的相关理论与论著参见图 6-1。

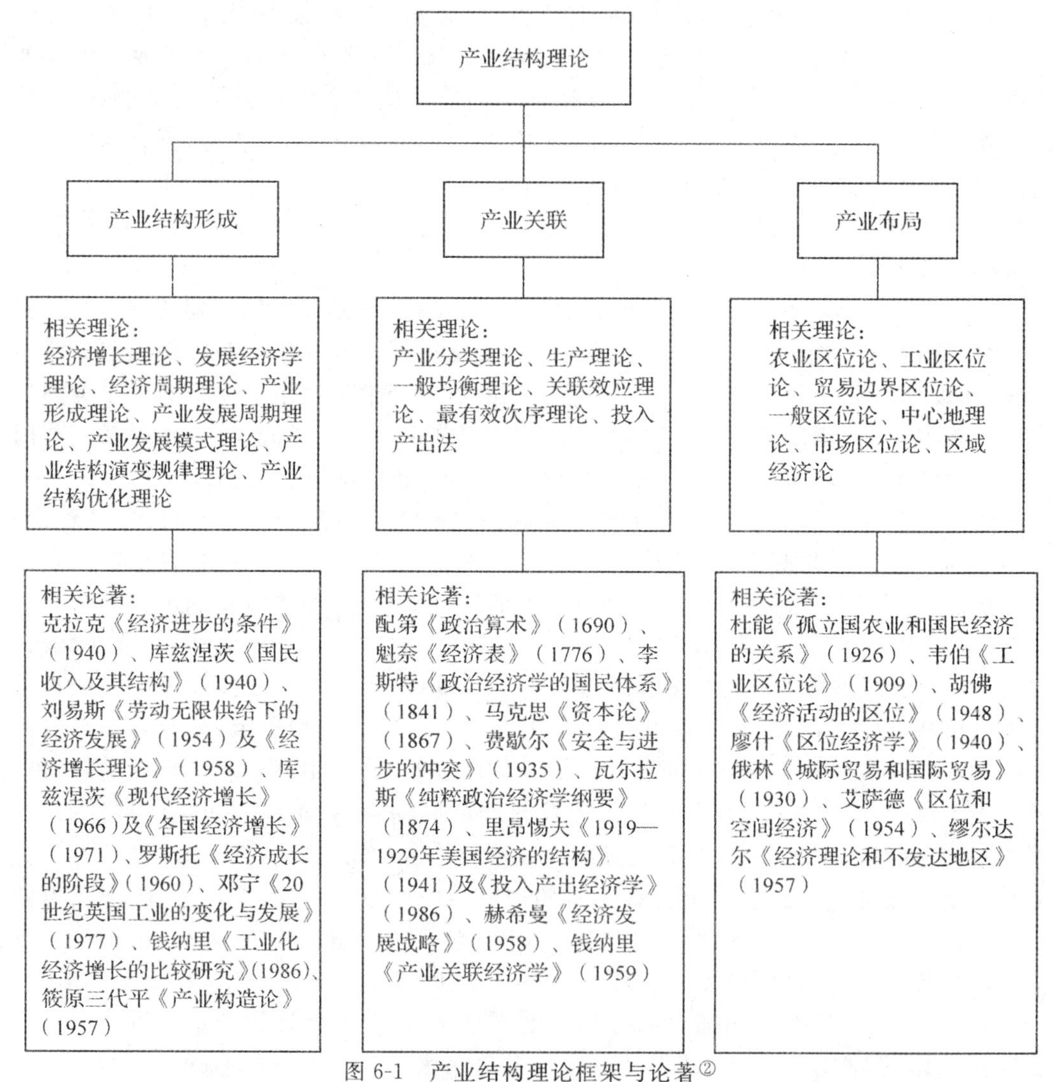

图 6-1　产业结构理论框架与论著[②]

对产业发展演进规律的研究做出贡献的是英国的经济学家克拉克、美国经济学家库兹涅茨和德国经济学家霍夫曼。克拉克考察了产业发展中劳动力在三次产业间的分布规律，

① 苏东水．产业经济学(第三版)[M]．北京：高等教育出版社，2011：44．
② 苏东水．产业经济学[M]．高等教育出版社，2000：231．

库兹涅茨在克拉克的基础上，进一步考察了产业发展中国民收入在三次产业间分布结构的演变趋势，霍夫曼则对工业化过程中的工业结构演变规律作了开拓性研究。

(一)配第—克拉克定理

"配第—克拉克定理"是研究经济发展中的产业结构演变规律的学说。这个定理是克拉克在威廉·配第研究成果基础之上，深入地分析研究了就业人口在三次产业中分布结构的变动趋势后得出的。克拉克认为他的发现只是印证了配第的观点，故称之为配第定理。后来有人把克拉克的发现称作配第—克拉克定理。

早在17世纪的英国，经济学家威廉·配第(William Petty)就已经发现，产业中心伴随着经济的不断发展将逐渐由有形财物的生产转向无形的服务性生产。配第根据当时英国的实际情况指出：工业的收益比农业多得多，劳动力必然由农业向工业转移，而此时商业的收益又比工业多得多，劳动力再由工业向商业转移。这也就形成了社会劳动力由第一产业向第二、第三产业转移的局面。英国经济学家科林·克拉克(Colin Clark)在威廉·配第的研究成果之上，首次研究了产业结构的演进趋势，他在计量和比较不同的收入水平下的就业人口在三次产业中分布结构的变动趋势后，得出劳动力在产业之间转移变动的原因是各产业间经济发展中的收入出现了相对差异。后人把威廉·配第及克拉克的发现统称为配第—克拉克定理，该定理解释为：随着经济的发展和人均国民收入水平的提高，劳动力首先由第一产业向第二产业转移，当经济进一步发展、人均国民收入水平进一步提高时，劳动力又由第二产业向第三产业转移。该定理反映了经济增长方式的转变过程，揭示工业化过程中劳动力由生产率低的部门向生产率高的部门转移的规律，表明就业结构是一个国家或地区经济发展阶段的重要标志。

克拉克定理有三个重要的前提。第一，克拉克对产业结构演变规律的探讨，是以若干国家在时间的推移中发生的变化为依据的。这种时间序列是和不断提高的人均国民收入水平相对应的。第二，克拉克在分析产业结构演变时，首先使用了劳动力这一指标。考察了伴随经济发展，劳动力在各产业中的分布状况所发生的变化。后来，克拉克、库兹涅茨和其他人又以国民收入在各产业的实现状况，对产业结构作了进一步研究，发现了一些新的规律。第三，克拉克产业结构的研究是以三次产业分类法，即将全部经济活动分为第一次产业、第二次产业和第三次产业为基本框架的。克拉克的结论是：随着经济的发展，人均国民收入水平的提高，劳动力首先由第一次产业向第二次产业移动；当人均国民收入水平进一步提高时，劳动力便向第三次产业移动。劳动力在产业间的分布状况为：第一次产业将减少，第二、三次产业将增加。这就是配第—克拉克定理。克拉克认为，劳动力从第一次产业转向第二、三次产业的原因是由经济发展中各产业间出现收入(附加价值)的相对差异造成的。人们总是从低收入的产业向高收入的产业移动的。这不仅可以从一个国家经济发展的时间序列分析中得到印证，而且还可以从处于不同发展水平上的国家在同一时点的横断面比较中得到类似的结论。人均国民收入水平越高的国家，农业劳动力在全部劳动力中所占的比重相对来说就越小；而第二、三次产业劳动力所占的比重相对来说就越大。反之，人均国民收入水平越低的国家，农业劳动力所占比重相对越大，而第二、三次产业劳动力所占比重相对越小。

(二)库兹涅茨法则

配第—克拉克定理指出了在经济发展过程中随着经济发展和人均国民收入水平的提

高，劳动力在第一、二、三次产业分布结构中的演变规律，同时指出了劳动力在三次产业中分布结构演变的原因，即产业之间在经济发展过程中产生的相对收入的差异。这样，我们就必须延伸到国民收入在第一、二、三次产业间的分布结构及其变化规律上来对产业结构演变规律进行研究。只要我们能够研究清楚国民收入在三次产业中分布状况的变化趋势，就可以将其与劳动力分布状况的变化趋势结合起来，从而进一步深化产业结构演变的动因分析。

在这方面取得突出成就的是美国著名经济学家库兹涅茨。他在西方经济学界被称为"GNP之父"，擅长国民经济统计并且颇有建树。他在《现代经济增长》和《各国经济增长的数量方面》等著作中阐述了对上述产业结构理论研究的成果。他在继承克拉克研究成果的基础上，进一步收集和整理了20多个国家的庞大数据；从各国国民收入和劳动力在产业间分布结构的演变趋势的统计资料入手，对经济发展引起产业结构变化进行了深入的分析研究，得到如下规律性结论（见表6-1）：

（1）第一次产业（即农业部门）所实现的国民收入，随着时间的推移在整个国民收入中的比重和农业劳动力在全部劳动力中的比重一样，处于不断下降的趋势之中。

（2）第二次产业（即工业部门）的国民收入的相对比重从总体来看呈上升趋势；而工业部门劳动力所占的比重就各国的情况综合起来分析看出基本不变或略有上升。

（3）第三次产业（即服务部门）的劳动力相对比重从总体上看呈上升趋势；但国民收入的相对比重变化与劳动力的相对比重变化在有些时候是不同步的。

表6-1 产业发展形态的概括(三部门的构成)

	(1)劳动力的相对比重		(2)国民收入的相对比重		(3)＝(2)÷(1)相对国民收入(比较生产率)	
	时间序列分析	横断面分析	时间序列分析	横断面分析	时间序列分析	横断面分析
第一次产业	下降	下降	下降	下降	(1以下)下降	(1以下)几乎不变
第二次产业	不确定	上升	上升	上升	(1以上)上升	(1以上)下降
第三次产业	上升	上升	不确定	微升(稳定)	(1以上)下降	(1以上)下降

注：时间序列分析即按时间的推移所做的分析；横断面分析即为同一时点不同国民收入水平国家的比较(从低到高)；"不确定"的意思是很难归纳出一般的趋势，从整体来看是变化不大，或者略有上升。

资料来源：宫泽健一. 产业经济学[M]. 东洋经济新报社，1989:57.

(三)钱纳里工业化阶段理论

钱纳里通过对于经济发展的长期过程中制造业内部各产业部门的地位和作用的变动进行考察，揭示了制造业内部结构转换的原因，即产业间存在着产业关联效应，为后来经济学家对于制造业内部的结构变动趋势的研究奠定了基础。他经过长期深入考察，发现制造业发展受人均GNP、需求规模和投资率的影响大，而受工业品和初级品输出率的影响小的规律。

钱纳里将制造业的发展过程分为三个具有不同特点的发展时期：经济发展初期、中期和后期；同时将制造业按以上三个不同的时期划分为三种不同类型的产业：初期产业，是指在经济发展初期对于经济发展起主要作用的各个制造业部门，例如纺织、食品、皮革等部门；中期产业，是指在经济发展中期对经济发展起主要作用的各个制造业部门，如木材加工、橡胶制品、非金属矿产品、石油、化工、煤炭制品等部门；后期产业，是指在经济发展后期起主要作用的各个制造业部门，如日用品、印刷出版、纸制品、粗钢、金属制品和机械制造等部门。这些在不同经济发展阶段的不同产业具有不同特点的理论被统称为"钱纳里工业化阶段理论"。

(四)霍夫曼工业化经验法则(霍夫曼定理)

在"配第—克拉克定理"中所归纳的经验性的经济规律，以及库兹涅茨对产业结构演变规律的探讨，实际上描述的是一个国家走上工业化的过程和动因。克拉克、库兹涅茨等人所揭示的，工业在经济发展的一定阶段，其国民收入的相对比重不断上升的同时，劳动力相对比重增加不多、不快的规律说明，工业在一定的经济发展阶段，是一个国家经济发展的主导部门。近代经济发展的过程同工业的发展有着紧密的联系。经济发展过程也就是"工业化"的过程。

在西方经济学家中，对工业化过程的工业结构演变规律作了开拓性研究的是德国经济学家霍夫曼。他根据近 20 个国家的时间序列数据，分析了制造业中消费资料工业和资本资料工业的比例关系。这一比例关系就是消费资料工业的净产值和资本资料工业的净产值之比，其比值就是霍夫曼比例。公式为：

$$\text{霍夫曼比例}=\frac{\text{消费资料工业的净产值}}{\text{资本资料工业的净产值}}$$

所谓"霍夫曼定理"就是在工业化的进程中霍夫曼比例不断下降的规律。他根据自己提出的"霍夫曼比例"，也就是消费资料工业净产值与资本资料工业净产值两者之间的比例，把工业化划分为四个发展阶段：

第一阶段：消费资料工业占主导地位，此时霍夫曼比例为 5(±1)；

第二阶段：资本资料工业快于消费资料工业的增长，消费资料工业降到工业总产值的二分之一左右或以下，此时霍夫曼比例为 2.5(±0.5)；

第三阶段：资本资料工业继续快速增长，并已达到和消费资料工业相平衡的状态，此时霍夫曼比例为 1(±0.5)；

第四阶段：资本资料工业占主导地位，这一阶段被认为实现了工业化，此时霍夫曼比例为 1 以下。

霍夫曼根据霍夫曼比例的变化趋势，把工业化的过程分成如下四个阶段(见表 6-2)。

表 6-2　霍夫曼工业阶段指标

	$\frac{\text{消费资料工业净产值}}{\text{资本资料工业净产值}}$
第一阶段	5(±1)
第二阶段	2.5(±1)
第三阶段	1(±0.5)
第四阶段	1 以下

资料来源：杨治.产业经济学导论[M].北京：中国人民大学出版社，1985.

其中的比例是依净产值(即附加价值。括号内的数字表示前面的数字作为基准时允许存在的幅度)计算的。霍夫曼认为,在工业化的第一阶段,消费资料工业的生产在制造业中占有统治地位,资本资料工业的生产是不发达的;在第二阶段,与消费资料工业相比,资本资料工业获得了较快的发展,但消费资料工业的规模,显然还比资本资料工业的规模大得多;在第三阶段,消费资料工业和资本资料工业的规模达到了大致相当的状况;在第四阶段,资本资料工业的规模将大于消费资料工业的规模。

霍夫曼比例能够在一定程度上反映一个国家或者地区的工业化发展水平。霍夫曼比例越高,说明消费资料工业比重越大,资本资料工业比重越小,表明工业化水平越低;反之,霍夫曼比例越低,说明消费资料工业比重越小,资本资料工业比重越大,表明工业化水平越高。但是在产业经济相关理论不断发展的过程中,霍夫曼关于重工业化过程中工业结构演变规律及其阶段划分的理论既受到诸多经济学家的推崇,但与此同时也遭到不少经济学家的批评。也正是在这样不断肯定又不断否定之中,才将工业化过程中工业结构演变规律的研究推向新的水平。

(五)罗斯托的主导产业扩散效应和经济成长阶段论

美国经济学家罗斯托提出了"主导产业扩散效应"理论,对主导产业的研究作出了巨大的开创性的贡献。罗斯托认为,无论在一个经济体发展的任何时期,甚至在一个成熟并继续成长的经济体系中,经济能够保持增长的重要原因,是为数不多的主导产业部门迅速扩大的结果,同时这种扩大效应又对其他产业部门的发展起到了重要的积极作用,也就是我们所说的主导产业的扩散效应。主导产业的扩散效应包括回顾效应、旁侧效应、前向效应三种。罗斯托认为一个国家或者地区应该选择具有扩散效应(即具有回顾效应、旁侧效应、前向效应三种效应)的产业部门作为主导产业部门,将这些扩散效应较强的主导产业的产业优势辐射传递到产业关联链上的各个相关产业当中,以此带动和促进其他产业的发展和经济社会进步。三种扩散效应的带动原理在于:①回顾效应,随着主导产业高速发展,对各种先期投入要素产生新的投入需求,从而刺激这些投入品的相关产业的发展;②旁侧效应,主导产业的兴起和扩散会直接或者间接影响当地经济、社会的发展,如制度建设、经济政策、基础设施、人口素质等;③前向效应,主导产业的发展能够诱发新的经济活动或新的产业部门的产生或者发展,甚至能够为下一个重要的主导产业的产生与发展建立起新的平台。

罗斯托还根据经济体中科学技术和生产力发展水平的不同,将经济成长的过程划分为五个阶段:一是传统社会的阶段。当时不存在现代科学技术,生产力水平低下且发展极为缓慢甚至停滞不前。二是为"起飞"创造前提的阶段。此时,近代科学技术开始在工农业中进行应用并逐步发生作用,占人口四分之三以上的劳动力逐渐从农业向工业、交通、商业和服务业转移。投资率的提高速度明显超过人口增长的水平。三是正式"起飞"阶段,相当于产业革命时期。此时有一种或几种经济主导部门带动国民经济的增长,同时积累率在国民收入中所占的比率由5%增加到10%以上。四是向成熟挺进的阶段。这时已经把一系列现代新技术有效地应用于大部分领域,投资率升高达到10%～20%。经济结构由于技术的不断改进和新兴工业的迅速发展发生变化。五是高额大众消费阶段。这时的工业已经高度发达,但主导部门已经转移到耐用消费品和服务业部门。后来罗斯托在1971年出版了《政治与成长阶段》一书,在上述五个阶段的基础上又添加了一个"追求生活质量"的阶段。他认为，在这个阶段主导部门再次转移，已经不再是耐用消费品工业和之前的服务业部门，而是为提高生活质量的产业，包括教育、医疗、文娱、社会福利、旅游等部门。

（六）赤松要的雁行形态理论

日本经济学家赤松要提出了雁行形态理论。赤松要在研究日本的棉纺工业史的时候，发现随着日本国内对于纺织品需求的增加，国内棉线和棉织品的进口量也随之扩大。不久之后，国内生产的纺织品产量猛增，逐步取代进口产品，然后逐渐开始出口。纺织品的变化过程可以表示为国外进口、国内生产，进而向外出口。把进口、国内生产进而出口这三阶段用曲线绘成图形，在图上呈倒“V”字形，像三只大雁结成雁群在空中飞翔，这一过程就被称为雁行形态，这项理论称为雁行形态理论。

赤松要认为，后进国家的产业赶超先进国家在产业发展方面体现的产业结构的变化呈现出雁行形态，即后进国家的产业发展是在“进口—国内生产—出口”的模式相继交替之中实现不断发展的。这样一个在图形上很像三只大雁飞翔的产业结构变化过程，被赤松要解释为“雁行形态说”。其中，倒“V”字形之中第一部分是本国大量进口国外产品而引起的进口浪潮，第二部分是大量进口产品涌入本国市场刺激国内市场所引发的国内生产浪潮，第三部分是国内生产发展壮大后所促进的本国产品的出口浪潮。根据雁行形态理论，后起的工业化国家加速本国工业化进程通过如下四个阶段来实现：

第一阶段，从本国进行新产品的研究和开发开始到国内市场的逐步形成；

第二阶段，从国内市场基本达到饱和到逐渐开始产品出口，开拓国际市场；

第三阶段，从国内市场饱和，国外市场基本形成，到输出技术设备，在销售地就地生产和销售；

第四阶段，国内生产逐步减弱，国外生产能力基本形成，产品以更低价格返销国内，迫使本国该产品减少生产，并促使新产品的不断研究和开发。

赤松要的雁行形态理论认为本国产业形成与发展和国际市场密切联系，不同发展层次的国家之间的产业状况存在一种动态的梯度传递和转移过程，一国产业结构如果能够实现国际化，那么该国产业结构的调整就可以通过国际产业间的梯度传递和转移来实现。这也就是说后进的工业国或者欠发达地区通过国际产业间的梯度转移实现加速工业化进程是完全可能的。

第二节　产业结构演变规律

产业结构既是以往经济增长的结果，也是未来经济增长的基础，产业结构的优化已经成为推动国家和地区经济发展的重要因素。产业结构必须与经济发展相适应，其变动也必须同经济发展相协调，这种变动主要表现为产业结构演进的高度化和合理化，即由低级向高级演进和产业结构横向演变。这种结构的高度化和合理化推动着国家或者地区经济向前发展。从许多发达国家和新兴工业化国家的实践来看，产业结构的演进（主要是产业结构的高度化和合理化）规律可以从以下几个角度考察。

(一)从工业化发展的阶段考察

根据工业化的各个阶段产业结构的演进可以分为:前工业化时期、工业化初期、工业化中期、工业化后期和后工业化时期五个阶段。每个阶段的特点不同:第一阶段即在前工业化时期,在这个时期第一产业占主导地位,第二产业有一定发展但很缓慢,第三产业所占比重微乎其微。第二阶段即在工业化初期,第一产业产值在国民经济中的比重依旧很大但比重逐渐缩小,其地位不断下降;第二产业有较大发展,工业重心从轻工业主导型逐渐转向基础工业主导型,第二产业在长足发展中逐步占据主导地位;第三产业也有一定发展,但在国民经济中的比重依旧比较小。第三阶段即在工业化中期,工业重心由基础工业向高加工度工业转变,第二产业仍居第一位即占据主导地位,第三产业比重逐渐上升,地位有所提高。第四阶段即在工业化后期,第二产业比重继续下降,主导地位逐渐失去;第三产业特别是信息产业高速增长的促进之下继续快速发展,其中,第三产业产值比重在三次产业中占有支配地位,甚至占有绝对支配地位。第五阶段即在后工业化阶段,产业结构体现出产业知识化的主要特征。产业结构的发展就是沿着这样由低级向高级一个发展演变进程并逐渐实现高度现代化的。

(二)从主导产业的转换过程来考察

产业结构的演进从主导产业的转换过程来看可以分为以农业为主导阶段、轻纺工业为主导阶段、原料和燃料动力等基础工业为重心的重化工业为主导阶段、低度加工型的工业为主导阶段、高度加工组装型工业为主导阶段、第三产业为主导阶段、信息产业为主导阶段等几个阶段。在不同阶段产业结构演进一般规律有以下几点:

第一阶段是以农业为主导的阶段,农业在国民经济中占有绝对地位,第二、三产业的发展均受限制,水平很低。

第二阶段是以轻纺工业为主导的阶段,在这个阶段,轻纺工业由于需求拉动、技术要求简单、从第一产业分离出来的劳动力价格便宜等有利因素得到较大发展空间,发展速度很快;此时第一产业的发展速度有所下降,地位有所削弱;重化工业和第三产业有所发展,但是发展速度较慢。这时轻纺工业取代农业成为主导产业。

第三阶段是以原料和燃料动力等基础工业为重心的重化工业为主导的阶段,农业产值此时在国民经济中的比重已经很小;轻纺工业取代农业之后继续发展,主导产业的地位失去,速度逐渐放慢下来;而以原料、燃料、动力、基础设施等基础工业为重心的重化工业首先得到较快发展,并逐渐取代轻纺工业的位置成为主导产业。这些基础工业都是重化工业的先行产业或制约产业,必须先行加快发展才不至于成为制约其他重化工业发展的瓶颈产业。

第四阶段即以低度加工型工业为主导的阶段。由于传统的、对于技术要求较低的机械、钢铁、造船等低度加工组装型的低级重化工业发展速度较快,其在国民经济中的比重越来越大,发展越来越迅速,取代以原料、燃料、动力、基础设施等基础工业为重心的重化工业成为主导产业。

第五阶段即以在高度加工组装型工业为主导的阶段。由于高新技术在工业中应用越来越广泛,传统工业得到改造并逐渐转型。技术要求较高的精密机械、精细化工、石油化工、机器人、电子计算机、飞机制造、航天器、汽车及机床等高附加值组装型重化工业有较快发展，在国民经济中的比重越来越大，逐渐成为推动国民经济增长的主要推动力。其在国民生产总值中的比重占有较大份额，同时增幅较大，成为国民经济的主导产业。

第六阶段即以第三产业为主导的阶段。第二产业的发展速度逐渐放缓，比重逐渐下降，特别是传统产业的下降幅度很快；同时技术的革新和普及使内部的新兴产业和高新技术产业仍有较快发展。整个第二产业内部结构变化日新月异，但比重在国民生产总值中已经不占据主导地位。第三产业包括服务业、运输业、旅游业、商业、房地产业、金融保险业、信息业等现代服务业的发展速度明显加快，在国民生产总值中占有较大或主要份额，逐渐取代传统第二产业成为国民经济的主导。

第七阶段即以信息产业为主导的阶段，信息产业获得长足发展，特别是由于信息高速公路的建设和国际互联网的普及，推动了信息产业的高速发展。这一时期，信息产业已成为国民经济的支柱产业和主导产业。人们常把这一阶段称为后工业化社会或工业化后期阶段。

(三)从三大产业的内在变动趋势考察

从三大产业的内在变动来看，产业结构的演进是沿着以第一产业为主导到以第二产业为主导，再到以第三产业为主导的方向发展的，也以此分为这三个阶段。

在第一产业内部，产业结构从技术水平低下的粗放型农业向技术要求较高的集约型农业，再向生物、环境、生化、生态等技术含量较高的绿色农业、生态农业发展；从种植型农业向畜牧型农业、野外型农业向工厂型农业方向发展。

在第二产业内部，产业结构的演进朝着轻纺工业—基础型重化工业—加工型重化工业方向发展。从资源结构变动情况来看，产业结构沿着劳动密集型产业—资本密集型产业—知识(包括技术)密集型产业方向演进。从市场导向角度来看，产业结构朝着封闭型—进口替代型—出口导向型—市场全球化方向演进。

在第三产业内部，产业结构沿着传统服务业—多元化服务业—现代型服务业—信息产业—知识产业的方向演进。

(四)从产业结构演进的顺序看

产业结构由低级向高级的各阶段发展顺序是不可逾越的，但各阶段的发展过程明显是可以控制即可以缩短的。从演进过程的角度看，后一阶段产业的发展需是以前一阶段产业充分发展为基础的。只有第一产业的劳动生产率得到充分发展，剩余劳动的出现才能使第二产业的轻纺产业得到应有的发展。第二产业发展中的加工组装型重化工业的发展又是建立在原料、燃料、动力等基础工业的发展基础上的。同样，只有第二产业的快速发展，第三产业的发展才具有先天成熟的条件和坚实的基础。因此，这也提醒我们，产业结构的超前发展会在短时间内一定程度上加速国家或地区经济的发展，但有时也会带来复杂的后遗症。

本章小结

以时间的正顺序清晰地交代了产业结构从形成到发展起过重要作用的政治背景和对

此作出巨大贡献的经济学家以及他们的研究成果及思想，让我们了解到产业结构发展存在的内在动力与外在经济原因，同时也将每一时期所反映出的不同的研究发展方向进行介绍，这体现出产业结构发展的先进性与阶段性。

产业结构的演变规律可以从多方面考察：从工业化发展阶段考察、从主导产业的转换过程考察、从三大产业的内在变动考察、从产业结构演进顺序考察。一切决定和影响经济增长的因素都会在不同程度上对产业结构的变动产生直接或间接的影响。

复习思考题

1. 简述产业结构演变的一般趋势。
2. 简述产业结构演变规律的理论综述。
3. 简述产业结构理论的形成和发展过程。
4. 简述产业结构理论的研究对象和基本体系。
5. 简述霍夫曼工业化经验法则的内容。
6. 简述罗斯托经济成长理论的阶段。

【案例分析】

新加坡独立以来的产业结构变化

新加坡独立时的经济结构严重依赖两个支柱产业：本地区初级产品（主要是橡胶和锡）的转口贸易和作为英国的东苏伊士运河的海军基地。独立后，新加坡实施了外向型的工业化战略，以与原来的经济结构对接。在外向型工业化过程中，新加坡成功地发展起了炼油、电子、医药和船舶（包括油井设施）等产业。快速发展的工业化带来了三个产业的重要发展：国际海空运输和物流产业、金融产业和国际旅游业；随后，又出现了两个新的产业：教育和健康医疗服务业。在转口贸易中，昔日的转口贸易产品橡胶和锡逐渐萎缩，并被化工、电子、医药和其他制成品替代。在工业方面，如同其他行业一样，都处于转型重组的过程中，高附加值产品替代了劳动密集型、低附加值的产品。例如，新加坡如今生产和出口了世界上75%的油井设备。而在工业化发展之初，低端产品、低价值消费品如肥皂、洗衣粉、蚊香、橡胶拖鞋、牙刷、牙膏和木制品等都会提供重要的就业机会。在迅速发展的旅游产业方面，新加坡每年接待海外游客1000万人次，与旅游业发展之初那种认为只有酒醉的水手才会光顾新加坡的悲观论调形成了鲜明的对比，更多的国际旅游度假区还在增加中。在金融产业方面，由于政治经济形势稳定，不用再担心资金外流。作为金融中心的新加坡已经拥有了世界一流的银行和金融机构，一天内的外汇兑换成交额最高达到1590亿美元，每月平均达到3.3万亿美元。

——案例来源：郭建军. 新加坡外向型经济全球化进程1965—2010. 北京：社会科学文献出版社，2012.

案例评析问题：

1. 新加坡独立后，产业结构发生了哪些变化？
2. 实施外向型的工业化战略对新加坡经济发展有哪些影响？

第七章 产业结构变动的影响因素

本章要点

通过本章学习，应掌握如下要点：

1. 掌握需求因素对产业结构变动的影响
2. 掌握供给因素对产业结构变动的影响
3. 掌握国际贸易、国际投资及其他因素对产业结构变动的影响

导入案例

改革开放以来我国产业结构变化

改革开放30年来，我国的三次产业结构有了比较明显的改善，但总的看来仍以传统产业为主，存在制造业增加值占GDP比率低、服务业比重低、产业总体水平不高的现象。我国正处于工业化进程的后半阶段。第二产业在GDP中占了相当大的比重，而传统的农业却后继乏力，比重持续下降。我国已经由一个传统的农业经济大国转变为工业经济大国，而衡量一个国家或地区发达程度的重要标志的第三产业发展相对滞后，与发达国家有明显的差距。

一、总体变化情况

改革开放以来，中国的产业结构经历了较大变化。第一产业比重明显下降；第二产业比重稳步提高，对GDP的贡献率基本上在60%以上，个别年份甚至达到了70%；第三产业对GDP的贡献率逐年增加。综合分析可以发现，第二产业尤其工业是拉动经济增长的主导力量，第三产业虽然发展迅速，但对经济增长的拉动作用还相当有限。当前工业对经济增长的贡献率当中，近3/4来自制造业，重化工业加速发展的特点十分明显。农业的基础地位依然薄弱，产业化水平低，严重制约了农业产业结构优化和农产品竞争力的提高。从长期的变动趋势来看，三大产业之间的比例关系有了明显改善，产业结构正向合理化方向变化。第一产业在GDP中的比重呈现持续下降的态势，但内部结构的调整比较缓慢，农业基础仍显落后；第二产业的比重经历了不断波动的过程，这期间有政策调整的原因，内部结构得到了升级；第三产业在国民经济中的比重不断上升，产值比重由1978年的24.2%大幅上升至2009年的42.6%。

二、三次产业结构变化的基本特征

第一产业的比重呈不断下降的趋势。在改革开放初期，第一产业占全国GDP的比重为27.9%，但是到2009年已经下降到10.6%，降幅非常明显。从改革开放初期到20世纪80年代中期以前，第一产业在GDP中所占的比重呈上升趋势，到80年代中期以后才转为下降，进入20世纪90年代以后呈现出明显下降趋势。进入21世纪之后，整个曲线比较平缓，2008年和2009年的差距只有0.1个百分点。可见，第一产业的比重比较稳定，未来的变动趋势将会很小。

第二产业在GDP中所占的比重呈现出先降后升的趋势，但总体上看，没有发生大幅度的变化。在GDP结构中，第二产业的比重从1980年的48.2%下降到1990年的41.3%，到2007年达到峰值50.3%。在这期间曲线呈波浪形，虽有波动，但总体呈上升的趋势。从2007年起，由于国家的宏观调控，第二产业的比重逐渐回落。从整体上看，自改革开放以来，第二产业在GDP中的比重没有发生大的变化。

第三产业占GDP的比重总体呈现上升趋势。自改革开放到20世纪80年代前期，第三产业在GDP结构中所占比重一直没有发生太大变化，而在1983年以后第三产业的比重迅速上升，在1985年超过了第一产业。但2002年以来却呈现出缓慢下降的趋势，到2007年达到波谷。2002年第三产业和第二产业的差距仅为3.1个百分点，但是自2002年以后由于第二产业过快增长，第三产业在GDP结构中的比重开始呈现下降的趋势。从2007年起，由于第二产业的增速放缓并且呈下降的趋势，第三产业迎来拐点，反弹的力度比较强。从三次产业结构发展的趋势看，第三产业还将有一个明显的上升。

案例来源：郭晓萌. 改革开放以来我国产业结构变化研究. 北方经济，2010(20).

决定和影响产业结构变动的因素是很复杂的。总的来说，有政治、经济、文化、历史等因素；具体地说，有需求、供给、对外贸易、经济制度以及经济发展战略等因素。这些因素相互交织、相互联系，综合地影响和决定着产业结构的变动。

第一节　需求因素对产业结构变动的影响

产业结构的变动受到很多因素的影响，需求因素也是其中之一。下面，主要从消费需求和投资需求两方面来分析需求对产业结构变动的影响。

一、消费需求

人口数量、经济发展周期、经济发展水平、人均收入水平、社会发展水平和技术水平等因素与消费需求的变动密切相关。需求变化包括两个方面：一是需求总量的增长；二是需求结构的变化。这两者的变化都能引起相应产业部门的扩张或缩小，以及新产业部门的产生和旧产业部门的衰落。从需求总量的角度来看，人均收入水平的提高和人口数量的增多都会引起消费需求的扩大；当经济处于不同的发展周期，消费需求的总量也会随之发生波动；经济发展水平、社会发展水平和技术水平不同，消费水平通常也会不同。从需求结构的角度来看，需求结构的变化能对产业结构的变化产生最为直接的影响，由于需求结构的变化促使生产结构和供给结构发生相应变化，从而导致产业结构相应变化。需求结构包括个人消费结构、中间需求和最终需求的比例、消费和投资的比例等方面。

(一)人口的增加和人均收入水平的变化

总体来说,人口数量与消费需求的绝对量呈正相关关系,即人口数量越多,消费需求的绝对量就越大。在一些发达国家,由于其经济发展水平和国民收入都处在一个较高的水平上,产业结构也已经进入高度化阶段,这时人口的适度增加将会引起消费需求总量的增加,使得现有的产业结构在稳定中进一步优化。不过,对于经济比较落后的国家来说,人口数量的增加反而会拉低一国的人均国民收入水平,阻碍该国的产业结构高度化发展;人均收入水平的变化对产业结构变动的影响是显而易见的。当人均收入水平提高时,会促使消费需求总量增长,而需求总量的增长又会引起产业结构的变化。

(二)人均收入水平不同阶段上的个人消费结构

无论工业化是从轻工业起步,还是从需求结构起步,都有其理论依据,即当人均收入处于一个较低水平且不能满足所有层次需要时,居民自然而然会把有限的收入用于生活必需品的购买,由此引导或带动了农业和轻纺工业优先发展。同时,由于居民边际储蓄倾向低,即居民储蓄增量与收入增量的比例低,决定了既无实力发展资本或技术密集型产业,也无资本对传统产业进行全面的技术改造和实现产业结构轻型化。

当人均收入处于中等水平阶段时,温饱问题基本解决,居民会随着收入的增长把消费的重心由生活必需品转向非必需品。同时,由于居民边际消费倾向的提高,即消费增量与收入增量比例的提高,使得居民用于购买高档耐用品的支出增加,促进了提供资本物品产业的发展。而这些产业反过来推动了农业和轻工业生产效率的大幅度提高,为主要提供耐用消费品和设备的重工业上升为主导地位提供资本和劳动力,由此促进了产业结构高度化。

当人均收入处于高水平阶段时,不论是从数量上还是档次上,物质享受已得到极大满足,个人的需求变得更加多层次、多样化、个性化和时尚化,在这样的需求结构引导下的消费结构必然带动多层次的产业结构递进升级,促进加工高度化和以信息咨询业等高科技与知识密集型产业为中心的现代服务业的蓬勃发展。个人消费结构是对产业结构变动影响最大的需求结构因素。

(三)中间需求和最终需求的比例

需求结构中最终要的一种比例之一就是中间需求和最终需求的比例。中间需求是指对中间产品的需求,而中间产品是指仍需要继续投入生产过程,并在生产过程中一次转移其全部价值的产品,如原材料、零部件等。最终需求即是指对最终产品的需求,而最终产品是指无需再进入生产过程,可供人们直接消费或投资的产品。生产中间产品产业的内部结构由中间产品的需求结构决定;生产最终产品产业的内部结构由最终产品的需求结构决定。由此,中间需求和最终需求比例的变动将会使社会生产的产业结构发生相应变动。决定中间需求与最终需求比例的主要因素有:一是专业化协作水平。专业化程度越高,相同产出的最终产品对中间产品的依赖程度越大。二是生产资源利用率。生产资源利用率越高,相同产出的最终产品对中间产品消费需求越少;反之,就越大。三是最终产品的性能和制造技术的复杂程度,越复杂则对中间产品的需求量越大。

(四)消费和投资(中间需求)的比例

消费资料产业和资本资料产业的比例关系是由消费和投资的比例关系直接决定的。

根据霍夫曼经验法则可知，在工业化的第一阶段，在制造业中占有统治地位的是消费资料工业的生产，资本资料工业的生产是不发达的；在工业化的第二阶段，资本资料工业与消费资料工业相比，资本资料工业有了较快的发展，但仍比消费资料工业的规模小很多；在工业化的第三阶段，消费资料工业和资本资料工业规模大致相当；在工业化的第四阶段，资本资料工业的规模将赶超消费资料工业的规模。正是因为这样，相对于人们收入水平提高的幅度，生产资料产业的收入需求弹性的提高是远远大于人们对消费资料产业的收入需求弹性的，从而生产资料产业的不断发展推动着产业结构的逐步高度化。从另一个角度来看，消费支出结构与生产投资结构之间的变动及相互作用，也影响着产业发展的轨迹。这是因为，随着人们收入水平的提高，在消费支出结构中，人们会增大对那些需求价格弹性较大的商品的支出比重，而对需求价格弹性较小的商品的支出比重会降低，这实际上也是恩格尔定律的基本含义。与此同时，厂商为了追求利润，必须使自己生产的产品符合社会的需求，使生产规模达到社会对其产品需求的规模。值得注意的是，企业在调整生产规模的同时，整个社会生产体系的内部也在经历着巨大的结构变动。比如，由劳动密集型转向资本密集型和技术密集型，从而使产业结构的发展水平在需求、供给及技术的三重作用下逐步向高度化方向前进。

二、投资需求

投资是企业扩大再生产和产业扩张的重要条件之一。投资结构是资金投入不同的产业方向所形成投资配置量的比例。向不同方向投资是改变已有产业结构的直接原因，例如，对能创造新需求的产业投资，将形成新的产业而改变原有的产业结构；对部分产业投资，将推动这部分产业的发展速度大于那些未投资的产业，从而影响原有产业结构；即使是对全部产业投资，但由于投资比例不同，也会引起各产业发展程度的不同，导致产业结构的相应变化。正是由于投资是影响产业结构的重要因素，所以政府往往采取一些投资政策来调整投资结构，以此达到产业结构调整的目标。

第二节　供给因素对产业结构变动的影响

供给因素有广义与狭义之分，广义上的供给因素包括自然条件和资源禀赋、提供劳动力的人口数量、投资（包括国内资金供应和外来投资）、商品供应、进口、技术进步等，也包括国内和国际的政治、经济、法律等环境因素，还包括体制和人的思想、观念等因素。这些供给因素的变动也会引起产业结构的变动。下面，我们从多个视角来考察各供给因素对产业结构变动的影响。

一、国内生产要素对产业结构的影响

（一）自然条件和资源禀赋

一个国家产业结构的形成和变化受到自然条件和资源禀赋的双重影响。一般来说，如果一个国家自然资源富饶，那么它的产业结构或多或少地会具有资源开发型的特性。当

然，幅员辽阔、资源丰富的国家，也可能形成资源开发、加工和利用全面发展的产业结构；而一些资源匮乏的国家，就不可能形成资源开发型的产业，最多只能形成资源加工型的产业结构。由于自然条件和资源禀赋一般是先天因素，是人力因素难以改变的，同时资源禀赋又是一国经济发展的基础因素，因而对一国的产业形成和经济发展具有重要的影响。当然，受资源制约的国家也可以借助科技的发展和贸易来克服其资源匮乏的弱点。

（二）人口因素

从供给的角度来看，劳动力的供给数量和人均资源拥有量以及可供给能力的程度受到人口因素的制约。从人口—资源的平衡角度来讲，人口的过度增长，会把国内有限的资源转化为衣食供给，来满足人们基本生活的需要。但结果是，一方面人们以牺牲其他方面的供给为代价，把有限的资源大量地用在衣食的供给上；另一方面减慢了农业人口向第二、三产业的转移，延缓了工业化的进程，阻碍了产业结构的高度化和合理化。所以，一个国家应当以经济发展水平和资源条件为基础，保持适当的人口增长率，提高人口素质，这对产业结构的高度化和合理化有着重要的影响。

从国内外经济发展的经验来看，产业的发展受到劳动力和资金的多寡影响。资金缺乏，但劳动力密集且价格低廉的国家应该多发展劳动密集型产业；资金比较充裕而劳动力不足的国家应该多发展资本密集型产业。这样看来，劳动力资源的多寡和劳动力素质的高低也影响了一国产业结构调整的方向和产业发展的战略。

（三）科技进步

一个国家产业结构变化的最主要的推动力之一是科技进步。一个国家的产业结构表现为一定的生产技术结构，它的进步与变动都会引起相应的产业结构变动。一旦生产技术发生变革，那么产业结构也会随之发生相应的改变。科学技术的日新月异促使各个生产部门发生着与之相适应的变革，并通过主导产业扩散效应的作用推动相关产业部门不断高度化；科学技术的进步使劳动对象不断拓宽，使产业部门不断细化，使新的产业部门不断产生；而且技术的进步，还不断地引发人们的新需求，而这些新的需求又成为新产业部门成长的动力。

技术进步会引起比较劳动生产率的变化，而比较劳动生产率的不同又是由技术水平的不同决定的。比较生产率的差异是产业结构转换的动力，它表现为生产要素由比较生产率低的部门向比较生产率高的部门转移；产业结构的转换和升级，主要取决于部门之间生产率增长速度的差异。不同的部门由于创新和技术进步速度的不同，其生产率增长速度也是不同的。那些研究与开发投入强度大、能够最先吸收新技术的部门，往往也是生产率提高最快和产出增长最快的部门，这是由部门内在技术经济特征所决定的。

（四）资金供应状况

资金供应状况对产业结构的影响包括资金的充裕程度对产业结构的影响和资金在不同产业部门的投向偏好对产业结构的影响两个方面。前者主要受经济发展水平、社会发展水平、储蓄率、资本积累等诸多因素的影响，是资金总量方面对产业结构变动的影响；后者主要受投资倾斜政策、投资者的投资偏好、利率、资金回报率等方面的影响，是投资结构方面对产业结构变动的影响。投资结构决定了资源向不同产业部门的配量与再配量，因而对产业结构的形成和变化产生影响。可以说，资金供应总量和资金供应结构的变化是产业结构改变的直接原因。

(五)商品供应状况

原料品、中间投入品、零部件、进口品等商品的供应状况对产业结构的变动也有很大的影响。一般来说,后向关联系数越大的产品对产业结构的影响越大。商品的供应,从广义上来说,还可以包括电力、原料、燃料的供应,服务的提供,技术的供应等更广的范围。这些商品的供应在很大程度上受制于基础工业、上游工业、后向关联产业的技术水平和产业发展水平。这些产业的技术水平和发展水平影响着产业结构的变动。从发达国家的实践来看,产业结构的高度化也是在基础产业、上游产业或后向关联系数较大的产业发展到一定程度的基础上,下游产业或前向关联系数较大的产业才能得到较大的发展。

二、环境因素对产业结构变动的影响

环境因素由多种分类方法,可以分为国内环境和国际环境,也可以分为政治、经济、社会、法律、文化等因素。一国的国际政治环境对该国的产业结构变动有重大的影响。例如,美国在建国初期受到英国的经济封锁,重要的工业产品不允许输往美国,又在 1812 年受到英国的入侵。这一系列事件促使美国重要的工业快速发展,并比较早地摆脱了农业国的落后地位。再如,1972 年的世界石油危机迫使美国石油工业快速发展。苏联在十月革命胜利后,国内政治形势发生了根本的变化,其产业结构也随着政治形势的变化而变化。苏联领导人决定立即退出第一次世界大战,并把国家的资源转到国家工业化建设方面,特别是重化工业方面。这一举措促使苏联重化工业得到快速发展。

产业结构受文化环境的影响也很大。例如在美国,美国人崇尚个人主义以及经济自由的文化环境。正是这种环境,一方面刺激人们高消费、超前消费和个性消费,促进奢侈品、个性产品的快速发展;另一方面也使政府在制定经济政策的时候更多地奉行自由经济的思想。例如,制定限制垄断、扶持小企业发展、营造自由竞争的市场环境等,从而影响产业结构的变化。再例如在日本,日本文化受典型的东方儒家文化的影响,日本人的消费观念属于节俭型,比较偏向于滞后消费。这一文化取向影响了日本内需市场的发展,也刺激了日本产品向海外市场的快速发展,并形成了严重依赖海外市场的产业结构。

产业结构受到法律环境的影响也相当大。一个较完善的法律环境,会促进投资的增加,加速产业结构的快速演进。法律环境还对科学技术等其他活动有重要影响,健全的法律体系可以使知识产权得到很好的保护,这必然刺激科技创新和进步,从而刺激产业结构的加速高度化和合理化。

产业结构的变化同样受到经济等其他环境因素这样或那样的影响。例如,一个蓬勃向上的经济环境能刺激消费需求和投资需求的增加,因而使得流通中的资金供应量增加,包括境外资金的加速流入。例如,从 1997 年 7 月份开始的亚洲金融危机使得许多国家的国内经济环境和国际经济环境恶化,导致了许多国家的经济危机和社会危机。一方面,由于出口导向型产业受到国外恶劣环境的影响,许多国家只有调整产业结构,适应这种形势的变化;另一方面,这些国家的经济问题在很大程度上是由本国经济的结构性因素和体制性因素所造成的,因此,它们自身也迫切需要进行产业结构的调整和经济体制的完善。可以看出,经济环境的变化对产业结构演变的影响是显著的。

三、国际贸易因素对产业结构变动的影响

国际贸易就是国与国之间的界限被世界范围内的社会分工所打破，使得资源、技术、劳动力等要素能在国与国之间自由流动。国际贸易是通过两方面来影响本国产业结构的，一方面是出口本国的产品来刺激本国需求的增长，另一方面是进口国外的产品来增加国内的供给。进出口贸易有利于各国发挥自己的比较优势，获得比较利益。进出口贸易对产业结构的主要影响有：通过资源、商品、劳务的出口，对国内相关产业的发展起推动作用；而通过对国内紧缺资源、劳务的进口，可以弥补本国对生产该类商品产业的不足，同时进口某些新产品、新技术还可为开拓本国市场、为本国发展同类产业创造有利条件，有利于推动本国产业结构的高度化。当然，有些商品的出口，也可能对本国某些产业的发展起抑制的消极作用。

四、国际投资因素对产业结构变动的影响

产业结构变动的一个重要影响因素还包括国际投资。国际投资包括两方面，一是本国资本的流出，即本国企业在外国的投资；二是外国资本的流入，即外国企业在本国的投资。对外投资会引起本国产业的对外转移，外国投资则会促使国外产业的对内转移，这两方面都会引起国内产业结构的变化。特别是，外国直接投资对国内产业结构的影响更为直接和深远，主要表现在三个方面：一是外资企业直接决定了生产什么，生产多少。产品品种的变化和数量的变化会直接改变原来的产业结构。二是国内产业结构的变化受到外资企业中间产品的供应结构和最终产品的销售结构变化的直接影响。外资企业进入国内市场以后，其中间产品的供应可以来自国内，也可以来自国外；其最终产品可以在国内销售，也可以在国外销售。这样，外资企业的经营活动导致国内供应结构和需求结构的改变，从而促使国内产业结构的变化。三是外资企业的技术创新间接地影响着一国或一地区的产业结构。

第三节　其他因素对产业结构变动的影响

供给因素和需求因素对产业结构的变化有着重要的影响，除此之外，政府制度因素和社会因素等其他因素对产业结构的变化也有很大的影响。

一、制度因素

产业结构的调节或转换机制是由经济体制模式决定的，并通过国家与企业的关系直接或间接影响着产业结构的变动。产业结构调节机制指的是在经济系统内部，通过各产业部门间的相互联系和相互影响来实现产业结构从失调到协调、从低级状态向高级状态演进的手段和方法。现代经济史表明，任何一个国家的产业结构在横向（合理化）和纵向（高度化）的演进过程中，产业结构调节机制都起着至关重要的作用，其性质、功能和效率在很大程度上决定着产业结构演进的方式和效果。根据体制因素可将产业结构调节机制分为：第一，政府调节机制。它是政府从宏观经济角度考虑，主要以产业政策的设计与实施，对产业结构进行整体调节。具体操作上，政府以行政命令或计划的形式直接调整产业结构，并借助

信息、协调关系的通报，建立投资审批或许可证制度以及相应的机构对企业进行“指导”和“劝说”。政府的权威对经济资源具有很强的动员力量，它能够依据政策偏好，集中投资，在短时间内使某些重点产业优先建立起来。不过，一旦政府调节机制运用过度或不合时宜，其本身所固有的局限性就会暴露无遗：一是下达指令的方式属于硬性调节，调节幅度大而弹性小，从而易产生调节过度和结构变动的波动。二是政府从供给推动方式出发对产业结构调节，可能产生方向性误导，再加上垂直封闭的决策传递系统，使得调整往往是在结构失衡达到很严重时才可能进行，难以克服部门结构中资源配置效益的低效化。三是在政府调节机制下，各方利益差异的存在和协调难度大，易导致调节目标变形。第二，市场调节机制。即依据经济运行本身固有的内在自我调整力量来促使产业结构实现横向和纵向演进。在市场经济体制条件下，由于同等份额的资源在不同的产业中形成不同的效益，即“利润差别”这一事实，就促成了资源向高效益、高生产率的产业转移和配置，从而推动产业结构的优化。但是，世界产业结构演变的实践又证明，市场调节机制对产业结构的优化变动是有局限性的，包括盲目性、对瓶颈产业调节的失效、产业进入障碍、市场信息的不完全甚至产业结构轻型化等。

二、社会因素

产业结构涉及国民经济和社会生活的各个环节和方面，所以社会因素也成为制约产业结构的形成和变动的重要因素。这里所说的社会因素主要是指除了自然生态和经济因素之外的政治法律、军事外交、文化传统、生活习惯、教育事业、人口状况等因素。其实，大多数社会因素都不是直接影响产业结构的，而是通过影响其他制约产业结构的因素，进而间接地影响产业结构的形成和演变。例如，政治法律涉及经济制度的建立和完善、经济体制的形成和健全、经济发展战略和产业政策的制定与实施，关系到社会稳定、投资环境，影响着制约产业结构的制度因素、投资因素、需求因素等；军事外交因素制约着经济发展战略的内容、产业结构的调整和产业政策的目标，比如为了保障国家安全、应付紧张复杂的国际形势和外交关系，需要发展军事工业；文化传统和生活习惯影响着消费结构；教育事业的状况和发展影响劳动力的素质，关系到知识技术密集型产业的发展和产业技术水平的提高；人口的数量、规模、增长速度、性别和年龄结构、素质等状况及其变化，则决定着需求总量和结构、劳动力供给等重要因素，间接影响产业结构的状况和变动。

通过以上分析，我们了解和研究了经济因素，即资源供给结构、需求结构和对外贸易结构对产业结构的影响，也考察了非经济因素，即一个国家的历史、政治、军事、文化、社会以及国际环境等对该国的产业结构产生的影响。经济因素与这些非经济因素都不是孤立存在的，而是相互联系、相互作用，综合地影响和决定现有产业结构及未来发展变化。

本章小结

本章介绍了产业结构的多种影响因素，包括需求因素、供给因素、国际贸易因素、国际投资因素等。本章的重点，便是深入地理解这些因素为什么以及怎么样对产业结构造成什么样的影响。从人口数量、消费水平、消费趋势，到自然条件、资金准备、科技创新，再到政治环境、社会环境、经济环境的影响，以及经济全球化带来的国际贸易与国际投资，种种因素都在影响着既有产业结构的改变。

复习思考题

1. 请简述产业结构变动的影响因素。
2. 请从消费方面详细分析需求因素对产业结构变动的影响。
3. 请举例说明社会因素如文化传统、生活习惯等因素对产业结构变动的影响。

【案例评析】

现代制造业推动经济发展的产业结构升级模式——芝加哥

自1837年设市以来，芝加哥作为五大湖的中心、国家铁路干线枢纽，处于盛产钢铁、牲畜和农产品的中西部，其北美大陆的核心地理位置成就了城市长达一个多世纪的繁荣。但是自20世纪60年代末以来，作为"锈带"之都，芝加哥也没能逃脱席卷整个中西部的经济危机。为应对严重的经济危机，从60年代开始，芝加哥就研究新一轮的城市经济发展、产业结构调整问题，80年代最终确定并贯彻执行了"以制造业为依托、服务业为主导的多元化经济"发展目标，顺利实现了由制造业基地向全球化城市的转型。这一成功转型带来了明显的成效，2003年城市人口回升到290万人，市区面积591平方千米，成为国际航空运输中心、国际(美洲)光缆通信的中心，被称为美国的制造之都、金贸之都、会展之都、文化教育和工业中心，基本形成以现代制造业和现代服务业为中心的多元化经济发展格局。2003年芝加哥生产总值1100亿美元，人均4.1万美元。在全球经济中处于战略位置的城市往往倾向于脱离其所在的地区，在广泛的世界范围内寻求发展，但芝加哥是个例外，它同地区经济的联系极其紧密。大芝加哥地区的内地贸易要多于世界贸易，其经济在很大程度上仍然有赖于制造、仓储和交通业的发展。中西部的很多小型工业城市仍然是机械、机床、汽车配件和其他产品的强有力的出口方。芝加哥正是依靠综合、密集和多样化的中西部经济，完成了其全球化城市的转型。与美国其他特大城市相比，芝加哥是一个非常巨大的制造商。中西部的资本货物(如农用机械、重型卡车、建设机械等)以及耐用消费品(汽车等)产业的就业和总产出仍在全国占据重要地位。中西部制造业的密集对芝加哥有直接和间接影响，直接影响是芝加哥都市地区仍保留了制造业，其产量和海外出口仍很可观；间接影响是芝加哥很多商业服务来源于或关联于地区制造业甚至是农业。芝加哥与中西部各州之间相互依存度高，这也是城市得以保持活力的一个原因。中西部制造业产品贸易极度繁荣，促使高度专业化的生产部门必须实行跨越各州的密切协作，这就进一步推动了陆地交通的兴盛。而芝加哥是全美交通改革速度和力度最大的城市，它作为中西部货物运输、配给的枢纽地位一直就未曾动摇过。

——案例来源：http://wenku.baidu.comview5a9aa0dace2f0066f533229f.html

案例评析问题：

1. 芝加哥产业结构升级模式有何特点？
2. 从这个案例中你得到了什么启示？

第八章　产业结构优化

本章要点

通过本章学习，应掌握如下要点：

1. 掌握产业结构优化的含义及效应
2. 掌握产业结构合理化的标准及调整
3. 掌握产业结构趋向高度化的原因、机制，衡量产业结构高度化的标志

导入案例

网易财经评论——长三角产业结构继续优化

从固定投资和工业增长两个关键指标来看，目前长三角地区的工业结构也在发生变化。江苏作为长三角经济体量最大的省份，2014 年 1—7 月份，以 22197.90 亿元的固定资产投资额位居全国首位，但其增速与浙江均为 16.9%，排位并不靠前。而上海在全国跌至倒数第二位，仅实现了 4%的增长。胡国良认为，这是由于整个长三角地区发展模式正从以投资、扩大生产要素投入，转向以科技创新为主的产业结构调整。根据浙江省统计局的数据，1—7 月份，浙江高新技术产业增加值增长较快，为 2323.8 亿元，同比增长 8.4%，占规模以上工业的比重为 33.9%。战略性新兴产业增加值 1677.7 亿元，增长 7.8%，占规模以上工业的 24.5%。其中，生物、新一代信息技术和物联网、新能源汽车、新能源、新材料等产业发展较快。

上海统计局公布的 7 月份工业增速数据表明，上海 6 个重点发展的工业行业中，高耗能产业增速也在下降。电子信息产品制造业完成 485.14 亿元，下降 3.8%；石油化工及精细化工制造业完成 318.99 亿元，下降 6.5%；精品钢材制造业完成 123.89 亿元，下降 4.5%。而从江苏省 1—7 月工业投资完成情况来看，投资结构也在不断优化。

根据江苏省经济和信息化委员会发布的数据显示，增幅高于全省工业投资增速的有轻工、纺织、石化、电子、医药五个行业，其中轻工行业投资增幅最高。电子工业完成投资 851.4 亿元，同比增长 18.1%，增幅上升 19.5 个百分点；医药工业完成投资 264.9 亿元，同比增长 17.7%。

徐剑锋认为，虽然长三角整体经济指标有所下降，但经济增长力不会低于全国平均水平。“关键还是经济转型升级，未来长三角会显现出以服务业为主、结构优化、效率提升等主要特征。”

产业结构与经济发展互为条件、互为因果，产业结构是过去经济发展的产物，又是未来经济发展的基础、动力和关键因素。产业结构优化的程度是经济发展水平高低的主要标志。例如,经济发展水平不同的农业经济社会、工业经济社会、知识经济社会的界定和区分,都是以产业结构的状况作为标志。并且,产业结构优化是经济协调和持续发展的必要条件。

产业结构优化是指各产业协调发展、产业总体发展水平不断提高的过程。具体来说,产业结构优化是产业之间的经济技术联系(包括数量比例关系)由不协调不断走向协调的合理化过程,是产业结构由低层次不断向高层次演进的高度化过程。也就是说,产业结构优化包括产业结构合理化和产业结构高度化。产业结构合理化决定资源在各个产业之间能否优化配置,产业结构高度化则决定配置到各个产业部门的资源能否有效利用,能否带来更多的产出。合理化是高度化的基础,高度化是合理化的目的。产业结构优化的实质是要实现资源在产业之间的优化配置和高效利用,促进产业经济协调、稳定、高效发展。

——案例来源:http://stock.sohu.com/20140822/n403663467.shtml

第一节　产业结构优化概述

一、产业结构优化的含义

通过对产业的调整,使各产业之间协调发展,并且满足不断增长的社会需求的过程就是产业结构优化。产业结构优化是一个相对的概念,它指的不是产业结构水平的绝对高低,而是在国民经济效益最优的目标下,根据本国的地理环境、资源条件、经济发展阶段、科学技术水平、人口规模、国际经济关系等特点,通过对产业结构的调整,使之达到与上述条件相适应的各产业协调发展的状态。具体来说,它的内涵包括以下三个要点:第一,产业结构优化是一个动态的过程,是产业结构逐渐升级、趋于合理的过程,对于一国经济发展的不同阶段,产业结构优化的衡量标准不同。第二,产业间协调发展和最高效率原则是产业结构优化的原则。第三,资源最优配置和宏观经济效益最大化是产业结构优化的目标。

产业结构优化不是一个静态的概念,而是一个动态的概念。随着经济的发展和社会的进步,产业结构优化在不同的发展阶段和时点上优化的内容是各不相同的。它具有丰富的内容和明确的衡量标志。

(1)产业结构合理化,它是指产业结构由不合理向合理发展的过程。在这一阶段,要求在目前的经济发展阶段上,根据资源条件和消费需求,对初始不理想的产业结构进行相关变量的调整,理顺结构,使产业间的资源合理地配置,有效利用。由产业之间内在的相互作用而产生的一种不同于各产业能力之和的整体能力是产业结构是否合理的关键。产业之间的相互作用关系越是协调,结构的整体能力越高,产业结构就越合理。反之,结构关系不协调,结构的整体能力低,产业结构就越不合理。

(2)产业结构的高度化。在这一阶段,要求随着经济技术的进步,资源利用水平应不断提高,从而不断促进产业结构中朝阳产业的成长。产业结构高度化的标志是代表产业技术水平的高效率产业部门比重不断增长和经济系统内部显示出巨大的持续创新能力。产业结构的合理化与高度化有着不可分割的关系。产业结构的合理化是产业结构高度化的基础，产业结构的高度化又推动了产业结构在高层次上实现合理化。产业结构的合理化更多关注现阶段的结构发展，着眼于经济发展的近期利益；而高度化则更多地关注结构成长的未来，着眼于经济发展的长远利益。因此，在产业结构优化的全过程中，要把合理化与高度化问题有机结合起来，用产业结构合理化促进产业结构高度化；用产业结构高度化带动产业结构合理化。在产业结构合理化过程中实现产业结构高度化发展；在产业结构高度化过程中实现产业结构合理化的调整。只有这样，才能实现产业结构的优化。

(3)产业的均衡发展包含产业部门间的均衡发展和产业发展的稳定性，即从时间序列的产业波动性评价产业两个方面均衡。产业的协调发展是指产业部门、产业要素在产业发展中协调一致。

(4)产业发展的效率，主要是指产业发展的速度、质量和效益三者统一。

二、产业结构效应

产业结构效应是指产业结构变化的作用对经济增长所产生的影响，它对经济增长发挥特殊的作用。产业结构的高变换率之所以能够引起经济总量的高增长率，是因为产业结构的特殊功能，即产业结构效应在起作用。促进产业结构优化有助于发挥产业结构效应，从而推动和保持经济的增长率。

(一)产业的关联效应

产业之间的前向关联、后向关联以及关联效应、前向关联效应和后向关联效应在赫希曼的《经济发展战略》一书中有详细的分析。前向关联是指在投入产出表中纵向的供给部门与横向的需求部门发生的供给关系，横向的需求部门就是纵向的供给部门的前向关联产业。后向关联是指在投入产出表中横向的需求部门与纵向的供给部门发生的需求关系，纵向的供给部门就是横向的需求部门的后向关联产业。这样，如果A产业供应投入品给B产业，那么A产业和B产业之间的关系就是前向关联关系，B产业和A产业之间的关系就是后向关联关系；A产业就是B产业的后向关联产业，B产业就是A产业的前向关联产业。根据这一定义，最终产品只有微弱的前向关联关系(或称前向联系)，或初级产品具有更强、更广泛的前后向联系。

产业的关联效应，是指一个产业的生产、产值、技术等方面的变化通过它的前向关联关系和后向关联关系对其他产业部门产生直接和间接的影响。前向关联效应是指一个产业在生产、产值、技术等方面的变化引起它前向关联部门在这些方面的变化，或者是导致新技术的出现、新产业部门的创建等。后向关联效应是指一个产业在生产、产值、技术等方面的变化引起它后向关联部门在这些方面的变化，例如由于该产业自身对投入品的需求增加或要求提高而引起提供这些投入品的供应部门扩大投资、提高产品质量、完善管理、加强技术进步。

(二)产业的扩散效应

罗斯托在他的著作《从起飞进入持续增长的经济学》中对主导产业的扩散效应概念进行了阐述。根据他的阐述，扩散效应是指某些产业部门在各个历史间歇的增长中，“不合比例增长”的作用对其他关联产业产生的影响。具体表现在三个方面，即回顾效应、旁侧效应和前向效应。

(1)回顾效应是指主导部门的增长对那些向自己供应投入品的供应部门产生的影响。罗斯托认为,根据主导部门或新部门的技术特点,当主导部门或新部门处于高速增长的阶段时,由于它们本身对技术特点的要求,会对原材料和机器设备等投入品产生新的投入要求。这些投入,反过来又要求现代设计观念和方法的发展。这些投入可能是物质,可能是人力,也可能是制度方面的。

(2)旁侧效应是指主导部门的成长还会引起它周围地区在经济和社会方面的一系列变化,这些变化趋向于在广泛的方面推进工业化进程。现代工业活动围绕着城市人口、服务和各种制度等方面。而这些制度使工业成为一个不断发展的过程的基础加强了,即由技术决定的等级制度建立起有纪律的劳动力队伍、银行和商业制度、城市先行资本投资、处理法律问题及投入和产出市场各种关系的专业人员、为满足驾驭新工业结构之人的需要而存在的建筑业和服务业。这样,新主导部门的出现常常改变了它所在的整个地区。

(3)前向效应是指主导部门的成长诱导了新兴工业部门、新技术、新原料、新材料、新能源的出现,改善了自己供应给其他产业产品的质量。罗斯托认为,现代工业活动创造了能够引起新的工业活动的基础,或者通过削减其他工业部门的投入成本,提供吸引企业主管们进一步开发新产品和服务的条件,或者产生一个瓶颈问题。这个瓶颈问题的解决肯定是有利可图的,所以它能吸引发明家和企业家。这样,主导部门产生了一种刺激力,并为更大范围的经济活动提供了可能性,有时候,甚至为下一个重要的主导部门的出现建立起台阶。主导部门不仅在技术上,而且在原材料供给上,都具有前向效应。

第二节　产业结构合理化

一、产业结构合理化的内涵

产业结构合理化,主要是指产业与产业之间协调能力的加强和关联水平的提高的一个动态过程,就是要求促进产业素质的提高和产业结构的动态均衡。因此,需求结构和供给结构的相互适应、三次产业以及各产业内部各部门之间发展的协调、产业结构效应如何充分发挥是产业结构合理化需要解决的问题。如果产业结构关系不协调,结构的整体能力就会降低,那么与之相应的产业结构就不合理。

产业与产业之间的协调发展以及协调能力的提高是促进产业结构合理化的目的。具体表现为:第一,产业素质之间的协调,即相关产业之间不存在技术水平的断层和劳动生产率的强烈反差。第二,产业之间相对地位的协调,即在一定的经济发展阶段上,使经济作用和增长速度不同的各个产业,形成产业之间有序的排列组合。第三,产业之间联系方式的协调,即按照产业之间存在的投入产出关系,使各产业之间相互服务和促进。第四,供给与需求的相适应性,即在需求正常变动的情况下,产业结构具有较强的适应能力和应变能力。

产业结构不协调的主要原因有以下两个方面:

(1)供给结构的变化不能适应需求结构的变化。其表现形式有三种:①需求结构变化,供给结构不变,造成供不应求。②需求结构变化,供给结构的变化滞后,造成供应滞后。

③需求结构变化，供给结构的变化过度，造成供过于求。

(2)需求结构的变化不能适应供给结构的变化。其表现形式亦有三种：①供给结构变化，需求结构不变，造成需求不足。②供给结构变化，需求结构的变化滞后，造成需求滞后。③供给结构变化，需求结构变化过度，造成需求过剩。

二、产业结构合理化的评价标准

产业结构合理化的各种判断基准和考察的角度不同，互有长短，所以我们应全面考察，综合运用。目前我国理论界在论证产业结构是否合理方面，主要有以下几个判断标准。

(一)国际标准

库兹涅茨和钱纳里等学者根据样本国的实证数据，统计回归出产业结构的“标准发展模式”，如表 8-1 所示(根据 100 多个国家统计资料计算得出)。“标准发展模式”是大多数国家产业结构演进轨迹的综合描述，反映了产业结构演进的规律，因而可以将其作为判断一个特定产业结构系统是否合理的标准。如果某一产业结构与标准结构存在着一定差距，那么表明该产业结构偏离了大多数国家发展的共同轨迹，可以认定其违背了产业结构的发展规律，结构不合理；反之，如果一个产业结构与标准结构相符，那么说明该产业结构是合理的。

表 8-1　产业结构合理化的“标准发展模式”

	100～200 美元	300～400 美元	600～1000 美元	2000～3000 美元
第一产业占 GNP 的份额	46.4～36.0	30.4～26.7	20.8～18.6	16.3～9.8
第二产业占 GNP 的份额	13.5～19.6	23.1～25.5	29.0～31.4	33.2～38.9
第三产业占 GNP 的份额	40.1～44.4	46.5～47.8	49.2～50.0	50.5～51.3
劳动力在第一产业中的比重	68.1～58.7	49.9～43.6	34.8～28.6	23.7～8.3
劳动力在第二产业中的比重	9.6～16.6	20.5～23.4	27.6～30.7	33.2～40.1
劳动力在第三产业中的比重	22.3～24.7	29.6～23.0	37.6～40.7	43.1～51.6

标准产业结构是通过各国同一发展阶段上产业结构的统计资料进行回归分析得出的，而具体到某一国家时，由于在不同的经济时期和经济发展环境变化较大的情况下，很难有统一的发展模式和产业结构，如所处的国内资源禀赋、劳动力的素质、技术水平、国际经济环境以及所选择的发展战略是各不相同的，但是，这种“标准结构”的参照系，至多只能是一种判断产业结构是否合理的粗略依据，而不能成为一种绝对的判断标准。因而不能只用一种标准模型来判断不同时期各国的产业结构是否合理。

(二)市场需求标准

如果可以将产业结构系统看作一个资源转换系统，那么输入从系统外部吸收的各种生产要素，再根据市场需要将生产要素转换成市场需要的产品作为系统的输出。因而产业结构是否合理可以通过考察其是否与市场相适应来判定。当市场上出现某个或某些产业部门的产品或劳务严重供过于求或供不应求时，或者当某个或某些产业的生产能力与市场对某产品或劳务的需求严重不相符合时，表明产业结构不合理；只有在各个产业的产品或劳务的供求基本平衡，没有严重的过剩和短缺时，或者部门生产能力与市场需求相适应的情况下，产业结构才是基本合理的。

市场需求的易变性和产出结构的滞后性及刚性等特点导致产出结构并不能及时地完全适应市场的需求结构，两者之间会存在一定的偏差——总量偏差和结构偏差。当存在总量偏差时，一定存在结构偏差。而当存在结构偏差时，并不一定会存在总量偏差。因而结构偏差是总量偏差的必要不充分条件。产出结构对市场需求的适应一般可通过生产能力储备、产品储备和生产能力调整的方式进行调整和解决，这三种方式在适应程度和适应时间的调整上有所不同。

(三)产业间的均衡比例标准

产业在经济活动过程中形成的投入产出关系就是产业结构。在特定的技术水平下，各产业间的投入产出关系是一定的，因此表现出来的产业间比例关系也是一定的。产业结构的合理性也可用产业间的比例关系来判定。一个产业结构可以存在众多的产业间比例关系。例如，三次产业间的比例关系、传统产业与新兴产业间的比例关系、中间产品与最终产品产业之间的比例关系等。

运用产业间的均衡比例关系来考察产业结构的合理性时，要特别注意各产业间的比例关系是处于动态的变化中，而非一成不变。在产业结构的演进中，总有一些产业发展较快，一些产业发展较慢，从而使产业间的比例关系也就常常处于均衡—不均衡—均衡的变化之中。当某产业结构存在较大“瓶颈”时，可以判定该产业结构是不合理的。因为根据“木桶原理”，“瓶颈产业”的产出能力决定了该产业结构系统的最终产出。“瓶颈”制约了其他产业生产能力的充分发挥，使得该产业结构系统的资源没有得到最优配置。产业间的均衡比例关系一般是通过存量调整和增量投入来实现的。

三、产业结构合理化的调整

(一)产业结构合理化调整的过程及其收益

产业结构合理化的调整过程包括两方面的内容：一是在部门、行业之间不断进行调整、协调，使之趋于均衡的过程；二是这种均衡被打破的过程。当均衡被打破、需求和需求结构发生变化时，需要调整产业结构；或者当技术进步，使得某些产业的供给能力发生变化时，也需要调整产业结构以适应相对不变的需求和需求结构。

在短期内技术水平不发生重大变化的情况下，产业结构由不合理向合理转变的过程中，其边际收益是递减的，因为结构调整的过程也是结构扭曲程度不断缩小的过程。即随着产业结构逐渐趋于协调，由于产业结构扭曲所造成的经济损失也逐渐减少，从而纠正这一扭曲所获得的收益也越来越少。然而，如果长时间段考察整个产业结构的变化和发展，则可以看出，由于技术进步而进行的结构调整，其边际收益并不表现出递减的规律。这是因为，技术进步使得劳动力等生产要素得到更有效更充分的利用，生产效率大幅提高，从而促使人类生活不断达到更高的水平。如果将由于技术进步造成的每一轮产业结构调整视为整体产业结构变化的边际时，边际收益并不是递减的。

(二)产业结构合理化调整的机制和动力

产业结构之所以会从不合理向合理化的方向发展是因为在结构调整过程中有丰厚的收益。根据输入信号的性质和调整方式的类型，理论上可以把产业结构的调整机制分为市场机制和计划机制。

(1)产业结构调整的市场机制。市场机制调整产业结构在很大程度上是一种经济系统的自我调整的过程。市场机制调整产业结构指的是，经济主体在市场信号的引导下，通过生产资源的重组和生产资源在产业部门间的流动，使产业结构尽可能适应需求结构变动的过程。由定义也可以看出，它是主动的调整，而不是被动的调整。

(2)产业结构调整的计划机制。计划调整机制是一种对经济系统的调控过程。产业结构的计划调整指的是，政府向经济系统输入某种信号，直接进行资源在产业间的配置，使产业结构得以变动的过程。

产业结构的市场调节机制和计划调节机制各有各的优点及局限性。优点：市场调节机制比较准确、稳妥，又比较灵敏，计划调节机制具有事前主动性，调整成本较小。局限性：市场调节机制是事后调节，成本较大，时滞较长，计划调节机制欠缺准确性，市场摩擦较大。因此，要想达到产业结构合理化的目的，单靠其中一种调节方式，是很难达到的，只有把两者很好地结合起来，才能使产业结构向合理化的方向调整。目前，世界各国基本没有哪个国家采用单一的市场调节形式或计划调节形式，而是两种形式结合使用，只是侧重点有所不同而已。

第三节　产业结构高度化

一、产业结构高度化的内涵

产业结构随着需求结构的变化向更高一级演进的过程就是产业结构的高度化，实际上产业结构高度化也是指产业结构的知识集约化和经济服务化，使得产业具有更高的附加价值的过程。产业结构高度化是针对现有的社会生产力水平，尤其是科技发展水平而言的，它是一个相对概念。产业结构高度化的实质就是随着科技发展和分工深化，产业结构不断向深加工度化、高附加价值化发展，从而更充分有效地利用资源，更好地满足社会发展需求的发展趋势。由此可见，产业结构高度化是在现有资源和技术条件下，通过自身不断高度化的构造，达到满足需求的最高潜能的过程，是一个永不停息的过程。

产业结构的高度化经历了三个阶段，第一阶段是产业结构的重化工业化，是指在经济发展和工业化过程中，重化工业比重在轻重工业结构中不断增高的过程；第二阶段是高加工度化阶段，高加工度化一方面意味着加工组装工业不断深化，其发展大大快于原材料工业的发展，另一方面意味着工业体系由生产初级产品为主阶段向生产高级复杂产品为主阶段过渡；第三阶段是知识技术高度密集化阶段，各工业部门愈来愈多地采用高级技术，从而引起了以知识技术密集为特征的尖端工业的兴起。这个阶段是国民经济发展的产业结构摆脱资本积累局限性的过程。产业结构的成长开始突破工业社会的框架，实现向“后工业社会”的产业结构转变。

产业结构的高度化表现在以下几个方面：①高加工度化；②高附加价值化；③技术集约；④工业结构软性化。

产业结构高度化可以使一个国家获得较快的经济增长和较好的经济发展，而产业结构的高度化关键是要具有适宜的产业结构转换能力。一般而言，一个国家的产业结构转换能力取决于两个方面，一方面是资源禀赋程度和现有的经济条件适宜与否；另一方面是适宜的产业政策，包括产业结构政策、产业规模政策、产业关系政策、产业技术政策、产业结构高级化政策等。此外，也取决于采用何种推动产业结构高度化的模式。

二、产业结构高度化的动因

在经济发展的过程中，产业结构的高度化是一个产业结构由低级到高级、由简单到复杂的渐进过程，是一个主导产业及其群体不断更替、转换的历史演进过程。

(1)产业结构高度化的一般动因。自然资源、资金、劳动力、技术等要素的供给总量与供给结构上的不同，产业结构运行效率和内部构成的不同，结构升级能力的不同；消费投资需求、产品结构影响或引导产业结构转化方向；政府政策等不可控的外生变量和国际贸易的变化都影响着产业结构的高度化。

(2)技术创新是产业结构高度化的根本动因。这里的技术创新是指重大技术的发明创造。在实践中遵循这样的逻辑关系：重大技术的发明创造—技术变革、技术进步和新产业产生—生产方式的变革和社会化程度的提高—产业结构高度化。

第一，技术创新引起了技术变革、技术进步和新产业的产生。从产业发展的近代史看，正是由于重大技术创新推动了产业结构高度化。例如，蒸汽机的发明、电力的发明、计算机的发明等都带来了巨大的技术变革、技术进步和新产业的产生，并使得产业结构水平沿着农业产业为主导、工业产业为主导、信息产业为主导的方向不断升级。

第二，技术创新引起了生产方式的变革和生产社会化程度的提高。在手工技术的生产时代，农业和工业都采用着分散的、小规模的、相对封闭的生产方式。技术创新促使手工技术的生产时代依次向工业生产时代和信息经济时代转化，使得生产方式呈现规模化、社会化、国际化的发展特征。

第三，技术创新引起了新的市场需求，而新的市场需求又推动了产业结构高度化。由技术创新引起的新的产出满足了生活和生产中潜在的、更高层次的需求。这些需求的旺盛，又刺激了新产业的扩张，从而直接拉动产业结构的升级。对新产业旺盛的需求来自两方面：一是在消费领域，来源于消费者不断增长着的求新、求变心理；二是在生产领域，来源于生产者对提高效率的追求。对新产业旺盛的需求使得新产业有很高的需求收入弹性，即国民收入的增长更大部分地用于对新产业的需求。而需求的旺盛，使得新产业价格高扬，生产者可以获得超额利润，即其获利水平远远高于市场平均正常利润，从而引起社会资源迅速流入该产业，使得该产业不断扩张。无论是整个新产业，还是经过创新改造的传统产业，都因为需求扩大而扩张，这种扩张促进了产业结构的高度化。

三、产业结构高度化的机制

产业结构的高度化是通过产业间优势地位的更迭来实现的。只有单个产业部门的变动才会引起并导致整个产业结构的变化，因为它是以单个产业部门的变动为基础的。产业结构的高度化，是各个产业变动的综合结果。因此，我们首先从单个产业部门的变动入手，通过分析单个产业部门扩张与收缩的运动过程，来考察产业结构高度化的机制。

单个产业部门的变动一般会经历兴起—扩张—减速—收缩的运动过程。产业的兴起，往往与新产品的开发相联系。随着新产品的优点逐渐被大家认识，对其需求也会日益增加。同时该产品的成本又因为创新大幅度降低，使该产业迅速扩张，进入一个高速增长阶段。但高速增长达到一个临界点之后，就会出现增速减慢的趋势。库兹涅茨发现了这种产业部门增长速度终究要减缓的现象，并且认为从长期看其存在着一定的规律性。产出部门增长之所以发生减速趋势原因如下：①技术进步速度缓慢。新的创新很难再使产品成本下降，即通过创新降低成本的潜力已趋枯竭。②增长较慢的产业对其增长的阻尼效应和增长较快的产业对其竞争的压制。③随着产业增长，可利用的产业扩张资金的相对规模下降。④受到新兴国家相同产业竞争的影响。

通过以上分析可以看出，任何一个产业，其生命周期的增长减速趋势，都不是偶然的，而是或多或少显示出一定的规律性。我们再从影响产业部门变动的最主要因素——创新来看，由于创新使该产业的产品成本大幅度下降，从而推动该产业迅速增长。但当产品的成本即使通过新的创新也很难再下降时，换句话说，当创新对于降低成本的潜力已趋枯竭时，便会发生创新减缓，因而迫使该产业增长速度降低下来。

一个国家的各个产业部门各自不同的相对地位可以依据其距离创新起源的远近来确定，因为任何一个产业部门的发展都与创新相联系，都会表现出收缩与扩展的规律性。库兹涅茨经过研究发现，从较长的时间序列看，产业增长速度会随着该产业的成长、成熟到衰落而相应地处于高速增长、均速增长和低速增长的变动中。如果从任意一个时点看，总会看到多种处于不同增长速度的产业，即低增长部门、高增长部门和潜在高增长部门同时存在。一般高增长部门由于距离创新起源更近而处于相对优势地位，在总产值中占有较大的份额，并支撑着整个经济的增长。随着时间的推移，由于新的创新出现和创新扩散，产业结构的变动呈现出高增长产业之间的更迭。在这个连续变动的过程中，当原先的高增长产业因创新减缓而发展减速时，便会被新的高增长产业所取代。在随后递进的发展过程中，潜在的高增长产业又会转化为现实的高增长产业，以代替原来高增长产业的位置。也就是说，产业结构的变动是通过产业间优势地位的更迭实现的。

衡量产业优势地位的标准包括：①附加价值高低。附加价值高的产业就是占有优势地位的产业。②产业产值。产值比重大的产业就是优势产业。③产业关联效应。受原材料供应影响较大的产业如果后向关联效应大就是具有优势地位的产业，受最终需求影响较大的产业如果前向关联效应大就是具有优势地位的产业。附加价值标准强调利润率的高低，产值标准强调产值规模的大小，关联效应标准强调产业的影响力。附加价值的提高、产值规模的扩大、产业影响力的增强都有赖于创新。正是创新导致附加价值、产值规模和产业影响力在不同产业间的变化，进而推动产业结构的高度化。

四、衡量产业结构高度化的标志

(一)标准结构法

标准结构法是先计算出一国的产业结构的平均高度然后再进行比较，以确定一国产业结构的高级化程度。库兹涅茨在研究产业结构的演进规律时，不仅通过时间序列的数据对产业结构的演进规律进行分析，而且还通过横截面的数据对经济发展阶段与产业结构的对应关系进行研究。这种从截面研究产业结构的方法，为我们了解一国产业结构发展到何种高度提供了比较的依据，利用这种方法，库兹涅茨提出了经济发展不同阶段的产业标准结构。根据“标准结构”，就能了解一国经济发展到哪一阶段以及产业结构高级化的程度。库兹涅茨的“标准结构”如表 8-2 所示。

表 8-2　产业的“标准结构”

	1964 年币值的人均国民生产总值的基准水平(美元)								
	<10	100	200	300	400	500	800	1000	>1000
产业部门构成(部门产值占 GDP 的比例)									
1. 第一产业	52	45	32	26	22	20	15	13	12.7
2. 制造业	12	14	21	25	27	29	33	34	37.9
3. 基础设施	5.3	6.1	7.2	7.9	8.5	8.9	9.8	10	10.9
4. 服务业	30	33	38	40	41	41	41	41	38.6
劳动力部门构成									
5. 初级产业	71	65	55	48	43	39	30	25	15.9
6. 制造业	7.8	9.1	16	20	23	25	30	32	36.8
7. 服务业	21	25	27	30	32	34	39	42	47.3

(二)相似性系数法

相似性系数法是以某一参照物的产业结构为标准，通过相似性系数法的计算，将本国的产业结构与参照国的产业结构进行比较，以确定本国产业结构高级比程度的一种方法。

设 A 是被比较的产业结构，B 是参照系，x_{Ai}、x_{Bi} 分别是产业 i 在 A 和 B 中的比重，则产业结构 A 和参照系 B 之间的结构相似系数 S_{AB} 为：

$$S_{AB} = \left(\sum_{i=1}^{n} X_{Ai} X_{Bi}\right) \Big/ \left(\sum_{i=1}^{n} A_{Ai}^{2} X_{Bi}^{2}\right)$$

我国学者曾利用相似性系数，以日本为参照系，对中国产业结构的高度化进行过估计，认为中国 1992 年产业结构的劳动力结构与日本 1930 年的结构高度相似，相似性系数达到 0.9846；而中国 1989 年的产值结构则与日本 1995 年的水平基本一致，相似性系数为 0.9268。

(三)高新技术产业比重法

产业结构高度化过程，也就是传统产业比重不断下降和高新技术产业比重不断上升的过程，所以在工业内部，可以使用高新技术产业比重法来衡量产业结构高度化程度。通过计算和比较不同年代高新技术产业(产值、销售收入等)在全部工业中的比重，可以衡量产业结构高度化的程度。当然，发展中国家也可以以发达国家为参照，通过比较两者高新技术产业的比重，发现发展中国家产业结构高度化的相对水平和与发达国家的差距。

本章小结

产业结构优化是指通过产业调整，使各产业实现协调发展，并满足社会不断增长的需求的过程中合理化和高度化。主要依据产业技术经济关联的客观比例关系，遵循再生产过程比例性需求，促进国民经济各产业间的协调发展，使各产业发展与整个国民经济发展相适应。遵循产业结构演化规律，通过技术进步，使产业结构整体素质和效率向更高层次不断演进，通过政府的有关产业政策调整，影响产业结构变化的供给结构和需求结构，实现资源优化配置，推进产业结构的合理化和高度化发展。

复习思考题

1. 名词解释：产业结构优化、产业结构效应、关联效应、扩散效应、回顾效应、旁侧效应。
2. 造成产业结构不协调的主要原因有哪些？
3. 如何理解产业结构的高度化和合理化？
4. 概述产业结构高度化的动因。
5. 衡量产业结构高度化的标志有哪些？

【案例评析】

以特色产业集群提升经济竞争优势的产业结构升级模式——瑞士

瑞士地处欧洲内陆，国土大部分属于山地，资源欠缺，但政府通过清晰的定位为国家发展找到了准确的位置，形成了自己的发展模式和优势，逐渐发展成为一个发达的工业化国家。在欧洲平原地区工业经济发展起来后，瑞士没有简单模仿欧洲平原地区发展经济的做法，而是根据本国自然资源极度贫乏的特点，在19世纪中期开始将发展重点放在钟表制造和金融服务上，而随着经济的发展，又着重发展高端制造业，努力生产高附加值产品。与精密工具制造相关联，瑞士人还在医疗器械、医药分离和提纯、生命科学技术和蛋白质的三维构造制药相结合等方面，找到了自己的发展定位。科技创新是瑞士产业发展的强大动力。重视发明，抢先进行科学研究、技术更新、新产品研发，是瑞士各产业谋求不断发展的指导方针。在世界范围内，瑞士在智力开发、专利申报、研究与发展领域都名列前茅。瑞士是世界上按照人均计算科研费用最高的国家，每年投入的科研费用高达100亿瑞郎，约占国民生产总值的2.7%。而政府投入仅占总额的1/4，其他投资均来自企业界。瑞士企业每年投入国外公司和研究机构的科研经费也高达80亿瑞郎。瑞士的竞争优势来源于特色产业，而特色产业的竞争优势来源于产业集群。基于特色产业而形成的特色产业集群经济成为瑞士经济的重要板块和亮点。瑞士钟表产业集群闻名天下，纺织机械产出能力世界领先，医药、食品、银行、保险、旅游等产业也呈现出高度集群化的发展特点。苏黎世主要发展高科技产业集群，而温特图尔和索洛图恩以机械产业集群而闻名。瑞士钟表产业集群除了日内瓦地区以外，主要集中在汝拉山脉及附近的市镇，主要是比尔、拉绍德封、纳沙泰尔等城市，这些城市就钟表的零件生产进行了精细的分工，最后将零件集中在总部比尔和拉绍德封进行组装，形成最终产品。这一地区生产了世界上最为著名的手表劳力士、欧米茄、雷达等，此外，像梅花、天梭、斯沃琪等名牌手表也是来自于该地区。作为后起之秀的化学医药业，集群现象也非常明显，现已经成为仅次于机械制造业的第二大工业部门。它的特点是在企业和地域两个方面集中程度都很高。化工医药业主要集中于汽巴—嘉基公司、罗氏药厂、诺华公司和山德士公司手中，而这些公司又都以巴塞尔为基地，使巴塞尔成为瑞士的“化工之都”。

——案例来源：http://wenku.baidu.comview5a9aa0dace2f0066f533229f.html

案例评析问题：

1. 什么叫产业集群？
2. 瑞士产业结构升级模式有什么特点？

产业关联篇

- 教学目的：产业关联的理论和方法主要是20世纪30年代美国经济学家华西里·里昂惕夫(Wassily Leontief,1906—1999)开创的投入产出经济学。通过教学，要求学生理解产业关联理论的内涵，掌握运用定量分析和静态分析从"量"上考察国民经济各产业之间的技术经济联系。
- 重点与难点：学习产业关联方式，了解投入产出模型，学习产业关联分析方法。

第九章 产业关联理论及内容概述

本章要点

通过本章学习，应掌握以下要点：

1. 产业关联理论形成及发展。
2. 学习产业关联的内涵。
3. 学习产业关联的多种方式。

导入案例

汽车产业的相关产业

汽车产业是资金密集、技术密集、人才密集、综合性强的产业。世界经济和汽车产业发展的历史表明，汽车产业无论是对发达国家还是对发展中国家，都具有重要的支撑作用，是国家工业水平的代表性产业。汽车的研制、生产、销售和营运，与国民经济许多部门都息息相关。汽车产业是综合性强、关联度高的产业，汽车产业的发展离不开相关产业，而相关产业的发展很大程度上又依赖于汽车产业。对汽车产业而言，钢铁业、石油业等产业与其的关联就是前向关联；交通运输业、汽车销售及服务业与其的关联就是后向关联。石化行业向汽车业提供中间产品，汽车业向交通运输业提供中间产品，交通运输业又同石化行业有着必不可少的关联，从而形成了产业链。汽车产业是一个经济规模大、波及效应广、对国民经济具有很强带动作用的产业，它对世界经济的发展和社会的进步都产生了巨大的作用和深远的影响。

——案例来源：黄体鸿，胡树华. 汽车产业的关联性分析. 科技进步与对策，2008.5

第一节 产业关联理论渊源与发展

产业关联或产业联系是指产业之间的关联，它主要是通过产业与产业之间的投入与产出关系来研究分析。所以产业关联理论也被称为投入产出理论。

一、产业关联理论的形成

投入产出理论的创始人是美国经济学家瓦西里·里昂惕夫。他出生于苏联，在列宁格勒大学获得经济学学位后，又在柏林大学获得经济学哲学博士学位。1931 年起移居纽约，随即在哈佛大学任教，曾任1970年度美国经济学会会长，1973年获得诺贝尔经济学奖。

里昂惕夫于1931年在纽约国家经济研究局工作时就开始研究“投入产出分析”，并用来研究美国的经济结构。他利用美国的资料编制美国经济1919至1929年的投入产出表，分析研究美国经济结构中的数量关系，从宏观上研究美国经济的均衡问题。发表在《经济学和统计学评论》上的《美国经济制度中的投入产出的数量关系》是投入产出方面的第一篇重要论文。1941年他出版了《1919—1929年的美国经济结构》一书，详细阐述了“投入产出分析”的基本原理及其发展，它标志着投入产出经济学成为一个独立的学科。

投入产出分析的理论渊源来自法国重农学派的代表人物魁奈(F. Quesnay)的经济表，以及马克思的资本主义再生产理论和洛桑学派的瓦尔拉斯(Walras)一般均衡的市场相互依存原理。其基本理论思想是指经济过程中的交换活动，从卖者的角度看，是产出的出售，从买者的角度看，则为对投入的购买。其具体形式是：先根据统计资料将国民经济各部门间的产品相互交换数量编成一个棋盘式的投入产出表，表中各横行反映每一部门产品在其他部门中的分配，各纵行反映每一部门在生产消费中从其他部门得到的产品投入，然后用数学方法将部门间相互依存关系列成线性方程组，以求其技术系数，又用这些系数建立的线性方程来计算最后需求的变动对各部门生产的影响或作其他分析。

魁奈的经济表是投入产出分析的第一个理论来源。魁奈从他的重农主义理论出发，用简明的图式描绘了社会总资本的再生产过程，这是当时经济学发展史上第一个用图式的方法描绘社会再生产过程全貌的创举。马克思对魁奈的这一尝试作过高度的评价，认为：“这个尝试(指经济表，引者注)是在18世纪30至60年代政治经济学幼年时期做出的，这是极有天才的思想，毫无疑问是政治经济学至今所提出的一切思想中最有天才的思想。”

马克思的再生产理论是投入产出的第二个理论来源。波兰经济学家兰格曾作了论证。首先，从里昂惕夫的生平看，他曾在列宁格勒大学和柏林大学就读，而且据资料记载，里昂惕夫在去美国之前曾在苏联国民计委工作过。因此，兰格认为：“里昂惕夫的分析，从历史的角度考察，也许是马克思的再生产理论和苏联的物资平衡的实践的影响下产生的，里昂惕夫既精通马克思的著作又熟悉苏联的经济文献，里昂惕夫于1925年发表他的最初想法，当时他还住在苏联。”其次，兰格从里昂惕夫表式横行的分配方程式很容易导出马克思所表述的基本关系，即国民经济最终产品等于国民收入，而且里昂惕夫表式的费用方程式是和一个部类的总产品等式这个马克思的关系式相对应的。所以，兰格指出，里昂惕夫的部门间流出流入分析可以看作是马克思再生产理论用图表方式的另一种表达。

瓦尔拉斯的一般均衡理论是投入产出分析的第三个理论来源。这是里昂惕夫本人所强调的，他把自己的名作《1919—1929年的美国经济结构》的副标题定为“均衡分析的一个经验性应用”，意思是他的投入产出分析是将“一般均衡论”用以分析现实的经济问题。瓦尔拉斯一般均衡论的整个结构包括消费财货市场均衡、生产劳务市场均衡、资本财货市场均衡和流动资本市场均衡四个层次，这四个市场是相互依存、彼此影响的，只有当它们同时达到均衡时，整个经济才会出现均衡。一般均衡论的基本命题是各个特殊市场是相互联系的，也就是说各种价格是相互联系的，不仅各种消费品价格之间和各种生产要素价格之间是相互联系的，而且消费品价格与生产要素价格之间也是彼此影响的。因此，不能撇开别的价格，单独地来讨论某一种消费品或生产要素的均衡价格，而必须研究整个经济，即整个总市场上所有的价格如何相互作用最终同时达到均衡的。在里昂惕夫看来，瓦尔拉斯的一般均衡论显得过于包罗万象了，尽管从理论上看是严密的，但它太繁杂了，无法用以解释实际的经济问题。因此，里昂惕夫将它进行了简化：首先，将经济主体的活动以生产工艺的相似性为依据，归纳为若干部门；其次，突出部门之间的结构性关系，并把它量化和固定下来；最后，把生产方面的关系同最终需求在各产业的结构，以及分配方面的附加值在各产业的分布联接起来，形成了以供求平衡、收支平衡为轴心的体系。这样，里昂惕夫以国民经济的均衡为对象的模型就成了可以计算的应用模型。

二、投入产出理论的实践应用及进一步发展

第二次世界大战以后，随着以运筹学和计量经济学为核心的数学方法的发展以及在各经济学科的渗透，投入产出分析方法也呈现出一些新的发展趋势。

首先，投入产出分析的线性规划化。线性规划法是一种在一定的约束条件下，在各种可供选择的途径中，计算出对实现某种特定的目标来说，是最佳途径的方法。随着丹捷格(G. B. Dantzig)线性规划单纯形法的发明和高速电子计算机的产生，使几千个变量乃至上万个变量的线性规划问题求解成为可能，从而使线性规划法成为一种非常有效的数学规划方法。投入产出分析与线性规划的结合，使本不具“最优”思想的投入产出分析，可以用以研究符合特定目标的产业结构，即所谓的“最佳产业结构理论”，从而为规划产业结构的理论提供了技术上的可能性。

其次，投入产出静态分析的动态化。经典的投入产出模型是静态的，所谓静态的，并非说它不研究变化，而是指它在研究变化时，始终没有涉及超越原材料投入这类经常性生产活动之上的企业活动，即没有涉及企业的投资活动或者说资本积累过程。反映在模型中，表现为只有“投入系数”作为模型的技术系数。动态的投入产出分析引入了“资本系数”，引入这个系数后，就可以分析各产业在生产和价格上、在时间的迁移中出现的变化。动态的投入产出分析，是研究经济变动和多部门的经济发展形态所不可缺少的方法。

再次，投入产出模型外生变量的内生化。在最初的投入产出分析模型中，最终需求的信息并不是从投入产出模型体系内获得的，而是从这个体系外获得的，且这些信息是进行投入产出分析的前提条件，这些输入的外部条件称为外生变量，外生变量内生化是企图把最终需求和附加价值这两端封闭起来，使之同中间需求和中间投入一样成为由体系内诸关系决定的部门。这样，能使一切经济活动在一个封闭的投入产出表内给以解释。

最后，投入产出方法在应用领域上存在着多元化的趋向。传统的投入产出应用领域是一个国家的国民经济部门、产业间的关系。现在的投入产出应用领域则在两个方面进行了拓展。一方面，应用于区域经济，即把国家的某一区域作为研究对象，编制区域投入产出表，用以区域性的现状分析、预测和规划，特别是对于预测某一大型建设项目的区域性经济效果分析具有特殊的功用；另一方面，投入产出方法开始应用到国际经济关系领域，例如，把西欧 17 个国家作为研究对象，编制所谓的“综合国际投入产出表”，用以研究经济结构的相似性，而“世界区域间投入产出表”则可以用以研究南北问题、环境问题、资源问题等世界性的经济结构问题。

第二节 产业关联内涵

在社会经济活动中，各产业都需要其他产业为其提供一定的产出，作为本产业的中间要素投入；同时，也将自身的产出作为一种要素输出，满足其他产业对中间要素的需求。不同产业之间投入品和产出品相互运动，便形成了产业关联。所谓产业关联，即指经济活动中各产业之间存在的以投入品和产出品为连接纽带的广泛、复杂的技术经济联系，主要包括产业之间投入与产出、供给与需求的数量关系。简而言之，产业关联就是产业间"量"的联系。产业内部及产业与产业之间相互关联、相互制约，构成了国民经济的一个有机整体。技术经济联系可以是实物形态的联系，也可以是价值形态的联系。由于实物形态的联系难以用统一的计量方法准确衡量，而价值形态的联系可以从量化比例的角度来进行研究，所以，在产业关联分析的实际应用中使用更多的是价值形态的技术经济联系。产业关联的优化，就是产业之间的投入与产出协调、供给与需求平衡、数量比例恰当，这是产业结构高度化和合理化的重要内容。

由于产业关联理论有助于了解和认识一国经济中各产业部门之间的比例关系及这种比例关系的特征，进而为经济预测、经济计划与管理服务，所以，以一国各产业和部门的投入产出为编制基础的投入产出理论受到了各国的普遍重视，包括美国、日本等国家在内的许多国家都编制了投入产出表。只是不同国家在使用投入产出分析时，使用不同的名称。如投入产出法在俄罗斯和东欧国家被称为"部门联系平衡法"，在日本被称为"产业关联经济学"，但是这并不能改变运用投入产出和产业关联理论分析问题的实质。

产业关联理论的应用范围十分广阔，它不仅可以用于分析各种不同的经济问题，而且也是制定和执行各种经济政策的指针，尤其是在反映各产业之间的中间投入和中间需求上，产业关联理论比狭义的产业结构理论更广泛、更细致、更精确和更量化。产业结构理论偏重于以产业分类为出发点，定性地去寻求产业结构演变的规律；产业关联理论则注重运用投入产出表和投入产出数学模型，把一个国家在一定时期内的社会再生产过程中各个产业部门间所发生的投入产出加以量化，以此来分析在这一时期内社会再生产过程中的各种比例关系及其问题。这一点，也是产业经济学区别于宏观经济学和微观经济学的一个重要特征。

第三节 产业关联方式

产业关联理论研究的是社会经济活动中各个产业之间广泛、复杂的技术经济联系。产业关联实质上涉及的是如何使各个产业在量上优化配置资源的问题。在社会经济活动中，每一个产业都需要其他产业为自己提供各种产出（如原材料、动力、机械设备、服务等），以满足自己生产对各种要素的需求；同时，又把自己的产出（产品、劳务等）提供给其他产业作为中间投入，以满足其他产业的需求。这种错综复杂的投入与产出、供给与需求关系，是产业之间最基本的经济联系，是各个产业得以存在和发展的基础。如果某一产业没有其他产业为之提供各种要素，或者自身产出不能满足其他产业的需求，该产业难以生存，也无法持续发展。产业关联方式是指产业部门间发生联系的依托或基础，以及产业间相互依托的不同类型。对于产业关联的划分，有多种分类方式。

一、按产业关联的纽带不同分类

产业关联方式是指不同产业之间是以什么为依托连接起来的，这种产业间连接的不同依托就构成了产业间联系的实质性内容。按产业间相互依托的方式，可将产业关联分为产品或劳务关联、生产技术关联、价格关联、劳动就业关联和投资关联。

(1)产品或劳务关联。产品或劳务关联是指在社会再生产过程中，一些产业为另一些产业提供产品或劳务，或者产业间相互提供产品或劳务。某一产业的产品结构、产品的技术含量、产品的生产方式、产业的规模和服务内容等某一方面或多方面发生变化，会引起相关产业的产品结构、产品技术含量、产品生产方式、产业规模和服务内容等某一方面或多方面发生相应的变化。

由于产业间其他方面的关联，如生产技术关联、价格关联、劳动就业关联、投资关联等都是在产品、劳务关联基础上派生出来的；另外，各产业部门间协调发展最本质的表现是产业间相互提供产品、劳务的数量比例要均衡，社会劳动生产率和经济效益的提高，最终归纳为产业间提供产品或劳务的质量提高和成本节约。因此，产品或劳务关联是产业间发生最广泛、最基本的关联。

(2)生产技术关联。生产技术关联是指一些产业为另一些产业提供满足技术性能要求的机器设备、产品零部件、原材料以及劳务等。在生产过程中，一个产业不是被动地接受其他相关产业的产品或劳务，而是依据本产业的生产技术特点、产品结构特性，对所需相关产业的产品和劳务提出各种工艺、技术标准和质量等特定要求，以保证本产业的产品质量和技术性能。这一要求导致产业之间的生产工艺、操作技术等方面有着必然的联系。一般来说，这种生产技术关联是与各产业间产品和劳务的供求紧密联系在一起的。生产技术作为产业间联系的重要依托，其发展变化不仅将直接影响产业间产品和劳务的供求比例关系，而且还会使某一产业在生产过程中与其发生产品和劳务联系的产业发生变换，或者依存度发生变化。因此，技术进步是推动产业联系方式，即产业结构变动最活跃、最积极的因素。

(3)价格关联。产业间价格关联是产业间产业和服务关联价值量的货币表现。产业间产品与劳务的“投入”与“产出”联系，必然表现为以货币为媒介的等价交换关系，即产业间的价格联系。产业间价格关联使不同产业间不同质量的产品或劳务发生联系。一切商品或劳务均可用价格形式来统一度量和比较，从而为投入产出价值模型的建立铺平了道路，进而为产业结构分析、产业间比例关系分析等提供了有效的计量手段。

(4)劳动就业关联。劳动就业关联是指某一产业的发展带动相关产业的发展，使得相关产业增加劳动就业机会。劳动就业关联使得某一产业人力资源配置状况的变化和发展，会引起关联产业人力资源配置状况产生相应的变化。产业间的这种劳动就业联系，在西方经济学中被描述为投资乘数效应在经济增长中的作用。

(5)投资关联。要加快一国经济发展，不可能仅仅通过加快某产业部门的发展来实现，而是通过相关产业部门的协调发展来实现的。这种产业部门间的协调发展性，使得产业间必然存在着投资联系。为促进某一产业发展，必须要对该产业增加一定量的投资，但由于该产业发展受到相关产业的制约，因而必然增加对相关产业的投资。这种某一产业的直接投资必然导致相关产业的投资，就是产业间投资关联的表现。

在上述分类方式中，产品或劳务关联是产业之间最基本的一种联系，生产技术关联、价格关联和劳动就业关联等其他方面的关联都是在产品或劳务关联的基础上派生出来的关联。由于产业间存在着上述关系，某一产业的发展变化必然会影响到并波及与其相关的其他产业。

二、按产业间关联的方向不同分类

(1)前向关联。根据赫希曼在《经济发展战略》一书中的解释，前向关联是指某一产业的产品成为其他产业的中间投入，也就是通过供给联系与其他产业发生的关联。当A产业为B产业提供产出作为中间投入(A→B)，对A产业来说，与B的关联便是前向关联。形象而言，顺箭头方向便是前向关联。例如，钢铁业(A)向汽车制造业(B)提供产出，A与B的关联是前向关联。

(2)后向关联。后向关联是指某一产业在生产过程中需要从其他产业获得投入品所形成的依赖关系，即通过需求联系与其他产业发生的关联。A产业为B产业提供产出作为中间投入(A→B)，对B产业来说，与A的关联便是后向关联。形象而言，逆箭头方向便是后向关联。例如，钢铁业(A)向汽车制造业(B)提供产出，B与A的关联是后向关联。

(3)环向关联。经济活动中的各产业依据前向关联、后向关联组成了产业链。产业链通过复杂的技术经济联系往往会形成一个“环”，如煤炭采掘业→钢铁冶炼业→采矿设备制造业→煤炭采掘业。对于这种环状的产业关联，一般称为产业间的环向关联。

三、按照产业之间技术工艺的方向和特点分类

(1)单向关联。单向关联是指一系列产业之间，先行产业部门为后续产业部门提供产品，以供其生产时的直接消耗，但后续产业的产品不再返回先行产业的生产过程。其特点是：产品在各相关产业间不断深加工，最后脱离生产领域进入消费领域，因而投入产出的联系方向是单一的。例如，棉花→棉纱→色布→服装这种产业间的联系是单向联系。

(2)双向联系。双向联系是指在一系列的产业部门间，先行产业部门为后续产业部门提供产品或劳务，作为生产要素参与后续产业部门的生产过程的同时，后续产业部门也为先行产业部门的生产过程提供产品或劳务。如煤炭产业为电力产业提供燃料，而电力产业也为煤炭产业的生产提供电力作为动力源，即煤炭←→电力，这是产业间的双向关联。

(3)多向联系。一系列产业部门之间，先行产业部门为后续产业部门提供产品，以供其生产时直接消耗，发生后向关联；同时后续产业的产品也为其先行产业提供产品，与先行产业发生前向关联，这种关联便是多向关联。例如，煤炭→钢铁→矿山机械部件→煤炭，这是多向循环关联。

四、按照产业之间的依赖程度分类

(1)直接关联。直接关联是指两个产业之间存在着直接提供和被提供产品、服务、技术

等方面的联系。例如，冶金工业直接为机械工业提供产品和服务，棉花种植业直接为棉纺织业提供产品，它们之间的联系就是直接联系。

(2)间接关联。间接关联是指两个产业之间本身不发生直接的生产技术联系，而是通过其他一些中介产业才产生的技术经济方面的联系。例如，汽车工业与采油设备制造业之间并无直接联系，但他们实际上仍有一定的联系，这种联系就是由于汽车需要汽油作燃料，而汽油与石油开采有关，石油开采又与石油设备制造有关，这样汽车工业的发展就会通过上述中介产业，最后影响到石油采掘设备制造业的发展，这就是汽车工业与采油设备制造业之间的间接联系。

一个经典的案例可以说明直接关联和间接关联之间的关系。1941 年，美国总统罗斯福决定生产 5 万架飞机，要完成飞机制造任务，必须生产很多的铝，这是很容易推算出来的。但是未考虑到间接消耗问题：铝是电解法生产的，每吨铝在电解过程中要耗电 16000 多度；同时为了传送电和使用电，需要使用很多电线、电器等；电线、电器的生产需要耗费铜。这些都是事先没有考虑周到的，最后造成了铜的严重紧张状态。于是，不得不向国库借用白银来代替铜，以保证电的生产和传输。这时美国政府深感需要有一个比较科学、完备和准确的计算工具来研究经济、控制经济、干预经济[①]。投入产出分析法因其能够测度直接和间接消耗联系而受到美国政府的重视。美国劳工部聘请里昂惕夫用三年时间完成了 1939 年投入产出表——美国第一张官方投入产出表。

本章小结

1. 产业关联是指产业之间在经济技术上的数量比例关系，主要包括产业之间投入与产出、供给与需求的数量关系。产业关联实质上涉及的是资源在产业间进行数量上的优化配置问题。

2. 按照产业之间相互依存和影响的方式分类，产业联系分为产品或劳务关联、生产技术关联、价格关联、劳动就业关联和投资关联；按照产业之间的供给与需求关联分类，产业关联分为前向关联、后向关联、环向关联；按照产业之间技术工艺的方向和特点分类，产业关联分为单向关联、双向关联和多向关联；按照产业之间的依赖程度分类，产业关联分为直接关联和间接关联。

复习思考题

1. 简述产业关联的含义。
2. 产业关联按纽带不同，如何分类？

① 向蓉美. 投入产出法[M]. 成都：西南财经大学出版社，2007.

【案例评析】

汽车产业的关联性分析

1.汽车产业的产品关联

据统计,汽车生产大国日本生产汽车消耗的各种原材料占其总量的比例分别是:钢材的17.4%、特殊钢的20.5%、铝制品的28.7%、橡胶的74.6%、平板玻璃的45.2%、轴承的40.9%、合成树脂的39.5%、涂料的27.3%和机床的25%。另一汽车强国美国,有24%的钢材、17%的铝、13%的铜、30%的锌、54%的合成橡胶和57%的可锻铸铁被汽车产业消耗。2002年日本汽车产业的就业人口约为491万人,占日本总就业人口的10%;汽车制造企业的产值达到43.2万亿日元,占整个制造业产值269.4万亿日元的16%;2004年汽车企业的设备投资总额为8670亿日元,占全部制造业投资总额39127亿日元的22.2%;研发费用的投入为17899亿日元,占全部制造业投入100320亿日元的17.8%。目前全世界钢产量的23%、铜铝产量的32%、橡胶产量的62%、塑料产量的10%以上均用于汽车产业。我国汽车产业对原材料的需求也十分惊人:汽车行业所需机床费用约占全国机床总销售额的12%~15%;全国3.51%的钢材、0.6%的生铁、30%的橡胶、4%的塑料、2%的玻璃、6%~7%的油漆、0.57%的煤被用于汽车产业。

汽车产业对服务业也有重要的带动作用。在欧美发达国家,购买一辆汽车的价格中,大概有40%要支付给金融、保险、法律咨询、产业服务、科研设计、广告公司等各种服务业。据有关资料显示,在几个汽车业发达国家中,汽车产业的预投入对主要相关服务业的预投入有较大的带动作用,后者占前者的比重约为30%~80%。也就是说,汽车产业的一定投入可以带动相关服务业增加30%~80%的投入。这里的相关服务业主要包括批发和零售贸易、储运、实业和商业服务、社会和个人服务等。在中国,汽车产业发展对公路建设、运输业、汽车维修和保养、加油站、汽车保险业、金融信贷等服务业起很大的促进作用。

2.汽车产业的技术关联

汽车产业不仅要求其本身能广泛发展和使用新技术,也要求相关产业广泛发展和使用新技术。因此,发展汽车产业对推动技术进步和产业结构升级具有重要的作用。美国汽车工业每年用于研究与开发的费用约占全国和私营部门开发总费用(不包括国家投入的研究与开发费用)的12%,仅通用汽车公司1997年研究与开发的费用就高达82亿英镑。如此高的科研投入也强烈推动着微电子大规模集成技术、机械加工技术、材料、化工等相关产业的发展,致使美国在从20世纪80年代到90年代四大支柱产业的转换中,汽车产业始终处于核心地位。

3.汽车产业的就业关联

汽车产业不仅可以带动大量的直接就业,而且还可以带动高比例的间接就业。在作为主要汽车生产国和消费国的发达国家,与汽车相关的工业和服务业都拥有较大的就业量,尤其是汽车服务业的就业人数自20世纪80年代以来大幅度增长,就业比重明显提高。如果考虑到诸如道路建设、管理服务机构及其他与汽车使用有关部门的就业,间接就业的比重要高得多。欧美发达国家平均每六七个就业人员中即有一个是与汽车产业有关的,也就是说,汽车产业及相关产业的就业人口占全国总就业人口的比重达14%~17%。

在1960—1984年,汽车产业是日本制造业中就业比例最高的行业,也是增长速度最快的行业,其间汽车行业从业人员在制造业中所占比重从3.3%上升到6.6%。1982年日本汽车工业的从业人员约为69.6万人，相关行业为57万人，销售和售后服务为130.7万人，服务性部门45万人，使用部门167.5万人。这样，汽车产业及相关产业部门的人员总数共计469.8万人，约占当时日本全部就业人口的10%(1998年基本维持这一比例)。汽车产业直接就业人数与相关产业就业人数之比为1∶5.74,1990年上升到1∶7.3,即汽车产业的1个就业岗位可提供7个其他部门的就业岗位。我国汽车产业职工人数占全国职工总人数的比重呈不断上升趋势。2005年末，我国汽车工业就业人数约220万人，相关产业就业人数约2690万人，共占全国城镇就业总人数的15.3%,即在我国城镇就业人员中，每8个人中就有1人从事与汽车相关的工作，大体与德国相当。因此，汽车产业是提供大量而广泛就业机会的行业。

——案例来源：黄体鸿，胡树华. 汽车产业的关联性分析. 科技进步与对策，2008(5).

案例分析问题：

试分析某一个产业(房地产业、制造业等)的关联方式。

第十章 产业关联分析的基本方法——投入产出法

本章要点

通过本章学习，应掌握以下要点：

1. 了解投入产出分析法的内容
2. 了解投入产出分析法的理论基础

导入案例

里昂惕夫简介

里昂惕夫 1906 年 8 月出生于俄国，15 岁进入列宁格勒大学学习，18 岁取得硕士学位，参与苏联中央统计局编制国民经济平衡表的工作。这项工作对他后来建立投入产出表提供了重要启示和实践基础。投入产出表在结构上吸取了苏联"1923—1924 年度国民经济平衡表"的棋盘式表格的经验。1928 年(22 岁)获得德国柏林大学经济学博士学位。1928—1929 年应邀做中国政府(南京)修建铁路的顾问，搜集了中国大量关于交通建设的数据。1931 年应邀做美国国家经济研究局(NBER)的研究助理，从而有机会研究投入产出表。他利用美国国情普查的资料编制了 1919 年和 1929 年的美国投入产出表，分析美国的经济结构和经济均衡问题。同年底到哈佛大学任教，其投入产出表的研究得到哈佛研究委员会的支持。他利用在美国国家经济研究局搜集的资料，很快取得研究进展。1936 年他发表了投入产出法的第一篇论文《美国经济制度中投入产出数量关系》(载《经济学和统计学评论》，1936 年 8 月)这标志着投入产出分析的诞生。

1941 年发表了《1919—1929 年的美国经济结构》一书，1951 年该书再版，并增加了所编 1939 年投入产出表和几篇论文。1953 年，里昂惕夫出版了《美国经济结构研究》一书，阐述了投入产出分析的基本原理及其发展。从 1961 年起，他担任了美国、联合国以及其他十几个国家的政府顾问。

——案例来源：根据相关资料整理

第一节 投入产出分析法概述

20 世纪 30 年代由美国经济学家华西里·里昂惕夫创立的投入产出法有效地揭示了产

业间技术经济联系的量化比例关系。因此，投入产出法成为产业关联分析的基本方法。

投入产出分析法（简称投入产出法）是经济学和数学相结合的产物，是研究经济体系（国民经济、地区经济、产业经济、企业单位）中各个部分之间投入与产出的相互依存关系的数量分析方法。然而，它不仅局限于分析产业间联系，还可以利用产业间投入与产出的有关数量比例去研究国民经济中的其他方面的问题。

一、投入产出法的基本思路

投入产出法的基本思路：为获得一定的产出，必须有一定的投入。投入产出分析中的"投入"是指产品生产所需原材料、辅助材料、燃料、动力、固定资产折旧和劳动力的投入，是任何产业从事某种经济活动都必须耗用的物质资料和必须使用的劳动力。"产出"是指产品生产的总量及其分配使用的去向和数量。一般地，产出可分为中间产品和最终产品两大类。中间产品用于生产过程，是指特定时期内生产出来又回到生产过程中的原材料、辅助材料、动力等的消耗。最终产品是一定时期内在生产领域已经最终加工完毕，可供社会消耗和使用的产品，包括最终消费（包括城乡居民消费和政府消费）、资本形成总额和净出口。这里要注意投入、产出的相对性概念。从国民经济各产业部门间的联系来看，一个产业的产出就是另一个或一些产业的投入，一个产业的投入就是另一个或一些产业的产出。在市场经济条件下，经济系统各个部分间投入和产出的相互依存关系表现为商品交换关系，即作为商品的相互购买者、作为资源的占用或使用者、作为生产者的生产和消费、作为消费者的收入和支出等的相互关系。

二、投入产出法的基本内容

投入产出法的基本内容是通过编制投入产出表，建立相应的代数方程体系（即投入产出模型），综合分析和确定国民经济各产业之间错综复杂的联系，分析重要的宏观经济比例关系及产业结构等基本问题。其中，投入产出表是指反映各种产品或劳务来源和去向的一种棋盘式表格。投入产出模型是指用数学形式体现投入产出表所反映的经济内容的线性代数方程组。投入产出分析主要运用线性代数等数学方法和计算机结合运算求解。某一经济系统的各个部分间的数量依存关系，是通过一个或多个线性方程组（矩阵）来描述的，具体的经济结构的特点则由这些方程中的系数来反映。通过投入产出分析，可提供经济分析和政策分析所需的数据，或者利用其提供的资料，作为预测和规划的依据。

投入产出分析的这种数量分析方法，最初是由研究一国的国民经济各个产业部门间的联系发展起来的，因此被人们称为部门联系平衡法、产业关联等。但是，实际上它的应用范围目前已很广泛。它既可以应用于分析和计量一个地区（省、市、地、县）的经济活动、一个部门（行业）的经济活动，甚至一个公司或企业的生产经营活动，也可用于研究国际经济关系（包括许多国家的世界模型）。里昂惕夫认为："今天的经济学出现了这种情况：一方面理论高度集中而没有事实，另一方面是事实堆积如山而没有理论。"在瓦尔拉斯时代，理论的空匣子与社会经济实践有机结合的障碍是缺乏系统的统计材料。20 世纪 30 年代，随着凯恩斯宏观经济理论的提出，国民经济核算的理论基础得到了初步奠定，完整的国民经济核算体系得以初步建立，系统的统计数据才得到有效的收集。在这种背景下产生的投入产出分析方法是一项理论的极大创新，它"利用我们经济各产业之间商品和服务流量的相对稳定的形态，把整个体系的非常详尽的统计事实置于经济理论控制的范围之内”①。其理论和方法极为吻合现实研究的需要。

第二节 投入产出分析法的理论基础

任何一种经济理论和方法都是对原有相关理论的继承和发展，投入产出法也不例外。里昂惕夫的投入产出分析法的理论渊源，包括魁奈的《经济表》、马克思的再生产理论和瓦尔拉斯的一般均衡理论。

一、魁奈的《经济表》

投入产出分析的第一个理论渊源是魁奈的《经济表》。魁奈的《经济表》有原表和简表两种。原表发表于1758年，题为“经济表及其说明”。但是由于它晦涩难懂，为便于一般大众理解，魁奈于1766年又将其简化，题为“经济表之分析”，即为简表，魁奈将后者又称为“经济表范示”。在这本书中，魁奈描述了国民经济结构及各种关系运动的规律，除了用文字说明以外，还使用了简明的图表来说明问题。用简明的图示描绘社会总资本的再生产过程，这在经济学发展史上是一个创举，受到重农学派的推崇，重农学派把它看成是使人惊异的图示。马克思对魁奈的这一尝试也作过高度的评价，认为这是在18世纪30—60年代政治经济学幼年时期提出的最有天才的思想。

魁奈的《经济表》是以“纯产品”学说为基础的。魁奈认为，土地是提供财富的唯一源泉，只有农业劳动才能增加财富，这种财富即为纯产品。他根据“纯产品”学说，把社会分为三个阶级：生产阶级、土地所有者阶级和不生产阶级。魁奈分析了一年的社会总产品怎样通过货币流通在社会各个阶级之间进行分配、怎样使再生产继续下去这样一个比较复杂的过程。魁奈在对社会总资本再生产过程的分析中把年总产品作为出发点，分析了年总产品的各个组成部分在价值上和实物形式上的实现和补偿，说明了社会总资本再生产的实现条件和实现过程。尽管魁奈未把年总产品区分为生产资料和消费资料，也未区分社会生产的两个部类，而只区分了农业和工业，但他把农业和工业的产品中的生产资料与消费资料区别开来了。这样就把社会各个阶级收入的起源、资本及收入之间的交换以及生产消费和个人消费之间的关系等重要问题，都包括进他对社会再生产过程的分析中去了。

魁奈的《经济表》初步揭示了国民经济中的产业结构及其相互关系的产业关联分析，为现代产业关联分析提供了最初的理论基础。《经济表》的表现方式以及使用的方法受到后来众多经济学家的推崇，并且应用于社会再生产问题的研究。投入产出模型正是一个明显的例子，它用矩阵的形式，记录了一个国家在一定时期内国民经济各部门中发生的产品及服务的生产与交换关系。因此，从某种意义上来说，魁奈的《经济表》为投入产出理论奠定了方法论基础。

① 华西里·里昂惕夫. 投入产出经济学[M]. 北京：商务印书馆，1990：1—2.

二、马克思的再生产理论

投入产出分析的第二个理论渊源是马克思的再生产理论。马克思的再生产理论是在分析资本主义的社会资本的再生产中提出的，是社会资本再生产理论。由于这个理论反映了社会再生产的一般规律，所以又称之为社会再生产理论。马克思的社会再生产理论是关于社会生产各部门的相互关系和社会再生产怎样才能顺利进行的理论，主要内容包括：社会生产分为两大部类，生产资料部类和生活（消费）资料部类；社会再生产分为简单再生产和扩大再生产两种类型；产品的价值由不变资本、可变资本和剩余价值三部分组成，两大部类的交换关系、数量比例关系、价值实现、实物补偿、社会再生产顺利进行的实现条件等。实际上，马克思的再生产理论就是马克思主义经济学的产业结构和产业关联的基本原理，揭示了社会生产必须按比例协调发展的规律。

（一）社会简单再生产理论

马克思在分析社会资本的简单再生产运动时，把社会总产品从实物形态上分为生产资料与消费资料两大部类；从价值形态上把这两大部类的产品各自分为不变资本（转移价值）c、可变资本（劳动力价值）v 和剩余价值 m 三个部分。

马克思认为，要使社会资本简单再生产顺利进行，两大部类的生产必须在实物和价值两方面保持一定的比例：

(1)第Ⅰ部类的可变资本和剩余价值之和必须等于第Ⅱ部类的不变资本，即Ⅰ$(v+m)=$Ⅱc。这个实现条件表明了两大部类之间相互提出需求，互相供给产品的互相依赖、相互制约、互为市场的内在联系。

(2)第Ⅱ部类的全部产品，在价值上必须等于两大部类的可变资本和剩余价值之和，在使用价值上能够满足两大部类简单再生产进行消费资料实物补偿的需要，即Ⅱ$(c+v+m)=$Ⅰ$(v+m)+$Ⅱ$(v+m)$。它体现了社会资本简单再生产条件下，消费资料的生产同整个社会对消费资料的需要之间的内在联系。

(3)第Ⅰ部类的全部产品在价值上等于两大部类所消耗的不变资本的总和，在使用价值上能够满足两大部类简单再生产进行生产资料实物补偿的需要，即Ⅰ$(c+v+m)=$Ⅰ$(c)+$Ⅱ(c)。它体现了社会资本简单再生产条件下，生产资料的生产与整个社会对生产资料的需要之间的内在联系。这些比例关系是社会资本简单再生产的实现条件，只有具备这些条件，社会资本简单再生产才能顺利进行。

（二）社会资本扩大再生产理论

资本主义的社会再生产是一种生产规模扩大的再生产，资本家将一部分剩余价值用于资本积累，作为追加的资本投入。当社会总产品中有可供追加的生产资料和维持追加劳动力所需要的消费资料时，扩大再生产便成为可能。这样，进行扩大再生产首先应具备两个基本前提：

(1)为了提供追加的生产资料，第Ⅰ部类新创造的价值（可变资本和剩余价值之和）必须大于第Ⅱ部类所消耗的不变资本，即Ⅰ$(v+m)>$Ⅱ(c)。

(2)为了能够提供追加的消费资料，第Ⅱ部类的不变资本和供积累用的剩余价值之和，必须大于第Ⅰ部类的可变资本和用于个人消费的剩余价值之和，即Ⅱ$(c+m-m/x)>$Ⅰ$(v$

$+m/x$)。其中 m/x 代表资本家用于个人消费的剩余价值部分，$m-m/x$ 表示积累用的剩余价值部分。马克思认为，要使社会资本扩大再生产能够顺利进行，两大部类的生产必须在实物和价值两方面保持一定的比例关系：

①第Ⅰ部类的可变资本加上追加的可变资本和资本家用于个人消费部分的剩余价值之和必须等于第Ⅱ部类不变资本和追加不变资本之和，即Ⅰ$(v+\Delta v+m/x)=$Ⅱ$(c+\Delta c)$。

②第Ⅱ部类的全部产品在价值上必须等于第Ⅰ部类可变资本、追加的可变资本和资本家用于个人消费部分的剩余价值之和再加上第Ⅱ部类可变资本、追加的可变资本和资本家用于个人消费部分的剩余价使之和，即Ⅱ$(c+v+m)=$Ⅰ$(v+\Delta v+m/x)+$Ⅱ$(v+\Delta v+m/x)$。

③第Ⅰ部类的全部产品，在价值上等于两大部类所消耗的不变资本和追加的不变资本的总和，即Ⅰ$(c+v+m)=$Ⅰ$(c+\Delta c)+$Ⅱ$(c+\Delta c)$，这些比例关系是社会资本扩大再生产的前提条件和实现条件，只有具备这些条件，社会资本扩大再生产才能顺利进行。

马克思的社会资本再生产理论分析了社会总产品的实现过程，揭示了两大部类相互依赖、互为条件的关系，论证了只有两大部类的生产按比例平衡发展，社会再生产才能顺利进行。

三、瓦尔拉斯的一般均衡理论

投入产出分析的第三个理论渊源是瓦尔拉斯的一般均衡理论。这也是里昂惕夫本人所强调的。他说，投入产出法是用新古典学派的一般均衡理论，对各种错综复杂的经济活动之间在数量上的相互依赖关系进行经验研究。从里昂惕夫把自己的名作《1919—1929 年的美国经济结构》的副标题定为“均衡分析的一个经验性应用”中也可以看出，他的投入产出分析是将“一般均衡理论”用于现实经济问题的分析。

(一)瓦尔拉斯的一般均衡理论。

一般均衡理论集中研究了在存在多种商品种类的情况下，各种商品均衡价格形成的条件。在研究前，瓦尔拉斯先作了市场是完全自由竞争的假设前提，并排除了货币的作用。瓦尔拉斯认为经济主体可以分为四类：地主、工人、资本家和企业家。同时，他区分了三类商品，即最终产品、服务和资本品，并区分了三类市场，即产品市场、服务市场和资本市场。

瓦尔拉斯运用了供求分析法与线性代数分析法作为一般均衡分析的基本工具。分析了多种商品相互交换的情况，提出各经济主体追求利益最大化的行为，即消费者在一定的预算约束下追求效用最大化和生产者追求利润最大化，可以使所有市场在一组价格的调节下实现供给和需求的相等，也存在一组价格(又称为均衡价格)，使所有市场都出清、所有产品供求都实现均衡，这就是一般均衡。在瓦尔拉斯的一般均衡论中，整个均衡结构包括消费市场均衡、生产劳务市场均衡、资本积累市场均衡和货币及流通市场均衡四个层次。这四个层次是相互依存、彼此影响的，只有当它们同时达到均衡时，整个经济才会出现均衡。这四个层次市场通过价格彼此联系起来，不仅各种消费品价格和各种生产要素价格之间是相互联系的，而且消费品价格与生产要素价格之间也是彼此影响的。因此，瓦尔拉斯认为不能撇开别的价格而单独地讨论某一种消费品或生产要素的均衡价格，必须研究整个经济，即整个市场所有的价格如何相互作用后最终同时达到均衡。

(二)一般均衡理论向投入产出模型的转变

瓦尔拉斯是用联立方程组来阐述一般均衡状态的,方程组的解就是均衡价格体系,但瓦尔拉斯的模型是一种纯粹理论抽象,它无法对实际的经济活动进行实证性分析。里昂惕夫在瓦尔拉斯一般均衡模型的基础上,通过一些假定对其进行了简化。简化主要有以下几个方面:

(1)用产业代替瓦尔拉斯模型中的企业和消费者。他将经济主体的活动以生产工艺相似件为依据,归纳为若干产业部门,并假定每个产业只生产一种特定的同质产品。由于同质,同一产业内的产品在各种用途上是可以相互代替的,不同产业部门的产品之间是不能代替的。这样,方程的个数也因此大大减少了,从而可以在实际中应用。

(2)假定生产的规模收益不变。即假定每个产业产品的产出量与对它的各种投入量成固定比例。这样,投入与产出就成为线性关系,里昂惕夫投入产出模型就联立成了线性方程组。

(3)假定各产业的生产活动是互不影响的。即每个产业的产出由本产业的生产活动来决定,而不受其他产业生产活动的影响,国民经济的总产出等于每个产业产出之和。这样,该产业的投入和产出的关系就变得确定了。如果没有这样的假定,一个产业的产出要受其他产业生产活动的影响,也就无法进行投入产出分析。

(4)假定消耗系数在一定时期相对稳定。在投入产出分析中,消耗系数是关键性数据,它们取决于各产业之间的生产技术联系。一般来说,在一个不太长的时期内生产技术条件变化不大。假定消耗系数具有相对稳定性,使得投入产出分析可以运用于经济预测。

(5)用一个年度的数据来计算消耗系数。在静态投入产出分析中,假定所有的投入都是在一年内生产的。这样,生产时间上的差异问题就被简化了。

通过这些简化工作,一般均衡理论在实证分析中便可以得到应用。有人说,里昂惕夫的最大贡献在于把一般均衡理论成功地应用于实证分析。通过简化,里昂惕夫从瓦尔拉斯的方程组中推导出比较简单的线性方程组,这样,对线性方程组的求解就成了投入产出法应用于实证分析的关键问题。一般来说,如果要对国民经济的运行情况进行详细的分析,就需要更加明确地定义投入产出分析中的产业。因此需要相应增加产业个数,产业个数的增加意味着方程组中方程个数的增加,这就增加了求解的难度。这就是说投入产出分析的发展依赖于计算能力的提高。因此,计算机(电脑)的迅速发展,是里昂惕夫的初期研究成果能够迅速地被世界各国所认识,并被快速应用于经济、社会许多领域的重要条件。

第三节　投入产出分析法的推广与应用

投入产出理论的创始人里昂惕夫早年就读于苏联列宁格勒大学,后赴德国攻读柏林大学经济学哲学博士,1930 年赴美进一步开展投入产出理论的研究。他既精通马克思主义政治经济学,又精于西方经济理论,早在 1927 年,当他还在柏林大学读书时,就在德国《世界经济》杂志上发表了《俄国经济平衡——一个方法论的研究》一文,第一次阐述了他的投入产出思想。1936 年在哈佛大学《经济统计评论》发表《美国经济中的投入产出数量关系》,该文标志着投入产出理论的初步形成。1941 年里昂惕夫出版的《1919—1929 年的美国经济结构》系统阐述了投入产出理论的基本原理和内容。1966 年,里昂惕夫出版了一本经济论文汇编《投入产出经济学》,该书涉及生产结构、动态分析、成本与价格、计划与预测、地区间经济关系、对外贸易、不发达国家的经济发展等内容,开创了将投入产出理论应用于不同的局部或个别环节的经济问题的先河。1973 年,里昂惕夫在接受诺贝尔经济学奖时所作的学术报告《世界经济结构——一个简单投入产出模型概要》开篇提出,世界经济就像一个国家经济一样,可以看做是一个相互依赖过程的系统。里昂惕夫于 1977 年出版了《世界经济的未来》一书,书中他着重探讨了环境污染问题,并预测了 21 世纪世界经济的变化。

一、投入产出理论的推广和应用

第二次世界大战后,投入产出方法受到美国政府和企业界的重视。1949 年美国劳工部聘请里昂惕夫编制了《1947 年美国经济投入产出表》,该表相关数据被用于与朝鲜战争的经济分析和计划中,因此被称为"紧急状态模型"(EM 模型)。此后,投入产出法迅速传播到世界各国。许多国家的学者来到哈佛大学学习编制和应用投入产出法。20 世纪 50 年代,西方各国出现了编制投入产出表的热潮:1950 年有 10 个国家、1955 年有 25 个国家、1959 年有 57 个国家编制了投入产出表。苏联和东欧国家在 1957 年后开始逐步认识到投入产出法的重要性,也纷纷开始改革本国的统计报表制度,使之适合编制投入产出表。迄今,全世界已有 100 多个国家编制过投入产出表,而定期编制投入产出表的国家和地区有 80 多个。为使投入产出技术研究者和使用者交流经验,共同探讨理论和应用过程中出现的新问题,联合国于 1950 年成立了"国际投入产出协会",并由里昂惕夫担任主席。

二、我国投入产出表的编制和应用

我国于 20 世纪 50 年代末 60 年代初开始引进投入产出技术。第一张实物型投入产出表是 1973 年 61 产业实物型投入产出表。1982 年,国家统计局和国家计委组织有关部委编制了 1981 年 26 产业价值型投入产出表(MPS 式)和实物型投入产出表。之后,国家统计局又编制了 1983 年价值型投入产出延长表、1987 年的全国投入产出表,并规定以后每五年进行一次。1987 年投入产出表的核算对象首次将非物质生产活动作为核算对象,为以后编制 SNA 式投入产出表进行了有益的探索。此后,国家统计局又成功地编制了 1990 年、1992 年、1995 年、1997 年、2000 年、2002 年和 2007 年的价值型投入产出表和 1992 年实物型投入产出表。其中,1992 年、1995 年和 1997 年价值型投入产出表采用了国际通用的表式,为 SNA 式投入产出表,进一步满足了国际比较的需要。目前我国最新的投入产出表为 2007 年全国投入产出表,包括 42 产品部门表和 122 产品部门表。

首先,经济总量研究。运用投入产出表从总量和结构两个方面研究国民经济运行状态。如国民经济各产业生产和使用情况、产业结构、产品结构、投资结构、消费结构、进出口结构、三次产业比例关系、生产消耗比例关系等,为宏观经济管理和决策提供重要依据。

其次,政策研究。通过构造动态投入产出模型、投入产出价格模型、投入产出税收模型等,研究产业政策、价格政策和税收政策等变化对国民经济整体及各产业的影响。比如,在价格政策模拟方面,国家统计局及有关单位测算过一种或多种产品和服务价格变动对其他产品和服务价格的影响,为价格管理产业确定提价方案提供了科学依据。

再次，国民经济可持续发展。“可持续发展”作为一种新的发展模式，已成为21世纪全球面临的焦点问题。对于我国来说，可持续发展的核心是发展——经济发展、社会发展以及良好的生态环境。比如，中国国家统计局与挪威统计局合作完成了《中挪环境统计与分析项目》。

最后，预测与发展趋势。运用投入产出表分析中国加入世界贸易组织后的发展和应对趋势。例如，国家信息中心与日本有关方面合作，参与编制了包括中国在内的亚洲国家(地区)间投入产出表①。总之，投入产出表作为管理经济的重要工具和手段，已经在我国的经济生活中发挥着重要的、不可替代的作用。

本章小结

1. 投入产出分析法(简称投入产出法)，是研究经济系统各个部分(作为生产单位或消费单位的产业部门、行业、产品等)间表现为投入与产出的相互依存关系的经济数量分析方法。它是经济学和数学相结合的产物。

2. 投入产出分析的理论基础。包括魁奈的《经济表》、马克思的再生产理论和瓦尔拉斯的一般均衡理论。

复习思考题

1. 投入产出分析的理论基础有哪些？

2. 投入产出法在我国目前使用情况如何？

【案例评析】

投入产出的技术应用

投入产出技术发展之初，里昂惕夫及其经济规划小组在对美国国民经济进行投入产出分析时，还把该技术应用于以下几个专门问题：①美国对外贸易；②地区经济平衡和裁军；③环境污染问题；④世界范围的经济增长。之后，随着该技术的不断成熟，越来越多地应用于我们经济生活的各个领域。

1. 通过建立投入产出表进行经济分析。由于投入产出分析的科学性、先进性和实用性，自20世纪50年代以来世界各国纷纷研究投入产出分析，编制和应用投入产出表。目前，世界上绝大多数国家都编制了投入产出表，并且开展相应的研究，许多国家的学者发展了里昂惕夫的成果，使投入产出分析研究内容愈来愈丰富和深入。

2. 利用投入产出分析方法进行经济预测。利用投入产出模型进行预测，与利用一般的经济计量模型进行预测相比，差别在于前者预测的时间可以比较长。经济预测是投入产出分析应用最为广泛的一个方面。当编制了若干年份的投入产出表以后，就可以对它们进行

---

① 齐舒畅. 我国投入产出表的编制和应用情况简介. 中国统计，2003(5)：21—22.

动态分析，掌握各种经济数据的变化规律，从而对整个国民经济或地区、企业的未来发展趋势做出预测，并以此作为政府制定经济政策的重要依据，同样也是一些大企业制定经营方针、投资方向以及各种产品生产量的根据。在社会化大生产中，各部门之间存在着各种各样的直接和间接关系，一项新经济政策的出台往往会引起部门间的连锁反应，如何做出相应的决策是一个复杂的问题，投入产出模型在这方面有较强的功能。例如，美国曾经利用投入产出分析研究过工资提高10%后，生活费用将上升3.9%，工人所得到的真正益处为6%左右。

3. 利用投入产出分析研究一些专门的社会问题。利用投入产出分析可以研究污染、能耗平衡等多种社会问题。这些都是投入产出分析的一些新的应用领域。如利用投入产出分析可以确定在生产增长的同时，各部门所产生的污染物的数量，需要处理的各种污染物的数量，以及由于从事消除污染的活动社会需要付出的代价。

4. 在国际经济中的应用。没有人能够否认，过去几十年信息和通信领域技术的新发展已经明显地影响了世界的社会结构，这不仅缩短了世界各国间的距离，而且也影响着各国和地区相互联系的内容。投入产出技术提供了在一般的相互依赖经济中分析这种结构变化影响的工具。为了研究对全球经济的影响，我们不得不把研究背景扩大到全球范围，创建国际联系的投入产出表就是一种研究方向。另外，分析环境影响对世界各国相互间的联系问题也很有意义。

——案例来源：李雪梅. 投入产出技术发展与应用. 技术经济，2004(11).

案例分析问题：

如何利用投入产出法为企业服务？

第十一章　产业关联分析的基本工具——投入产出表

本章要点

通过本章学习，应掌握以下要点：

1. 学习实物型投入产出表和价值型投入产出表。
2. 学习价值型投入产出表的象限内容及平衡关系式。
3. 学习编制投入产出表的步骤。
4. 学习直接消耗系数和完全消耗系数。

导入案例

浙江省旅游产业关联效应分析

浙江省旅游业直接消耗最大的部门有旅游业、交通运输及仓储业、住宿和餐饮业、信息传输计算机服务和软件业、金融保险业和电力热力的生产和供应业。2001 年，它们对旅游业的投入系数均超过 0.01，即旅游业每生产 1 万元的服务产品，对这些产业的直接消耗均在 100 元以上。说明旅游业与这些产业部门的技术经济联系较密切，对这些产业部门的直接依赖或牵引作用最大。相对于直接消耗系数而言，旅游业对旅游业、交通运输及仓储业、住宿和餐饮业的完全消耗系数为 0.6492349、0.581929 和 0.1595289(见表 11-1)，说明这 3 个部门对旅游业无论直接的还是间接的投入都很大，旅游业发展在很大程度上依赖于这 3 个行业的发展。

表 11-1　各产业部门的直接消耗系数与完全消耗系数

产业部门	直接消耗系数	完全消耗系数
旅游业	0.3935886	0.6492349
交通运输及仓储业	0.3130168	0.5819295
住宿和餐饮业	0.0896158	0.1595289
信息传输计算机服务和软件业	0.0186804	0.0506746
金融保险业	0.013916	0.0669518
电力热力的生产和供应业	0.0116305	0.0862498
服装皮革羽绒及制品业	0.0052883	0.0252034
交通运输设备制造业	0.0047119	0.0714992

续表

产业部门	直接消耗系数	完全消耗系数
文化体育和娱乐业	0.0041398	0.0107121
邮政业	0.0016461	0.0042937
批发和零售贸易业	0.0015318	0.0354678
农业	0.0006283	0.0783428
石油和天然气开采业	0	0.1191095
金属冶炼及压延加工业	0	0.0664912

——资料来源：根据《2005 年浙江省投入产出延长表》整理。①

第一节 投入产出表的结构

利用投入产出方法进行经济分析和计划工作之前，首先要根据某一年份的实际经济统计资料编制一个投入产出表。投入产出表是投入产出分析的基本工具，投入产出表包括价值型和实物型两种，使用最广泛的是价值型投入产出表。

一、基本表式

图 11-1 中互相垂直的双直线将投入产出表分成四个象限：第Ⅰ、第Ⅱ、第Ⅲ和第Ⅳ象限，分别为中间需求象限、最终需求象限、毛附加值象限，第四象限略去不论。

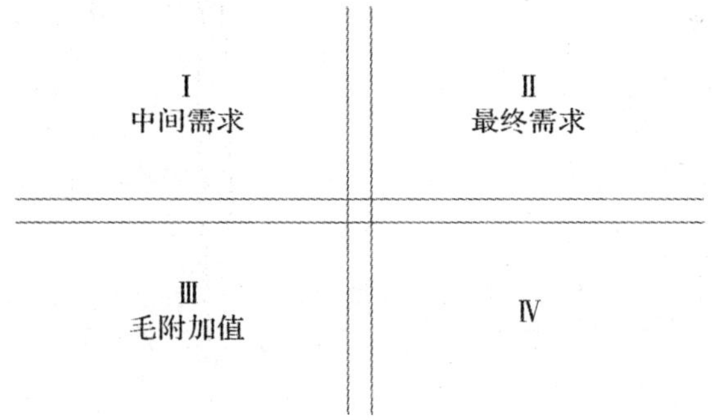

图 11-1 投入产出表的基本表式

二、投入产出法中产业的划分标准

用投入产出表展示国民经济结构时，可假设国民经济是由 n 个产业所组成，它们分别被称为第 1 产品产业、第 2 产品产业……第 n 产品产业。理论上，为了保证投入和产出的线性比例关系，保证反映产业之间消耗系数的准确性和稳定性，投入产出表以“纯产业”即按

① 崔峰，包娟. 浙江省旅游产业关联与产业波及效应分析. 旅游学刊，2010.3.

照产品的属性来划分产业。

“纯产业”是具有某种相同属性产品的集合，此集合可以是单一产品也可以是具有某种共同属性的若干种产品。这里所说的相同属性是指产品或劳务的消耗结构基本相同、生产工艺基本相同、用途基本相同。然而同一个产品部门内的产品或服务要想同时满足上述三个基本相同的原则是不可能的，因而实际操作时，只能根据某些产品或服务符合其中某一个基本相同而划归为同一个产品部门。不同企业生产的各种产品可根据这一原则划归同一产业。例如，水电、火电、风电、核电、潮汐电等电力，虽然它们的消耗结构和生产工艺大不相同，但它们的使用用途却相同，那么根据上述三个原则之一即用途基本相同，将它们都归入电力生产和供应业。另外，同一企业生产的各种产品也可以根据此原则划归不同产业。如钢铁厂生产的产品有钢材和焦炭，这两种产品就要分别归入两个不同的产业，如钢材归入钢压延加工业，焦炭归入石油加工、炼焦及核燃料加工业。

三、产业的划分原则

首先，要根据投入产出分析的目的要求来确定产业划分的标准。如果编表目的是为了进行政策分析和宏观经济理论分析，产业划分可以稍微粗一些；如果是为了制定国民经济规划、进行经济预测和价格预测，则产业划分要相对细一些。

其次，要尽可能地符合国家规定的最新行业分类标准或国际标准。

再次，要尽可能地利用已有的会计、统计核算资料等去确定产业。

此外，产业的分类还要考虑投入产出表的实际使用效果。产业划分越粗，模型所反映的经济关系就越粗糙，产业间的消耗系数就不太稳定，其运用也有一定的局限性，但是数据的收集相对容易；如果产业划分越细，所反映的产业间相互联系越接近实际，运用它计算出的系数就越精确，但是数据的收集也越困难，编制投入产出表花费的时间、人力和财力越多。所以，产业划分的程度应根据实际需要与可能性加以权衡。

我国编制投入产出表时，一般在100～200个产业。如我国2007年投入产出表的产业包括42个一级产业、122个二级产业，涵盖了第一产业的农林牧渔和农林牧渔服务业等5个产业；第二产业的采掘业、制造业、电力燃气及水的生产和供应业、建筑业中的82个产业；第三产业的运输、邮电、贸易、住宿、餐饮、金融、房地产、各种服务业、旅游业、科学研究、文教卫生、公共管理和社会组织等34个产业。

第二节　投入产出表的类型——实物型投入产出表

投入产出表分为价值型投入产出表和实物型投入产出表。在实际运用中，为了比较和计算的方便，以价值型投入产出表为主。下面先介绍实物型投入产出表。

实物型投入产出表是根据国民经济中各大类产品编制的，以实物单位表现的棋盘式平衡表。该表主要用来显示国民经济各产业主要产品的投入与产出关系，即这些主要产品的生产、使用情况以及它们之间在生产消耗上的相互联系和比例关系。投入产出表就是全面反映在一定时期（通常为一年）内，国民经济中各产业的投入来源及其产品去向的一种表格。按各种产品的实物单位来进行计量的就是实物型投入产出表。

一、实物型投入产出表的一般形式

表 11-2 是一张简化的一般实物型投入产出表。

表 11-2 实物型投入产出表

	1	2	3	…	n	最终产品	总计
	中间产品						
1	q_{11}	q_{12}	q_{13}	…	q_{1n}		
	q_{21}	q_{22}	q_{23}	…	q_{2n}		
	…	…	…	…	…	Y_i	Q_i
	…	…	…	…	q_{ij}		
	q_{n1}	q_{n2}	q_{n3}	…	q_{nn}		
劳动	q_{01}	q_{02}	q_{03}	q_{0j}	q_{0n}	Q_0	—

在表 11-2 中：

q_{ij}：j 产业产品在生产过程中对 i 产业产品的消耗量，也称 i 产业产品分配到 j 产业的量，例如 q_{12}，即表示生产产品 2 所需要产品 1 的投入数量，又表示满足产品 2 生产，产品 1 分配到产品 2 的数量。

Y_i：i 产业的最终产品数量。

Q_i：i 产业的总产品量。

n：所划分的产业数。

Q_{0j}：j 产业生产产品的劳动力需要量。

可以把实物型投入产出表分为两部分来理解：

(1)左边第一部分(第一象限)中间产品部分是基本部分，也可以称为产业间产品的流量表。这部分的“行”和“列”数目相同，产业分类的名称和顺序也完全一致。该部分里的数字表示在本期生产的而又在本期生产过程中被消耗了的产品量，故也被称为中间产品。这些消耗量数字实质上反映的是产业间的生产技术联系，数字的大小是由产业的生产技术结构决定的，具有相对的稳定性，只有在生产技术发展变化了，它们才会改变。

(2)右边第二部分(第二象限)是最终产品部分，指明第一象限中的各类产业生产的产品中用于最终消费、资本形成、进出口的情况，反映社会产品的最终使用。最终产品在各个用途上的分配和使用主要是由社会经济综合因素决定的。

从实物型投入产出表的横向看，反映各类产品和劳动力的分配使用情况，其中包括作为中间产品的分配使用和作为最终产品的分配使用。从纵向看，反映各类产品在生产中消耗的其他产品的种类和实物数量，反映了整个社会主要的最终产品的构成和各种产品的总量。由于采用实物单位或自然单位计量，所以表中各元素不能相加，也就不能反映产品的价值运动情况。

二、实物型投入产出表中的平衡关系

实物型投入产出表中的平衡关系主要有两个：

第一,中间产品+最终产品=总产品,表示成线性方程组:

$$\begin{cases} q_{11} + q_{12} + \cdots + q_{1n} + y_1 = Q_1 \\ q_{21} + q_{22} + \cdots + q_{2n} + y_2 = Q_2 \\ q_{i1} + q_{i2} + \cdots + q_{in} + y_i = Q_i \\ q_{m1} + q_{m2} + \cdots + q_{mm} + y_m = Q_m \end{cases}$$

也即:$\sum_{j=1}^{n} q_{ij} + y_i = Q_i \quad (i = 1,2,\cdots,n)$

第二,各产品生产所需劳动力数量之和=劳动力总量。用公式表示:

$$\sum_{j=1}^{n} q_{0j} = Q_0 \quad (j = 1,2,\cdots,n)$$

两个式子构成了下列平衡方程组:

$$\sum_{j=1}^{n} q_{ij} + y_i = Q_i \qquad (i,j = 1,2,\cdots,n)$$

$$\sum_{j=1}^{n} q_{0j} = Q_0$$

三、实物型投入产出表的特点

实物型投入产出表中,各种产品以其自然属性、长度、重量、标准实物量等为计量单位,其优缺点如下。

(一)实物表的优点

(1)反映的经济关系明确。由于实物表中各类产品是以实物做计量单位的,因此可以避免价格变动与通胀等因素的影响,能真实地反映国民经济中各类产品生产过程中的技术联系。利用实物表可以研究国民经济中重要产品的生产和使用状况,研究这些产品之间的相互联系,并且它对于有关产业进行主要产品的平衡分析,使各种产品的生产保持一定比例,有很重要的意义。

(2)编表工作难度相对不大。由于实物表中的产品与经济工作中的产品概念较为一致,那么实际生产工作中的消耗定额数据为编制实物表提供了基本资料,所以其编制工作相对容易。

(二)实物表的缺陷

(1)实物表采用单位计量,其纵列各项元素不能相加,也就不能反映各产业生产过程中的消耗情况。

(2)不是所有的产品都能用恰当的实物量进行计量。如仪器、仪表、零配件等产品,品种规格太多,各种规格之间的差别较大,只能作为一大类产品,以价值进行计量;又如建筑物、勘探设计、施工现场自制的非标准件等,很难用实物量表示其总产出。

(3)国民经济中产品种类丰富,实物表不可能将所有产品都包括进去,只能进行主要产品的生产与分配的平衡分析。

第三节 投入产出表的类型——价值型投入产出表

一、价值型投入产出表的一般形式

价值型投入产出表是以国民经济同类产品的集合为产业进行的货币单位反映各产业之间的投入与产出关系的表格。它记录了用货币计量的全部中间产品价值、最终产品价值、新创造价值(或净产值)以及总产值。其简化形式如表 11-3 所示。

表 11-3 价值型投入产出表

投入 \ 产出		中间产品							最终产品				总产出
		产业1	产业2	…	产业j	…	产业n	小计	消费	资本形成总额	净出口	小计	
生产资料转移价值中间投入	产业 1	X_{11}	X_{12}		…		X_{1n}					Y_1	X_1
	产业 2	X_{21}	X_{22}		…		X_{2n}					Y_2	X_2
	…			Ⅰ						Ⅱ		…	…
	产业 i	…	…		X_{ij}		…					Y_i	X_i
	…											…	…
	产业 n	X_{n1}	X_{n2}		…		X_{nn}					Y_n	X_n
	合计												
新创造价值增加值	固定资产折旧	D_1	D_2	…	D_j	…	D_n						
	劳动者报酬	V_1	V_2	…	V_j	…	V_n						
				Ⅲ						Ⅳ			
	生产税净额	T_1	T_2	…	T_j	…	T_n						
	营业盈余	M_1	M_2	…	M_j	…	M_n						
	合计				N_j								
总投入		X_1	X_2	…	X_j	…	X_n						

在表 11-3 中：

X_{ij}——j 产业生产过程中消耗 i 产业产品的价值量；

Y_i——i 产业最终产品的价值量；

X_i——i 产业的总产值；

D_j——j 产业的固定资产折旧额；

V_j——j 产业的劳动者一年内的劳动报酬；

M_j——j 产业向社会提供的纯收入；

T_j——j 产业向社会缴纳的生产税净额。

在表 11-3 中，横行数字是各个产业的产出结构，包括中间产品和最终产品的产出，并反映了这些产品的销路或分配去向。每一横行的总计即为相应产业部门一定时期内（一年）的总产出。纵列数字是各个产业的投入结构，即各产业为了进行生产，从包括本产业在内的各个产业购进了多少中间产品（原材料），以及为使用各生产要素支付了多少费用，包括工资、利息等。因此每一纵列反映了相应产业部门的投入构成，其总计就是总投入。纵列包括物质消耗的价值转移和新创造价值两部分，反映了社会总产品的价值构成；横行包括中间产品和最终产品两大部分，反映了社会产品的分配和使用流向。纵横交叉构成了相互联系的三大部分。

二、价值型投入产出表的结构分析

（一）第一象限——中间需求象限（中间使用象限）

中间需求部分也称为内生部分。第一象限是一个横行、纵列产业数目完全相同，排列也一致的表格（即 $n \times n$ 的棋盘式表格）。它是投入产出表的核心部分，反映在一定时期内（通常为一年）一个国家社会在生产过程中各产业之间相互提供中间产品的依存和交易关系。横向的数据表示某一产业向包括本产业在内的所有产业提供其产出的中间产品的状况，也就是所有产业生产中所需该产业产品的情况，即中间需求情况。若以 i 代表横行第 i 产业，j 代表纵行第 j 产业，则第一象限中的元素用 X_{ij} 表示。

(1)横行各数字表示横行各产业的产品分配给其他产业（包括本产业）的数量，即中间产品。中间产品是指本期生产、本期尚需进一步加工的产品，是用于本期生产过程的劳动对象。那么，X_{ij} 从横行看，表示 i 产品分配给 j 产业做生产使用的价值量，称为第 i 产业向第 j 产业的流量，简称产业间流量。比如表 11-4 中，第 2 行是工业产业，第 4 列是运输邮电业，因此存在 $X_{24}=4028.6$ 亿元；X_{24} 从横行看表示工业产业提供了 4028.6 亿元的产品给运输邮电产业做生产使用。

(2)纵列各数字表示纵列各产业中间投入或中间消耗。中间投入是各产业在生产过程中消耗的非固定资产的价值。那么，X_{ij} 从纵列看，表示 j 产业生产中消耗的 i 产品价值量。表 11-4 案例中，X_{24} 从纵列看表示运输邮电业生产中消耗了 4028.6 亿元的工业产品。

(3)行列交叉处的元素即主对角线上的元素，表示各产业产品提供给本产业生产使用，或者本产业生产过程中消耗的本产业的产品数量。比如，$X_{22}=86044.8$ 亿元，表示 86044.8 亿元工业产品提供给工业产业生产使用，或者工业产业生产过程中投入了 86044.8 亿元本产业的产品，中间投入包括产品投入和服务投入两部分。产品投入是指生产过程中消费的有形产品，如各种原材料、辅助材料、燃料、种子、饲料、肥料、办公用品、劳保用品等一次性消耗的产品；比如表 11-4 案例中农业、工业、建筑业之间的互相投入以及农业、工业、建筑业向三个服务业的投入。服务投入是指在生产过程中消耗的各种无形产品，如修理费、加工费、邮电费、运输费、代销手续费、利息净支出、保险费、广告宣传费、科研费、技术转让费、咨询费、商品检验费、职工培训教育费、出差的车船票费、公证费、律师费、安全措施费、招待费、警卫消防费等。比如表 11-4 中三个服务业向农业、工业、建筑业的投入。

表 11-4 中国 2002 年投入产出表 (单位:亿元)

		中间使用							最终使用				最终使用
		农业	工业	建筑业	运输邮电业	批零餐饮业	其他服务业	中间使用合计	最终消费	资本形成总额	净出口	最终使用合计	
中间投入	农业	4636.8	7881.7	2286.3	131.7	1296.3	132.9	16365.7	10628.2	1104.7	1100.0	12832.9	29198.6
	工业	4992.8	86044.8	14439.7	4028.6	5566.4	12234.8	127307.1	18936.0	14582.8	73311.1	40687.9	234139.0
	建筑业	49.7	94.34	33.9	196.2	230.5	1236.9	1841.5		27275.4	−369.7	26905.8	28747.3
	运输邮电业	615.2	5271.6	1276.0	1628.6	667.8	1461.3	10920.5	2076.9	240.0	2449.0	4765.9	15686.4
	批零餐饮业	795.8	7485.8	1403.7	425.3	1294.9	2726.3	14131.8	6269.2	1093.3	1903.6	9266.1	23397.9
	其他服务业	1460.7	12851.7	2713.6	2250.1	2193.2	5424.4	26893.7	33781.0	1268.8	−7801.4	27248.3	54142.1
	中间投入合计	12551.1	119630.0	22153.1	8660.5	11249.1	23216.5	197460.3	71691.3	45565.0	4602.6	121858.9	319319.2
增加值	劳动者报酬	13316.0	18620.2	3898.6	3096.1	4922.7	15096.9	58950.5					
	生产税净额	544.7	9963.9	284.9	611.0	4043.2	2014.5	17462.6					
	固定资产折旧	764.9	7670.5	702.1	1840.4	1002.1	6760.6	18740.6					
	营业盈余	2004.9	12252.4	1708.6	1478.4	2207.7	7053.6	26705.6					
	增加值合计	16630.5	48507.1	6594.2	7025.9	12175.7	30925.6	121858.9					
最终使用		29181.6	168137.0	28747.3	15686.4	23424.8	54142.1	319319.2					

资料来源:向蓉美.投入产出法[M].成都:西南财经大学出版社,2007.

总之,第一象限是投入产出表的基本象限。它反映了国民经济各产业之间的生产技术联系。但是,由于各产业间的联系受产业划分粗细及价格变动等因素的影响,所以第一象限反映的是国民经济各产业间的经济技术联系。投入产出表的规模是用第一象限的行数和列数的乘积来表示的。例如,表 11-3 是一张 $n\times n$ 的投入产出表,表 11-4 是一张 6×6 的投入产出表。通常,不足 30 个产业的表称为小型投入产出表,30～79 个产业的称为中型投入产出表,80 个产业及其以上的称为大型投入产出表。

(二)第二象限——最终需求象限(最终使用象限)

最终需求部分也称为外生部分。第二象限是第一象限在水平方向上的延伸。反映各物质生产产业的年总产品中可供社会最终消费或使用的产品,也反映了社会最终使用产品的产业构成和项目构成。从横行看,各项数字小计就是各产业的最终产品,用 Y_i 表示;从纵行看,各项数字说明最终产品是由哪些生产产业提供的。所有产业最终产品之和即为国民生产总值,最终使用包括以下三个方面的内容:

(1)消费部分。可分为居民消费和政府消费两部分。

居民消费是指居民在核算期内用于最终消费的商品和服务总额。居民消费包括:居民用货币直接购买的用于生活消费的各种商品(各种耐用和非耐用消费品支出,但不包括居民购买的房屋和用于生产的商品支出)、居民用货币直接购买用于生活消费的各种服务(交通、金融保险、医疗、教育、文化、家教等支出)等。

政府消费主要是指政府向社会提供的公共福利、社会保障、行政性支出等各种公共性消费。

(2)投资部分。包括固定资本形成和存货增加两部分。

固定资本形成包括各种房屋、建筑物、机器设备、工具等。

存货增加是指一定时期内存货实物量的变化价值，等于期末存货量与期初存货量之差。存货增加包括生产单位从其他单位购买的原材料、燃料和各种储备物质的增加，以及生产单位生产的产成品、在制品和半成品等，可正可负。若为正值，表示存货增加；若为负值，表示存货减少。

(3)净出口。净出口是出口总额减去进口总额之后的差额。若净出口为正值，则存在贸易顺差，若净出口为负值，则存在贸易逆差。

(三)第三象限——增加值象限

第三象限是毛附加值部分，也是一种外生部分。它是第一象限在垂直方向上的延伸。增加值是指各产业新创造价值和固定资产转移价值(折旧)之和。新创造价值可分为劳动者报酬和社会纯收入(包括劳动者报酬、生产税净额和营业盈余)两部分。各个产业的增加值之和是国民总收入。

(1)固定资产折旧是指一定时期内为补偿生产活动中耗用的固定资产而按照核定的固定资产折价率提取的价值。除了包括基本的折旧外，还包括按照产量提取的更新改造基金、补提折旧等。

(2)劳动者报酬是指一定时间内，劳动者从事生产活动而得到的各种形式的报酬，包括工资、奖金、福利、各种补贴、津贴、个体劳动者的纯收入等货币报酬；住户自给自足产品作价、职工免费或低于成本从单位得到的实物作价等实物报酬；生产单位为劳动者的利益而支付的社会保险费等。

(3)生产税净额是生产税与补贴相抵后的余额。生产税是指政府对生产单位从事生产、销售和经营活动以及因从事生产活动使用某些生产要素，如固定资产、土地、劳动力等征收的各种税、附加费和规费。大致包括三类：含在产品和服务价格中的，由生产者直接向政府缴纳的税金，如增值税、销售税及附加、农牧业税、车船使用税等；不含在产品和服务价格中的由购买者直接缴纳并由生产者代征的税金，如消费税、关税等；从专营专卖活动中获得的利润中上缴政府的费用，如教育附加费、排污费、水电费及附加等。补贴是指政府为控制价格和扶持生产而对生产产业提供的补助，如价格补贴、亏损补贴、外贸企业出口退税收入等。

(4)营业盈余是一个平衡项，是指一定时期内各产业的增加值超过固定资产折旧、劳动者报酬、生产税净额的部分。

第三象限和第二象限从总量来说，应当相等。

(四)第四象限

第四象限从性质上讲是反映国民收入的再分配过程，如非生产领域的职工工资、非生产企事业单位的职工工资、非生产性企事业单位的收入等。由于该象限的经济内容比前三个象限更加复杂，到目前为止，人们对它的研究和利用还很少，在编制投入产出模型时，常常略去不论，成为空白。

三、价值型投入产出表中的均衡关系

价值型投入产出表中的均衡关系可以从以下多个角度进行剖析。

(一)行平衡关系

把投入产出表的第一和第二象限联系起来，反映产品的分配使用去向，出现了这样一个平衡关系：

$$\begin{matrix}\text{各产业(各行)提供的}\\\text{中间产品价值}\end{matrix}+\begin{matrix}\text{各产业(各行)}\\\text{最终产品价值}\end{matrix}=\text{各产业(各行)的总产值}$$

$$\begin{cases}x_{11}+x_{12}+\cdots+x_{1n}+Y_1=X_1\\x_{21}+x_{22}+\cdots+x_{2n}+Y_2=X_2\\x_{i1}+x_{i2}+\cdots+x_{in}+Y_i=X_i\\x_{m1}+x_{m2}+\cdots+x_{mn}+Y_m=X_m\end{cases}\tag{11-1}$$

简记为 $$\sum_{j=1}^{n}X_{ij}+Y_i=X_i\quad(i=1,2,\cdots,n)\tag{11-2}$$

式中：i 表示横行产业；j 表示纵列产业；$\sum_{j=1}^{n}X_{ij}(i=1,2,\cdots,n)$ 表示 i 产业提供给各个产业生产作消耗的产品数量之和即中间产品数量；X_i 表示 i 产业的总产出。

这些平衡关系反映了各产业的产品流向，或各产业的分配使用情况，称之为“产品分配平衡方程组”。

(二)列平衡关系

把投入产出表的第一和第三象限联系起来，反映产品产业的各种投入，表现出这样一个平衡关系：

各产业(各列)的中间投入+(固定资产折旧+劳动者报酬+生产税净额+营业盈余)
=各产业(各列)的总产值

设 $N_j=D_j+V_j+T_j+M_j$，则

$$\begin{cases}x_{11}+x_{21}+\cdots+x_{n1}+N_1=X_1\\x_{12}+x_{22}+\cdots+x_{n2}+N_2=X_2\\x_{1j}+x_{2j}+\cdots+x_{nj}+N_j=X_j\\x_{1n}+x_{2n}+\cdots+x_{mn}+N_n=X_n\end{cases}\tag{11-3}$$

简记为 $$\sum_{i=1}^{n}X_{ij}+N_j=X_j\quad(j=1,2,\cdots,n)\tag{11-4}$$

式中：$\sum_{j=1}^{n}X_{ij}(i=1,2,\cdots,n)$ 表示 j 产业生产过程中消耗的各种产品数量之和，即中间产品数量；X_j 表示 j 产业的总投入，N_j 表示 j 产业的增加值，$N_j=D_j+V_j+T_j+M_j$，且 D_j、V_j、T_j、M_j 分别是 j 产业的固定资产折旧、劳动者报酬、生产税净额、营业盈余。

各列的平衡关系说明了各产业的价值形成过程，反映了每一个产业的产出与各产业为之投入的平衡关系，称为“价值构成平衡方程组”。

(三)其他平衡关系

(1)把一个产业的横向数字和纵向数字联系起来看，由式(11-2)和式(11-4)可得：

$$\sum_{j=1}^{n}X_{ij}+Y_i=\sum_{i=1}^{n}X_{ij}+N_j\quad(i,j=1,2,\cdots,n)\tag{11-5}$$

即横行各产业的总产出等于相对应的同名称的纵列各产业的总投入。

(2)就整个国民经济来看,横向的总产值和纵向的总产值必然相等。也就是把方程组(11-5)中的 n 个方程($i=1,2,\cdots,n$)连加起来:

$$\sum_{i=1}^{n}Y_i = \sum_{j=1}^{n}N_j\sum_{i=1}^{n}(\sum_{j=1}^{n}X_{ij}+Y_i) = \sum_{i=1}^{n}(\sum_{j=1}^{n}X_{ij}+N_i) \quad (i,j=1,2,\cdots,n) \tag{11-6}$$

即第一和第二象限之和等于第一和第三象限之和:

$$\sum_{i=1}^{n}Y_i = \sum_{j=1}^{n}N_j \quad (i,j=1,2,\cdots,n) \tag{11-7}$$

即第 2 象限合计等于第 3 象限合计

也就是说,最终产品总量等于全社会产业增加值之和即国内生产总值。但要注意的是,对于某一个产业来说,它的最终产品与增加值没有这种平衡关系,即 $Y_i \neq N_i$($i=1,2,\cdots,n$),因为各个产业生产性质不同,产品用途不同,故一个产业提供给各个产业做中间使用的产品价值往往与本产业消耗各产业产品的价值是不相等的。

四、价值型投入产出表的特点

价值型投入产出表综合而具体地反映了国民经济方方面面的问题:

(1)反映国民经济各种综合指标和比例。如社会总产出、国内生产总值、初次分配、最终使用及其构成等。

(2)反映国民经济各产业的各种总量指标和比例。如大类产业以及各细分行业的产出值、增加值等。

(3)可以了解各产业的生产、分配使用情况。

这样,通过投入产出表,既能将整体经济分析建立在具体产业经济分析的基础上,又能将具体产业经济分析置于整个国民经济的分析中进行考察,借此全面考察国民经济的综合平衡。

综上所述,正如里昂惕夫所言,有了投入产出表,“我们在经济学中有了理论和事实之间的桥梁,一座名副其实的桥梁”。一张投入产出表,可以清晰地把国民经济各产业间的复杂联系生动地展现在我们面前。一个产业,不仅通过生产过程中使用的各种投入而与一部分其他产业建立直接联系,还通过各种投入的生产而与更多其他的产业建立起间接联系。由此,形成了一个无限延伸、交叉重叠的产业关联链条。一个具体详细的投入产出表,可以将各产业间的复杂的投入产出关系直观地显示出来。

第四节　投入产出表的编制

一般编制投入产出表的目的是为了研究国民经济现状,为决策者进行宏观经济决策和制定计划提供系统的基础数据,同时也为各国经济的比较提供依据。编制投入产出表的基础工作主要包括两大类:确定编制投入产出表的方法、标准和确定搜集数据的方法。

一、确定编制投入产出表的方法

目前，主要存在直接分解法和间接推导法两种编制方法。两种方法各有各的优势。在实际编制过程中，可采用直接分解法和间接推导法相结合的办法。如对大型工业企业的产品生产的部门投入构成，采用直接分解法比较符合实际；对于小型工业企业的产品生产的部门投入构成，采用间接推导法则比较合适。

(一)用直接分解法编制投入产出表

直接分解法是一种传统的编表方法①。它的基本过程是：以产品的生产部门分类为依据，通过直接分解基层企业和单位的核算资料，调整其产出和投入；然后经过层层汇总来编制产品部门表或纯部门表。由于这种方法是建立在对企业和单位的各种原始记录的分解基础上的，所以具有较高的精确度。直接分解法包括以下步骤。

1. 总产出的调整和分解

按照中国现行的统计制度，各基层企业都必须定期计算总产出。总产出的计算有两种基本方法：工厂法②和产品法。目前工业企业的总产出是按“工厂法”计算的，受企业组织形式的影响很大，产出与产品产量不一致，因而不能完全符合投入产出核算的要求。为了全面反映所有产品的周转活动及其联系，最好采用“产品法”来计算产出。但是，在实际工作中对所有工业企业按“产品法”重新计算产出是很困难的，也没有必要。因此，可考虑只对大中型企业重新按“产品法”计算产出，大多数小型企业则假定其没有自产自用产品，其“工厂法”总产出等于“产品法”的总产出。国家统计局在编制全国投入产出表时，便采用了上述方法。企业总产出通常是由多种经济用途不同、消耗结构有异的产品产出组成，不能直接满足投入产出编表要求。因此，还需要根据投入产出部门分类目录，将企业所生产的各种产品产出对号入座，重新归类，分别划归到相应的产品部门内。下面举例说明：某矿务局在报告期内总产出为5亿元，其产品构成为：原煤产出1亿元，洗精煤产出3亿元，水泥产出0.5亿元，土砂石产出0.4亿元，炸药产出0.05亿元，雷管产出0.05亿元。根据投入产出部门分类要求，原煤、洗精煤产出应归煤炭采选业部门，土砂石产出应归建筑材料业部门，炸药、雷管产出应归其他化学工业部门，水泥产出应归水泥制造业部门。这样，该矿务局的产品可分解成四个产品部门(见表11-5)。

表11-5 某矿务局总产出分解表 (单位：万元)

产品归属部门 / 企业产品名称	产品部门				
	总计	煤炭采选	建筑材料	水泥制造	其他化工
总　计	50000	40000	4000	5000	1000

2. 中间消耗的分解

在企业生产两种以上不同性质的产品的条件下，企业的中间消耗不是单一的，而是混合的。把多种不同产品作为中间消耗，很难准确反映这一产品的消耗结构，因而难以满足投入产出分析的要求。因此，需以投入产出核算的产品部门为对象，将企业的中间消耗进

① 钱伯海，畅缅坤，杨灿. 国民经济统计学. 北京：中国统计出版社，1999：100—105。

② 工厂法是以工业企业作为一个整体，按企业工业生产活动的最终成果来计算，企业内部不允许重复计算。

行重新划分和归类。

(1)依据消耗在生产过程中的不同作用,一般把消耗分为直接消耗和间接消耗两大类。前者是指直接用于产品生产的原材料、辅助材料、设备、动力、燃料及劳务等;后者是指构成企业管理费用的各种消耗,如办公用品、照明用电、后勤保障等。

(2)依据消耗的发生与产品生产的依存关系,我们又可把消耗分为专项消耗和共同消耗两类。专项消耗是指不必再进行分解的消耗,与特定产品的生产相联系。专项消耗的确定,既可以从查阅原始单据入手,也可以从查阅成本核算资料入手。共同消耗是指需要分解的消耗,与若干种产品生产有联系。共同消耗不能简单、直接地归并到某一种产品中去,而应按一定的比例标准在相关的产品之间进行分配。企业中间消耗的分解主要是共同消耗的分解。共同消耗的分配标准,依企业类型的不同而有区别。

(3)从中国投入产出核算的实践看,主要采用两种分配方法。一种是对工业企业实行工时定额管理,一般以各产品的生产工时占生产总工时的比重为分配系数来分解共同消耗。另一种是对未实行工时定额管理的企业来说,一般以各产品部门产出占企业总产出的比重作为共同消耗的分配系数。将各种产品的专项消耗加上经过分配的共同消耗,就可以得到按产品部门划分的中间消耗。

由于在投入产出模型中,总产出分解计算和中间消耗数值确定的正确性是投入产出分析正确性的基础,所以分解总产出和中间消耗是编制投入产出表的核心工作。编表质量的高低往往取决于这两个指标的分解是否准确。

(二)间接推导法编制投入产出表

按照直接分解法形成的投入产出表的数字比较准确,但从国内外编表实践来看,直接分解法的实施还是遇到了较多困难和障碍。首先,投入产出核算属于宏观核算,与企业微观核算的要求有很大不同。如果企业核算人员按照投入产出核算的要求,对他们现有的核算资料进行加工分解,那么,工作量十分浩大,要花费大量时间,也影响企业的日常运营。其次,大多数的企业核算人员对投入产出核算的方式方法比较陌生,不太了解,如果不进行培训,他们提供的分解资料可能五花八门、口径不一,不符合编表的需要。但是,如果对他们进行有针对性的培训,由于国家经济中企业数目庞大,培训工作费时、费力,不能一蹴而就。

为了弥补直接分解法的不足之处,间接推导法应运而生。这一方法首先在英国得到应用,并很快引起其他国家的重视。1968 年,联合国统计局正式把间接推导法纳入国民经济核算体系(SNA)中,使建立在该法之上的投入产出核算成为国民经济核算体系的重要组成部分。

间接推导法的特点是,先编制过渡表(U 表和 V 表[①]),然后在一定的经济假定条件下,用数学方法和电子计算机来推导纯部门投入产出表。间接推导法只需基层企业提供本企业的消耗资料,而不要求提供企业内部各产品的消耗资料,这样,企业只要根据投入产出核算的要求对现有原始记录加以简单汇总,而不必动员较多的经过专门培训的人力对企业核算资料进行大规模的加工改算。这就使投入产出核算能够直接建立在企业日常核算的基

① 根据各企业总产品的投入构成汇总出全社会各企业部门的投入构成(即 U 表);依据各企业总产品的产品部门构成,汇总出按企业部门和产品部门分组的社会总产品的关系矩阵(即 V 表)。

础之上，大大减轻了基层单位核算的工作量，同时还会缩短编表时间、减少编表所需要的人力和经费。一般来说，SNA 中的投入产出表称作投入产出 UV 表。

二、编制投入产出表要注意的问题

(一)按产业分类标准划分产业

用投入产出法研究国民经济各产业之间的联系，首要的问题是对国民经济活动进行分类，也就是按某种原则去划分产业。通常对国民经济中产业的分类标准有如下几种：

(1)“同质”标准。假定各种产品和各产业处于一一对应的关系中，不允许有几个产业生产一种产品，也就是表中的每一个产业必须是单一的产出，只生产一种产品。

(2)“比例”标准，即每一个产业部门的投入数量和产出数量为正比例变动。例如，某产业的原材料的投入量增长 3 倍，则其产出量也增长 3 倍，不存在“规模经济”的问题。

(3)“独立”标准，即各产业之间的活动互不影响，各产业部门各自独立生产，独立生产的效果之和等于它们同时进行生产的总效果，各产业部门各自独立生产的生产函数可以进行线性相加。

(4)“技术相似性”标准。按照上述三种标准划分产业时，可能由于国民经济中产品的种类极多而产生产业数目繁多的问题。因此在实际操作上，在兼顾上述原则的基础上，一般按照技术相似性的原则来进行，将技术上相似的产业的产品归为一类。这样既能满足同质性要求，又可以使投入产出表的编制工作不至于太繁杂。

(二)产业划分的粗细问题

从理论上说，产业划分得越多越细.就越能更好地符合上述三个标准的要求，所划分的产业就越纯，也就越能详细地反映产业之间的真实关系。但是，随着产业数目的增多，对分类数据资料的统计和计算的工作量也就越来越大，就有可能脱离现有统计工作能够提供的指标条件，脱离当前的经济管理水平，脱离预算和时间的要求等。产业划分到什么程度才是适宜的，在实际划分产业时主要考虑两个方面的要求。

(1)投入产出表中的产业数目，要根据投入产出分析的目的来确定。如果编表的目的是为了进行政策分析和宏观经济理论分析，如研究国民经济整体的综合平衡比例关系，产业的划分可以粗一些；如果编表的目的是为了制定国民经济计划，或者为了进行经济预测，产业的划分就要求细一些。

(2)要根据当前会计、统计核算资料的已有条件去确定产业数目。一般地说，产业分类原则上不能超过会计统计核算的分类，不然无法取得数据。投入产出表所需要的大量数据，要尽可能利用现有的会计统计资料，如果对所有数据都另行搜集和整理，工作量太大，耗费的时间太长，就使得数据容易脱离现实。而且投入产出表的产业划分要尽可能符合国家规定的产业划分标准，这样更容易获取数据和进行多方面对比分析。

(三)投入产出表中的价格问题

编制投入产出表一般采用两种价格来计量产业间的实物交换问题：一种是生产者价格，即产品的直接生产单位出售其产品的价格，如工业品的出厂价格、农产品的收购价格。它是由生产者的成本、利润和税金组成的。另一种是消费者价格，通常是零售价格。它是由生产者价格加上产品运费、流通部门的费用、利润和税金所组成的，即由生产者价格加流通费用所组成。采用这两种价格编制投入产出表，各有利弊。

1. 采用生产者价格

(1)投入产出分析特别强调由生产技术因素决定的直接消耗系数的稳定性，因此用生产者价格比较合适。如果用消费者价格，即使生产技术不变，流通费用的变化也会导致直接消耗系数的变动。

(2)采用生产者价格可以避免投入产出表中流通费用的重复计算。投入产出表中单独列出流通费用也可以反映它们与其他产业之间的生产技术联系。

不利的方面：由于企业财务成本核算中用的全是消费者价格，最终产品也是按消费者价格计算的，直接取得生产者价格的数据很困难。

2. 采用消费者价格

(1)消费者价格能完整地体现社会再生产活动的全过程，它不仅可以反映产品生产对物质资料的消耗情况，也能反映产品在流通过程中对各种劳务的消耗。

(2)现实的企业财务成本核算用的是消费者价格，所以，消费者价格的资料取得比较容易。

不利的方面正好与采用生产者价格时相反，即直接消耗系数不稳定，流通费用容易重复计算。

在实际编制投入产出表时，采用哪一种价格好，不能一概而论。从各国编表的情况看，既有采用生产者价格的，也有采用消费者价格的，还有两种价格并用的。

(四)特殊部门的处理

特殊部门包括商业部门、运输部门和金融部门。它们是各产业间流通和交易的中介部门，几乎所有的商品在产业间交易都与这三个部门有关联，如果要使投入产出表如实反映这些过程，投入产出表将变得十分复杂，因此对商业部门、运输部门和金融部门在投入产出表中应该各自设立成独立的部门，对商业部门，可用商业盈余将其归总起来；对运输部门，可用运输费用将其反映出来；对金融部门，可用利息和手续费将其反映出来。

(五)进口与出口的处理

一般的处理方法是将出口列入第Ⅱ象限作为一个列向量，但是对进口的具体处理方法不尽相同。因为进口产品与离开生产过程作为最终产品的出口产品不同，它会有一部分用于生产消费。因此，它在表内的处理不像“出口”那么简单，通常可采用三种方法进行处理：

(1)差额法，在进出口比例很小且对国内生产影响不大，仅将进出口作为“调节余缺”的“平衡项”时采用此法，即将进出口差额(进口－出口)作为一列置于第Ⅱ象限。

(2)向量法，当进出口产品在生产消耗中数量不大时采用此法，即将进口汇总起来列作一行置于第Ⅲ象限。

(3)矩阵法，当进口产品的品种和数量均较多时采用此法，即在第Ⅰ象限的流量表中将国内生产和出口分列进行处理。

第五节 投入产出模型的编制

投入产出模型是一种经济数学模型,它是由变量、系数和函数关系三部分组成的数学方程。变量是构造模型的因素;系数是一个变量通过其特定的因果关系对另一个变量发生影响的程度;函数关系是对组成模型的各种常数、系数和变量之间的相互关系的描述。投入产出模型基于投入产出表所描述的国民经济各产业之间投入产出的数量关系,更进一步地研究和揭示其内在规律,无论是对于当期的分析还是对未来的预测都有非常重要的意义。投入产出模型的建立一般分为两步:一是先依据投入产出表计算各类系数;二是在此基础上,再依据投入产出表的平衡关系,建立起投入产出的数学函数表达式,即投入产出模型。

一、直接消耗系数

(一)直接消耗系数的含义

直接消耗系数,又叫投入系数或技术系数,是指生产单位 j 产品时对 i 产品的直接消耗量。在价值型投入产出表中,第一象限纵列各元素 x_{ij} 是 j 产业生产消耗的第 i 产业产品数量,纵列合计 X_j 是 j 产业的总投入,而总投入等于总产出,因此直接消耗系数 a_{ij} 的计算方法是:用 j 部门的总投入 X_j 去除该部门生产经营中所直接消耗的 i 部门的产品或服务的数量 x_{ij},计算公式为:

$$a_{ij}=\frac{x_{ij}}{X_j}\quad(i,j=1,2,\cdots,n)\tag{11-12}$$

直接消耗系数 a_{ij} 计算式的分子是 i 产品,分母是 j 产品。

根据表 11-3,农业产业对其他产业产品的直接消耗系数分别为:

$$a_{11}=\frac{x_{11}}{X_1}=\frac{4636.8}{29181.6}=0.15890$$

$$a_{21}=\frac{x_{21}}{X_1}=\frac{4992.8}{29181.6}=0.17109$$

$$a_{31}=\frac{x_{31}}{X_1}=\frac{49.7}{29181.6}=0.00170$$

$$a_{41}=\frac{x_{41}}{X_1}=\frac{615.2}{29181.6}=0.02108$$

$$a_{51}=\frac{x_{51}}{X_1}=\frac{795.8}{29181.6}=0.02727$$

$$a_{61}=\frac{x_{61}}{X_1}=\frac{1460.7}{29181.6}=0.05006$$

这些直接消耗系数的经济意义是:农业产业每生产单位(1 亿元)总产出,要直接消耗 0.15890 亿元本产业产品、0.17109 亿元工业产品、0.00170 亿元建筑业产品、0.02108 亿元运输邮电业服务、0.02727 亿元批发零售与餐饮服务、0.05006 亿元其他服务业。把每生产 1 亿元 j 产品对各种产品的消耗量相加,即为各产品产业的中间投入率。如农业的中间投入率为上述六个数相加之和 0.43009。表 11-6 是根据表 11-4，计算所有产业的直接消耗系数及中间投入率[①]。

表 11-6　直接消耗系数及中间投入率

	农业	工业	建筑业	邮电运输业	批发零售、餐饮业	其他服务业
农业	0.15889	0.04688	0.07953	0.00839	0.05425	0.00246
工业	0.17109	0.51175	0.50230	0.25682	0.23790	0.22598
建筑业	0.00170	0.00056	0.00118	0.01151	0.00985	0.02284
邮电运输业	0.02108	0.03135	0.04439	0.10382	0.02854	0.02699
批发零售、餐饮业	0.02727	0.04452	0.04883	0.02711	0.05534	0.05035
其他服务业	0.05006	0.07644	0.09439	0.14344	0.09374	0.10019
合计(中间投入率)	0.43009	0.7115	0.77062	0.55209	0.47962	0.42881

(二)直接消耗系数的特点

(1)$0 \leqslant a_{ij} < 1$ $(i,j=1,2,\cdots,n)$，根据有现实经济意义编制的投入产出表，一定有直接消耗系数非负并小于 1 的特点。a_{ij} 的值越大，说明第 j 产业与第 i 产业联系越密切；a_{ij} 的值越小，说明第 j 产业与第 i 产业联系越松散；a_{ij} 的值为 0，说明第 j 产业与第 i 产业没有直接的生产与分配关系。

(2)a_{ij} 具有相对稳定性。这是因为单位 j 产品对 i 产品的消耗量，主要取决于当时的技术水平，而生产技术水平的发展一般来说是比较平稳渐进的过程，在短期内不会发生巨大的变化；但是它又不是绝对不变的，因为一方面生产技术水平在不断进步，另一方面投入产出表中产业划分粗细的变化都对其有一定影响。比如，钢门窗代替木门窗，则单位建筑业产品对钢材的消耗会增大，对木材的消耗会减少。

(三)直接消耗系数矩阵

全部直接消耗系数 a_{ij} $(i,j=1,2,\cdots,n)$ 所组成的矩阵，称为直接消耗系数矩阵，记为：

$$A = \begin{pmatrix} a_{11} & a_{12} & \cdots & a_{1n} \\ a_{21} & a_{22} & \cdots & a_{2n} \\ \cdots & \cdots & \cdots & \cdots \\ a_{n1} & a_{n2} & \cdots & a_{nn} \end{pmatrix}$$

矩阵 A 就是直接消耗系数矩阵，反映了投入产出表中各产业部门间技术经济联系和产品之间的技术联系。将表 11-6 中的直接消耗系数用矩阵形式表示：

$$A = \begin{pmatrix} a_{11} & a_{12} & \cdots & a_{1n} \\ a_{21} & a_{22} & \cdots & a_{2n} \\ \cdots & \cdots & \cdots & \cdots \\ a_{m1} & a_{m2} & \cdots & a_{mn} \end{pmatrix}$$

① 下一章提到，中间投入率即某一产业对其他产业的直接消耗。

$$
=\begin{pmatrix}
0.15889 & 0.04688 & 0.07953 & 0.00839 & 0.05425 & 0.00246 \\
0.17109 & 0.51175 & 0.50230 & 0.25682 & 0.23790 & 0.22598 \\
0.00170 & 0.00056 & 0.00118 & 0.01251 & 0.00985 & 0.02284 \\
0.02108 & 0.03135 & 0.04439 & 0.10382 & 0.02854 & 0.02699 \\
0.02727 & 0.04452 & 0.04883 & 0.02711 & 0.05534 & 0.05035 \\
0.05006 & 0.07644 & 0.09439 & 0.14344 & 0.09374 & 0.10019
\end{pmatrix}
$$

(四)直接消耗系数矩阵的作用

直接消耗系数矩阵(下称"A 矩阵")的地位非常重要,其价值主要体现在两个方面:第一,A 矩阵反映部门间的直接经济联系,具有技术定额和生产投入的含义,这是其直接意义。第二,A 矩阵是计算里昂惕夫矩阵(Leontief 逆矩阵)的基础;而在投入产出分析的核心模型——行模型中,作为外生变量的最终需求 Y 正是通过里昂惕夫矩阵(Leontief 逆矩阵)来决定各部门总产出 X 的数量的。

二、完全消耗系数

(一)完全消耗系数及矩阵

国民经济各个产业的联系除了直接消耗之外,还有非常复杂的、联系众多的间接消耗。增加一个产业的生产,可能会使国民经济所有产业的生产都发生一定的变化。因而,综合地、定量地研究产业间的直接和间接联系对于国民经济综合平衡和稳定发展具有重要的意义。我们将一种产品对某种产品的直接消耗量与全部间接消耗量之和称为完全消耗量,也称为完全消耗系数。完全消耗系数在投入产出分析中起着重要的作用,它能深刻地反映一个部门的生产与本部门和其他部门发生的经济数量关系,因此它比直接消耗系数更准确、更全面地反映部门内部和部门之间的技术经济联系,这对正确地分析国民经济、产业结构十分重要。

以汽车生产对电力的消耗为例,整车生产过程中必须消耗电力,这是直接消耗;整车生产过程中还同时消耗钢铁、轮胎、木材等产品,而生产这些产品也需要消耗电力,这是汽车对电力的第一次间接消耗。进一步分析,在炼钢、制造轮胎、采伐木材的过程中需要消耗生铁、焦炭、橡胶、工具和设备等产品,而生产这些产品也需要消耗电力,这就是汽车对电力的第二次间接消耗。这个过程还可以继续推导下去。一般来说,一个产品发生多少次间接消耗,根据各产品工艺、技术、投入特点的不同而不同。

完全消耗系数是生产单位最终产品所要直接消耗某种产品的数量与全部间接消耗这种产品的数量之和,一般用 b_{ij} 表示。b_{ij} 的含义是生产单位 j 产品所要直接消耗的 i 产品数量和间接消耗的 i 产品数量之和,即:

$$
b_{ij}=a_{ij}+\sum_{k=1}^{n}b_{ik}a_{kj}\quad(i,j=1,2,\cdots,n) \tag{11-13}
$$

式中:b_{ij} 表示完全消耗系数,表示生产单位 j 产品所直接和间接消耗 i 产品数量之和($i=1,2,\cdots,n$);a_{ij} 表示直接消耗系数;$\sum_{k=1}^{n}b_{ik}a_{kj}$ 表示间接消耗系数,其中 k 为中间产品产业,表示通过 k 种中间产品而形成的生产单位 j 产品对 i 产品的全部消耗量。用 B 表示完全消耗系数矩阵,则

$$B=\begin{bmatrix} b_{11} & b_{12} & \cdots & b_{1n} \\ b_{21} & b_{22} & \cdots & b_{2n} \\ \cdots & \cdots & \cdots & \cdots \\ b_{m1} & b_{m2} & \cdots & b_{mn} \end{bmatrix}$$

同于直接消耗系数的计算，略去完全消耗系数的计算过程，得到：

$$B=(I-A)^{-1}-I \tag{11-14}$$

式中：A 为直接消耗系数矩阵；I 为单位矩阵；$(I-A)^{-1}$为里昂惕夫逆矩阵。

上式表明，完全消耗系数矩阵等于里昂惕夫逆矩阵减去一个单位矩阵。因此我们只要求出了直接消耗系数矩阵 A，就可以计算出完全消耗系数矩阵。

表 11-7 为完全消耗系数矩阵数据。

表 11-7　完全消耗系数

	农业	工业	建筑业	邮电运输业	批发零售、餐饮业	其他服务业
农业	0.22638	0.14078	0.18189	0.06613	0.11491	0.05173
工业	0.56179	1.33023	1.35357	0.82378	0.72622	0.68646
建筑业	0.00683	0.00943	0.01108	0.02214	0.01692	0.02967
邮电运输业	0.05510	0.09653	0.11407	0.15830	0.07021	0.06596
批发零售、餐饮业	0.07090	0.12971	0.13864	0.08951	0.10950	0.10106
其他服务业	0.13283	0.23567	0.26379	0.26995	0.19663	0.19669

完全消耗系数比直接消耗系数更全面、更深入地反映产业之间的技术经济联系，因而在经济计划和经济预测方面有重要的作用。比如，当算出国民经济各产业对电力的完全消耗系数之后，就能准确地了解经济运行对电力的需求量。如果不能较为准确地计算产品之间的大量间接消耗，就可能出现需求短缺或者供给过剩，导致比例失调。

（二）直接消耗系数与完全消耗系数的比较

（1）直接消耗系数 a_{ij} 和完全消耗系数 b_{ij} 从不同的角度考察了产品的消耗关系。

直接消耗系数是从总产品的角度出发考察产品的消耗关系，它说明生产一个单位产品对另一种产品的消耗；完全消耗系数则是从最终产品的角度考察产品间的消耗关系，它说明为了生产一个单位最终产品对另一种产品的消耗总量。两种系数所反映的经济意义各有侧重，直接消耗系数反映该产业与其他产业之间直接的技术经济联系和直接依赖关系；而完全消耗系数则全面揭示国民经济各产业之间技术经济的全部联系和相互依赖关系的主要指标。

（2）直接消耗系数一般小于相对应的完全消耗系数。即使 $a_{ij}=0$，b_{ij} 也不一定等于 0。因为没有直接消耗，不一定就没有间接消耗。

（3）b_{ij} 可以大于 1，而 a_{ij} 必定小于 1。因为 b_{ij} 是与最终产品相联系的，它大于 1，说明为生产 1 单位 j 产业的最终产品，需要直接和间接消耗大于 1 个单位的 i 产业产品。或者说 j 产品对 i 产品的完全消耗价值大于 j 产品的最终产品价值。j 产品还有作中间产品的那一部分，这部分供给其他产业做生产消耗还可以盈利。

(三)举例说明直接消耗系数与完全消耗系数的关系

为了从直观上深入了解,现举例如下:苏联 1966 年计算的精铜对电力直接消耗为 758.5kWh/t,而间接消耗为 4938.7kWh/t,完全消耗为 5717.2kWh/t,其中,炼精铜需要消耗电力,这是对电力的直接消耗 758.5kWh/t,同时还要消耗设备、粗铜等,而消耗设备和粗铜等对电力而言是间接消耗 4938.7kWh/t,直接消耗和间接消耗的总和构成了完全消耗 5717.2kWh/t,如图 11-2 所示。

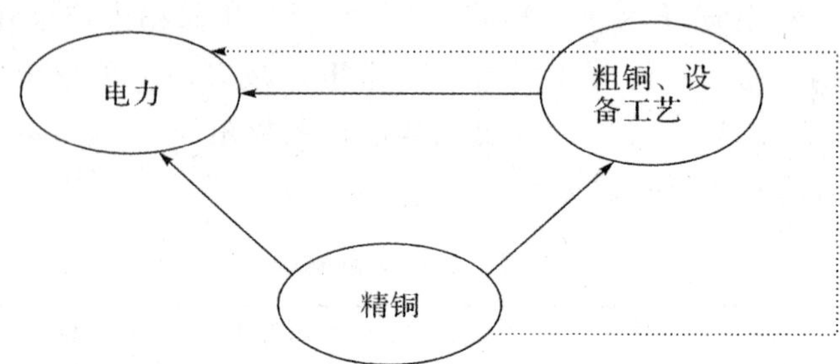

图 11-2 直接消耗与间接消耗

说明:实线代表直接消耗,箭头代表消耗的对象,虚线代表精铜通过一系列中间环节对电力的间接消耗。

三、其他系数

(一)直接折旧系数

直接折旧系数是某产业部门生产单位产品所提取的直接折旧费用的数额。公式为直接折旧费用与总产出(总投入)的比值:

$$a_{Dj} = \frac{D_j}{X_j} \quad (j = 1,2,\cdots,n)$$

(二)国民收入系数

国民收入系数也称为净产值系数,是某产业部门生产单位产品所创造的国民收入或净产值的数额。公式为国民收入或净产值与总产出(总投入)的比值:

$$a_{Nj} = \frac{N_j}{X_j} \quad (j = 1,2,\cdots,n)$$

(三)劳动报酬系数

劳动报酬系数是指某产业部门生产单位产品需支付的劳动报酬数量。公式为劳动报酬数量与总产出(总投入)的比值:

$$a_{Vj} = \frac{V_j}{X_j} \quad (j = 1,2,\cdots,n)$$

四、投入产出分析的两个基本模型

(一)按行平衡关系式建立的投入产出模型

把直接消耗系数引入产品分配方程组——行模型,由直接消耗系数 $a_{ij} = \frac{x_{ij}}{X_j} \quad (i,j =$

$1,2,\cdots,n)$ 得到 $x_{ij} = a_{ij}X_j$，并将其代入到按行建立的平衡关系式(11-2)中，有：

$$\begin{cases} a_{11}X_1 + a_{12}X_2 + \cdots + a_{1n}X_n + Y_1 = X_1 \\ a_{21}X_1 + a_{22}X_2 + \cdots + a_{2n}X_n + Y_2 = X_2 \\ a_{i1}X_1 + a_{i2}X_2 + \cdots + a_{in}X_n + Y_i = X_i \\ a_{n1}X_1 + a_{n2}X_2 + \cdots + a_{nn}X_n + Y_n = X_n \end{cases} \quad (11\text{-}15)$$

一般表达式为：

$$\sum_{j=1}^{n} a_{ij}X_{ij} + Y_i = X_i \quad (i = 1,2,\cdots,n) \quad (11\text{-}16)$$

由于线性方程组与矩阵有一一对应关系，所以线性方程组可以写成矩阵形式：

设 $A = \begin{pmatrix} a_{11} & a_{12} & \cdots & a_{1n} \\ a_{21} & a_{22} & \cdots & a_{2n} \\ \cdots & \cdots & \cdots & \cdots \\ a_{n1} & a_{n2} & \cdots & a_{nn} \end{pmatrix} \quad X = \begin{pmatrix} X_1 \\ X_2 \\ \vdots \\ X_n \end{pmatrix} \quad Y = \begin{pmatrix} y_1 \\ y_2 \\ \vdots \\ y_n \end{pmatrix}$

则　　$AX + Y = X$

整理得：$Y = X - AX$

引入单位矩阵 $I = \begin{pmatrix} 1 & 0 & \cdots & 0 \\ 0 & 1 & \cdots & 0 \\ \cdots & \cdots & \cdots & \cdots \\ 0 & 0 & \cdots & 1 \end{pmatrix}$，则

$$Y = (I - A)X \quad (11\text{-}17)$$

以 $(I - A)$ 的逆矩阵 $(I - A)^{-1}$ 乘上式两边得：

$$X = (I - A)^{-1}Y \quad (11\text{-}18)$$

式(11-17)和式(11-18)建立了总产出与最终使用之间的联系，在已知总产出列向量 X 或最终使用向量 Y 的条件下，利用投入产出表计算出直接消耗系数矩阵，就可以预测最终产品列向量 Y 或者总产出列向量 X。

用直接消耗系数矩阵建立的行模型是投入产出模型的核心，在得到直接消耗系数之后，我们就可以把经济因素和技术因素有机地结合起来，使经济分析建立在定性和定量分析的基础之上。

式(11-18)中，I 为单位矩阵，A 为直接消耗系数矩阵，X 为总产出量列向量，Y 成为最终需求列向量。其中，

$$I - A = \begin{pmatrix} 1 - a_{11} & -a_{12} & \cdots & -a_{1n} \\ -a_{21} & 1 - a_{22} & \cdots & -a_{2n} \\ \cdots & \cdots & \cdots & \cdots \\ -a_{n1} & -a_{n2} & \cdots & 1 - a_{nn} \end{pmatrix}$$

$(I-A)$ 被称为里昂惕夫矩阵或投入矩阵，它是投入产出模型的核心和基础。其经济含义为，矩阵中的纵列表明每种产品的投入与产出关系；每一列都说明某产业为生产一个单位产品所要投入各相应产业的产品数量；负号表示投入，正号表示产出，对角线上各元素则是各产业的产品扣除自身消耗后的净产出。

(二)按列平衡关系式建立的投入产出模型

同理,将 $x_{ij}=a_{ij}X_j$ 代入按行建立的平衡关系式(11-4)中,有

$$\begin{cases}a_{11}X_1+a_{12}X_2+\cdots+a_{1n}X_1+N_1=X_1\\a_{12}X_1+a_{22}X_2+\cdots+a_{n2}X_2+N_2=X_2\\a_{1j}X_j+a_{2j}X_j+\cdots+a_{nj}X_j+N_j=X_j\\a_{1n}X_1+a_{2n}X_n+\cdots+a_{nn}X_n+N_n=X_n\end{cases} \tag{11-19}$$

令 $c_i=\sum_{j=1}^{n}a_{ij}$。因为 c_i 是 i 产业对所有产业中间产品的直接消耗系数之和,也称 c_i 是 i 产业的中间投入系数。那上面线性方程组也可以表示为矩阵形式:

$$\hat{C}X+N=X \tag{11-20}$$

式中:$\hat{C}=\begin{pmatrix}c_1&0&\cdots&0\\0&c_2&\cdots&0\\\vdots&\vdots&\vdots&\vdots\\0&0&\cdots&c_n\end{pmatrix}\qquad N=\begin{pmatrix}N_1\\N_2\\\vdots\\N_N\end{pmatrix}$

式(11-20)就可以变换为 $(I-\hat{C})X=N$

式中:$(I-\hat{C})=\begin{pmatrix}1-c_1&0&\cdots&0\\0&1-c_2&\cdots&0\\\vdots&\vdots&\vdots&\vdots\\0&0&\cdots&1-c_n\end{pmatrix}$,

$(I-\hat{C})$ 为 i 产业的毛附加值占其总产值的比重,或者称为毛附加价值率。而且 $X=(I-\hat{C})^{-1}N$,由此式,根据毛附加值可以推导出总产值。

本章小结

1. 投入产出表。按各种产品的实物单位来进行计量的就是实物型投入产出表。价值型投入产出表记录了全部用货币计量的中间产品价值、最终产品价值、毛附加价值以及总产值。

2. 直接消耗系数和完全消耗系数。直接消耗系数是指生产单位产品对某一产业产品的直接消耗量。如果用 a_{ij} 表示第 j 产业产品对第 i 产业产品的直接消耗系数,即生产单位 j 产业产品所消耗的 i 产业产品的数量。

3. 一种产品对另一种产品的消耗不仅有直接消耗,而且还有间接消耗。一种产品对某种产品的直接消耗和全部间接消耗的总和称为完全消耗,相应地,直接消耗系数和全部间接消耗系数的总和就是完全消耗系数,以 b_{ij} 来表示 j 产业产品对 i 产业产品的完全消耗系数。

复习思考题

1. 简述投入产出表中“中间需求部分”、“最终需求部分”、“毛附加价值部分”的经济含义。

2. 什么是直接消耗系数和完全消耗系数，其经济含义是什么？
3. 投入产出分析的理论基础有哪些？
4. 编制投入产出表时应该注意哪些问题？
5. 阐述实物型投入产出表和价值型投入产出表各自的优点。

【案例评析】

浙江省旅游产业关联分析

浙江省旅游业对其自身及与之有密切关系的交通运输及仓储业、住宿与餐饮业等第三产业的直接依赖作用最大，反映了浙江省产业结构的相对“软化”使旅游业对第三产业的消耗明显高于其他产业；其次为第二产业，如电力热力的生产和供应业、服装皮革羽绒及制品业、交通运输设备制造业等，旅游业对它们的直接消耗系数均在 0.001～0.01，反映出浙江省以第二产业为主的产业结构特点决定了旅游业的发展对第二产业产品的“硬投入”较大；最后是第一产业，如农业，旅游业对它的直接消耗很少，投入系数仅为 0.0006283。值得注意的是，尽管旅游业每 1 万元产出分别能直接拉动旅游业本身 3935.886 元、交通运输及仓储业 3130.168 元、住宿和餐饮业 896.158 元的消耗，但仅直接拉动文化体育和娱乐业 41.398 元、批发和零售贸易业 15.318 元、邮政业 0.0016461 元的消耗，说明浙江省旅游消费中“吃、住、行、游”等基本消费的比重偏高，而“购物”、“娱乐”、“邮电通信”等非基本旅游消费的比重偏低，旅游消费结构仍不尽合理。

虽然很多产业对旅游业的直接作用并不大，但其间接的拉动作用却不容忽视。如以石油和天然气开采业、农业和金属冶炼及压延加工业为例，旅游业对其直接消耗系数分别为 0、0.0006283 和 0，但其完全消耗系数却达 0.1191095、0.0783428 和 0.0664912，分别名列 42 个产业部门中的第 6、第 9 和第 12 位。

浙江省旅游业自身的投入产出联系非常密切，加强旅游企业之间的分工协作有利于旅游业自身的发展及其产业地位的提升。浙江省旅游业产出每增加 1 万元，需要自身直接投入 3935.886 元，间接投入 6492.349 元；旅游业每增加 1 万元的产品或服务，则有 4371.98654 元重新“返回”旅游业内部；且这一水平均排在国民经济各产业部门的第一位。充分说明浙江省旅游业具有“自产自销”的特征，其内部关联效应非常明显。因此，密切旅游企业之间的技术经济联系，加强旅游业内部各行业、部门间的分工协作，对促进浙江省旅游业发展、提升旅游业在国民经济中的地位有非常重要的作用。

浙江省旅游业发展受“食、住、行、游(览)”的影响较大，旅游消费结构仍有待调整与改善。浙江省旅游业每 1 万元产出，能分别拉动旅游业自身、交通运输及仓储业、住宿和餐饮业 3935.886 元、3130.168 元和 896.158 元的消耗；但仅直接拉动文化体育和娱乐业、批发和零售贸易业 41.398 元和 15.318 元的消耗。可见，作为衡量一个国家(地区)旅游业发达水平的重要标志，浙江省非基本旅游消费占旅游消费的比例亟待提高。

——案例来源：崔峰，包娟. 浙江省旅游产业关联与产业波及效应分析. 旅游学刊，2010(3).

案例分析问题：

1. 浙江省旅游业在浙江省经济发展中的作用如何？
2. 浙江省旅游业未来发展的重点有哪些？

第十二章　产业波及效果分析

本章要点

通过本章学习，应掌握以下要点：

1. 学习产业波及效果的内容及工具，包括中间需求率和中间投入率，产业的感应度系数和影响力系数。

2. 学习产业波及效果的其他宏观经济分析。

导入案例

煤炭产业关联及波及效应分析

任何一个产业部门的生产活动，通过产业间的联系方式，必然要影响或受影响于其他产业的生产活动，这种相互影响就是波及。在 2002 年 40 个产业部门及在 2007 年 42 个产业部门中，均有 40 个产业部门与煤炭产业发生了前向或后向联系，波及效应明显。从感应度系数和影响力系数来看，对前向产业关联部门的波及效应要强于对其后向产业关联部门，随着时间增加，两系数均有逐年扩大的趋势，在 2007 年影响力系数水平居国民经济各部门平均水平之上，成长为需求拉动力大、供给推动力小的产业部门。煤炭产业的地位提高，波及效应较 2002 年也有更广泛的趋势。

——案例来源：付欣欣. 中国煤炭产业关联及波及效应分析——基于 2002 年和 2007 年投入产出表. 煤炭经济研究，2012(2).

第一节　产业波及效果的结构关系分析

产业波及是指国民经济产业体系中，当某一产业部门发生变化，这一变化会沿着不同的产业关联方式，引起与其直接相关的产业部门的变化，而且这些相关产业部门的变化又会导致与其直接相关的其他产业部门的变化，依次传递，影响力逐渐减弱，这一过程就是波及。这种波及对国民经济体系的影响，就是产业波及效果。产业波及效果分析，就是分析某些产业发展变化会导致其他产业部门怎样的变化与影响。这种变化与影响主要是通过投入产出表中某些数据的变化会引起其他数据的变化来反映的。

一、中间投入率和中间需求率

中间投入率和中间需求率是反映各产业部门间相互联系、相互依存的两个指标。

（一）中间投入率

中间投入率是指该产业部门在一定时期内（通常为一年），中间投入与总投入之比。若以 F_j 表示 j 产业的中间投入率，则其计算式为：

$$F_j = \frac{\sum_{i=1}^{n} x_{ij}}{\left(\sum_{i=1}^{n} x_{ij} + N_j\right)} \quad (j = 1,2,\cdots,n) \tag{12-1}$$

中间投入率指标反映各产业在生产过程中，为生产单位产值的产品需从其他各产业购进的原材料在其中的比重。由于某产业总投入＝该产业的总产出，则有“附加价值率＋中间投入率＝1”，“1－中间投入率＝附加价值率”。因此，某产业的中间投入率越高，该产业的附加价值率越低，高“中间投入率”产业就是低“附加价值率”产业。反之，附加价值率越高，中间投入率就越低。

（二）中间需求率

中间需求率表示各个产业生产单位总产出需要的 i 产业产品数量之和，是各产业对某产业产品的中间需求之和与整个国民经济对该产业产品的总需求之比。若以 G_i 表示 i 产业的中间需求率，其计算式为：

$$G_i = \frac{\sum_{j=1}^{n} x_{ij}}{\left(\sum_{j=1}^{n} x_{ij} + Y_i\right)} \quad (i = 1,2,\cdots,n)$$

中间需求率指标反映了各个产业的产品有多少作为原料（中间需求）为其他产业产品的生产所需要。中间需求率越高，这个产业就越带有原材料产业的性质。相应地，“最终需求率＝1－中间需求率”。一个产业的最终需求率越高，这个产业就越带有提供最终产品的性质。也就是说，这个产业产品更多的是提供最终需求供居民消费、投资消费和出口。

二、中间需求率和中间投入率在产业分析中的作用

（1）可以按不同的中间需求率和中间投入率划分来确定不同产业群在国民经济中的不同地位。钱纳里、渡边等经济学家根据美国、意大利、日本、挪威等国家的投入产出表，整理出下面四种类型产业群，如表 12-1 所示。

表 12-1　按中间需求率和中间投入率大小划分的不同产业群

	中间需求率小	中间需求率大
中间投入率大	Ⅲ最终需求型产业 日用杂货、造船、皮革及皮革制品、食品加工、粮食加工、运输设备、机械、木材、木材加工、非金属矿物制品、其他制造业	Ⅱ中间产品型产业 钢铁、纸及纸制品、石油产品、有色金属冶炼、化学、煤炭加工、橡胶制品、纺织、印刷及出版
中间投入率小	Ⅳ最终需求型基础产业 渔业、运输业、商业、服务业	Ⅰ中间产品型基础产业 农业、林业、煤炭、金属采矿、石油及天然气、非金属采矿、电力

这四种类型产业群在国民经济运行过程中形成了不同地位与作用的主体结构。即第

Ⅰ、Ⅱ、Ⅲ部分是一国经济的物质生产部门，提供中间物质产品和最终需求物质产品；第Ⅰ、Ⅱ部分是中间产品生产部门，其大部分产品是为第Ⅲ部分产业群的最终产品生产服务，且第Ⅰ部分产业群带有明显的基础产业属性；第Ⅲ部分产业群加工来自第Ⅰ、Ⅱ部分的中间产品，然后投放到最终需求中去；第Ⅳ部分产业群，除渔业外，是其他各部分产业群产品流动的中介部门。

(2)可以显示各产业间相互联系、相互依存的不同程度。如前所述，产业间的相互依赖关系可区分为单向联结关系和多向循环联结关系两种类型。如果我们用二维平面图按各产业中间投入率、中间需求率的大小，对投入产出表中的国民经济各产业部门重新排序，即用横轴从左至右按各产业的中间投入率由大至小排列，在纵轴上从上至下按各产业的中间需求率由小至大进行排列，则得到各产业部门联结关系的平面图，如图 12-1 所示。

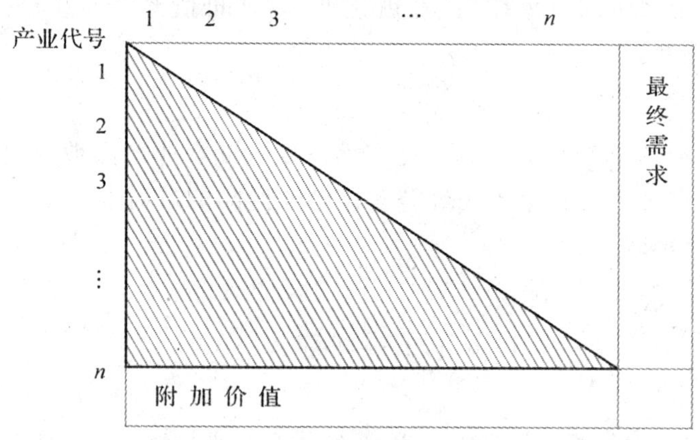

图 12-1 三角形配置投入产出图

在图 12-1 中，各产业之间的联结是单向联结型的，则这种调整过排列顺序的投入产出表上的 x_{ij}，其数字只出现在对角线以下三角形的阴影部分内，对角线以上的三角形内就不出现 x_{ij} 不为零的数字。产业 1 的产品中间需求率等于零，中间投入率等于 1，这意味着产业 1 的产品没有任何中间需求，全部都是最终产品；同时还意味着他将从产业 2，3，…，n 的所有产业购进原材料。产业 2 只有产业 1 对其有中间需求，其他产业对它都没有中间需求，其产品大多为最终产品；同时产业 2 要从除产业 1 以外的其他所有产业购进原材料。依此类推，直至产业 n。产业 n 的中间需求率等于 1，中间投入率为零，表示该产业的产品全部是中间产品，同时，它无需从其他产业购进任何原材料。

利用中间需求率、中间投入率指标，对国民经济各产业部门按上述规则重新排序，不难发现与找出各产业部门之间相互依存的“亲疏程度”。这种“亲疏程度”为政府制定抑制或促进某一特定产业部门发展的政策，提供了可靠依据。

(3)可以得出各产业部门协调发展的“有序性”。产业发展的“有序性”，是指国民经济运行中，各产业有先有后的发展顺序。这种先后顺序是由产业之间关联的依存度决定的，也可以解释为什么在国民经济中要强调农业、采掘业、能源等基础产业先行的根本原因。

第二节　产业波及效果的影响关系分析

一、影响力系数和感应度系数

任一产业的生产活动通过产业之间的相互关联，必然影响和受影响于其他产业的生产活动，这种相互影响就是波及。我们把一个产业影响其他产业的程度叫做影响力，把受其他产业影响的程度叫做感应度。不同产业的影响力和感应度的大小，分别用影响力系数和感应度系数来表示。如果将各个产业对所有产业的影响力和受所有产业的感应度的平均趋势作一个比较，掌握各个产业在这一方面的特性，显然对分析现实的经济问题是大有裨益的。

根据方程 $X=(I-A)^{-1}Y$，我们可以根据里昂惕夫逆矩阵 $(I-A)^{-1}$ 来计算这两个系数。这个矩阵横行上的数值就是反映该产业受到其他产业影响的程度即感应度系数的系列，它表明其他产业最终需求的变化而使该产业生产发生变化的程度。横向系数的平均值可看做该产业受其他产业影响的平均程度。纵列上的数值反映的是该产业最终需求的变化对其他产业的影响程度即影响力系数系列，也就是该产业最终需求的变化而使其他产业生产发生相应变化的程度。纵列系数的平均值是该产业对其他产业施加影响的平均程度。我们把里昂惕夫逆矩阵中某一产业的横行和纵列系数的平均值与全部产业横行和纵列系数的平均值相比，就可以计算该产业的感应度系数和影响力系数了。如下：

$$\text{某产业的感应度系统}=\frac{\text{该产业逆矩阵横行系数的平均值}}{\text{全部产业逆矩阵横行系数的平均值的平均}}$$

$$\text{某产业的影响力系数}=\frac{\text{该产业逆矩阵纵列系数的平均值}}{\text{全部产业逆矩阵纵列系数的平均值的平均}}$$

如果用 e_i 表示第 i 产业的感应度系数；e_j 表示第 j 产业的影响力系数；n 为产业数目；C_{ij} 为里昂惕夫逆矩阵 $(I-A)^{-1}$ 中的元素 $(i,j=1,2,\cdots,n)$。

那么，上述等式也可以用投入产出表的相关数据表示如下：

$$e_i=\frac{\frac{1}{n}\sum_{j=1}^{n}C_{ij}}{\frac{1}{n}\sum_{i=1}^{n}\left(\frac{1}{n}\sum_{j=1}^{n}C_{ij}\right)}=\frac{\sum_{j=1}^{n}C_{ij}}{\frac{1}{n}\sum_{i=1}^{n}\sum_{j=1}^{n}C_{ij}}\qquad(i,j=1,2,\cdots,n)\tag{12-3}$$

$$e_j=\frac{\frac{1}{n}\sum_{i=1}^{n}C_{ij}}{\frac{1}{n}\sum_{j=1}^{n}\left(\frac{1}{n}\sum_{i=1}^{n}C_{ij}\right)}=\frac{\sum_{j=1}^{n}C_{ij}}{\frac{1}{n}\sum_{j=1}^{n}\sum_{i=1}^{n}C_{ij}}\qquad(i,j=1,2,\cdots,n)\tag{12-4}$$

根据计算结果，如果 $e_i>1$，则表明该产业的感应度在全部产业中处于平均水平之上；如果 $e_i=1$，则表明该产业的感应度在全部产业中处于平均水平；如果 $e_i<1$，则表明该产业的感应度在全部产业中处于平均水平之下。同理，影响力也可以作类似的解释。

二、影响力系数和感应度系数在产业分析中的作用

各个产业的感应度系数和影响力系数，在工业化的不同阶段以及不同国家在产业结构上的差异而有所区别。各产业的感应度系数和影响力系数具有如下规律：

(1)在工业化过程中，一般重工业大多表现为感应度系数较高，而轻工业大多表现为影响力系数较高。

(2)在经济增长率较高时，感应度系数较高的重工业一般发展较快，而影响力系数较高的轻工业的发展对重工业及其他产业的发展起推动作用。

(3)有些产业的影响力系数和感应度系数都大于1，这些产业在经济发展中一般是处于战略地位的产业，它对经济增长程度是最敏感的。比如机械工业就是如此，不管经济增长是上升还是下降，机械工业都有强烈的反应。

第三节　产业波及效果的其他经济分析

某产业变化发生的波及效果，既与该产业和其他产业的联系方式有关，又与该产业和其他产业的联系程度和广度有关。产业间的波及效果必然也会在产业联系的各个纽带上反映出来。具体来说，当某一产业发生变化，不仅会使本产业部门生产技术、产品技术性能、成本开支、价格、就业等方面的联系纽带发生变化，而且会波及其他产业部门的生产技术、价格等方面。

一、经济结构分析

经济结构分析包括生产结构分析和分配结构分析。

(1)生产结构分析方面，投入产出表可以反映各产业总产出、增加值、最终使用项目之间的比例关系，可以反映各产业的生产技术结构，如中间投入率、增加值率、中间投入中的产品投入或服务投入比重等。

(2)分配结构分析方面，投入产出表可以反映国民经济各产业生产的产品和服务用于中间使用与最终使用以及出口的比例，进一步可以分析中间使用或最终使用内部产品或服务的分配比例。

二、价格与成本分析

价格与成本分析是通过投入产出模型研究生产成本与价格的关系。由于投入产出模型反映了国民经济活动各个环节之间的内在联系，当把成本、税收、工资等因素作为已知可控制变量时，就可以测算出这些因素变化所引起的产品和服务的价格变化。因此，投入产出模型是研究和计算合理价格体系、制定宏观调价方案的有力工具。

三、就业分析

就业分析是研究经济增长与就业之间的关联分析。研究就业问题时，不仅需要投入产

出表，还需要反映各产品（或产业）就业情况的就业表，通过它们之间的关联关系，研究经济增长对就业需求的影响。

四、能源和环境分析

能源和环境分析是通过构建环境分析用投入产出模型，来分析和研究国民经济发展与能源和环境的关系，具体地说，就是先通过经济增长与能源消耗的关系，得到对能源的直接和间接需求量，再通过能源消耗与污染物排放的关系，得到完成经济发展目标而产生和排放污染物的数量，从而为研究经济、资源和环境协调发展提供科学依据。环境分析用投入产出模型包括分析用投入产出表、能源账户和污染物产生与排放表①。

五、投资政策分析

通过投入产出模型来分析投资政策的主要途径有两条：

（1）通过研究各产业部门在国民经济结构中的重要性、地位和作用，找出重点的投资部门作为投资的方向。在这个方面，主要是通过影响力系数的分类和比较找到可以加快国民经济发展的部门加以重点投资。

（2）通过投入产出模型，了解投资的实物构成，以及由于投资引起的对各部门生产量的要求，从而为可能的投资安排提供参考和借鉴。

六、编制经济计划

投入产出模型是实现从最终产品出发编制经济计划的有效工具，具体做法有两种。

（1）先确定国民收入的生产量，然后根据合理的积累、消费比例确定积累和消费数量及构成，通过投入产出模型计算出各部门的生产总量。

（2）从需要的角度先预测计划期的消费和积累总量及构成，再利用投入产出模型计算各部门的生产总量，并作出需要与可能间的平衡。

投入产出分析方法已经在各国经济的诸多领域得到成功应用。在我国，自改革开放以来，投入产出分析方法被普遍地用于研究不同时期国民经济各产业间的数量依存关系，研究和分析重大决策与重大事件对国民经济活动的影响，研究和制定国家与地方国民经济中长期发展规划，并在实践中取得了良好的经济和社会效益。

本章小结

1. 波及效果分析主要是当某个产业的生产活动发生变化时而对其他产业生产活动所产生的影响，或某个产业生产活动受其他产业生产活动变化的影响。

2. 中间投入率和中间需求率。中间投入率指标反映各产业在生产过程中，为生产单位产值的产品需从其他各产业购进的原材料在其中的比重。某产业的中间投入率越高，该产

---

① 齐舒畅. 投入产出表的作用. 中国统计，2007(10)：5.

业的附加价值率越低，高“中间投入率”产业就是低“附加价值率”产业。中间需求率指标反映了各个产业的产品有多少作为原料（中间需求）为其他产业产品的生产所需要。中间需求率越高，这个产业就越带有原材料产业的性质。最终需求率＝1－中间需求率。一个产业的最终需求率越高，这个产业就越带有提供最终产品的性质。

3. 产业的感应度系数和影响力系数。任一产业的生产活动通过产业之间的相互关联，必然影响和受影响于其他产业的生产活动。我们把一个产业影响其他产业的程度叫作影响力，把受其他产业影响的程度叫作感应度。根据方程 $X=(I-A)^{-1}Y$，我们可以根据里昂惕夫逆矩阵 $(I-A)^{-1}$ 来计算这两个系数。我们把里昂惕夫逆矩阵中某一产业的横行和纵列系数的平均值与全部产业横行和纵列系数的平均值相比，就可以计算该产业的感应度系数和影响力系数了。

各个产业的感应度系数和影响力系数，在工业化的不同阶段以及不同国家在产业结构上的差异而有所区别。一般来说，在工业化过程中，重工业大多表现为感应度系数较高，而轻工业大多表现为影响力系数较高。

复习思考题

1. 中间需求率和中间投入率在经济结构分析中有哪些作用？
2. 什么是影响力系数和感应度系数？
3. 各个产业的感应度系数和影响力系数具有什么样的规律性？

【案例评析】

安徽省农业的投入产出分析

从 2002 年投入产出表可以看出，安徽省农业的产出在全省经济中占有重要地位。农业的总产出在全部产业部门的总产出中排在第 1 位，总产出比重为 15.08%，农业部门产出的变化在一定程度上左右着安徽省社会总产出的规模大小，所以说农业在安徽省国民经济运行中发挥着重要的作用。向其他省份净调出为 499.18 亿元，净出口为 7.90 亿元，占农业总产出的比重分别为 37.74%、0.60%，可见安徽省农业对全国的经济发展有着巨大的贡献。

1. 安徽省农业的总产出主要用于最终需求

社会总产品按其产出方向分为中间使用和最终使用。中间使用是指为国民经济各部门的本期生产活动所提供的，包括本地生产和外地流入在内的各种物质产品和服务。最终使用是不参加本期生产活动而为各种最终需求所提供的物质产品和服务。2002 年安徽省农业总产出中，中间使用占 35.5%，最终使用占 64.5%。这表明大量的农产品是作为最终产品提供直接消费以及形成固定资产增加库存或直接流出，而用于深加工、初加工的产品处于较低水平。

2002 年投入产出表还表明，安徽省农产品在分配流向上主要集中于两大方面：一方面用于当前生产消费，即中间使用，满足农业自身再生产及其他产业的生产需要，占总产品的 35.5%；另一方面用于满足广大城乡居民的生活消费需要，占总产品的 19.28%。两项之和达 54.78%。这就说明安徽省农业生产的状况与当年生产及居民消费密切相关，体现了农业作为国民经济基础地位的特征。

农产品的中间使用有20.5%用于农业生产本身,42.9%用于食品制造及烟草加工业,13.2%用于住宿和餐饮业,10.8%用于纺织业,6%用于木材及家具制造业,其他产业对农业的依赖程度较小。

安徽省农产品的供给与食品制造及烟草加工业、纺织服装工业、木材及家具制造业、住宿和餐饮业关系尤为密切。2002年,食品制造及烟草加工业对农业产品的消耗量占该部门全部消耗量的30.44%,纺织服装工业为28.6%,木材及家具制造业为20.87%,住宿和餐饮业为25.78%。而这些产业的产值之和要占安徽省总产值的13.86%。这些依存关系反映了农业生产对促进这些产业发展的重要性。

各部门中间投入与需求情况

部门	指标	农业	工业	建筑业	交通运输、邮电业	商业和餐饮业
中间投入率	0.4151	0.6460	0.7053	0.5761	0.5349	0.5247
中间需求率	0.3552	0.8417	0.1217	0.9179	0.6620	0.3682
中间投入流量比重	0.1012	0.5355	0.1155	0.0508	0.0824	0.1146
中间需求流量比重	0.0866	0.6301	0.0199	0.0810	0.1020	0.0804
自耗中间流量系数	0.0177	0.1397	0	0.0220	0.0015	0.0048

——资料来源:数据由2002年安徽省投入产出表整理所得①

2.安徽省农业属于最终需求型基础产业

由上表数据可知,2002年安徽省农业的中间投入率和中间需求率都较低,根据钱纳里和渡边关于中间需求和中间投入的分析,农业应该属于中间产品型基础产业,但是安徽省农业还属于最终需求型基础产业,这说明安徽省农业为其他产业提供中间产品(或原料)还较少,而更多的是提供最终产品。

中间投入流量比重、中间需求流量比重和自耗中间流量系数均较高,这说明相对于全社会再生产而言,农业不仅与其他部门的联系较强,而且自身内部联系也较强。建筑业、工业、第三产业的中间投入率较高,农业最低,这说明了安徽省第二产业和第三产业的发展越来越需要第一产业的支持,另外也说明了目前安徽省的农业是附加价值率最高的产业部门。此外,农业的中间需求率和中间需求流量也较高,这说明农业受其他产业部门对其需求的压力较大。因此,增加农业为其他产业提供的中间产品,提高其中间需求率,努力将其转化为中间投入型基础产业是安徽省农业健康、持续发展的关键。

——案例来源:胡本田,张兵.从投入产出表看安徽省农业的基础地位.乡镇经济,2006(3).

案例分析问题:

1.投入产出表中的“中间使用”和“最终使用”的经济含义是什么?

2.投入产出表由哪几个象限组成,每个象限各反映什么内容?

3.安徽省农业发展有哪些特点?如何加强和利用其基础地位来加速安徽省经济的发展?

① 中间流量系数,反映从 i 部门流向 j 部门的中间投入占所有产业部门中间投入总和的比重,其值表示该中间流量相对于所有产业部门而言的重要程度。当 $i=j$ 时,中间流量系数即为自耗流量系数,反映内部联系程度。第 j 部门的所有中间投入流量系数之和,称为第 j 部门的中间投入流量比重。

产业布局篇

- 教学目的：通过教学，要求学生理解产业布局的含义与必要性，了解产业布局的形成与发展，重点掌握产业布局的影响因素，以及产业布局政策，并能根据我国国情做具体分析。
- 重点与难点：产业布局的形成与发展，以及产业政策的影响因素。

第十三章　产业布局理论及影响产业布局因素

本章要点

通过本章学习，应掌握如下要点：

1. 掌握产业布局的含义与必要性。
2. 了解产业布局理论的形成与发展。
3. 掌握影响产业布局的多种因素。

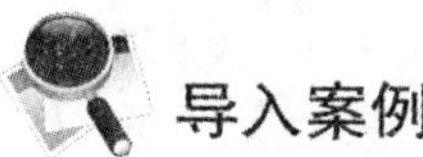

导入案例

区位论

区位论起源于19世纪二三十年代，其主要内容是探讨人类经济活动的空间法则及一般规律，寻找工业、农业、商业等经济活动的最佳地点，即研究各种经济活动布局在什么地方最好。传统区位论研究的是如何在一国国内进行生产布局，如果我们把研究的地域范围扩大，把全球作为可供选择的生产布局地点的话，就会发现，区位论在一定程度上可以用于分析解释跨国公司对外直接投资的地点选择策略。

"区位"一词来源于德语"standort"，英文于1886年译为"location"，即定位置、场所之意，我国译成"区位"，日本译成"立地"，有些意译为位置或布局，在某些情况下也可用。"区位"一词在《现代汉语词典》中没有收入，那么"区位"是什么意思呢？课本中的解释是："某事物的区位包括两层含义：一方面指该事物的位置，另一方面指该事物与其他事物的空间的联系。"对"区位"一词的理解，严格来说还应包括以下两个方面：①它不仅表示一个位置，还表示放置某事物或为特定目标而标定的一个地区、范围；②它还包括人类对某事物占据位置的设计、规划。区位活动是人类活动的最基本行为，是人们生活、工作等最初步和最低的要求，可以说，人类在地理空间上的每一个行为都可以视为是一次区位选择活动。例如：农业生产中农作物物种的选择与农业用地的选择，工厂的区位选择，公路、铁路、航道等路线的选线与规划，城市功能区（商业区、工业区、生活区、文化区等）的设置与划分，城市绿化位置的规划以及绿化树种的选择，房地产开发的位置选择，国家各项设施的选址等。区位论作为人类征服空间环境的一个侧面，是为寻求合理空间活动而创建的理论，如果用地图来表示的话，它不仅需要在地图上描绘出各种经济活动主体（农场、工厂、交通线、旅游点、商业中心等）与其他客体（自然环境条件和社会经济条件等）的位置，而且必须进行充分解释与说明，探讨形成条件与技术合理性。由于实用性和应用的广泛性，区位活动已成为人文地理学基本理论的重要组成部分。

——案例来源：http://zhidao.baidu.com/link?url

第一节　产业布局理论渊源及其形成与发展

一、产业布局理论的起源

19 世纪初至 20 世纪中叶，随着资本主义生产力的迅速发展，地区间的经济联系空前扩大，原料产地与产品销售市场的范围愈来愈大；与此同时，经济危机频繁爆发。怎样合理布局产业的问题亟待解决。最早从事这方面研究的德国学者杜能、韦伯等运用地租学说、比较成本学说等许多经济学研究成果，创立了古典区位理论。

（一）杜能的农业区位理论

杜能认为，农业土地经营方式与农业部门地域分布随距离市场远近而变化，而这种变化取决于运费的多少。他将复杂社会高度抽象为一个简单的孤立国，并假设：①孤立国完全自给自足；②孤立国中的唯一城市位于中央，是工业品的唯一供应中心，农产品的唯一贩卖中心；③农业土地经营方式与农业部门地域分布，随距离城市市场远近而变化，其变化取决于运费的大小；④农业经营者能力相同，技术条件一致；⑤农作物的经营以谋取最大利润为目的，因而农民是根据市场的供求关系调整自己的产品类型的；⑥市场的农产品价格、农业劳动者工资、资本利息在孤立国中是均等的，交通费用与市场远近成比例。

杜能在分析"孤立国"内如何分布农业才能从一单位面积土地上获得最大利润时提出，利润(π)是农产品价格(P)、农业生产成本(C)和农产品运往市场距离(R)的函数，即 $\pi=P(C+R)$。他用此公式计算出各种农作物组合的合理分界线，并将孤立国划分成 6 个围绕城市中心呈向心环带的农业圈层，每一圈都有特定的农作制度，这即是"杜能圈"(见图 13-1)。

由城市向外，6 个农业圈层分别是：①自由农作圈（提供鲜菜、牛奶等）；②林业圈（提供薪炭）；③谷物轮作圈（主要提供谷物，谷物与饲料作物轮作）；④谷草轮作圈（提供谷物为主，谷物、牧草和休闲地轮作，是圈层中面积最大的一个）；⑤三圃式轮作圈（提供畜产品为主，1/3 土地种燕麦，1/3 土地种稞麦，1/3 土地休闲）；⑥畜牧圈（大量土地放牧或种植牧草）。

（二）韦伯的工业区位理论

德国经济学家韦伯是古典区域理论的杰出代表，是工业布局理论的创始者。他在 1909 年撰写的《工业区位论》一书中系统地论述了工业区位理论。韦伯认为，运费是对工业布局起决定作用的因素，工业的最优区位通常应选择在运费最低点上。他将龙哈特提出的"区位三角形"概念一般化为区位多边形，他假定有 n 个原、燃料地，则工厂的最优区位必须满足的条件为：

$$\min F = f \cdot \min\left(\sum_{i=1}^{n} M_i R_i + R_k\right)$$

式中：F 为单位产品总运费；f 为运费率；$M_i(i=1,2,3,\cdots)$ 为单位产品消耗的原、燃料重

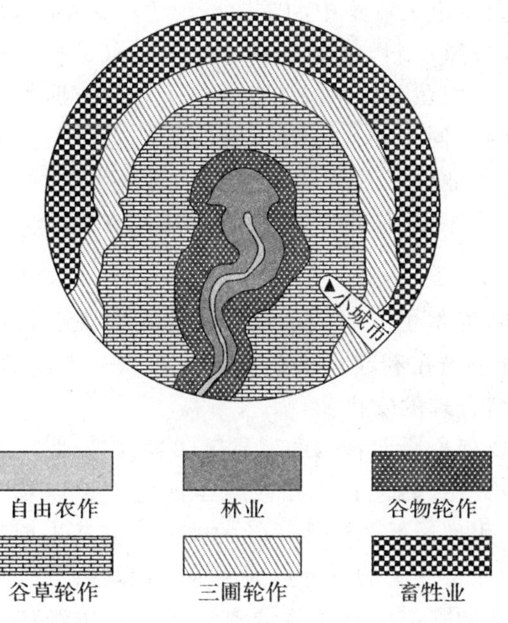

图 13-1　杜能圈模式

量；R_i 为 i 原、燃料的运距；R_k 为产品运距。

韦伯认为，与运费一样，劳动费也是影响工业布局的重要因素。对劳动费与运费相比在成本中所占比重大一些的工业或者生产成本中劳动费占很大比重的产业而言，运费最低点不一定是生产成本最低点。假如存在一个劳动费最低点时，同样对工业区位施加重要影响。韦伯还认为，聚集力也会对工业最优区位产生影响。聚集力是指企业规模扩大和工厂在一地集中所带来的规模经济效益和企业外部经济效益的增长。聚集经济效益，一方面取决于聚集的规模，另一方面取决于聚集的产业或企业的种类与结构。

韦伯是区位理论的奠基人。他第一个将工业区位理论系统化，提出了一系列概念、指标与准则等，其后的区位理论发展无不深受其影响。

二、产业布局理论形成及发展

产业布局理论自 19 世纪形成以来，在第三次产业革命与世界经济格局变化的影响下，经历了一个异常的发展过程，形成了各种不同的理论流派。

(一)成本学派理论

成本学派是最早的产业布局学派，其核心是以生产成本最低为准则来确定产业的最优区位。该学派最早的代表人物是龙哈特，主要代表人物是韦伯。韦伯之后成本学派的重要代表人物是胡佛、赖利、艾萨德等。

美国学者胡佛于 1931 年与 1948 年分别写了《区位理论与皮革制鞋工业》和《经济活动的区位》两本书。他提出运输成本由两部分构成：一是线路运营费用；二是站场费用。前者是距离的函数，后者则不一定。在此基础上，他对韦伯的理论作了修改：第一，若企业用一种原料生产一种产品，在一个市场出售，且在原料与市场之间有直达运输，则企业布局在交通线的起讫点最佳，因为在中间设厂将增加站场费用。这就是胡佛的终点区位优于中间区位的理论。他认为这是大城市工业集中的重要原因之一。第二,如果原料地和市场之间无直达运输线,原料是地方失重原料,则港口或其他转运点是最小运输成本区位。这就是转运点区位论,这一理论为人们在港口布局工业提供了理论依据。

赖利关于产品交换的不同价格政策对运输的影响进行了深入研究。艾萨德则根据韦伯的理论,对运输指向的工业作了更详尽的分析。他认为,运费不仅取决于货物的重量及运距,而且还与货物本身的体积、易碎性、易燃性等属性有关。

(二)市场学派理论

市场学派形成于垄断资本主义时代。该学派的主要观点是产业布局必须充分考虑市场因素,企业布局应尽量布局在利润最大的区位。在瓜分市场的激烈竞争中,还必须充分考虑市场划分与市场网络合理的安排。

研究市场划分的主要理论有费特尔的贸易区边界区位理论、谢菲尔的空间相互作用理论、罗斯特朗的盈利边界理论、帕兰德的市场竞争区位理论以及吉的自由进入理论等。其中,谢费尔的空间相互作用理论受到许多学者的关注。其基本原理是任何两地之间都存在一定的相互作用关系,两地市场间的分界点为两地作用均衡点。

研究市场网络合理结构安排的理论主要有廖什的区位经济学和克里斯塔勒的中心地理论。克里斯塔勒通过对德国南部的城市和乡镇及其与四周农村服务区之间的空间结构特征的研究,于1933年出版了《德国南部的中心地》一书,提出了中心地理论,首创了以城市聚落为中心进行市场面与网络分析的理论,很受学术界的重视。20世纪中叶,荷兰填海造陆后曾按照中心地理论规划交通图和居民网点。廖什于1940年出版了《区位经济学》一书。他在该书中研究了区位平衡理论,建立与发展了工业区位理论、经济区理论与市场区位理论等。廖什认为,工业布局的原则是寻求最大利润,但如果把单个经济活动单位置于实际空间中去研究,其布局往往受到多种因素影响。为此,他提出了区位的一般方程,在此基础上提出经济区位理论。廖什是区位理论的集大成者,他的区位经济学涉及了工业区位理论、农业区位理论、交通运输布局理论等许多领域。而且他开创了产业布局学的新领域——区域产业布局。

(三)成本—市场学派理论

成本—市场学派是在成本学派与市场学派的基础上形成的。这一学派建立了一般均衡理论,而且探讨了区域产业布局与总体产业布局问题。这一学派的主要代表人物有艾萨德、俄林、弗农等。

艾萨德是区域科学的创始人,1954年他出版了《区位和空间经济》一书,试图在杜能、韦伯、克里斯塔勒和廖什等人的研究基础上建立一般区位理论。他详细讨论运输量、运费率、劳动力等对企业布局的影响,提出了工业的聚集、规模经济、经济区的规模、经济的地域特点和贸易理论等。

俄林于1933年出版了《区域间贸易和国际贸易》一书,在产业布局方面,建立了一般区位理论。他认为运输方便的区域经济能够吸引大量的资本和劳动运输的产品,而运输不方便的地区则应专门生产易于运输、小规模生产可以获利的产品。

弗农在俄林理论的基础上提出了产品生命周期理论,对处于不同生命周期的产业布局进行了探讨:第一,处于创新期的产业属于技术密集型产业,一般布局于科研信息与市场信息集中、人才较多、配套设施齐全、销售渠道畅通的发达城市。第二,处于成熟期的产业会从个别点向面上转移,出现波浪扩展效应。这是因为生产定型化使技术普及化,同时大城市的成本费用一般较高。第三,衰退期的产业完全沦为劳动密集型产业,经过长期生产,技术完全定型化,产品需求趋于饱和,生产发展潜力不大,于是从发达地区向落后地区转移。弗农的产品周期理论以技术发展为核心,事实上已道出了产业梯度转移理论的核心内容。

(四)后期西方国家产业布局理论进一步发展

第二次世界大战后,随着殖民地国家走上独立自主道路,落后地区产业布局理论开始受到重视。西方一些学者以后起国家为出发点提出了增长极理论、点轴理论、地理性二元经济理论等,大大丰富了产业布局理论的内容。

增长极理论是由法国经济学家佩鲁提出的,其核心内容是:在一国经济增长过程中,某些主导部门或者有创新力的企业在特定区域或者城市聚集,从而形成一种资本和技术高度集中、增长迅速并且有显著经济效益的经济发展机制。由于其对临近地区经济发展同时有着强大的辐射作用,因此被称为"增长极"。根据增长极理论,后起国家在进行产业布局时,首先可通过政府计划和重点吸引投资的形式,有选择地在特定地区和城市形成增长极,使其充分实现规模经济并确立在国家经济发展中的优势和中心地位;然后凭借市场机制的引导,使得增长极的经济辐射作用得到充分发挥,并从其临近地区开始逐步带动增长极以外地区经济的共同发展。

点轴理论是增长极理论的延伸,从区域经济发展的空间过程看,产业特别是工业先集中于少数点,即增长极。随着经济的发展,工业点的增多,点与点之间由于经济联系的加强,必然会建设各种形式的交通通信线路使之相联系,这一线路即为轴。这些轴线首先是为点服务而产生的,但它一经形成,对人口和产业就具有极大的吸引力,吸引企业和人口向轴线两侧聚集,并产生新的增长点。点轴理论就是根据区域经济由点及轴发展的空间运行规律,合理选择增长极和各种交通轴线,并使产业有效地向增长极及轴线两侧集中分布,从而由点带轴、由轴带面,最终促进整个区域经济的发展。

地理性二元经济理论是瑞典经济学家缪尔达尔在《经济理论和不发达地区》一书中提出的。他认为:在后起国家经济发展过程中,一方面,发达地区由于要素报酬率较高,投资风险较低,因此吸引大量的劳动力、资金、技术等生产要素和重要物质资源等由不发达地区流向发达地区,从而在一定时期内使发达地区与不发达地区的差距越来越大。另一方面,产业集中超过一定限度后,往往出现规模报酬递减现象。这样发达地区会通过资金、技术乃至人力资源向其他地区逐步扩散,以寻求在不发达地区经济增长的机会,特别是对不发达地区产品和资源的市场需求相应增加。

(五)其他相关理论

随着世界经济全球化趋势的加强,区域联合理论越来越成为研究产业布局理论时所必须关注的主要理论,主要包括区域相互依赖理论和地域分工与贸易理论。

早在100多年前,马克思、恩格斯在《共产党宣言》中,就明确地提出并分析了随着资产阶级开拓了世界市场,世界经济必然走向相互依赖的原理。西方经济学家在世界经济相互关系方面,也作了大量研究。区域相互依赖理论认为:生产力的扩展有助于世界范围内将各种生产要素进行新的组合,提高其利用率,并把各国从物质生产到精神生产都密切地联系起来;而商品经济的发展、交通通信手段的现代化、技术的空间推移和协作以及资本的国际化流动等都使得相互依赖的程度不断加深。

地域分工与贸易理论是随着资本主义生产方式的发展,为适应自由贸易的需要而产生的经济学说,从亚当·斯密开始,经大卫·李嘉图到赫克歇尔、俄林等,经历了几个演变阶段。

斯密的绝对成本学说认为:分工可以提高劳动生产率,这一原则也适用于地域分工与国际分工。指导分工的是优势原理。各国为了本国利益,都专业化地生产本国具有优势的商品,即实行国际分工,就能提高每个国家的劳动生产率和社会总产量,并在国际贸易中获得较大的利益。按照优势原理,富有国家应当专业化于制造业,而贫穷国家应专业化于农业。然后相互交换,两类国家都可以从节省劳动中得到好处。

李嘉图的比较成本学说认为:两国产品的交换,取决于生产这两种产品的比较(或相对)成本,而不是由生产这两种产品耗费的绝对成本所决定。这是因为两国劳动生产率的差异,并不是在任何产品上都是同等的。他主张每个国家都应把劳动用在最有利于本国的生产上,生产和出口对本国相对有利的商品,进口相对生产成本较高的商品。

绝对优势理论和比较优势理论指出了不同国家或地区之间互利贸易的基础是绝对生产率或相对劳动生产率的地区差异,但没有解释产生这种差异的原因。1919 年,瑞典著名经济学家埃利·赫克歇尔在解释李嘉图的比较优势理论时,首先提出了生产要素禀赋理论。他认为,产生比较成本差异必须具备两个条件,即两个国家生产要素禀赋不同,不同产品在生产过程中所使用的要素比例不同,否则两国间不能产生贸易。

赫克歇尔的学生贝蒂尔·俄林承袭了他的观点,于 1933 年出版了《域际贸易与国际贸易》,创立了完整的资源禀赋理论。俄林因此获得 1977 年诺贝尔经济学奖。俄林分析了比较利益产生的原因,他以新古典主义经济学作为地域分工和国际贸易理论的基础,放弃了古典学派以劳动来决定价值的观念,代之以价格差异分析,认为区域分工及区域贸易产生的主要原因是各地区生产要素禀赋上的差异。生产要素禀赋的差异具体体现在:土地及矿产的差异、资本的差异、劳动力素质和数量的差异、技术水平的差异、经营管理水平的差异。

生产要素禀赋理论实际上也是一种比较优势理论,它强调从多种生产要素最佳配置中降低成本、提高效益从而取得比较利益。这使得它成为现代区域分工协作的基础性理论。但它过分突出资源供给的差异,单纯地强调生产要素的供给对区域分工与贸易格局的影响,忽略了生产要素需求对区域分工与协作的影响。

第二节 影响产业布局的因素

产业布局是指产业在一国(或地区)范围内的空间组合。实际上,它是一项受多因素、多部门、多方面、多层次影响,具有全局性的经济战略部署。合理的产业布局有利于地区优势的发挥,充分利用各种资源,从而有利于经济、社会和生态效益的更好发展;不合理的产业布局则不利于或者阻碍发展,甚至为之付出巨大的代价。因此,产业布局是全局性具有长远影响的重大战略政策问题。

一、产业布局的概念

产业布局是对产业空间分布的规划，实际上是政府对产业空间发展的一种干预行为。如果没有政府干预的条件下，对产业空间发展起作用的则是市场机制。影响产业分布的主体是企业，因为产业分布实际上是微观企业布局所形成的宏观结果，而企业布局时以利润最大化为目标，企业主体依据市场价格信号和价值规律，自发地选择布局的最优区位。但是市场机制本身存在局限性和弊端，自身难以纠正，因此可以通过产业布局来弥补这一缺点。

产业布局对一个国家而言，指的是各个产业及产业的各部门在全国领土范围内的组合与分布。它包含以下几个方面：

(1)产业布局是产业的地域分工与协作关系，是各产业的地域组合，其发展不仅在该地域内形成独立的产业部门，而且各个产业部门在发展中会形成一个综合体，各产业部门不仅仅是生产各种具体的产品，同时也产生一定的社会关系。所以说，社会生产的布局，不但会引起产业空间布局的变化，也会引起经济关系、生产关系空间上的变化。那么某个国家或地区在一定的自然条件下及社会发展历史进程中形成的产业分布状态，就决定了一国或地区的地域分工与协作状态，也决定了列入地区内部的数量比例和经济联系的关系。在对产业布局的研究中，对地区经济的考察、对经济协作区的划分都是从此出发的。

(2)产业布局是各产业在地域上的分布状况，各个国家在一定的社会发展历史进程与自然条件形成的产业分布，指的是已经形成的各产业在空间地域上的分布状态，说的是已经实现的东西，是之前产业布局规划实施的结果，是今后新的产业布局调整的依据之一，而新的产业布局也将反作用于已经形成的产业分布状况。产业分布状态表述的是产业布局的基本含义之一。它包括各产业在各地区的密集与分散程度，在各地的不同发展水平，主要产业基地的位置和它们彼此之间的空间距离，不同地区产业要素的不同分布状态等。

(3)产业布局是对产业的空间转移的规划和战略部署。一国的不同地区所处社会发展阶段与自然条件总存在着差异，不同地区产业的发展总是处在不平衡—平衡—新的不平衡—新的平衡的动态运动中。在社会发展的进程中，人们积极主动地去揭示产业布局的内在规律，而不是消极被动地接受，并依此进行有意识、有目的的经济活动。因此，产业布局的含义也就包括了要从社会系统、生态系统与经济系统可持续发展的产业发展根本目标出发，对产业的空间转移做出长远的规划部署。

(4)产业布局是对产业在空间上的组织与协调。在生产社会化的条件下，为了使社会再生产得以顺利地进行，一方面应当通过资产重组，使资产存量重新优化配置；另一方面应对资产增量，即对总投资在各地区进行合理分配，并对企业建设地点和重点项目的分布选择进行宏观调控，在达到专业化协作的基础上，不遗余力地发展地区间的经济联合。产业在空间上的协调与组织的动力本质上都是对产业空间布局的一种协调与组织活动。在对产业布局研究中，对地区之间经济联合化形势和途径的研究、对企业的指向研究、对物流的研究等都是从此出发的。

二、影响产业布局的因素

产业布局是生产存在和发展的空间形势，影响生产的各种因素也必然对生产部门的布局及效果产生影响。从这方面讲,影响生产的各种因素也是影响产业布局的因素。归结起来,影响产业布局的因素主要包括自然因素、地理位置、社会因素、科学技术因素、政治经济因素等。

(一)地理位置

地理位置是影响一个地区甚至国家经济发展的重要因素,它对一个地区的经济发展会产生加速或延缓的作用。因为地理位置不仅影响自然条件,而且还会影响到交通、信息和一系列社会经济条件。

1. 地理位置对第一产业布局的重要影响

第一产业主要是农业,由于受到水、土、光、热等条件的严格限制,因此处于不同的地理位置,就决定了不同的第一产业的发展方向。同时,农业生产也会受到当地相应的市场供求以及运输条件的制约。不同的地理位置反映地区多种不同生产条件,地理位置的优劣则表现在这些方面的差异上。

2. 地理位置对第二、第三产业布局的直接影响

许多产业并非都分布在能源基地、矿产及原材料产地,而是分布在地理位置优越、交通运输便利的地方,如综合运输枢纽、铁路沿线及海港等附近,多为不同规模的加工中心,且汇集众多的第三产业部门。地理位置还对地区自然资源的开发顺序产生直接的影响,那些距离经济发展中心较近、交通方便的地区资源,因其经济价值较大,总是首先得到开发。

(二)自然因素

自然因素包括自然资源和自然条件两个方面。自然条件是人类赖以生存的自然环境,包括未经开发利用的原始自然环境,也包括经过人类开发利用后的自然环境。自然资源是指自然条件中被人开发利用的部分。自然因素是产业布局形成的物质基础和先决条件。

1. 土地资源、工业资源决定了农业生产、工业生产的布局

在地球上,各地区所处地理位置决定了该地区农业的发展方向。气候资源、土地资源、水资源与生物资源共同综合作用,决定了大农业生产的地域分布;重工业中的采掘业、材料工业、重型机械工业等多分布在工业自然资源丰富的地区,以农产品为原料的轻工业和食品工业则多分布在农业自然资源较丰富的地区。工厂选址占地及工业用水等也离不开自然条件,甚至深受这些条件的限制;而自然因素对第三产业的影响,则突出表现在对旅游业的作用上。高山雪原、瀑布峡谷、荒漠戈壁、森林草原呈现不同的原始自然美,是不可多得的旅游资源。

2. 自然资源要素差异扩大了经济区域间各种要素流的梯度差,产生了地区专业化

由于自然资源、自然条件对产品质量及劳动生产率等方面具有直接或间接的影响,在市场经济与竞争的条件下,产业活动肯定最优集中在自然条件与自然资源分布区,形成各具特色且有一定规模的专业化生产部门,进而完成产业劳动地域分工的大格局;世界上许多地方的产业并非都分布在矿产和其他原料地以及能源基地,那些交通方便、经济发达的地区,因其经济价值较大,总是首先得到开发,于是形成了如综合运输枢纽、铁路沿线、海港等不同规模的加工中心,并汇集众多的第三产业部门;林区矿区为主的经济区难以形成大城市,平原地区则表现出农业地域特点。据此,我国的经济区域分为:加工混合型,如吉林;加工型,如上海;资源型,如黑龙江。

3.自然条件复杂多样性是发展多元化区域产业结构的前提

稳固的地质基础是建筑业、制造业发展的前提；平原地区利于大规模现代化耕作、灌溉，有开阔的场地供制造业、建筑业使用和发展各种运输线路，是最优的产业布局场地；盆地地区空气流通差，不宜发展冶金、化工等工业；山区、丘陵多地势起伏，影响对内、对外的经济联系，不宜发展保鲜的果品和消耗原、燃料多的制造业；气候对农业影响最大，对航海航空、水利枢纽、露天采矿、旅游业以及飞机制造也产生重大影响；水不仅影响农业布局，还可以直接用作工业原料，航运则直接使用水的浮力；动、植物的分布也决定了某些产业的布局。

(三)社会因素

1.人口因素对产业布局的影响

人既是生产者，又是消费者。这两方面的属性对产业布局都有深刻的影响。

(1)作为生产者的人对产业布局的影响

人口数量影响市场规模和资源开发程度。一般来说，人口充足尤其是劳动力充足的地区可以充分开发利用自然资源，发展生产。产业安排方面，通常以劳动密集型产业为主；而在人口较少地区，则要开发能有效利用当地自然条件、自然资源的优势产业，以利于提高劳动生产率，弥补劳动力不足造成的开发该地区的高投资。

人口素质尤其是劳动力素质也对产业布局有重大影响。人口质量的高低关系到生产力水平的高低，高质量的人口和劳动力是发展高层次产业，即技术密集型产业的基础。

(2)作为消费者的人对产业布局的影响

人口的消费状况对产业布局也有明显的影响。各个地区人口数量、民族构成和消费水平存在差异，要求产业布局与人口的消费数量、消费特点相适应。例如，特大城市都分布着为本市人口消费服务的以针织、制鞋、玻璃、家具等工业为主的大城市工业和以蔬菜、花卉、牛奶等现代农业为主的城市农业。此外，人口的民族、宗教信仰、性别、年龄，导致了市场需求的多样性，要求产业布局有针对性地选择项目种类和规模，最大限度地满足各个层次人口的物质文化生活需要。

2.经济区位对产业布局的影响

经济区位是指地球上某一地点与具有经济意义的其他地点间的空间联系，也就是一国、一地区在国际国内地域生产分工中的位置。上海市位于中国东部沿海经济发达地区的中点，既是京沪、京杭铁路的交会点，也是整个长江流域与长江沿岸各河港的出海口。经济区位的优劣与否，与交通、信息等条件关系密切，并决定着市场范围的大小。世界上许多工业区分布在区位条件较好的城市或港口，地理位置优越，交通便利，市场广阔，原料进口运输成本低，产品又便于就近销售。灵通的信息，有利于及时了解市场需求，调整产品结构。

3.社会历史因素对产业布局的影响

产业布局有历史继承性的基本特征，历史上形成的产业基础始终是新的产业布局的出发点。不同经济体制传统对产业布局的盲目性、合理性、波动性或趋同性也有明显的影响。可见，社会历史因素对产业布局也有重要影响。社会历史因素主要包括历史上已经形成的管理体制、社会基础、国内外政治条件、国家宏观调控法律政策、国防、文化等因素。它们是独立于自然地理环境之外的因素。其中最主要的是表现为政府通过政治、经济、法律等手段对产业布局进行干预和宏观调控。它对产业布局有不可忽视的影响。而且，特定的社会文化环境和法制环境对某些产业集中于特定地区有较大影响。如美国加利福尼亚“硅谷”

的形成就是知识密集型产业集中于知识密集区的范例。

(四)政治经济因素

1. 市场条件对产业布局的影响

市场与企业的相对位置。产业区位总是指向于能使商品以最少时间、最短线路、最低花费进入市场的合理区位;市场规模指的是商品或服务的容量。如今随着发展运输条件改善,制造业的构成由重工业转向高附加值工业,原材料的运输方式及成本在产业布局中的影响下降,相反,接近消费市场日益重要。市场竞争提供刺激、传递信息、提供技术支持、提高经济增长效率、促进生产的专业化协作和产业的合理聚集,使产业布局指向更有利于商品流通的合理区位。

2. 宏观调控对产业布局的影响

正确的政策可以促进经济和产业的合理布局;反之则会阻碍其发展。比如,价格政策体现了国家对市场经济的宏观调控,合理的价格政策对产业布局有积极的影响。价格对产业布局的影响主要体现在国家的价格政策、产品地区差价及产品可比价格等方面。产品的地区差价客观地体现了商品生产和消费在空间上的差异与矛盾,合理的地区差价有利于企业按价值规律选择最佳区位。另外,产品的各种比价关系对产业内部结构的调整和生产的地区分布有重要作用。

3. 国际、国内环境对产业布局的影响

经济发展需要有一个良好的国内、国际政治环境,政局动荡、社会不稳定的国家,其经济很难获得发展,更谈不上合理的产业布局。新中国成立初期,迫于国际环境,我国不得不把沿海的一些工业内迁,并重点进行东北工业基地的建设,致力发展重工业。改革开放以来,由于国际环境的变化,我国又将投资重点放在东部沿海一带,这一政策的变化,促进了我国东部沿海地区经济的优先发展。另外,公平合理的价格政策对产业布局有积极的影响;不然则阻碍发展。合理的税制结构可以控制重复建设、以小挤大和地区封锁,从而促进产业布局合理化与地区经济的协调发展。对于某些产业在不同地区的发展,也可以用改变税率的方法来控制和调整。

(五)科学技术因素

科学技术是第一生产力,对经济发展与产业布局产生重要影响。

1. 自然资源利用的深度和广度对产业布局的影响

技术进步拓展人们利用自然资源的深度和广度,使自然资源获得更丰富的经济意义。例如,由于选矿、冶炼技术的进步,使品位较低的矿产资源获得了工业利用的价值。这将使原料、动力资源不断丰富,各类矿产资源的平衡状况以及它们在各地区的地理分布状况不断改善,使产业分布范围更广阔。同时,技术进步提高资源的综合利用能力,使单一产品市场变为多产品的综合生产区,从而使生产部门的布局不断扩大。

2. 产业结构对产业布局的影响

技术进步不断地改变着产业结构,新技术的出现催生一系列新的产业部门诞生。这些产业部门都有不同的产业布局的指向性,也就必然对产业布局状况产生影响。随着科技进步、生产力的提高,三次产业结构不断变化,使得人类生产、生活的地域和方式也出现了很大变化,这将导致城市化趋势,从而对产业布局产生影响。

本章小结

本章从产业布局理论的概念以及含义出发，反映了产业布局理论同区域因素的密切关系，而通过规划区域的产业布局，是区域经济增长的必要手段。通过介绍产业布局方面不同经济学家的理论思想及研究成果，我们可以清楚地了解并补充关于产业布局理论的知识。

影响产业布局的因素：地理因素，决定了原材料、市场及运输；还有劳动力因素、规模经济因素、政府职能与政府干预因素、科学技术因素。

复习思考题

1. 解释产业布局概念及其基本含义。
2. 概述产业布局的基本理论。
3. 影响产业布局的主要因素有哪几方面？
4. 后起西方国家产业布局理论都有哪些？

【案例评析】

影响中国近代工业布局的因素

1. 自然条件

自然资源，尤其是矿产资源是工业发展布局的重要物质基础和前提条件。从清末汉阳铁厂、开平煤矿的布局过程来看，大冶优质铁矿、湖南湖北的煤炭资源以及后来大力开采的萍乡煤矿，对汉阳铁厂的布局及再布局均产生重要影响；开平煤矿也因其储量丰富，煤种比较适宜机器轮船之用而较早地得到开发。水资源也是现代化工业生产的重要资源和条件，近代中国工业布局的组织者们对此相当重视。汉阳铁厂布局过程中形成的几个厂址选择方案，都很重视靠近水源。20世纪初期上海不少丝织厂之所以向无锡等地转移，除了靠近蚕茧的供应地之外，也与当地水质较上海为优，比较适合丝厂工业用水有关。此外，地表的自然要素——地质、地貌、气候、水文等，也对近代工业布局产生了一定影响。

2. 政治因素

同西方一些“内发原生型”的现代化国家不同，我国近代的工业化运动不是由内部因素自发产生的，而是在外国资本主义的压迫之下，由旧的政权“自上而下”推行的。这就使得我国近代的工业化运动不可避免地打上了传统政治的烙印。统治阶级内部各种错综复杂的矛盾对我国近代工业布局产生了深远影响。譬如，清政府决定搁置李鸿章修筑津通铁路的建议，而采纳张之洞的方案改筑芦汉铁路，将粤省原定炼铁机炉移到经济文化均相对落后的湖北地区来兴办，以及不同意李瀚章、李鸿章兄弟提出的将张之洞在粤所定之枪炮厂移设北洋，而支持张之洞移鄂兴办等，即与清廷急欲扶植张之洞这一新兴政治势力，抑制李鸿章集团势力过于膨胀的政治图谋密切相关。而张之洞之所以最终放弃在大冶铁矿附近设厂这一当时在经济上更为有利的计划，究其主要原因，则是他同李鸿章、盛宣怀等为争夺铁厂控制权，明争暗斗的结果。

同自然资源、经济基础等因素相比较，政治因素对工业布局的影响显得更加直接，表现更加活跃。政治力量往往凭借权力按自己的意志对人力、物力进行支配、调拨，从而使得工业布局在相当程度上突破经济条件的制约。即使有的地方发展近代工业社会文化阻力较大，当权者也有可能通过运用政治权力乃至政治压力来克服困难，化解矛盾，为近代工业的创立开辟道路。即使在轻工业领域，尽管统治者很少直接干预工厂的具体的布局过程，但统治者所制定或实行一些政策、制度也对工业布局产生了相当影响。譬如晚清时期李鸿章为上海机器织布局所奏请的所谓专利制度，民国时期南京国民政府提高进口棉花关税，以及一些地方实力派人物如阎锡山等在本省所实行的强烈地方保护主义政策等，对工业布局均产生一定影响。

3. 经济因素

社会经济因素，尤其是优越的经济地理位置、交通条件及企业的技术水平，对近代工业布局具有决定性影响。上海、武汉等地优越的地理位置和便利的交通条件，是当时许多工厂建立的重要原因。内地的交通条件、生产技术与管理水平等虽不如上海等沿海地区，但其利用靠近原料供应地和市场销售地之优势，也可以获得一定的发展空间。企业生产技术水平不仅影响企业之经济效益，而且对企业布局的影响也很大。譬如，铁厂生产技术的提高，减轻了工厂对煤炭资源的依赖，也降低了运输费用和生产成本，这对汉阳铁厂能够克服远离原料产地之劣势，最终能够在汉阳地区生存、发展有着重要的影响。

4. 社会文化因素

英国近代的工业文明作为西方文化的代表，是伴随着西方列强血与火的殖民侵略一并传入我国的，在当时极易遭受保守的官僚士大夫的排拒，社会一般民众也多对之持反对态度。尤其是在一些风气闭塞、官僚士大夫云集的传统政治文化中心，发展近代工业所遇到的社会阻力相当强大。因此，我国近代工业起初往往选择在一些社会阻力较小的地方进行布局。光绪初年，李鸿章对在直隶磁州、开平等地办矿曾一度心存疑虑，而企图另在湖北择地兴办，就与直隶一带社会风气闭塞、守旧势力过于强大等因素有关。洋务运动初期由于湖南地区闭塞、文化保守，清代统治者尽量避免在湖南兴办近代工矿业，甚至连最初拟定的芦汉铁路南段(今京广线)也要设法绕过湖南省境。可见社会文化因素对我国近代工业布局的重要影响。落后保守的文化观念阻碍了工业布局的实现，而科教文化比较开明的沿海开放地区，如上海等地，则对近代工业企业投资具有强大的吸引力。

上述影响工业布局之区位因素，往往因不同工业部门、企业布局的不同阶段及企业所处的市场环境之不同，其影响大小及相互地位亦有所不同。总之，近代工业布局是这一时期各种人文、自然因素综合作用的结果，具有独特的时代特点与民族特性，研究我国近代工业布局的具体历史过程，并分析影响布局的各种区位因素，对于我们深刻认识我国近代工业化的特点，总结我国现代化的独特进程及其经验教训，进一步丰富经济地理学的相关理论，具有重要意义。

——案例来源：http://www.bjpopss.gov.cn/bjpssweb/n3739c48.aspx

案例评析问题：

1. 什么叫产业布局？

2. 列举影响中国近代工业布局的因素。

第十四章　产业布局理论的实践应用

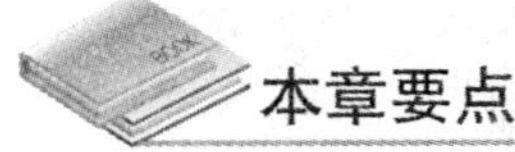

本章要点

通过本章学习，应掌握如下要点：

1. 产业布局的实践应用方法

2. 中国产业布局演变

3. 美国、日本、韩国产业布局实践应用的经验借鉴

导入案例

北京现代服务业空间布局及影响因素

现代服务业是促进现代城市经济发展、完善城市功能、提高城市竞争力的重要产业部门。现代服务业的空间布局直接影响着这一产业发展的规模和质量，也关系着现代城市的发展水平。因此，实现现代服务业在空间上的合理分布具有重要意义。北京市现代服务业在空间布局上已经形成了专业产业基地、高技术研发服务区、环保产业园、金融街、文化创意产业园、CBD、物流产业园等聚集区。这一空间布局的形成是市场机制与政府调控共同作用的结果。具体来讲，北京现代服务业的空间分布缘于以下机制。

（一）正外部性机制

现代服务业集群所主要依赖的外部正效应包括人才的易获得性，技术、知识、信息的可获得性，相对较低的交易成本和市场的聚集与辐射性。

1. 人才的易获得性

现代服务业是智力密集型企业，一般先出现在专业人才相对密集的区域，同样该产业的集聚地区也会吸引相关人才的聚集，从而形成一个专业化的人才市场，这样一来不但减少了企业人才搜索成本，而且为高技术人才寻找合适企业提供便利，使得供求双方均可从中获得集聚经济利益。

2. 技术、知识、信息的可获得性

技术、知识、信息资源是现代服务企业发展必不可少的重要因素。现代服务业企业聚集在同一区域，为许多管理人员或具有相同专业素质的高科技人员提供了一个非正式的知识交换场所，通过交流使知识在企业间传播，形成非正式的且相对分散的学习过程，从而产生知识外溢现象。这不但有利于企业获得技术、知识、信息，而且可以促进更多新技术、新知识的产生，将其转化为组织资产。

3. 交易成本相对较低

交易成本是除了生产成本以外，人们自愿交往、彼此合作达成交易所支付的成本。一般包括信息成本、搜索成本、议价成本、决策成本、监督成本、违约成本等。现代服务业一般会更倾向于在交易成本相对较低的区域形成集群。企业在产业集群内更易于接近低成本、优质的专业元件,如营销渠道、人力资源、管理理念等,以大幅度减少信息交换成本和搜索成本。此外,集群内企业地理邻近可建立信誉机制和互惠共生的合作关系,减少机会主义行为,降低合约的谈判成本,提高执行效率。

4. 市场的聚集与辐射性

现代服务业强调企业与客户之间、企业与合作者之间的高度互动。一方面,现代服务业的发展离不开与其他产业形成紧密的生态链和互补链,需要大量提供同类和异类服务的现代服务企业形成良性的竞争和合作关系。另一方面,企业间通过合作形成一种规模经营,从而容易引起客户的注意。现代服务业容易在市场聚集和辐射性广的区域形成集群。

现代服务业空间布局具有明显的外部性机制。例如,中关村科技园起初就是中关村电子一条街。这一区域高校和研究机构密集、科技人才密集、图书情报密集、科学仪器密集、科研成果密集,成为民营科技企业创业的首选地。政府对民营科技企业的鼓励和扶持以及提供政策的保障,降低了科技创新与企业创业的交易成本。种种优势吸引了越来越多科技企业的加入,扩大了市场的聚集和辐射性。在人才、信息、技术、市场、政策多种要素的综合作用下,中关村发展成为规模经营、规范运作的科技园。

(二)现代服务业的范围经济

从空间分布的角度来讲,范围经济是指企业间由于经营区域接近从而通过业务上的联合所获得的经济利益。由于现代服务企业大多规模较小、服务功能相对单一,因此功能上不同的服务企业的业务之间往往存在密切的联系,不同类型的服务企业之间存在紧密的相互依赖。通过产业聚集,不同的现代服务企业间关联和渗透优势互补,联合起来提供服务,以达到实现利益共赢的目的。

(三)创新效应

产业集群与创新之间存在着强烈的互动效应。现代服务业的发展依托于知识、技术和管理等方面的创新,以及创新的扩散和转移。其聚集有助于将大企业的创新成果向中小企业转移扩散,资源共享,进而在相似的企业之间形成产业集群的区域创新网络。集群内企业成员进行合作交流,促进了资源和信息的互补,有助于服务创新能力的提高和技术的增强,也减小了创新所承担的风险。因此,在创新效应明显的地区,现代服务企业较为集中。

中关村内有高新技术企业14000多家,并且每年以4000家的数量连续增长,其中约80%为中小企业。这些企业进驻中关村,不仅是由于技术、人才、信息、政策优势的吸引,也缘于创新效应的影响。园区内目前已有19家产业联盟,其中TD-SCDMA产业联盟、龙芯联盟、闪联工作组、下一代互联网产业联盟、移动电视产业联盟、中关村创意产业联盟、中关村手机产业联盟在国内具有较大影响。这些联盟有助于企业避免恶性价格战,通过资源整合,形成产业链相互配套发展,为用户提供整体解决方案,实现突破性新产品产业化,有助于新兴小企业顺利跨过市场进入的门槛。以长风联盟、TD-SCDMA联盟为代表的企业技术联盟也为全国创新网络的建立和发展起到了示范和带动作用。多个联盟不仅吸引了跨国公司的加盟,还与之加强合作,使多项技术标准与国际化标准接轨,联盟技术、信息、知识资源实现了分层次开发和共享。AVS产业联盟、闪联产业联盟、TD-SCDMA产业联盟、中关村下一代互联网产业联盟和移动多媒体产业联盟还围绕行业标准的制定,进行了一系列的自主知识产权创新，填补了多项国家行业空白。

(四)政府调控机制

从产业布局形成逻辑上，分为市场机制和政府调控机制两种机制，在现实实践中产业布局的形成往往是这两种机制相互共同作用的结果，区别在于是政府干预多一些，还是市场作用多一些。随着理论研究深入和实践经验的增加，依据产业发展规律、制定产业政策、引导产业发展、提高区域经济社会发展水平，日益成为发展中国家地方政府的自觉行为。政府通过产业空间规划，降低税收、公共投资、提供信息服务、购买产品、加强法律规范和市场监管等措施，引导本地区产业的空间分布，促进产业集群的形成。

在现代服务业的空间分布中，北京市政府发挥着重要作用。北京市现有的高技术研发服务区、文化创意产业园、专业产业基地建设、CBD、金融街、物流产业园等诸多基地和园区都是在其自然形成的过程中实施政府干预的结果。政府根据经济社会发展状况和空间分布，在城市发展规划中对产业分布提高重视，为产业发展提供空间载体，并通过人才政策、财政政策、健全法律法规、完善基础设施建设，引导现代服务企业的集聚。例如，1992 年，北京市批准在西二环东侧建设金融一条街。1993 年，《北京城市总体规划》提出：在西二环阜成门至复兴门一带建设国家级金融管理中心，集中安排国家级银行总行和非银行金融机构总部。北京金融街就此诞生。目前，金融街已经完成全部开发建设任务的三分之一。在金融街落户的金融机构和知名企业达到 500 多家，基本代表了中国金融业的核心和领导力量，区域入驻机构和企业总资产超过 13 万亿元。其中，中国人民银行总行等大型企业的入驻为金融街带来了大量的国内外金融人才，最前沿的金融政策信息和最迅速的商业信息。金融街已经发展成为全国金融管理中心。此外，企业成本—收益机制也对北京现代服务业的空间分布产生一定的影响。例如，土地租金是企业重要的成本支出。城市中心地区由于交通便利、信息密集、设施完备，地租一般都会比其他地区高。能够在市中心区域发展也是企业实力的证明。如果企业的收益无法承担这一支出，就会去相对远离市中心的地点发展。

——案例来源：http://money.163.com/10/1223/13/6OJFA3MV00253G87.html

第一节　产业布局理论的实践应用概述

一、国际产业转移与国际分工

国际产业转移和国际分工是产业布局在全球范围内的特殊表现，研究国际产业转移和国际分工的主要目标是考察世界各国，特别是发展中国家在此背景下的地位和经济发展战略。

(一)国际产业转移与国际分工的关系

国际分工是社会发展到一定阶段的产物，是社会分工超越国界的结果，是生产社会化向国际化发展的趋势。国际分工的一个重要特点是不同国家的生产力发展水平不同，其中一部分国家相对较高，这在实际上就表现为国家间的产业级差。但由于产业生命周期的客观存在，发达国家便通过国际贸易和国际投资等方式将本国处于衰退期的产业向外扩散或转移。进而随着移入这些产业的国家的工业化进程，这些产业也会再次转移到其他国家或地区，由此形成一个永不间断的产业转移链。国际产业转移使发达国家与发展中国家之间的经济关系建立在一种新的国际分工基础之上，形成一种新的贸易与投资的利益分配经济格局。因此，国际产业转移的前提和基础是国际分工，国际产业转移促进国际分工格局的演进，并不断地改变着国际分工格局。

(二)产业革命以来国际分工格局和产业转移的演变

在产业革命到产业转移这样一个历史演进过程中，按照发展中国家与发达国家之间联系机制的显著变化来划分国际分工格局，存在着两个历史阶段。

(1)18 世纪中叶至 19 世纪末：农业国与工业国。18 世纪中叶开始的产业革命标志着资本主义向有着新技术基础的大机器工业过渡。此后世界分裂成两类国家：一是一些以农业为主以工业为辅或纯粹从事农业的农业国；二是由农业国围绕的少数几个工业国。19 世纪末 20 世纪初，资本主义国家通过资本输出，把资本主义生产大范围地移植到殖民地、半殖民地国家，从而使国际分工的主要形式——农业国与工业国的分工更加明显、更加深化。

(2)20 世纪 60 年代至今后较长一段时期：劳动密集型产业国、资本密集型产业国、技术密集型产业国。由于第二次技术革命和国际生产关系发生了较大的变化，以自然资源为基础的分工逐步渗透到各个产业内部，进而发展到以产品专业化为基础的分工；由市场自发力量决定的分工越来越向由跨国公司和国家组成的方向发展。发达国家中出现了以出口矿产品为主的工业制成品、以农产品为主的初级产品生产国和主要出口以高精尖技术产品为主的工业制成品生产国；发展中国家也出现了产业分化，新兴工业国主要出口资本密集型产品和劳动密集型产品，半工业化国家主要出口劳动密集型产品，非工业化国家主要出口初级产品。这样就形成了劳动密集型产业国、资本密集型产业国、技术密集型产业国的国际分工格局。

20 世纪 60 年代以来，随着新的国际分工格局的形成，大规模国际产业转移发生了三次：第一次是 60—70 年代，由于第二次世界大战后科学技术的发展，极大地推动了西方发达国家的产业结构升级，他们开始转移资本有机构成较低的劳动密集型产业；第二次是 70 年代以石油为主的能源危机，迫使发达国家向国外转移重工业产业；第三次是 80 年代以来，新技术革命导致的技术密集型产业转移。特别是进入 90 年代以后，发达国家慢慢地开始由工业社会向知识社会转型，国际产业转移呈现出新的趋势和特征：第一，国际产业转移规模扩大化；第二，国际产业转移区域内部化，区域内的资本流动和产业转移超过区域间的资本流动和产业转移；第三，国际产业转移结构高度化，高技术产业、金融保险业、贸易服务业、电信业、信息业、房地产业等日益成为国际产业转移的重点领域；第四，国际产业转移方式多样化，逐步形成了独资、合资、收购、兼并和非股权安排等多样化投资和产业转移方式并举的格局；第五，跨国公司成为国际产业转移的主体，1992 年，世界最大的 100 家跨国公司掌握着 1/3 的对外投资额，拥有 40%的海外总资本。

(三)国际分工和国际产业转移背景下发展中国家的经济发展战略

对发展中国家来说，国际产业转移有利也有害。一方面可以促使产业结构成长、引起就业结构变化、提高社会资本有机构成、加速国民生产总值提高等正面效益；另一方面也会导致发达国家与发展中国家在技术、产业、社会平均资本有机构成等方面保持级差，以及对污染产业的转移和有害产业的扩散等其固有的负效应，对发展中国家新兴产业的成长和经济安全也极为不利。因此，既不能完全依赖产业转移，也不能完全排斥产业转移。

在国际分工和国际产业转移背景下，发展中国家应选择的经济发展战略是：第一，兼收并蓄走超常规发展之路。也就是要根据本地区和国际经济政治条件的变化，适时地转换战略，有时实行进口替代为主的战略，有时实行以出口扩张为主的战略。第二，以内为主，内外联动。所谓以内为主，其核心是实行内生型的市场化发展，即从国内经济的内在结构中培育市场积极因素，加速国内统一的市场体系，建立现代市场经济制度。所谓内外联动，就是在内生型市场化发展的基础上，实现国内市场和国际市场的接轨。

中国的东、中、西部发展极不平衡，还处于发展中阶段。经过 30 多年改革开放，东部地区产业结构水平明显提高，资本密集型产业和技术密集型产业已成为该地区的主导产业，而广大中西部地区则以劳动密集型产业为主导产业。因此，我们必须采取既积极又慎重的态度参与国际分工和国际产业转移。具体地说，可以探索性地采取以下策略：第一，大力发展教育，加快经济体制改革步伐，进一步扩大市场开放，以再造投资环境优势，进一步扩大产业转移的规模；第二，正确处理区域性引进和全方位吸纳的关系，实行市场多元化战略；第三，优化吸纳国际产业转移的结构，加速产业结构升级的高度化；第四，正确处理吸纳国际产业转移与保护本国产业的关系，并实行有效的政策，对国内市场实施有效保护；第五，增辟引资方式，拓宽融资渠道，实现产业吸纳方式的多样化和合理化。

二、全国性产业布局

全国性产业布局主要是从全国规模考察产业之间的空间联系、产业结构的适时转换与经济成长，以及适应一国经济成长各阶段而进行的对产业布局总体框架的调整。

(一)全国性产业布局的总体目标

实现产业的合理布局和经济资源在空间上的有效配置是一个国家产业布局的目的。但从根本上讲，产业布局的目标可分为两个，即效率目标和公平目标。此外，生态平衡目标和国家安全目标也是非常重要的。

效率目标追求整个国民经济较高的增长速度和良好的宏观效益，公平目标要求不断缩小区域间的经济水平和收入水平的差距。我国现阶段产业布局的总体目标应是适度倾斜、总体协调、效率优先、兼顾公平。一般说来，效率和公平是相对消长的。但从长远看，两者的目标又是统一的。

(二)产业密集带的形成与全国性产业布局

1. 产业密集带形成的原因

近代产业在空间聚集过程和扩散过程的演变过程是由两种作用力交互作用而形成的，这两种过程相辅相成，并在一定条件下互相转化。产业的聚集和扩散在空间上的运动常表现为：聚集过度常成为促成扩散的契机，而只有适当扩散才能保证产业聚集规模适度、结构优化。但在市场机制的自然作用下，往往促成过度聚集，而由科技进步所促使的产业结构调整，往往形成新一轮的产业扩散运动。扩散的结果则在更大区域范围内形成新的产业聚集体。当这些大大小小的产业聚集体在空间上互相接近且日益密切时，我们便可以将其视为一个更大的产业聚集体，即产业密集带。

2.产业密集带的空间演进

产业密集带的空间演化大致经历如下阶段:第一阶段,由于国家经济发展,内部产生强烈的投资冲动,在某些区位较好的地区,一些有发展前途的产业部门得以建立起来,于是这些地区便成为新的增长极。第二阶段,在增长极内,由于部门具有很强的联动效应,便在一个经济中心内,形成围绕主导部门、相关企业相互配合的生产系统。第三阶段,由中心城市向外延伸的交通网络呈辐射状向外扩散,围绕中心城市的卫星城、抗磁中心和城市集团纷纷涌现。第四阶段,产业密集带建设趋于成熟,经济实力强大,产业结构转换迅速,对内产业系统性提高,对外影响力加强,产业密集带的贸易、金融、信息中心的职能和高科技新产品孵化器的职能日益重要。

(三)全国性产业布局的调整

为了实现资源在产业和地域间的组合与再组合,改革开放前,我国坚持平衡布局的思路和高度集中的计划机制。这种产业布局方式在实践上产生了一系列不好的影响。改革开放后,我国强调了效率优先、兼顾公平的布局政策,全国产业布局和投资重点东移,有力地刺激了区域经济的发展。但是,在由计划经济向市场经济过渡的过程中,全国性产业布局出现了一些新的亟待解决的问题。一是区域间发展不平衡,导致东部沿海地区与内陆的中西部地区之间差距明显拉大。二是区域间区域分割、不正当竞争、市场分割、引发资源大战,阻碍生产要素合理流动。三是区域产业结构在一种低层次上严重趋同,直接损害规模经济和聚集效益。

全国性产业布局非均衡协调发展并不要求在短期内从根本上消除区域经济发展的差距,也不要求国家牺牲效率而迅速发展落后地区的生产力,而是要在考虑区域发展非均衡的前提下,在把区域经济不断推向高水平的过程中,逐步培植起落后地区持续发展的能力和潜力,并在条件成熟的情况下促进落后地区经济的超越发展。全国性产业布局非均衡协调发展的主旨,是在考虑产业在各地区布局非均衡的条件下,在把区域经济不断引向高水平的过程中,谋求在地区与地区之间、部门与部门之间、地区比较优势与国家综合优势之间,建立一种动态的协调关系,以消除非均衡发展的副作用。

全国性产业布局非均衡协调发展要求地区政策与产业政策相结合,不仅要坚持产业政策区域化,还要坚持区域政策产业化。前者要求国家从全局利益出发,制定全国产业重点发展战略,并对各产业,特别是对重点支持的主导产业在全国的布局有一个总体部署,按照地域优势的原则,将全国产业发展设想分解落实到各个区域,明确各个区域产业结构的调整方向和产业发展系列。后者是指在确定重点发展区域和各区域开发对策的同时,也要求对各类地区的产业结构有一个轮廓性的规定,特别是对不同地区的主导产业和优势产业应有所规定,使重点区域的发展体现在重点产业上。

三、地区性产业布局

地区性产业布局是地区产业运行在空间上的实现,它主要研究在地区经济发展的不同阶段,地区内部各产业空间组合的最佳形式和一般规律,以求合理地利用本地资源,求得最大的区域效益。

(一)地区性产业布局的依据

自然环境上有一定的关联性和类似性。经济发展水平、资源条件、发展潜力与问题、面临的任务、发展方向等是地区性产业布局的客观基础；经济发展与布局现状相似性和互补性是区域产业布局的出发点；经济中心的规模和经济实力不同，对周围地区的辐射和吸引范围也不同，它决定该地区内产业规模、级别和经济发展水平。

(二)地区性产业布局的基本走势

由于地区经济发展水平的每一次跃进都是通过产业结构的转化而实现的，因此，我们以产业结构水平的转化为基准来划分地区经济发展的成长阶段，并以此为线索来研究地区产业布局的走向。

1.传统社会的产业布局

传统社会的产业布局问题实质上是农业布局问题。人们根据各地区农业生产的有利条件从事不同种类的林业、畜牧业和种植业的生产，以手工业和集市贸易为主的小城镇是地区经济活动的中心，并在一定程度上起着组织区内商品生产和流通的作用。

2.工业化初期的地区性产业布局

处于工业化初期的地区，产业结构由落后的农业逐步向现代化工业为主的工业化结构转变，工业以原料指数较高的劳动密集型产品的生产为主，大多趋向布局在劳动力丰富并且交通发达的原材料产区。

3.工业化社会中期的地区性产业布局

处于工业化中期的地区，产业结构主体由轻工业为主向重化工工业迅速转化，工业劳动力优势慢慢显露出来，第三产业开始迅速发展。这一时期地区产业布局的重要内容是重工业以及与此相适应的城市体系布局和地区产业结构的塑造与整合。

4.工业化社会后期的地区性产业布局

在第一、第二产业协调发展的同时，第三产业开始由平稳增长转入持续的高速增长，最终一跃成为国民经济的主导产业，这是工业化后期产业结构运行的主要特征。这一时期的地区性产业布局是中期产业布局的继续和改进完善，逆城市化过程比较明显。第二产业，特别是原材料工业不断从中心城市扩散，使中心城市以及原来比较落后的地区得到了大规模的开发。第三产业，特别是现代化的新兴第三产业则渐渐向中心城市集中，使中心城市的服务和管理机能大大加强，并通过现代化的交通、通信和服务网络把分散的工业企业及其他生产有机地联系为一个整体，促使区内经济协调有序地向前发展。

5.后工业化社会和现代化社会的地区性产业布局

在后工业化社会，制造业内部结构进一步由资本密集型产业向技术密集型产业过渡，第三产业开始进一步分化，技术密集型和知识密集型产业慢慢从服务业中分离出来，并占主导地位。从发达国家的发展过程来看，这一时期的地区性产业布局呈现出两种不同的趋势：第一，产业布局的集中化趋势及特大城市带进一步扩展；第二，高速发展的交通、通信和信息服务，使产业布局和居民点布局呈现分散化趋势。

(三)地区性产业生长点的选择

从产业运行规律角度来看，地区经济发展的过程实质上是不断创造或引进新的产业、部门或产品，并在更大范围内扩散和发展的过程。是否有新产业或产品被创造和发展，是一个地区产业结构升级的关键，也是地区经济能否发展的关键。但由于地区发展的不平衡性，创新活动集中在少数城市或地区，这些有能力创造或引进、吸收和发展新兴产业、部门、技术和产品的城市和地区就叫产业生长点。选择地区性产业生长点要考虑的因素有:经济发展水平,人才、技术水平,基础设施水平,资源禀赋。

(四)地区性产业布局的主要模式及其在中国的应用

1.增长极发展模式

改革开放后,我国开始借鉴增长极的理论指导产业布局。首先,主要在东部地区重点培育一大批增长极,比如经济特区的设立、开放城市的确定、各类开发区的建设等,通过多层次的增长极在不同点上带动经济发展,这些对我国区域经济的发展都起到了积极的作用,并且收到了明显的效果。现在,我国持增长极观点的学者认为,我国中西部地区同样也可以推广这种增长极战略。而且我国地域辽阔,资源分布的不平衡和经济的内向型特征决定了中西部地区更适合采取这种战略。

2.点轴布局模式

增长极布局模式延伸出点轴布局模式。从产业发展的空间过程来看,产业特别是工业,总是首先集中在少数条件较好的城市发展,呈点状分布。这种产业(工业)点,就是区域增长极,也就是点轴开发模式中的点。随着经济的发展,产业(工业)点逐渐增多,点和点之间,由于生产要素流动的需要,需要建立各种流动管道将点和点相互连接起来,因此各种管道,包括各种交通道路、动力供应线、水源供应线等就发展起来,这就是轴。这种轴线,虽然其主要目的是为产业(工业)点服务的,但是轴线一经形成,其两侧地区的生产和生活条件就会得到改善,从而吸引其周边地区的人口、产业向轴线两侧集聚,并产生出新的产业(工业)点。点轴贯通,就形成了点轴系统。实际上,中心城市与其吸引范围内的次级城市之间相辅相成,已经形成了一个有机的城市系统,这一系统有效地带动着区域经济的发展。而轴线贯穿于这些复杂的城市系统之间,构成了以点轴为主线的条带式开发系统,其作用扩散到城市系统之间的腹地。由于分布于轴线上的各个中心城市的能量不同,从而对周围地区的吸引力有差异,因此往往形成宽度不断变化的条带。点轴系统中"点"的密集程度以及条带的宽度反映了条带系统在不同地段上辐射力的强弱。轴线的基础是以不同等级的中心城市形成的,相应地就会形成不同等级的点轴系统。

3.网络布局模式

点轴发展与布局延伸出网络布局模式,网络布局模式是地区经济比较发达地区的一种布局模式。在经济发达地区,经济密度高,交通通信发达,把网络的中心城市和主导城市作为高层次的地区增长极。地区产业布局根据区内城镇体系和交通通信网络系统逐次展开,把网络中的主轴线作为一级轴线,布局和发展区内高层次的产业。我国东部的京津唐地区、长江三角洲地区、珠江三角洲地区都属于这种开发模式。

4.区域梯度开发模式

区域梯度开发模式基本观点是:由于经济技术的发展是不平衡的,客观上存在一种技术梯度,有梯度就有空间推移。生产力的空间推移要从梯度的实际情况出发,首先让有条件的高梯度地区引进、掌握先进生产技术,然后逐步向处于二、三级梯度的地区推移,实现经济分布的相对均衡。如"七五"时期提出并实践过的梯度推移战略,认为从经济技术水平看,中国客观上存在着东、中、西部三级梯度差。在地区经济分工的基础上,战略重点逐步由东向西梯度推移,即按照东、中、西部的顺序实施布局,推行投资和建设项目的地区倾斜政策,近期把重点放在经济技术水平高的东部地带,中期将重点转移到中部地带,远期则把重点放到不发达的西部地带。梯度理论认为，我国存在着三大地带，根据其发展水平和创新能力，它们分别被确定为高梯度、中梯度和低梯度地区，因此可以成为我国产业结构升级、调整与产业扩散的基本脉络。但随着时间的流逝，该战略也慢慢出现了问题，主要是进一步拉大了东、中、西部差距，过分倾斜于加工工业，使整个经济发展缺乏后劲。

第二节　中国产业布局的演变

一、改革开放前的均衡产业布局

在“一五”至“四五”计划中，我国是以增量的非均衡布局来求得均衡发展的目标。其中均衡布局思想经历了板块均衡到全面均衡再到分散均衡的发展。苏联的经验，是重工业有自我服务、自我循环的产业特征。而中国人口众多，多处于贫困状态，很难通过轻纺织业完成资本积累。新中国成立之初，由于我国的产业布局带有很深的半封建、半殖民地烙印，“我国全部轻工业和重工业，都有约70%在沿海，只有30%在内地。这是历史上形成的一种不合理的状况。”①“为了平衡工业发展的布局，内地工业必须大力发展。”“新的工业大部分应当摆在内地，使工业布局逐步平衡，并且利于备战。”②因而，在“一五”计划时期(1953—1957年)，全国便被划分为沿海和内地两大经济板块，实行向内地倾斜的板块平衡发展战略。当时的“所谓沿海，是指辽宁、河北、北京、天津、河南东部、山东、安徽、江苏、上海、浙江、福建、广东、广西”。这个时期，在沿海地区重点进行了以改建、扩建鞍钢为中心的东北工业基地建设；在内地重点进行了以武钢为中心的华中工业基地和以包钢为中心的华北工业基地建设；同时在西北、西南也开始了部分工业建设。这五年内动工的694个大型工业项目中，472个摆在内地，222个建在沿海地区。在基本建设投资总额中沿海与内地分别占46.7%和53.3%。到了“二五”计划时期(1958—1962年)，由于“大跃进”的影响，急于求成，出现了“遍地开花”、“星罗棋布”的全面性均衡布局，新铺的工业点数以万计。而在“三五”和“四五”计划时期，均衡思想进一步发展为分散均衡布局。小煤矿、小钢铁厂、小有色金属矿、小化肥厂、小水泥厂、小机械厂遍布各省、市、自治区。在大、小三线的工厂布点上，要求“靠山、分散、隐蔽、进洞”。以备战为中心，将全国与大军区相对应划分为西南、西北、中原、华南、华北、东北、山东、闽赣、新疆等9个经济协作区，要求每个协作区建成能“各自为战”的经济体系，这样，分散均衡布局便成为均衡产业布局目标的最充分体现。“五五”计划时期(1976—1980年)是产业布局战略从均衡向非均衡过渡的阶段。党的十一届三中全会后，理论界对过去那种绝对平衡观进行了反思，重新探讨了社会主义产业布局的原则体系，确立了效率原则放在优先地位的体系。因而这时的产业布局重点逐渐东移。

新中国成立初期，我国布局存量是畸形的，毛泽东同志批评了某些忽视沿海发展的不正确做法，并且曾经提出了“沿海的工业基地必须充分利用，但是，为了平衡工业发展的布

① 毛泽东.毛泽东选集[M].北京：人民出版社，1979：17.

② 毛泽东.毛泽东选集[M].北京：人民出版社，1979：18.

局，内地工业必须大力发展”，这种战略指导思想并没有错。他指出：“好好利用和发展沿海的工业老底子，可以使我们更有力量来发展和支持内地工业。如果采取消极态度，就会妨碍内地工业的迅速发展。所以，这也是一个对于发展内地工业是真想还是假想的问题。如果是真想，不是假想，就必须更多地利用和发展沿海工业，特别是轻工业[①]。最近几年，对于沿海工业有些估计不足，对它的发展不那么十分注重了。这要改变一下。”然而这种正确的指导思想在实施过程中却演变成忽视甚至脱离沿海的内地单枪匹马作战的布局行为，这是毛泽东没有考虑到的。同样，“六五”和“七五”计划期间，实行让一部分地区先发展起来，从而带动其他地区共同发展的战略指导思想本身也是正确的，但是它的实施却出现了地区经济差距急剧拉大，地区产业结构严重失调，区际摩擦、封锁日趋加剧的不良后果。

中西部经历了非常快的工业化过程：农业产值由1952年的65.2%下降到1979年的36.8%；对东部依附关系改变了；初步形成了各地区的产业结构。但也存在以下问题：

(1)公平与效率取舍。改革前，我国政府对空间公平的追求基于对效率的提高，用整体的效率损失换取区域的均衡发展，结果追求空间公平，损失了整体效率。其表现为近30年时间全国收入水平及消费水平都处于增长缓慢乃至停滞状态，而表面较高的增长速度是在扭曲的产业结构和绩效较低的情况下实现的。

(2)比较优势判断。在1978年前，我国区域产业布局在本质上不具有依据比较优势布局的特征，当时的产业布局主要是以政策导向为主，重工业不仅在东北等老工业基地继续发展，而且在中西部也大规模推进重工业化过程，选择的布局地点也以战备为需要，资本和劳动力资源不能自由流动，地区间的贸易方式以计划和调拨为主。因此，我国重工业化布局不具有比较优势特征，是缺乏效率和效益的重工业化。同时，这种强调生产力的均衡布局和地方工业自成体系，导致1958—1960年、1960—1970年、1978年跃进中产业布局的分散，形成全国性产业结构趋同，有学者称为“虚重工业化”，违背了比较优势原则。

二、改革开放后的非均衡产业布局

1978年以来，我国的产业布局主要思想发生了根本性的变化，从我国非均衡发展的实际出发，从侧重公平的均衡布局转向“效率优先、兼顾公平”的非均衡布局。采取向沿海和发达地区倾斜的政策，鼓励一部分地区先发展起来，以实现先进带后进的梯度发展战略，国家投资开始向东部倾斜，东部地区对外开放步伐加快。自此，东、中、西部地区经济发展差距和居民收入差距逐渐重新拉大。“六五”计划(1981—1985年)明确提出：“努力发展内地经济，继续积极支持和切实帮助少数民族地区发展生产、繁荣经济”；同时提出：“要积极利用沿海地区的现有基础，充分发挥它们的特长，优先发展，从而带动内地经济进一步发展”，并提出“继续鼓励一部分地区、一部分企业和一部分人先富起来”的方针。“七五”计划(1986—1990年)进一步指出：“我国经济发展水平客观上存在着东、中、西三大地区的差异，发展的总体目标是：要加速东部沿海地区的发展，同时把能源、原材料建设的重点放到中部，并积极地做好进一步开发西部的准备”。1988年又提出了“沿海地区经济发展的战略”。国家对东部沿海开放地区从财政、税收、信贷、投资等方面进一步给予优惠。自此，经济发展进入高速增长时期。改革开放以来，东部发展迅速，东部地区投资比重显著上升，如表14-1所示。

---

① 毛泽东．毛泽东选集[M]．北京：人民出版社，1979：18．

表 14-1　中国三大地带社会固定资产投资的比较

	投资总额（亿元）	占全国的比重(%)			以东部为 100		
		东部	中部	西部	东部	中部	西部
“一五”时期	611.58	41.8	26.6	21.2	100.0	63.6	50.7
“二五”时期	1307.00	37.0	30.6	26.8	100.0	82.7	72.4
“三五”时期	1209.09	24.9	28.2	38.5	100.0	113.3	154.6
“四五”时期	2276.37	33.4	28.1	28.4	100.0	84.1	85.0
“五五”时期	3186.22	40.1	28.3	23.8	100.0	70.6	59.4
“六五”时期	7997.6	46.1	26.8	21.3	100.0	58.1	46.2
“七五”时期	20593.5	48.8	24.9	13.5	100.0	51.0	27.7
“八五”时期	63808.3	59.4	21.5	12.7	100.0	36.2	21.4
1996 年	22974	58.7	25.7	14.4	100.0	43.8	24.5
1997 年	25300	59.3	24.0	14.7	100.0	40.5	24.8

注:“一五”—“五五”的投资总额以全民所有制单位的投资额计算。

资料来源:《1950—1985 中国固定资产投资统计资料》,中国统计出版社,1987 年;《改革开放 17 年的中国地区经济》,中国统计出版社,1996 年;《中国统计摘要 1998》,中国统计出版社,1998 年。

东部地区在历史上一直是我国经济最发达的地区,不仅技术、经济基础好,而且商品意识也强,同时又具备靠海得天独厚的发展外向型经济的区位优势,加之我国改革开放的各项政策的出台,大多是在沿海地区先试点,然后实施分阶段、分层次开放的梯度推进方式。因此,沿海地区经济得到了迅速发展,同时也加快了全国经济的发展,在一定程度上提高了国民经济的整体效率和国家的综合实力。但与此同时沿海与内地发展差距逐渐拉大,呈现出越来越明显的东、中、西部三级梯度的格局,东、中、西部在经济差距拉大的同时,在观念、知识、信息、教育、技术及体制等方面的综合差距也在拉大。

在国内投资向东部倾斜的同时,由于对外开放政策的实施,大量外国资本流入东部沿海地区,如表 14-2 所示。

表 14-2　1985—1995 年中国三大地区实际利用外资额

年份 \ 项目	实际利用外资(亿美元)				地区分布(%)			
	全国	东部	中部	西部	全国	东部	中部	西部
1985	15.99	14.40	0.90	0.69	100.0	90.1	5.6	4.3
1986	27.75	23.83	1.95	1.98	100.0	85.9	7.0	7.1
1987	32.11	27.99	1.87	2.26	100.0	87.2	5.8	7.0
1988	56.10	48.14	3.23	4.73	100.0	85.8	5.8	8.4
1989	58.48	50.43	4.10	3.95	100.0	86.2	7.0	6.8
1990	54.94	48.64	4.43	1.87	100.0	88.5	8.1	3.4
1991	67.39	59.17	5.12	3.10	100.0	87.8	7.6	4.6
1992	13.59	120.09	7.86	2.65	100.0	92.0	6.0	2.0

续表

项目 年份	实际利用外资(亿美元)				地区分布(%)			
	全国	东部	中部	西部	全国	东部	中部	西部
1993	302.33	265.66	26.42	10.26	100.0	87.9	8.7	3.4
1994	356.60	311.49	28.73	16.38	100.0	87.3	8.1	4.6
1995	397.21	339.72	42.47	15.02	100.0	85.5	10.7	3.8
累计	1499.50	1309.56	127.06	62.88	100.0	87.3	8.5	4.2

资料来源:根据《中国统计年鉴》(各年度)中有关资料计算。

20 世纪 80 年代中后期,特别是 90 年代以来,中央政府和理论界逐渐重视中西部与东部地区经济发展差距越来越大的问题,此后中国经济发展战略开始向沿海与内地协调发展的方向调整。

“八五”计划和“1991—2000 年十年规划”提出了地区经济发展的布局政策是:“正确处理地区优势与全国统筹规划、沿海与内地、经济发达地区与较不发达地区之间的关系,促进地区经济朝着合理分工、各展其长、优势互补、协调发展。”

1995 年 10 月党的十四届五中全会《决议》中决定:“从‘九五’计划开始,要正确实施区域经济协调发展战略,逐步地、积极地解决地区差距显著的问题。”这是非常及时的、完全正确的重大战略决策。《决议》要求全党全国在今后一个相当长的时期内,“要更加重视和支持中西部地区的发展;要适当调整原有区域经济发展战略;要逐步加大解决东、西部地区差距扩大问题的工作力度;要实施有利于缓解差距扩大趋势的方针政策;要积极创造条件朝着缩小东、西部地区差距的方向努力”的战略部署。经过努力,自 1995 年起,东、西部地区经济发展差距和地区间居民收入差距扩大的趋势有所减缓。

三、对非均衡产业政策的简要评价

(一)非均衡产业政策对我国的积极影响

1978 年以后,我国体制变迁,乡镇企业大发展,农业改革,新兴工业区的崛起,分权体制的促进,市场机制的引入,形成了有效的要素重组机制。在对传统计划体制进行改革和实行对外开放的过程中,我国区域经济发展和产业布局的主导思想发生了根本性的变化,把建设的重点转向东部沿海地区,从侧重公平转向侧重效率,一改过去的均衡发展战略,实施区域经济倾斜发展战略。在国家投资、引进外资、优惠政策方面,产业布局政策都倾向于东部。

(1)根据各地域的优势,初步形成了产业布局的地域分工。东部地带的省、市、区经济发达,工业结构偏向于加工工业,轻工业比重较高,技术和资金密集度较高。中部省区,工业发展水平大幅度提高,原料工业和重加工工业较突出。西部省区,区内经济地理位置和自然条件较差,但拥有丰富的矿产资源,工业结构以采掘业为特色。

(2)产业布局经历了从均衡到非均衡的转变后,在全国范围内呈现出自东向西梯度分布,由南向北展开的布局。

(3)东部地区的大中型城市,对周围地区的辐射和带动作用增强,形成了工业密集区域,如长江三角洲地区、环渤海地区、珠江三角洲。中心城市的辐射力增强,有效带动了周

围区域经济的增长，

(二)非均衡产业布局的负面影响

改革后，体制转型，政策不成熟，改善措施不配套。由于“权力下放”与财政的“分灶吃饭”，产业布局逐渐形成中央与地方政府二元主体。由于地方主体同样具有行政性，从而强化了地方利益。各地方在产业布局上搞“自成体系”和“自我完备”，造成布局低层次的地区产业同构。地方保护、市场割据、区际摩擦、区间壁垒也由于行政性力量而大大增强。中央对某一地区的投资常因区际封锁的“漏斗”效应使投资的经济和社会效益有进无出，不易扩散和分享。因而制造不公平和使国民经济产生不良循环的诱因是中央对某一区域的倾斜。

1. 区域产业结构趋同化

由于我国各地区长期搞大而全、小而全的低水平重复建设，使得产业集中度长期高度偏低，区域产业结构趋同是我国产业布局的通病。自 20 世纪 80 年代以来，在带有补偿性的以轻工业为主导的结构调整和“分灶吃饭”的财政体制刺激下，各地区又纷纷建造了一批小烟厂、小酒厂、小纺织和家电企业，造成产业结构趋同化和过度竞争化，使得各种商品大幅度降价甚至滞销，更有甚者，各种虚假商品层出不穷。进入 90 年代，特别是围绕“九五”计划的制定和实施，各地纷纷抛出以汽车、石化、钢铁、电子等支柱产业为重点的新一轮重复建设，一窝蜂地重复建设硅谷、光谷和生物医药基地，不仅加深了区域产业结构趋同程度，还降低了规模效益和专业化协作效益，严重违背了区域经济的宗旨，削弱了我国产业的国际竞争能力。

2. 区域经济摩擦、地区封锁日趋强化

自 20 世纪 80 年代初期财税部门实行“分灶吃饭”和分权体制改革以来，区域中的地方政府获得了相当大的权力，区际关系开始按市场规则行事，由于转轨时期新旧体制之间的摩擦，使区域经济形成经济活跃、经济紊乱并存的局面。

3. 区域产业结构错位加剧

改革开放以来，原有的计划经济管理体制发生了深刻的变化，中央宏观调控能力严重削弱，地方虽然成为投资的主体，但没有形成自我发展、自我调节、自我约束的机制。当政策向东部倾斜时，未能适时地进行产业结构倾斜，东部一些社会基础较好、有条件发展深加工和高技术产业的发达地区并没有致力于改造传统产业，建立发展新兴产业，而在很大程度上固守着原来的低层次加工工业阵地，技术进步缓慢，不仅占用社会资源，而且制造的产品大多没有可靠的销路。社会经济技术基础相对落后的中西部地区不惜花费巨额投入及追求附加值高的工业的盲目建设和重复引进的布局，造成分工效益和规模效益双重损失，导致运输距离过长，资源产地与加工地、消费地的严重错位。

第三节　美国、日本、韩国产业布局实践经验的借鉴

一、美国、日本产业布局实践

美国位于北美洲中南部，领土面积世界排名第四位。美国幅员辽阔，资源丰富，气候适

中，平原面积十分广阔，东部沿海平原北起新英格兰地区，向南逐步展宽与墨西哥沿岸平原接壤；从东向西，越过阿巴拉契亚山脉就是一望无际的中部大平原，一直延续到西部山地，山地中又分布着许多盆地和高原。据统计，美国的国土面积中，适宜耕作的土地比重高达90%，平原比重在70%以上。国土辽阔，平原宽广，气候温和，因而使美国的人口和产业分布几乎可以不受地形条件的制约。

但实际上，美国的人口和产业分布，特别是工业的地理分布却极不均匀，位处东北部地区的14个州，是美国经济最发达的地区，虽然国土面积只占全国的11.5%，但人口却占全国的50%以上，并且集中了全国制造业从业人数的2/3，制造业产值的3/4以上，因而被称为美国的“制造产业带”。由于东北14州是美国的加工中心，而农业和采掘业主要集中在中部、南部和西部山区，所以就形成了其他地区向东北地区长距离运送原料产品，再从东北地区向其他地区长距离运送加工工业品的全国分工式区域经济结构。正因为美国的这种区域经济特点需要良好的交通运输条件，所以美国的路网长度与密度是世界上最高的。由于要形成全国大分工的格局，所以美国不仅运输线路总里程长，而且每单位产值所产生的货物运输需求即货运密度，也大大高于其他发达国家。

城市是工业的载体，现代工业都是依托城市而展开的，美国也是如此，到了20世纪初，随着美国工业化繁荣的出现，在西北太平洋沿岸到大湖区，形成了连绵不断的城市群，这些城市群都集中或依赖于制造业生产活动，并且在生产职能上高度分工，形成了巨大的制造业产业带，构成了美国延续到今天的区域结构框架。

与美国在全国范围内产业布局相比，日本是另一种完全不同的区域产业布局模式。首先，日本是一个岛国，全境由四个大岛和几百个小岛组成。总面积37.7万平方公里，仅为美国的4%，而1993年人口总数为12454万人，相当于美国的48.3%，人口密度比美国高出12倍以上。其次，日本地理条件的主要特点是平原面积小，仅占国土面积的24%，如果以人均平原面积作比较，日本只是美国的1/35，大多分布在河流的下游和沿海，最大的平原是东京附近的关东平原，其次是名古屋附近的浓尾平原和京都、大阪附近的畿内平原。第三，日本人口和经济高度集中于三大平原地带，在日本的工业化过程中，逐渐发展成东京、名古屋和阪神三大都市圈。日本三大都市圈集中了工业就业人数的2/3，工业产值的3/4和国民收入的2/3。

日本都市圈经济的最显著特点是，虽然在圈内各城市间的分工与合作非常密切，但三大都市圈之间的经济联系却并不发达，这种情况在日本的物流活动中体现得最为明显。分工是交换和流通的基础，产业结构有差别才有分工和互补的要求，才会产生运输需求。三大都市圈之间的货物交流量少并不是因为日本的货运量小，而在于日本三大都市圈之间产业结构相近，因而经济相对独立，互补性小，运输需求少。换句话说，在日本有三个彼此独立的制造业中心，区域分工被限制在都市圈内部，而美国只有一个制造业中心，所以分工是在全国范围，这是美日区域布局模式的最重要差别。从第二次世界大战后到20世纪70年代中期，是日本完成工业化的时期。日本以大都市圈为特征的区域经济结构并不是过去就存在，而是一个随工业化的完成逐步形成的过程。

从20世纪50年代中期开始，日本各地的人口不断向三大都市圈集中，各大都市圈内部的各类产业也在随着日本工业化的推进逐步发展，逐渐整合。名古屋都市圈的产业结构不断向东京圈靠近，阪神都市圈则保持了比较稳定的接近水平，而都市圈以外地区与东京都市圈虽有接近，但与名古屋和阪神都市圈相比，仍有很大差距。与美国相比，日本城市的特点是大城市所占比重要高得多。日本独特的自然地理条件，重化工业化、外向型经济的发展造就的临港工业地带，人口的高速增长、人口城市化进程的加速等，形成了日本独特的人口大城市化和都市圈化的人口城市化模式。

二、韩国产业布局实践演进

从经济发展的实际过程来看，欧美区位论对韩国产业布局的影响深远。总体来讲，韩国政府主要是通过对社会基础设施的投资和制定实施国土开发计划来推进其产业布局的，这主要体现在韩国政府制定的国土综合开发计划和所采取的一系列相关政策措施上。韩国的国土开发及基础设施的建设过程与韩国经济的发展阶段有着密切的关系。

尽管韩国是从1962年开始实施第一次经济开发五年计划的，但真正意义上的产业布局政策却是从1972年制定和实施“第一次国土综合开发计划”开始的。从1972年开始，韩国先后制定实施了三次国土综合开发计划，分别是“第一次国土综合开发计划”（1972—1981年）、“第二次国土综合开发计划”（1982—1991年）以及“第三次国土综合开发计划”（1992—2001年）。这样，以国土综合开发为主要内容的韩国产业布局政策，就形成了与经济开发计划相协调的重要的产业政策手段；主要是通过生产要素在空间位置上的有效配置，积极促进经济开发计划这一目标的实现，最终使韩国的产业政策形成了一个有机的统一体系。

（一）第一、二次经济开发计划时期：1962—1971年

虽然第一、二次经济开发计划都将构筑自立经济基础，以及通过产业结构调整促进自立经济实现作为经济发展的目标，但实际上，韩国政府在这一时期并没过多考虑产业布局的问题。因此，也就没有什么实质性的产业布局政策的制定和实施，直至1971年第一次国土综合开发计划的完成。但从实际情况来看，这一时期可以看作是为制定国土综合开发计划而进行的法律和制度的准备时期。

（1）国土建设综合对策的展开。1963年韩国政府为制定《国土建设综合计划法》而建立了“国土建设综合计划审议会”，为产业布局做了组织上和制度上的准备。这一时期虽然没有制定全国性的综合国土计划，但国土建设综合计划法开始得到积极推进。韩国政府于1965年将首尔—仁川、1966年将蔚山（工业）和济州道、1967年将太白山地区和牙山地区划为特定区域。其中，首尔—仁川特定区域是从遏制首尔城市化进一步膨胀的角度划定的，蔚山特定区域是从促进工业化的产业发展角度划定的。这一特定地域计划在1970年之后继续得到实施，直至1982年对有关计划进行整顿时才被终止。

随着20世纪60年代工业化的发展和城市化进程的加快，首尔及首都圈的人口迅速膨胀。首都圈人口占全国总人口的比重从1960年的20.8%增至1970年的28.2%。韩国政府为防止首都圈城市化问题进一步恶化，从60年代中期开始采取了一些防范措施，主要对策是1964年制定的“防止大城市人口集中对策”和1969年建立的总统咨询机构“首都圈问题审议会”。1970年之后，对首都圈的对策逐渐以构筑行政中心为主，并通过制定“首都圈整顿计划法”来加以实施。

（2）工业区的形成。20世纪60年代初，制造业大部分分布在以首尔为中心的京仁地区和以釜山为中心的岭南地区。韩国制造业的地域分布主要是以小规模消费品企业集中在大城市的形态为主。从经济因素来看，这两个地区分别拥有仁川港和釜山港，以及较为丰

富的劳动力。经济开发计划实施之后，韩国政府于1968年制定了“国土计划基本构想”，提出了构筑工业区的基本方向，即工业布局计划的基本方向为规模适当集中、构筑产业桥头堡、工业系列化等。因此，20世纪60年代构筑工业区的产业布局政策的战略目标是，通过有计划地推进工业布局，加速经济增长，增强国民经济实力。

韩国政府在制定经济开发五年计划之后，制定了建立蔚山工业区的计划，并将其作为建立韩国产业框架的基础和核心。1967年2月举行了蔚山工业中心开工仪式。为了促进精油、电力、化学、汽车等支柱产业的建设，同时有效地促进其他相关产业的发展，设立了全面负责此项计划的蔚山特别建设局，加快了建设进度。蔚山特别建设局全面负责进驻工业中心的各产业体的用地划拨、道路建设、工业用水、港口码头建设等各种相关事务。直至1976年6月解散时为止，蔚山特别建设局始终起到了骨干核心作用。

1964年韩国政府根据“出口产业工业区开发建立法”，将首尔和仁川的部分地区划定为工业区，成为20世纪60年代到70年代韩国出口纤维、电子和电气产品的主要地区。1970年根据“出口自由地区设置法”，将马山和邑里划定为出口自由地区。进入70年代以后，为了解决日益突出的地区间发展不平衡问题，韩国政府制定实施了旨在促进地区均衡发展的“地方工业开发法”，并根据这一法律，将春川、原州、大田等21个地区指定为鼓励地方工业开发的地区。

(二)第一次国土综合开发时期:1972—1981年

进入20世纪70年代，韩国政府根据“第一次国土综合开发计划”，在全国范围内实施系统的国土开发事业。

第一次国土综合开发计划是在1968年制定的“国土计划基本构想”的基础上，在法国奥特姆·麦特尔公司的协助下制定的，主要内容是扩充道路、港湾、铁路、工业区、水力发电站等国民经济发展的基础设施。这一计划主要是通过扩大社会基础设施的建设，使不同产业在空间范围内的有效布局得到积极推进，从而达到经济增长政策和产业政策的目标。

(1)圈域开发与据点开发在第一次国土综合开发计划中尤其值得一提。第一次提出了圈域的概念，以及按圈域进行开发的构想。为了使有限资源得到有效利用，在空间配置的选择上，采取了所谓的据点开发战略。这一开发战略首先是通过对各地区具有优势的大规模产业进行投资开发，然后再促使投资效果逐渐向周边地区扩散，这一战略成为韩国不均衡增长战略的基础。韩国政府根据这一开发战略，首先以四大江河为中心将全国划分为四大流域圈，然后又将这四大圈划分为八个中圈，并将各圈域的中心城市相互联结。同时，根据各圈域的地理特点，赋予其各自不同的主要机能，促进各圈域的地区分工及自立体制的建立。

(2)特定地区开发事业。进入20世纪70年代以后，随着第一次国土综合开发计划的实施，京仁特定地区开发事业逐渐衰退。后来，为了解决60—70年代经济高度增长过程中出现的地区间发展不均衡问题，实施了具有补充特定地区开发特点的“圈域开发事业”。其中，最为引人注目的是从1976年开始的以光州—木浦—骊水为中心的光州圈第一阶段开发事业。因为这不仅构成了中南部地域产业布局的骨架，更重要的是涉及地域间平衡发展的问题。

(3)据点开发的目的、内容与实施概况。据点开发的主要内容和目的是，首先开发那些能对国民经济发展起主导作用的大规模工业区。同时，为了将大城市和各地区以及产业中心地区有效地联结起来，积极扩充和完善交通、通信、电力等领域的网络建设，以求实现生产效率的最大化。

随着20世纪70年代据点开发战略的实施，通过充分利用浦项—骊水这一东南沿海地区在交通、用水、劳动力等方面有利的区位条件，韩国政府在这一地域组建了钢铁、石油化学、肥料及机械等重化学工业集团，从而构筑了国际进出口基地。在此基础上，通过首尔以外地区的据点开发，力求缓解首都圈的集中程度，并使之逐渐向大田以南地区转移。而仁川到牙山的京畿湾地区则以首尔的市场需求和劳动力供给为基础，积极谋求建立需要精加工的轻工业及金属、机械、纤维、化学等城市型工业区。除此之外，还指定和组建了大田、龟尾、木浦等20个地方工业区。另外，为了缓解首尔、釜山等大城市人口与产业的过度集中，在这些城市周围开发了卫星城市，并通过指定绿色带的方式，防止无秩序扩散和过度集中。同时，通过扩充中小城市基础设施的方法促进人口分散。

(4)国土利用管理体系的确立。进入20世纪70年代之后，韩国政府根据国土综合开发计划的宗旨，为了确立国土利用管理体系，制定实施了包括国土利用管理法在内的一系列法律。其他有关法律还有地方工业开发法、产业基地开发促进法、工业配置法、关于保护农业及利用的法律、城市再开发法等。同时根据土地的特点，将土地划分指定为城市地区、农村地区、山林地区、自然地区、文化地区、保留地区六种用途地区，并开始采取相应措施保证土地的合理使用。另外，为了防止城市的无序扩张，保护城市环境，通过修订城市计划法开始对开发限制区域进行指定和管理。

(三)第二次国土综合开发计划时期:1982—1991年

20世纪70年代制定实施的第一次国土综合开发计划及第一次、第二次、第三次、第四次经济开发五年计划，通过据点开发战略，在扩充产业基础方面取得了相当大的成果。但是，70年代的据点开发方式也产生了首都圈过密和国土利用两极化的现象，以及对生活环境领域投资不足等问题。因此，从扩充产业生产基础转向加强和整顿生活基础设施就成为80年代国土开发和社会基础设施建设政策的重要内容之一。

(1)进入20世纪80年代以后，在经济稳定的基调下，地域与阶层间的均衡以及生活福利的改善成为政策强调的重点之一。为了纠正第一次国土综合开发时期产生的一些问题，第二次国土综合开发计划将第一次国土综合开发计划中以据点开发方式为指向、以生活圈为中心的人口地方化作为布局政策的基本框架，即从第一次国土开发计划以构筑产业基础为中心的生产指向型开发方式，转化为以增进国民福利为中心的生活指向型开发方式。这样，韩国政府在人口地方化政策的基调下，将全国划分为15个增长据点城市和28个地区生活圈。这里的地区生活圈是指中心城市与周边农村地区相连形成的开发圈域，也是为那一地区居民提供各种便利设施的圈域。同时，根据全国这28个地区生活圈的特点和规模，又将其划分为5个大城市生活圈、17个地方生活圈、6个农业城市生活圈三大类型。

(2)1987年韩国政府对第二次国土综合开发计划进行了修正，最大的变化是将最初以15个增长据点城市和28个生活圈为核心的计划，划分为由首都圈、东北圈、东南圈和西南圈四个圈域构成的地域经济圈。这意味着基本上回归到第一次国土综合开发计划时制定的四大江河流域圈计划。

(3)虽然第一次国土开发计划提出了加强西海岸地区产业开发事业的设想，但是由于当时的冷战格局，一直未能进行实质性的开发。20世纪80年代后期，随着冷战形势的逐步缓和，韩国同中国的关系逐步得到改善，双方贸易不断扩大，使此前一直处于相对落后地位的西海岸地区开发事业得以迅速发展起来。

(4)从20世纪80年代特定地域开发事业情况来看，或者由于完成预定目标，或者由于条件变化而改变预定目标等各种原因，单独对特定地域进行了重新调整。其中，取消对京仁、岭东—东海、牙山—西山特定地域的指定，缩小太白山特定地域，新指定1988奥林匹克高速公路周边地区为特定地域等几项措施最为引人注目。

(四)第三次国土综合开发计划时期:1992年以后

为了解决在20世纪80年代国土开发过程中形成的所谓生产基础设施的“瓶颈”问题，韩国政府的第三次国土综合开发计划(1992—2001年)重新将扩大社会基础设施投资作为重点。同时，为了提高城市和地域单位在国际竞争中的竞争力，配合产业结构的调整，提出了首都圈整顿计划、广域城市圈计划以及地域均衡发展战略。与此同时，对特定开发地域重新进行了指定和整顿。这样，从总体来看，第一次国土综合开发计划的特点是将重点放在通过扩大产业设施促使总量增长上，第二次国土综合开发计划的特点是将改善生活环境和促使地域间平衡发展作为重点，而第三次国土综合开发计划的特点则介于两者之间。同时，为了适应世界化、国际化的时代潮流，这一时期韩国政府开始更多地从迈向发达国家的角度来促进国土综合开发计划和扩充社会基础设施。

(1)从建设国际都市的角度，加强首尔的城市功能。对于遏制向首都圈过于集中的问题，第三次国土综合开发计划将从前单纯遏制的消极方式，转变为通过扩大和加强釜山、大邱、光州、大田等其他地方大城市的积极方式，以此减轻首都圈的压力。作为扶持地方城市，遏制人口向首都圈集中的具体措施，在强化釜山、大邱、光州、大田四大地方城市中心管理职能的同时，还积极采取相关措施，加强各道(省)府所在地的中心管理职能。为了使遏制首都圈膨胀的措施更加有效，将从前划分的首都圈五个圈域简化为抑制过密、增长管理、保护自然三个圈域，并将单纯的物理性管理方式和措施，转变为实施过密容纳金制度等经济性措施，即用经济手段遏制集中，并将过密容纳金的收入作为地域均衡开发的投资资金。

(2)为解决由于产业分布偏重于首都圈和东南部地区而产生的不均衡问题，同时也为了扶持和发展尖端技术产业，将中部地区和西南部地区划定为新产业地带。为此，积极构筑高新技术产业地区和从事研究地区之间的联结及产、学、研协同体制，以有效促进产业高度化进程。为了促进分布在首都圈内的产业向其他地区转移和新企业的进入，第二次国土综合开发计划将首都圈的产业布局比重从1989年的45%减少到2001年的35%。尤其是为了促使那些对大量零部件和下层企业需求较大的大企业向地方转移，政府为之提供租税减免和扩大融资支持力度等优惠政策支持。另外，随着位于东北亚经济区的西海岸地位的重要性不断增加，以及出于进一步促进均衡开发的战略需求，在中部和西南部地域，划定了新的大规模工业区。在第三次国土综合开发计划时期新增的114平方千米的工业用地中，有60%在这一地域。

(3)采取有效措施，积极促进城乡结合型广域城市圈的开发。具体来看，第三次国土综合开发计划将大城市和周边地区划定为广域圈，并配套实施土地、产业配置、广域城市设施的综合性计划及管理制度。在中小城市，选择、配置和扶持与各自特点相符合的主力产业，并通过扩充教育、文化、医疗等福利设施，连接周边农村地区；同时，通过大力扶持具有规模效益的农业专业户，开发农产品的加工流通体系，提高生产效率，促进城乡一体化。

(4)为了实现全国半日生活圈的目标，第三次国土综合开发计划提出了构筑7纵9横的网格状交通网络计划。其中，铁路复线率从1989年的27%倍增至2001年的54%，电气化铁路比重从17%提高到50%。从长远目标来看，在争取恢复连接南北铁路线的基础上，实现以中心交通网为核心的环状铁路网；另外，促进以永宗岛国际机场为核心的覆盖全国的航空运输网络。

(5)从20世纪90年代的特定地域开发事业进程来看，这一时期由于地域范围的扩大和投资效率不高，以及因为以国家为主使民间参与程度不足等原因，导致进展不大。因此，为了促进落后地区的开发，韩国政府于1993年开始实施《开发促进地区制度》。根据这一制度，将庆尚北道北部、江原道南部、忠清北道北部等开发水平明显落后的地区划定为“开发促进地区”，积极进行开发。

本章小结

在经济全球化的影响下，产业布局也偏向于全球化，即国际分工与国际产业转移。国内的产业布局，也影响着国家经济能否更安全、更有效地发展。为了更好地完成国家的发展任务，一个适宜的产业布局是必要的手段，也是完善国家产业结构的基础。韩国产业布局的变化可以给我们相当多的启示，比如圈域开发与据点开发，虽是简单的产业布局理论的应用，但取得了较好的效果，为韩国产业现代化铺了路。依据地缘、地貌发展产业，可以有效减少产业在生产过程中不必要的资源浪费，而地缘、地貌也在产业的不断发展过程中影响着产业布局。

复习思考题

1. 试分析我国在国际分工和国际产业转移中的战略和策略。
2. 我国产业布局的总体目标是什么？如何规划我国的总体产业布局？
3. 试分析地区性产业布局的主要模式及其在我国的应用。
4. 试述韩国产业布局实践对我国的借鉴意义。

【案例分析】

未来中国的产业布局战略选择

近几年针对中国经济发展的现实，关于我国产业布局应采取何种战略的争论一直没有停息过，形成了许多不同的学术观点。

1. 梯度推移战略(“七五”制中提出并实践过的一种战略)

从经济技术水平看，中国客观上存在着东、中、西部三级梯度差在地区经济分工的基础上，战略重点逐步由东向西梯度推移，即按照东、中、西部的顺序实施布局，推行投资和建设项目的地区倾斜政策，近期把重点放在经济技术水平高的东部地带，中期将重点转移到中部地带，远期则把重点放到不发达的西部地带。但随着时间的推移，该战略也暴露出重大缺陷，主要是进一步拉大了东、中、西部差距，过分倾斜于加工工业，使整个经济发展缺乏后劲。

2. 反梯度推移战略

这种战略与上述战略正好相反，上述战略是以经济技术水平为梯度，这种战略是以自然资源丰裕程度为梯度。该理论认为，中国客观存在着与经济技术水平梯度分布方向相反的自然资源梯度分布现象。在产业布局政策上，充分利用资源分布的梯度差，把投资和建设重点设在内地，向中西部地区实行倾斜政策，促进中西部快速发展，从而缩小发达地区和落后地区的差异，这种主张由于对中西部地带侧重点不同，又具体分为两种战略：

(1)中部突破战备。认为中部是能源、原材料的主要基地，这些产业正是制约我国经济发展的“瓶颈”，因此主张建设重点应从中部突破，带动东、西部两地。

(2)西部跃进战略。既然西部大大落后于东部，就应重点开发西部求得均衡发展，尽快消除地区差别。这种观点认为，在新技术可以引进的条件下，不存在梯度规律，西部可以直接引进和消化世界先进技术，实行跳跃式发展。

3. 点轴开发战略和增长极战略

点轴开发战略指出，资源的分配和产业的布局应按线状基础设施(主要是水陆空交通干线)展开，因而强调已有的经济技术基础在产业布局中的作用。增长极战略主张建立以增长极为中心的空间发展矩阵，增长极的选择一方面应发挥那些已有增长极的作用，另一方面促进新增长极开发与生产空间的扩大相适应。

——案例来源：http://wiki.mbalib.com/zh-tw/

案例评析问题：

1. 关于我国产业布局应采取何种战略有哪些不同说法？

2. 你认为未来中国的产业布局应该选择哪些战略？为什么？

产业政策篇

- 教学目的：通过教学，要求学生理解产业政策的含义，了解其运用与局限性，重点掌握产业政策演变规律、特征，以及四类基本产业政策，并能根据我国国情做具体分析。
- 重点与难点：产业政策演变规律、特征，以及四类基本产业政策的相关内容。

第十五章　产业政策理论及实践

本章要点

通过本章学习，应掌握以下要点：

1. 产业政策概念
2. 产业政策的构成要素及分类
3. 产业政策的利弊

导入案例

日本的产业政策

第二次世界大战后，日本的经济体系面临崩溃的局面，如何医治战争创伤，加快经济重建和振兴，迅速赶超英美等发达国家，成为日本战后的头等大事。而日本仅用了20年左右的时间，竟奇迹般赶超了英法等发达国家，成为仅次于美国的第二大经济强国。那么，其主要原因何在呢？原因可能是多方面的，但最重要的一个原因就是在战后20年左右时间内，日本推行了积极有效的产业政策。大致可分为以下三个阶段。

(一)20世纪40年代到50年代中期

将传统的基础产业，如钢铁、煤炭、电力、化肥、运输等作为重点产业和支柱产业予以重点支持，颁发了《钢铁和煤炭合理化施政纲要》、《企业合理化促进法》等产业政策法规予以支持。

(二)20世纪50年代中期到60年代中期

日本政府又颁发了《机械工业振兴临时措施》、《电子工业振兴临时措施》等产业政策法规，对重化工业、电子工业等产业给予倾斜，这大大促进了相关产业的发展，使日本经济进入了快速发展的轨道。

(三)20世纪60年代中后期

日本又将高级机械、电子产品和计算机等高新技术产业作为支柱产业加以扶植，促进了产业结构的逐步升级，从而促进了经济快速发展。

——案例来源：山东农业大学《产业经济学》案例分析汇总

第一节 产业政策理论概述

产业政策通常是对以产业组织理论、产业结构理论、产业布局理论和产业发展理论为基本内容的产业经济学基本理论的应用,也是产业经济学理论价值的最终体现。因此,产业政策研究理应成为产业经济学的重要组成部分。产业经济理论和产业政策实践是相互依存、相互促进的。一方面,产业经济理论对产业政策有直接指导作用;另一方面,产业政策实践又对产业经济理论不断提出新的要求、提供新的研究素材,以此推动产业经济理论的丰富和发展。

一、产业政策的概念内涵和特征

(一)产业政策的概念

产业政策是指为了实现一定的经济和社会目标,国家政府对相关产业活动进行干预而制定的各种政策的总和。产业政策的实质,是针对产业活动中出现的资源配置的"市场失灵"情况而实行的政策性干预。把握以下几点,有助于我们加深对产业政策的理解:

(1)产业主体即企业是产业政策调节的对象。这是产业政策有别于其他经济政策的根本所在,也是产业政策与其他经济政策相比更能深入社会经济运行的内部结构,直接干预产业间和产业内部资源配置的根源。

(2)实现社会经济快速、高效、协调发展是产业政策要解决的核心问题,推动经济结构转换,特别是产业结构高度化的问题,可以通过产业结构自觉的设计和调整实现。

(3)存在市场失效是产业政策制定的依据。产业政策的功能之一是弥补市场机制的不足,实现某种程度的计划化,因此需要通过国家(政府)介入。但这种计划化的措施不排斥市场机制,而是以市场机制为基础发挥其作用。

(4)产业政策的目标是产业发展的合理化,即产业结构合理化、高度化以及产业内部组织结构的优化。

(5)产业政策实施手段的组合化。产业政策的组合化是一组具有相互关联的经济政策的总和,需要综合运用行政、经济、法律等多种手段才能得以实现。其中,政策对象、政策目标、政策手段与措施、政策实施机构以及产业政策的决策程序与方式是产业政策的构成要素。

(二)产业政策的由来

尽管产业政策的概念近30年才在世界各国被广泛运用,但国家干预经济的运行和发展由来已久。例如,在我国春秋战国时期,越王勾践实施的休养生息政策以及古埃及对全国水利系统开凿新水渠进行统一管理与扩大耕地面积政策等。而现代意义的产业政策,在不同国家的不同时期以及不同学者的学术背景区别则产业政策的侧重点有所差别。"近代产业政策"一词来源于第二次世界大战后的日本。当时日本面临着振兴经济的课题,在尽快赶超欧美发达国家水平的目标下,日本政府的经济幕僚和经济学家认为,单靠企业管理的改善以及市场机制的自发作用，很难实现赶超的目标，必须规划产业结构高度化（即实现高效益的产业结构）。正如日本经济学家下河边淳和家茂在其主编的《现代日本经济事典》中指出："产业政策是国家或政府为了实现某种经济和社会目的，以全产业为直接对象，通过对全产业的保护、扶持、调整和完善，积极或消极参与某个产业或企业的生产、营业、交易活动以及直接或间接干预商品、服务、金融等的市场形成和市场机制的政策的总称。"但到目前为止，必须指出的是，对于产业政策的概念，世界各国学者并未达成一致，除上述"总和论"之外，还有如下代表性的论述：

(1)计划论：以美国社会学家阿密塔伊・艾特伊奥利为代表，他们认为产业政策就是计划，只是变相地运用了一个"温和的、更加悦目的名词"而已。其中美国的玛格里特・迪瓦尔还认为产业政策讨论的中心就是鼓励向一些行业或部门投资和不鼓励向其他行业或部门投资，这其实就是政府的经济规划。

(2)补救论：以日本经济学家小宫隆太郎为代表。他们认为：所谓产业政策，就是通过干预一国的产业（部门）间的资源分配或产业（部门）内的产业组织，达到该国国民的经济或者非经济目标的政策。这其实就是狭义产业政策的中心论题，也就是针对在资源分配方面出现的"市场失灵"政府采取的相关对策，从这个意义上说，他们把产业政策理解为"在价格机制下，针对资源分配方面出现的市场失灵而进行的政策性干预"。

(3)特定论：以日本经济学家并木信义、美国学者查默斯・约翰逊为代表，他们认为产业政策只限于一个国家特殊的发展阶段或谋求特别的发展目标时所采用的干预经济运行和发展的手段。比如日本经济学家并木信义就认为，产业政策其实就是当一国的产业处于比其他国家落后的状态，或者有可能落后其他国家时，为了加强本国产业所采取的各种政策。而美国学者查默斯・约翰逊则认为，产业政策是为了加强本国产品的国际竞争力的政策，他在其主编的《产业政策争论》中写道："产业政策是政府为了取得在全球的竞争能力打算在国内发展或限制各种产业的有关活动的总的概括。作为一个政策体系，产业政策是经济政策三角形的第三条边，它是对货币政策和财政政策的补充。"

我国自20世纪80年代中叶开始展开对产业政策的系统研究。1989年国务院正式颁布了《国务院关于当前产业政策要点的决定》，接着于1994年6月颁布了《90年代国家产业政策纲要》，此后相关产业政策逐步出台，如《汽车工业产业政策》等，以产业规划为导向、产业目录为核心内容的一系列政策措施开始在我国经济运行发展中以产业政策的形式得以体现。国家通过产业政策形式，特别鼓励某些产业的发展、一般性鼓励某些产业的发展以及对某些产业的发展进行限制、淘汰落后产能的某些产业，这里依据的主要是国民经济和社会发展长期规划所规定的各个产业部门的作用和地位。

（三）产业政策的特点

(1)权威性。政府是产业政策制定的主体，它直接体现了一级政府（主要指中央政府）的经济发展战略和促进市场机制发育、引导产业发展的意图，并以其相对稳定的长期政策效应引导以及随机性政策的短期效应辅助。产业政策基于这一主导地位成为一种高层次、权威性的干预经济运行和发展的政策。

(2)目标指向性。产业政策的主要目标是解决资源配置的宏观效益或者说结构效益问题，重点在于发挥动态均衡的政策效应，并以此引导财政政策、货币政策等其他经济政策的均衡政策效应。

(3)直接性。产业政策可以对不同的产业实行区别对待的政策,它可以采取软政策,也可以采取硬政策。但是和其他经济政策相比,从总体上说,产业政策对经济的干预更直接、更深刻、更具体,具有更强的执行力。例如,产业政策对幼稚产业的培育和保护,对衰退产业的援助与调整,对相关产业中小企业的特殊待遇等。

(4)受制性。市场机制配置资源的基础性作用仍是产业政策的前提,产业政策只是对市场缺陷的弥补而绝不是排斥市场机制。因此,产业政策对特定产业干预只是为了更好地发挥市场机制作用,而不是代替市场机制。

(5)时代性。产业政策只是对某些特定时期特定产业的资源配置施加影响,而不是对全部产业的资源配置实现干预。它是为了实现不同阶段经济发展目标而采取的相关政策。因此,随着经济发展阶段的演进和经济环境的变迁,产业政策的调整对象及手段也是在不断地发生变化的。

(6)特殊性。产业政策与其他经济政策相比,更能明显地反映一个国家经济发展的地理环境、政治、历史、文化和传统等特点。在整个经济政策体系中,产业政策集中反映了一国经济在特定阶段和环境中的特殊性。因此,产业政策最具有本国特色。

二、产业政策的作用表现及局限性

(一)产业政策的作用表现

(1)弥补市场缺陷。产业政策形成的根本原因在于政府有责任对市场缺陷进行弥补。由于垄断、公共产品、外部性、信息不对称等“市场失灵”领域的存在,仅靠市场机制的自觉作用,在经济运行和发展中,无法避免垄断、不正当竞争、基础设施投资不足、过度竞争、环境污染、资源浪费等现象的发生。各国经济发展表明,弥补“市场失灵”的缺陷是各国产业政策最普遍的作用。

(2)促进经济超常规发展。产业政策是贯彻国家经济发展战略的有效工具,在经济发展的初期,基础设施和基础工业薄弱的“瓶颈”制约着许多发展中国家经济的“起飞”。这些部门的“外部性”较强,对整个经济发展具有重大的促进作用,而投资巨大、盈利低、资本回收期长又是其内在特点,依靠市场机制往往无法在短期内达到经济“起飞”要求的条件。因此,必须运用倾斜产业政策,聚集资本,使“瓶颈”产业得到快速发展。

(3)增强本国产业的国际竞争力。产业政策对促进企业创新和开拓国际市场具有重要作用。一国的产业国际竞争力是建立在本国资源的国际比较优势以及骨干企业的生产力水平基础上,其技术创新能力和国际市场的开拓能力是国际竞争力的标志。

(4)实现资源优化配置。产业政策的根本任务和主要作用就是实现资源的优化配置。资源优化配置,包括资源在产业之间的合理分配和有效利用以及资源在产业内部企业之间的合理分配和有效利用,这两方面分别是产业结构政策和产业组织政策的根本任务和主要作用。

(二)产业政策的局限性

(1)产业政策并非对任何产业都具有同等的效力。产业政策的作用发挥大小取决于产业自身的素质和发展潜能。只有当产业政策对产业内部的技术、资金、人才等生产要素的投入和运作产生积极影响时,才能促进该产业更好更快地发展。

(2)产业政策的作用不是万能的。近几十年产业政策实践表明,完备的法律体系、健全的企业制度以及高素质公务员和企业家队伍等相关条件是产业政策成功实施的必要条件。

(3)产业政策的实施需要一定的成本和代价。通常,产业政策的力度越大,相应的政策投入就越大。实施产业政策时,对产业政策所涉及的各种“成本”和“收益”进行全面的综合性比较是必不可少的。因此,要对实施产业政策效果进行政策成本和政策总收益的权衡与效益比较。

(4)产业政策也存在失败的可能性。产业政策也不是一试就灵,也存在失败的可能性,例如我国改革开放后的汽车产业政策。导致产业政策失败的原因很多,主要包括政策目标可能违背了经济规律、产业界的愿望与政策要求不一致、政策措施与政策目标不配套、政策手段不合理、政策执行不力、政策环境出现不可预见的较大变化等。

三、产业政策体系

(一)产业政策层次

产业政策的内容比较复杂,相关政策之间可能相互交错,但和其他政策相比,产业政策又具有单一、明确的特点,因此,产业政策在不同的层次上有其特定的内容。

(1)在宏观层次上。产业政策的作用主要是改善产业环境。如加强社会基础设施建设、发展科学技术、提供资金与信贷等,以及教育和培训改进、劳动福利的提高等以便促进产业成长和提高产业素质。

(2)在中观层次上。产业政策的主要作用是协调和优化产业结构。采取区别对待的产业政策,如扶持战略性产业、调整和援助衰退产业、培育具有潜在生命力的新兴产业和保护幼稚产业等。

(3)在微观层次上。产业政策的主要作用是通过组织开展各种形式的活动,调整产业结构、发挥企业在规模经济和增强企业国际竞争力方面的作用。

在以上三个层次中,产业政策的作用主要集中在中观的产业(部门)层次和微观企业层次上,而且其内容也具有特定指向性,主要是产业结构的调整与产业组织和产业布局优化。

(二)产业政策体系

根据产业政策内容划分,产业政策的基本体系由产业组织政策、产业结构政策、产业布局政策和产业技术政策四大部分组成,它们既相互联系又相互交叉,且各自的政策对象、政策内容和政策手段对国民经济的各个部门和各个层次都有所涉及。

(1)产业组织政策。所谓产业组织政策,是指为了达到一定的市场标准,政府通过制定和采用相应政策措施来调整市场结构、规范市场行为的系列政策总称。

(2)产业结构政策。所谓产业结构政策,是指政府通过制定相应政策来影响产业结构转换和促进经济增长的系列政策。

(3)产业布局政策。所谓产业布局政策,是指政府通过制定政策来干预产业的空间分布,主要涉及区域发展的重点产业选择和产业集中发展战略两个方面。

(4)产业技术政策。所谓产业技术政策,是指引导或影响产业技术进步的政策。

还有其他一些分类方法,如产业政策按内容还可细分为财税政策、信贷政策、土地政策、外贸政策、环保政策、价格政策、节能减排政策等。

四、产业政策的理论依据

（一）“市场失灵”理论

市场经济不是万能的，存在着市场缺陷。为了弥补市场机制不足，政府使用产业政策作为调节经济发展的一种补救手段。日本经济专家小宫隆太郎曾明确指出：“产业政策的中心任务就是针对在资源分配方面出现的市场失灵采取对策。”因此，制定和实施产业政策的主要目的就在于解决“市场失灵”问题。主要体现在以下几个方面：

（1）解决垄断导致的“市场失灵”问题。

（2）解决公共物品提供中存在的“市场失灵”问题。

（3）解决经济活动的外部性带来的“市场失灵”问题。

（4）解决由于信息不完全、不充分和不对称导致的“市场失灵”问题。

以上各种“市场失灵”问题是制定并推广产业政策的主要依据。政府作用就是制定和实施一系列产业政策，从根本上弥补市场机制的缺陷，实现资源配置的最优化。

（二）后发优势理论

后发优势理论的依据是英国古典经济学家李嘉图的“国际分工和比较生产费用理论”，李嘉图认为各国在不同产业中生产费用的区别决定着各国都应优先发展本国在生产费用上拥有比较优势的产业；在多个产业部门都拥有优势时，应优先发展优势最大的产业，在多个产业部门都处于劣势时，应优先发展劣势最小的产业，也就是优先发展相对优势的产业。这样，各国都能通过国际交换获得比较收益。

但是，后发国家在发展中逐步发现，如果只按照比较优势来参与国际分工，那么必将使自己所获得的比较利益远远低于先发国家，而且可能使自己长期处于落后地位。例如，第二次世界大战后的日本，作为一个资源贫乏的后发国家，如果想赶超欧美先发国家，只是囿于比较优势框架下的国际分工，显然不符合正处于赶超阶段的日本的利益要求。因此，一些学者如德国经济学家李斯特在运用和发展李嘉图理论的基础上，提出了“动态比较费用理论”。李斯特认为，工业化起步较晚的国家，有可能经过所在国产业政策的保护与培育，发展新的优势产业；后发国家只有通过培育这种优势产业参与国际分工，才能打破旧有的国际分工格局，以先进的生产结构占据有利的国际分工地位。

依据“比较优势”和“培育优势”，后发国家可以通过直接吸收和引进先进国家的技术，降低技术开发成本。后发国家由于和先发国家技术开发相比，成本低得多，而且在同等资金、资源、技术成本的条件下，还具有劳动力成本便宜的优势，因此只要在国家产业政策的保护与扶持下，达到规模经济发展阶段，就可能形成新的优势产业，可以与先发国家在其传统的资本或技术领域一较高下。这就是“后发优势理论”。

（三）结构转换理论

结构转换理论也被称作“产业结构高度化理论”。它的主要内容是：一个国家产业结构演进必须不断实现由低级向高级的适时转换，才能真正实现赶超或保持领先地位。如果产业结构转换未能及时实现，即使是一些老牌的发达国家也最终趋向于衰落。英国的克拉克、德国的霍夫曼和美国的库茨涅兹等人都曾对经济增长与收入提高过程中的产业结构变化规律进行过深入研究，并提出了“配第—克拉克定理”、“霍夫曼比率”、“库茨涅兹增长理论”等学说。

最重要的是，产业结构转换是一个利益再分配过程，需要政府的产业政策干预才能适时、顺利地完成。基于前人研究的基础，日本学者提出了产业政策对促进产业结构转换的推动作用理论。该理论认为：

(1)产业结构转换是一个利益再分配过程，需要有政府产业政策强力干预，才能适时顺利完成。

(2)产业结构转换不是一个被动的自然过程，而需要在政府产业政策指导下主动实施。

(3)在产业结构转换过程中，政府应利用产业政策对经济目标与非经济目标进行协调。

例如，如何按照国民收入弹性最大和技术增长率最高的原则选择下一阶段产业发展战略重点部门，就是一个主动的过程。如果缺乏这样一个在产业政策指导下的主动过程，那么经济的可持续发展就会不可避免地陷入被动境地。

(四)规模经济理论

规模经济理论认为，由于生产费用中固定费用和可变费用的构成受市场开发的过程性等因素的影响，产业发展客观上存在着生产费用最低的最优经济规模，在未达到最优规模以前，单位生产费用随着生产规模扩大而处于递减过程，因此继续扩大规模对生产是有利的。而在西方国家，反垄断是产业政策研究集中的关注点，对规模经济理论并未给予高度重视。日本的经济学者则充分利用并进一步发展了这一理论。这一理论认为：

(1)在产业内容上，客观存在着产业规模和企业规模的区别，前者决定生产费用，后者决定竞争秩序；在赶超阶段，当两者发生矛盾时，国家应当利用产业政策首先保证产业规模达到最优，即使出现短暂的寡头垄断和竞争活力下降，也应支持相关产业规模达到最优。这样才能保证产业迅速成长和获得国际竞争力，使社会获得最大发展收益。

(2)当某一产业的国际或国内市场已经被外国企业垄断，即存在着“先动优势”时，本国企业需要一段发展历程，达到一定的相应规模，才可能打破“进入壁垒”与外国企业抗衡。因此，从本国长远利益考虑，政府应当通过产业扶持政策来支持和负担这些产业振兴的相关成本。

(3)在通信、交通运输等最优规模较高的基础性产业中，达到最优规模前的社会收益率远高于企业收益率，因此政府应在相当一段时间内通过直接投资或直接出面组织国有企业来振兴和发展相关产业是必要的。

(五)技术开发理论

技术开发理论认为：技术是一种难以按一般市场原则进行交易的知识财富。这种知识财富具有以下三个特点：

(1)技术本身常常具有公共物品的特征。

(2)技术开发伴随着技术与市场的双重风险。

(3)技术的开发与应用具有学习过程和规模经济的特征。

所以，技术的开发过程或开发结果经常存在着社会收益率大于企业收益率的可能性，而这种可能性会削弱企业技术投资的积极性。因此，在技术开发过程中，政府制定产业政策干预是保证技术不断进步的必要条件。

五、产业政策的实施手段

产业政策主要采取哪些实施手段呢？产业政策的手段通常可以划分为政府直接管制、经济手段和法律手段三类。

(1)政府直接管制，如对特定商品、资本、技术的进出口限制，外汇集中管理，对生产数量和投资限制等。

(2)经济手段，如财政手段，诸如税收补助、税收减免、税收奖励和税收刺激，以及利率优惠、政府担保贷款、信贷配给等。

(3)法律手段，如制度的创设与废止，可以通过制定相关法规条例，诸如各种许可认可权制度、各种特定产业的临时措施法等。

另外，政府还可以通过行政指导，如采取指示、劝告、助言、指导等形式。由此可见，产业政策的实施有多种手段，有些是其政策特有的手段，如直接管制，而有些可以借用经济方式来实现政策手段，尤其是财政手段和金融手段，这两种手段是产业政策目标得以实现的主要经济手段。但必须指出的是，财政政策与金融政策同产业政策并非从属关系。财政政策与金融政策作为经济调控的重要政策，主要是宏观的总量调控，而产业政策使用的财政手段与金融手段，只是财政政策与金融政策的一个组成部分，其中大部分属于财政政策与金融政策在微观方面的应用。因此，产业政策无法包容和协调财政政策与货币政策，它们之间只存在着部分的交叉关系。

【案例评析】

产业政策并非万能的

一项产业政策不一定能带来一个产业的繁荣，尤其是当市场参与者无法确定新政策代表哪一方利益的时候。产业政策并不是万能的，并非对任何产业都起作用，有时产业政策制定不得不追求次优目标，而无法达到最优目标，更要防止经济市场中“看不见的手”被政治市场中“更看不见的手”所替代。

实行产业政策的负面作用很多，主要有以下几个方面：政府官员选择政治上有利，看起来可以增加国家声誉却缺少潜在顾客或者对不发达的国内产业来说过于先进的产业或项目；保护某些国内产业可能伤害该产品的下游产业。即使产业政策在发展目标产业方面是成功的，我们也必须牢记，这些政策不是可以随便使用的。

日本经济在第二次世界大战后的 1955—1973 年间持续高速增长，1973 年开始转入低速增长。1973 年以后，日本已经不再是追随者。日本经济迅速增长的原因主要有：可以随时借用现成的技术(赶超方法)、高储蓄率等。有人认为，即使所有通产省的职员都是三流大学的毕业生，日本经济照样会迅速增长。日本产业政策以 1973 年为界分成两个阶段。1973 年前的产业政策只不过是执行了市场命令，没有抵消市场力量。有日本学者认为，1973 年以后的产业政策越来越无效，甚至走向反面。政策工具越来越少，效率下降。政策的制定和执行越来越政治化，灵活性和效力已经消失。

日本产业政策的理论基础就是促进资本和劳动力在衰退产业和新兴产业之间流动。产业政策试图得到私营部门的积极支持，帮助私营部门和政府达成共识。绝大部分资金也是来自私营企业和商业银行。政府的补贴一般不直接用于资助私人部门不感兴趣的投资，而是用作催化剂，刺激私人投资和加强国内竞争。大多数产业的发展没有正式计划，产业政策逐渐由政府主导的限制政策，转变成由市场主导，政府不直接参与市场经济活动，只是扮演出资、监督以及制定相关产业调整政策的角色，以矫正"市场失灵"；产业调整政策的重点不在于短期市场供需问题的解决，而是着力于产业长期竞争力的提升。

——案例来源：作者根据网络资料整理

第二节　产业组织政策

一、产业组织政策的含义与内容

(一)产业组织政策的含义

在市场经济条件下，企业的经济规模与保持竞争活力这对矛盾如何解决？既要使市场机制的积极作用得到充分发挥，又要使同行业企业通过规模经济取得益处，同时还能避免垄断而实现有效竞争，这就成为产业组织理论所要解决的核心问题。产业组织政策就是以产业组织理论为指导，为了达到一定的市场标准，政府通过制定和采用相关手段、措施来调整市场结构及规范市场行为的产业政策。其核心是在垄断造成的社会福利的损失和规模经济带来的社会福利增加之间进行权衡。

理想的市场标准一般包含的内容为：市场上有大量的买者和卖者、所有产品都是无差异的、资源可以自由流动、买卖双方拥有完全信息、处于完全竞争状态。但是，由于完全竞争市场标准过于理想化，在现实生活中几乎难以实现，因此大部分国家政府将市场标准确定为"有效竞争"市场。在有效竞争市场中的有效竞争的含义是排除企业提高价格和排斥竞争对手的能力，具体包括以下三个方面：

(1)在市场结构方面，在有效竞争市场上，尽管卖主数量会使企业对价格有一定的影响，但要多到符合规模经济的要求；企业规模比较均等，没有单个企业操纵市场的现象；不存在人为的市场进入或退出壁垒。

(2)在市场行为方面，有效竞争市场中企业做出的价格、产量和销量决策是相对独立的，没有共谋行为产生；企业消除和排挤竞争对手的唯一方式只有提高其自身运作效率。

(3)在市场绩效方面，利润水平低于或等于其他行业从事同等风险程度生产经营活动可以获取的水平；在适度范围之内企业存在广告促销费用和产品差别化程度；企业经营富有效率，缺乏效率的企业在长期来看会被市场逐步淘汰；企业能对技术进步作出及时的反应。当然，有效竞争市场是一种不能被精确量化的定性标准，这给制定和实施产业组织政策带来了一定的困难，但尽管如此，它仍是产业组织政策的一个出发点。

(二)产业组织政策的内容

产业组织政策由市场结构、市场行为、市场绩效三方面的政策内容组成。市场绩效构成产业组织政策最终目标，市场结构与市场行为是实现产业组织政策的前提条件与途径。

从产业组织政策最终目标来看，不同时期的内容与侧重面不尽相同，但具体目标一般都包括以下四个方面：

(1)资源配置优化。产业组织政策通过对市场竞争的有效调控，促使资源由生产过剩、资源使用效率较低的经济环节向生产不足、资源使用效率较高的经济环节流动，由资源使用效率较低的生产者向资源使用效率较高的生产者流动。

(2)实现规模经济。通过产业组织政策，鼓励产业内部同行业企业间横向和纵向联合及兼并，扩大企业规模，提高规模经济水平和产业区域国际竞争力。

(3)促进技术进步。通过产业组织政策优化产业组织形态和结构，增强产业组织结构的技术创新能力和企业技术创新动力。

(4)维护市场秩序。通过产业组织政策规范企业行为，防止企业滥用垄断势力和不正当竞争，维护市场秩序。

需要注意的是，从产业组织政策的手段与实现途径来看，产业组织政策是相互衔接而不是条块分离的，因此各种政策手段的内在有机联系是政策制定和实施必须要高度关注的。例如，促进竞争政策与限制竞争政策是产业组织政策的两个重要组成部分，但是促进竞争政策如果处理不当，可能带来过度竞争，反而对资源的有效分配不利；假如为了限制过度竞争，鼓励发展规模经济，则又可能会导致垄断，同样对资源的配置效率产生影响。因此，必须把促进竞争政策与限制竞争政策进行有机结合。而有机结合的关键是适度规范市场结构与市场行为，并最终在市场绩效与宏观经济效益方面得以体现。

二、反垄断政策

(一)垄断的含义

垄断，又称“独占”，是与自由竞争相对应的一个概念，通常指企业为排斥和限制竞争对手所采取的各种市场行为总称。这里的排斥是指垄断者在一定交易范围内，通过定价行为阻止或驱逐其他企业的一种行为。这里的限制竞争，是指垄断者通过价格协调或企业兼并，收买竞争对手，操纵市场的一种行为。由此可见，垄断是竞争的对立物，对竞争起着破坏作用。在市场经济条件下，企业采取正当途径提高市场的竞争力，实现规模经济并获得较高的市场集中度和利润率，是合理合法的。但是垄断形成以后，垄断者就有可能采取定价行为、价格协调行为、恶意兼并行为，排挤其他相关企业，通过其垄断地位来操纵市场，谋取高额利润。垄断者的这种排斥和限制竞争行为会直接或间接损害其他企业和经济组织的利益以及消费者的利益。因此，垄断的存在，势必会影响公平竞争的市场环境，妨碍资源的合理有效配置，加大社会财富和收入分配的不公，进而对整个经济社会的健康发展产生伤害。

(二)垄断行为的弊端与反垄断法

从某种意义上说，市场经济就是法制经济，作为规范市场经济主体的基本法——民商法，早在垄断产生以前就已成型。垄断者的垄断行为是一种具有社会危害性的违法行为，它违背了民商法中的主体地位平等、经济活动自主自愿、诚实守信、公平竞争等基本原则。因此，一旦出现垄断，立法者就应高度警惕，并立即通过法律、法规等形式对垄断者的肆意行为进行规制，以此维护正常的市场经济秩序，保护市场主体的合法权益。

一般来说，垄断具有危害性，但垄断在一些行业也不是一无是处，在某些行业可能还需要适度的垄断行为，这样更有利于资源的有效配置、市场稳定、产业竞争力提升，尤其是关系到国家利益和社会公共利益的产业。在这些特殊行业中，世界上许多国家都采取“例外原则”，实现反垄断豁免。但是，反垄断豁免并不等于放任自流，而是政府通过直接管制形式来调控企业的市场行为，确保其合法经营。

世界上大多数市场经济国家都制定了各自的反垄断法规，虽然不同国家的反垄断法因国情不同，其形式和具体内容有所区别，但就其实质来说，又有高度相同之处，比如在所有反垄断法中都禁止私人垄断和卡特尔协议。这里的私人垄断是指个人、公司或财团通过兼并、收购或低价倾销等手段，把其他竞争对手从市场上排挤出去，从而确立自己在市场上的垄断地位，并以其垄断地位来支配市场。这是在反垄断法中都坚决制止的违法行为。美国最重要的反垄断法《谢尔曼反托拉斯法》，也是世界著名的反托拉斯法案之一。在该法案中有两个非常关键的反垄断条款：“第一条：任何以托拉斯或其他形式作出的契约、联合或共谋，如被用以限制州际或与外国间的贸易或商业，均属违法。第二条：任何垄断者或企图垄断者，或与他人联合或共谋垄断州际的贸易或商业之任何一部分者，均被视为刑事犯罪。”这里的卡特尔协议是指多个企业以垄断市场、获取高额利润为共同目的，在一定时期内就划分市场、规定产量、确定价格而达成的正式或非正式协议。大多数国家都明文禁止这一类协议，尤其是对“横向卡特尔协议”都予以绝对禁止。此外，大多数国家还就禁止市场过度集中、禁止滥用市场势力等都做出了明确规定。

三、直接规制政策

（一）直接规制政策的含义

直接规制政策是指在不适用反垄断法的一些特殊产业及部门，政府为了资源的优化配置和确保消费者的公共利益，对这些特殊产业或部门的企业进入、退出、投资以及产品和服务的价格、数量、质量进行直接管制并加以规制的政策。

政府对市场的干预有两种方式，一种是间接方式，即诸如通过制定反垄断政策来间接干预市场；另一种是直接方式，如在自然垄断性行业的通信、电力等公用事业部门（Public Utility）采用公共规制政策直接干预市场。对于自然垄断形成的公用事业部门，最重要原因还在于显著的规模经济性。因此，对于这些自然垄断形成的公用事业部门就不能采用上述反垄断法律来禁止，而是应通过公共规制政策对这些企业和部门市场行为与市场绩效加以规制。政府不仅可以直接规制价格，还可以经常对这类企业的进入与退出、服务标准、财务结构、核算方法等有关方面施加影响或直接干预。在有些情况下，政府有关部门可能并不直接管制企业价格的制定，而是直接控制行业进入、产品质量、卫生与安全标准、环境污染等。电力、天然气、有线电话等自然垄断属性的公用事业是公共规制的典型行业。目前，学术界普遍认为受规制的行业有以下三个特征：

（1）这些行业大多是涉及国计民生的重要行业，如通信、能源行业。

（2）这些行业大多数是服务性行业，其生产和消费处于密不可分的同一过程。同时，由于服务不能存储，因而，多数受规制行业普遍存在着生产能力过剩，以备满足消费高峰时的需求。

（3）这些行业大多数是资本密集型行业，大部分都涉及一些基础性和先导性产业，他们的营运可能更加依赖于线缆、涡轮发电机、钢轨、路基等资本需求量较大的基础设施。

（二）产业规制的原因

政府对产业进行规制的原因主要有两个方面：一是公用事业行业显著的规模经济性造成的自然垄断；二是出于对资源的保护、避免行业的过度竞争和不适当的价格歧视等。具体表现如下：

(1)对于部分非常稀缺的资源，政府必须进行有效的直接规制。如广播和电视信号的发射和传递，其在范围较小的区域内，一般只存在一套信号发射和传递设施才符合经济效益的要求。但是，无线电频谱是一种稀缺资源，波段和频道都是有限的，如果没有任何进入的限制，就会出现波段和频道相互干扰的混乱局面，因此政府必须对无线电频谱进行规制，实行许可证制度。

(2)与自然垄断行业缺乏竞争相反，有些行业可能出现过度竞争，从而对行业产生破坏性的影响。过度竞争行业往往都有巨大的高度专业化的固定投资，而运行成本则相对低得多。

在一些固定投资较大的行业或部门，当行业供给相对过剩时，由于这些企业的转换成本较高，从该行业退出较难，行业内的企业为了获得更多的市场份额，最直接的方式就是价格战。当企业全面降低价格时，有关服务的维护和改进方面费用支出必然会削减。在价格战中，那些资金雄厚的企业可能生存下来，而另一些企业可能破产或被大企业兼并。最终的结果可能是生存下来的企业确定价格或联合确定价格。对于消费者来说，短期内低价获得的好处可能远远不能弥补长期高价造成的损失。一旦过度竞争导致企业之间的串谋产生、服务质量下降或竞争企业丧失，这时一般就表明需要政府来对市场进行适当控制。在这种情况下，规制通常不是规定最高价格，而是规定最低限价。

(3)价格歧视是政府规制的另一个直接原因。价格歧视是指同一种产品却对不同消费者或消费群体索取不同的价格，而且这种价格差别通常并不是由成本差异造成的。有效地实施价格歧视必须符合消费者的需求弹性不同、市场可以被分隔以及企业具有控制价格能力三个条件。对于价格歧视规制的目的不在于效益目标，而在于公平目标。因为在这种情况下，企业滥用了其垄断势力，对某些消费者实施价格歧视政策。

（三）产业规制政策的主要内容

目前，政府对自然垄断产业的管制，主要集中在以下几个方面。

1. 价格管制

价格管制是政府通过规定利润率、成本核定、价格上下限、价格审批等手段，对自然垄断行业内企业的产品和服务价格实行控制的一种直接管制形式。政府通过管制价格可以实现以下三个目标：

(1)通过对自然垄断企业产品和服务价格水平控制，达到提高资源配置效率、保护消费者权益的目的。

(2)阻止垄断企业通过自由定价获取高额利润的机会，促使企业通过技术创新和管理创新提高生产效率和利润率。

(3)由于自然垄断行业一般都是投资大、回收周期长的项目，政府通过价格管制，让相关企业保持一定的利润率，支持企业自我积累和自我发展，不断提高企业的市场供给能力。

因此,价格管制是政府对自然垄断行业进行管制的手段之一。政府对价格管制的方法有很多,目前常用的方法主要有:成本核定管制法、价格上下限管制法、价格审批管制法和投资回报率管制法等。各国由于国情不同对价格进行管制的方法可能稍有区别,比如美国主要采用投资回报率管制法,这种方法的优点是可以有效促进企业投资;而英国则主要采用最高限价管制法,这种方法的优点是可以促进企业技术创新和提高生产效率。

2.进入管制

进入管制是指政府通过人为设置进入壁垒,来控制自然垄断行业内企业数量的一种直接管制形式。自然垄断产业进入管制的基本形式目前主要是许可证审批制度。实行进入管制主要希望达到以下两个主要目标:

(1)政府对自然垄断行业内部的企业数量进行有效控制,目的是实现规模经济,防止破坏性竞争和资源低效配置。

(2)通过对自然垄断行业中的可竞争性业务和环节进行开放,引入竞争机制,促进企业技术创新和提高生产效率,从而实现自然垄断行业社会和经济效益的最大化。

由于自然垄断行业是一个自然垄断业务和可竞争业务并存的行业。随着经济全球化的发展以及信息技术的发展和管理能力的提高,自然垄断行业内部的可竞争性业务和环节将会越来越多。因此,世界各国对自然垄断行业的进入管制有趋于放松的趋势。比如,在20世纪80年代以前,英国的电信市场一直由英国邮电局垄断经营,而从1981年开始,英国政府放松了电信市场的进入管制,允许多家企业经营电信市场业务。同样,在1978年以前,美国严格控制航空产业内企业进入数量,但在1978年以后也逐步趋于放松状态,到1983年时,航空业的进入管制、价格管制和管制机构全部取消,使航空产业彻底转变为竞争性产业。日本在1987年以前,在全部取消了航空产业的进入管制、价格管制和管制机构,使航空产业同样彻底转变为竞争性产业。在1987年以前,日本的铁路运输一直实行独家公司(日本国有铁道)垄断经营模式,但自从1964年出现持续亏损后,日本政府于1987年开始放松对铁路运输管制,实行国家持股、民间企业经营方式,铁路经营状况发生了根本转变。而我国的自然垄断产业也正在逐步进行放松进入管制阶段,比如电信与移动拆分,电信、移动、联通、网通、铁通等企业共同经营电信市场业务,为我国自然垄断行业放松进入管制开了一个好头。

3.其他管制

随着自然垄断行业组织结构的变化和政府管制实践的发展,政府也增加了对自然垄断产业管制的内容。目前使用最多的主要有以下几种方式:

(1)协调管制。进入管制的放松,必然带来大量新企业的涌入,新企业进入必定存在一个与原有企业共享市场和资源的新问题,这就需要政府对新进入企业和原有自然垄断企业进行相互协调管制。

(2)质量管制。在原有自然垄断企业独家经营时,产品生产和产品质量实现一体化管理。但在放松进入管制以后,由于多家企业经营,就有可能出现多家企业产品规格和质量标准不统一的问题,这就需要政府专门对自然垄断企业的产品规格标准和质量标准进行管制。

(3) 区域市场平衡管制。自然垄断行业放松进入管制以后,由于存在区域产品需求的分布不均性,因此不同区域企业的生产成本也不一样,如电力、电信等产业向农村提供产品和服务的成本要远远高于城市的成本。于是,在多家企业经营的情况下,企业必然只向市场规模大、经营成本低的地区提供产品或者对不同地区实施价格歧视，因此需要政府对区域市场和价格进行平衡管制。

四、维护公平竞争政策

(一)维护公平竞争政策的含义

除了上面的反垄断政策和公共规制政策外，产业组织政策还包含维护公平竞争或反不正当竞争的政策，统称为竞争性产业的政府规制，也就是指政府对竞争性产业内企业的市场行为提出具体规范要求，并有专门管理部门对其执行情况进行跟踪、监督和奖惩，以维护正常市场秩序和效率的一种产业组织政策。这类产业组织政策的重点是解决在竞争性产业中的不正当竞争行为，如在激烈竞争市场环境下，企业受利润最大化价值取向的驱使会采取欺诈、商业行贿、偷工减料等手段，忽视社会公众利益、环境保护等问题，这些都涉及产业组织中市场结构、市场行为和市场绩效的各个方面。在市场结构方面，主要体现在信息公开、产品标准化、度量标准化、商标与版权保护等方面的政策措施；在市场行为方面，主要是指禁止虚假广告、欺诈行为等有关的法规条例；在市场绩效方面，有代表性的是卫生与安全要求、污染控制等禁止性条例。政府对竞争性行业的企业竞争行为规制的最终目的还是协调经济活动中的经济效益、社会效益和环境效益的平衡。

(二)维护公平竞争的主要内容

政府对竞争性行业进行规制的主要内容有：进入规制、数量规制、质量规制、技术设备规制、价格规制和反不正当竞争行为规制等。

1. 进入规制

进入规制是政府规制的一种重要类型，主要是通过对企业或个人的进入资格和资质进行审批，以提高进入壁垒的一种政府规制类型。进入规制的目的是阻止不具备相当技术能力和经营实力的一些企业进入产业，以此来保证产业内的生产效率和产品、服务质量。在竞争性产业中，有许多产业都设置了进入壁垒，主要类型有：从业资格证，如律师、医生等；经营资质，如建筑产业、医药产业等；经营特许，如军工企业、新闻出版等行业。

2. 数量规制

数量规制是指通过控制竞争性产业内的企业数量，避免过度投资或投资不足，以及产量过剩(或过少)而导致的价格波动和过度竞争的一种政府规制类型。如对于城市出租车行业，为了避免过度竞争引致的市场混乱和服务质量下降，一般城市都会根据市场容量规定一定的出租车数量。

3. 质量规制

质量规制是指为了确保消费者正当权益，防止过度竞争而引致的产品和服务质量下降的一种政府规制类型。各产业部门都设有质量技术监督机构，并负责企业经济活动过程中的质量跟踪、检查和投诉处理，如食品质量规制、饮食服务质量规制等。

4. 设备规制

设备规制是指对产业内企业的设备和技术提出具体要求的一种政府规制类型，主要目的是确保生产安全、环境安全和较高的资源利用效率。如机动车年检、建筑消防设备年检、污染企业环保设备达标检查等都属于设备规制的内容。

5.价格规制

价格规制是指通过规定利润率、成本核定、价格上下限、价格审批等形式对竞争性产业内企业的产品和服务价格进行控制的一种政府规制类型。其目的是协调生产者利润最大化和消费者权益的矛盾,保护生产者正常的利润和消费者的权益。政府价格规制的行业主要集中在公共服务行业,如公共客运、旅游等。

6.不正当竞争行为规制

不正当竞争行为规制是指政府为了防止和惩罚企业针对第二方、第三方实施侵害行为而制定的一种政府规制类型。其具体内容包括防止和惩罚虚假广告、盗用商标和专利、侵害知识产权、生产假冒伪劣商品等行为。

第三节　产业结构政策

一、产业结构政策的含义及作用

(一)产业结构政策的含义

所谓产业结构政策,是指政府依据本国的产业结构演变趋势,为推进产业结构优化升级而制定的产业政策。产业结构政策的实质在于通过推动产业结构合理演变,实现经济增长和资源效率的改善。产业结构政策既是体现现代经济增长的内在要求,又是各国经济发展战略的体现。对各国现代经济增长过程的观察分析也表明,不仅结构转换是现代经济增长的首要特征,而且具体结构转换的能力、速度和效率也是决定经济增长速度的主要原因之一。因此,产业结构政策的根本目的在于通过有关的结构规划和政策措施,提高产业结构的转换能力,并依照产业结构演化的基本规律,推进产业结构的转换,从而加速经济增长。其基本目标可以概括为两个方面:

(1)促进产业结构的合理化,即在分析研究产业结构现状的基础上,发现结构不合理的问题,提出合理化方案并落实方案的具体政策措施。

(2)促进产业结构的高级化,即根据本国具体情况和国际经济发展、产业结构的演进趋势,规划产业发展顺序,选择主导产业,振兴支柱产业,保护幼稚产业,调整衰退产业,并从产业高度设计产业结构演进和产业发展的目标、途径以及应该采取的政策措施。

产业发展的优先次序选择是产业结构政策需要解决的核心问题。也就是依据一定的基准,对若干产业进行排序,首先确定优先发展的产业,政府再施以各种政策支持,使之得到快速有效的发展,从而带动经济增长。一般说来,这种优先发展产业的选择范围,大致包括主导产业、瓶颈产业和支柱产业。政府优先产业发展顺序的安排,一般以瓶颈产业为先,接着才是主导产业和支柱产业。而且无论是重点发展产业还是发展顺序的选择,一般都随着经济增长和结构变动而呈现出特定的时限性。因此,每一个政策期都会有不同的选择。

(二)产业结构政策的作用

实践表明,产业结构政策对促进经济增长起到重要的作用,主要表现在:

(1)实施产业结构政策有利于实现产业结构合理化和高度化,保证社会再生产过程的顺利进行。各国经济发展面临的一项根本任务就是在资源有限和起点不同的条件下,如何争取快速发展和取得较好经济效益。从发达国家实现工业化的经验来看,产业结构的演变表现为一种由低层次向高层次有序转换的过程,产业结构的合理化、高度化使发达国家获得较高的国民收入。后起国家要实施赶超战略,缩短与发达国家的差距,并进而实现崛起,最重要的是制定出有效的产业结构政策,使资源按照合理化和高度化的要求,向特定产业倾斜配置。加强基础产业,调整、改造传统产业,发展高新技术产业,推动产业结构向高层次迅速转换。同时,还必须指出的是,为了取得较好的经济效益与经济的快速发展,各产业之间必须均衡、协调发展。而正确的产业结构政策,通常是通过促进或限制某些产业的发展来改变产业结构的不合理状况,既对产业的短期均衡产生影响,又影响其长期发展,使各产业之间的比例关系保持协调,保证社会再生产过程的顺利进行。

(2)实施产业结构政策能够指导产业发展及其产业结构改善,正确引导市场调节机制。总体而言,市场调节机制是实现资源配置的基础作用机制,但是对于非竞争性的自然垄断行业和某些特殊行业,市场机制的作用有限,即使是在完全竞争性行业的资源配置中,也或多或少地存在着资源流动不充分甚至市场失灵的情况。造成资源流动不充分的原因:一是生产要素,尤其是资本,短期内在产业部门之间流动困难;二是生产要素价格,特别是工资存在着刚性,具有棘轮效应,难以实现理想的资源流动。因此出现资源流动不充分甚至市场失灵,也就是资源流动的交易成本太高,带来不经济,不仅造成社会贴现率与私人贴现率相背离,而且造成社会性损失,如通货膨胀、失业增加、经济畸形发展。政府通过产业结构政策实施,并与市场机制相配合,就能够弥补市场机制的不足,提高市场调节产业结构的效应,使产业结构更好地适应需求结构的要求。发达国家的实践证明,仅靠市场机制调节产业结构,将是一个十分缓慢的过程,而且要付出沉重的代价。而通过产业结构政策实施干预经济,就能保证经济快速、健康地发展。

(3)产业结构政策实施有利于正确引导投资方向,调整投资结构,控制投资规模。固定资产投资规模失控、投资结构不合理,固然与实行什么样的经济体制关系极大。但是在市场经济体制下,实行正确的产业结构政策仍然显得十分重要。因为产业结构政策,加之配套的信贷政策、价格政策和税收政策,能够正确引导不同层次的投资主体的投资行为,引导投资方向,在投资主体多元化的条件下,使分散决策的地方投资和企业投资尽可能符合宏观经济目标要求的产业发展方向。

(4)产业结构政策实施有利于综合运用经济杠杆,实现宏观调控的目标。在国家产业政策已经确定的情况下,在特定的产业领域内,各项经济杠杆政策就要围绕产业政策的目标联合行动。各经济杠杆怎样围绕产业结构政策的目标行动呢?比如税种、税率的差别会引起社会需求结构的变化,从而影响产业结构。而由不同税种、税目、税率组成的税率结构,是根据产业结构政策指引的方向制定的。例如,属于支农工业产品的饲料、化肥、农药、农机、农膜的增值税是按低税率(13%)收缴的。又例如消费税的征收范围主要是奢侈品和高级消费品,这就直接体现了国家的产业结构政策和消费政策。再比如汇率调节,一般情况下,出口形成外汇的供给,进口形成外汇的需求。汇率上升,意味着外币升值或本币贬值,引起外汇需求的下降;汇率下跌,意味着外币贬值或本币升值,引起外汇供给的增长。所以,汇率是国际市场调节进出口的信号。当国家贯彻进口替代或出口导向的产业结构政策时，汇率的高低和变动对进出口结构甚至产业结构，都有正向或负向的调节效应。

二、产业结构高度化与产业成长政策

（一）产业结构高度化政策

产业结构高度化政策，是产业政策尤其是产业结构政策的重要内容。发达国家产业结构高度化政策，旨在加快发展后工业社会代表当代先进技术水平的高新技术产业和现代服务业；发展中国家产业结构高度化政策，旨在加强基础产业、扶持支柱产业和培育战略产业的发展，加快产业结构转换。

（二）产业成长政策

产业成长政策的目的在于推进产业结构高级化，而产业结构的演进是一个分阶段的有序递进过程。产业成长政策只能在一国经济发展历史既定的条件下，才能发挥推动产业结构演进的能动作用。因此，产业结构规划的基点是弄清一个国家在某一时点上的国际、国内经济发展条件和环境。政府制定产业结构成长政策的目的和出发点就是为提高产业结构转换能力创造良好的环境和条件，推动产业的成长。在产业结构高度化目标的前提条件下，根据国际国内形势变化的需要，按照各产业在国民经济中的地位和作用，借助产业成长政策，通过政府强有力的干预，来增强对需要促进其成长的产业的投入，并通过这些产业的超常规发展，实现一定经济时空下的产业发展序列，推进经济增长。产业成长政策对于经济新增长点的形成、传统产业的技术改造和整个产业结构的演进，都具有不可忽视的作用。产业成长政策通常包括主导产业选择政策、战略性产业扶持政策和幼稚产业保护政策等。

1. 主导产业政策

主导产业是指那些具有较快发展速度，在产业结构系统中具备引导带动作用、对国民经济增长贡献大的产业。对主导产业的保护政策可分为对外与对内两个部分。在对外经贸关系中，要注重对本国产业结构实行贸易保护政策。其目的是在对外开放和发展国际经贸过程中培育本国的优势产业部门，防止不利于本国利益的国际分工格局对本国经济结构的冲击和不良影响，同时防止本国资源的不合理利用。如对本国能够生产的产品的进口和本国初级产品的出口，采用高关税壁垒政策。采用高关税壁垒政策是一种传统的保护政策，随着世界贸易的发展和国际贸易自由化趋势的加强，新的保护政策将替代传统的高关税保护措施，如实行标准限制、质量商检限制及资金、技术的进出口限制等。产业结构政策中对内保护与扶持政策，主要是给予主导产业尤其是其中的重点产业部门多种优惠政策，例如国家投资的重点倾斜，财政方面的贴息、减免税、特别折旧等。在贸易保护措施方面，通常采用出口补贴、外汇控制等；在金融政策措施方面，常采用低息贷款、政府保证金、特别产业开发基金；在经济法规措施方面，如采用特殊产业的振兴与保护法规等。

2. 战略性产业政策

战略性产业是指能够在未来成为主导产业或支柱产业的新兴产业。要成为战略性产业必须具备以下三大基本特征：

(1)能够迅速有效地吸收创新成果，并获得与新技术相关联的新的生产函数。

(2)具有巨大的市场潜力，可望获得持续的高速增长。

(3)同其他产业的关联系数较大，能够带动相关产业的发展。战略性产业的扶持政策是着眼于未来的产业优势，直接服务于产业结构的高级化。

3. 幼稚产业保护政策

幼稚产业是指在工业后发国家刚刚建立时间不长，和工业先行国家成熟的同类产业相比，还未形成竞争所必需的市场关系，处于“幼小稚嫩”阶段的产业。从长远看，幼稚产业一般都具有收入弹性大、技术进步快、劳动生产率提高快的特点，但在目前却没有比较优势，还需要政府通过政策的保护和扶持，使比较劣势转为比较优势。因此，对幼稚产业的保护和扶持也反映了政府产业政策的先行性特征。

(三)产业成长政策的具体措施

为推行产业成长政策，各国所采取的政策措施有所不同，但大体上区别不大，基本上都是保护性措施和扶持性措施两类。以日本为典型代表，日本推行的产业成长保护性措施有贸易保护政策、高关税壁垒、进口数量配额限制、外汇分配制度等；扶持性措施主要包括财政投资(优先为战略产业建设公共基础设施)、倾斜减税、倾斜金融和行政指导等。具体产业成长政策主要有以下几种措施：

(1)通过立法的形式，制定并颁布发展重点产业的战略和法规。确立优先发展重点产业的法律地位，使其享受到在财政、税收、管理等方面的优惠条件。

(2)对国内企业引进先进的高新技术进行鼓励。重点鼓励引进与国内产业相结合的技术，并对其不适用的技术进行调整，使国外先进技术在消化以后得到充分吸收。

(3)在税收方面给予种种优惠。除了在税收方面可以优惠外，还可以允许机械设备加速折旧，提取各种准备金，如呆账准备金等。

(4)政策性金融支持。政府鼓励商业银行给予需扶持的重点产业以低息贷款。

通过对发达国家的经验教训总结借鉴，发展中国家要科学地制定产业成长政策，必须注意以下两点：

①要对高新技术领域的前沿动态进行高度关注，从关键技术和新产品的层面，及时修正战略性产业的定位，尽量避免全局性的选择失误。

②要尽最大可能地发挥企业活力与研究开发的自主性；减少违背经济规律和效率原则的行政干预，发挥市场机制在政府资源投入中的调节功能；发挥专业机构对公共资金使用的指导、监督、咨询和评估作用，以避免效益低下、资源浪费的失误。

三、衰退产业调整及援助

(一)衰退产业生产的原因

产业结构政策，不仅要对主导产业、战略性产业、幼稚产业的发展进行保护和扶植，而且还要对即将进入衰退的产业实行调整和援助政策。这里的衰退产业主要是指在产业结构中由于非主观原因陷入停滞甚至萎缩的产业。一般来说，衰退产业的产生主要有以下几方面原因：

(1)技术原因。不断涌现的新科技和新产品，使得一些传统产业在市场竞争中失去竞争力，出现衰退现象。

(2)资源原因。如由于资源枯竭引发的资源密集型产业的衰退。

(3)需求发生变化。随着经济发展和人均收入水平的提高，某些产业会因产品需求弹性趋于下降而出现衰退。

(4)效率原因。在长期经济发展过程中,各种投入要素由于成本上升率不同而产生差异,当某种投入要素的成本上升率远远高于其他投入要素时,该要素投入比重较大的产业,会因为成本上升、利润下降而出现衰退。

(5)国际竞争原因。由于国际分工格局的变化,某种在一国原先有比较优势的产业会因竞争优势渐失而被转移到其他国家,则会使本国原来具有比较优势的产业趋于衰退。

(6)体制原因。由于部分国家不完善的市场体系和不健全的市场机制以及落后的企业制度造成过度竞争,导致某些产业出现过早衰退现象。

对衰退产业采取调整和援助政策的目的是帮助和促进衰退产业有秩序地收缩,帮助衰退产业的资源顺利地流向其他产业,实现资源的优化配置。调整、援助衰退产业政策主要体现在两个方面:一是消除妨碍生产要素退出衰退产业的措施;二是对有关衰退产业进行援助的措施。

(二)衰退产业调整的政策措施

(1)从清除妨碍资本退出障碍方面入手,主要可以采取以下措施:一是通过行政命令形式,强制规定衰退产业设备报废时间和报废数量,加速固定资产折旧;二是通过法律法规形式规定某些产业内的企业减产或停止生产,加快资本转移速度;三是通过经济手段如提供转产贷款、减免税和发放转产补贴等办法,促进衰退产业的资本转移。

(2)从消除妨碍就业者退出障碍方面入手,主要可以采取以下措施:一是向就业者提供就业信息,包括就业指导、职工介绍等;二是组织职工转产培训和技能训练,提高职工素质和技能;三是对录用衰退企业失业人员的企业发放补贴。

(三)衰退产业的援助措施

对衰退产业提供援助,目的并不是维持衰退产业的生存,而是帮助衰退产业渐进、有序地收缩和转移,从而减轻衰退产业退出过程中的摩擦和矛盾。对衰退产业提供援助措施目前主要从减轻对资本要素转移和减轻劳动力要素转移两方面着手:

(1)从减轻对资本要素转移的矛盾入手,可以采取以下主要措施:一是通过政府订货、价格补贴等方式延缓衰退产业生产量和利润的急剧下降;二是通过提高关税或设置非关税壁垒方式来限制进口,为衰退产业的退出调整提供相应的时间缓冲;三是对衰退产业中尚具竞争力的生产项目和生产能力通过提供生产补贴方式来进行保护和援助,并积极鼓励其他生产项目和生产能力及时向其他产业转移。

(2)从减轻对劳动力要素转移的矛盾入手,可以采取以下主要措施:一是维持衰退产业工人的工资补贴和有关的补助;二是对衰退产业工人的失业救济以及就业保险金进行递延。

第四节　产业布局政策

一、产业布局政策的含义和主要类型

(一)产业布局政策的含义

产业布局主要研究产业资源在空间维度上的配置,以及这种配置对经济增长和社会福

利的影响。

产业布局理论主要是基于集聚效益。当一个地区具有高密度的生产要素时，例如大城市，对于一个企业来说，这里存在着大量、集中的需求，丰富的人力资源和大量的商业机会，即存在着外部经济；对于个人来说，则存在着丰富的就业机会，较高的收入水平，接受较高教育的机会和生活上的便利。这种一定规模的产业集中所带来的好处称为集聚效益。

为了取得这种集聚效益，促进经济增长和社会福利的提高，需要政府制定规划和干预产业空间分布的政策。因此，产业布局政策就是政府为实现产业空间分布和组合合理化而制定的政策。这里的产业布局合理化，是指地区分工协作的合理化、区域资源配置和利用的合理化。作为产业政策体系一个重要组成部分的产业布局政策，同时还是区域政策体系中的重要组成部分之一，它侧重于建立和完善地区间产业分工关系，是促进国民经济发展和解决区域问题的有效措施，也是实现资源合理配置、产业合理布局的重要途径。

（二）产业布局政策的主要类型

产业布局政策主要包括两个方面内容，即区域发展重点选择和产业集中发展战略制定。

(1)区域发展重点选择。区域发展重点选择主要通过制定国家产业布局战略，规定战略期内重点支持发展的区域；以国家直接投资方式，支持当地相关产业的发展；通过某些差别性的区域经济政策，使重点发展区域的投资环境显示出一定的相对优势，从而引导更多的资源或生产要素投入到该区域。

(2)产业集中发展政策。在产业集中发展方面，主要是通过政府直接规划，建立有关产业园、开发区等产业布局手段来实现的。

二、产业布局政策的目标与内容

（一）效率目标与公平目标

产业布局政策目标往往多种多样，具有不同的层次和等级。从总体上来说，其基本目标就是实现产业的合理布局，主要涉及效率目标和公平目标。效率目标要求用可能获得的各种资源取得最大的经济效果，即追求整个国民经济较高的增长速度和良好的宏观效益；公平目标要求用可能获得的各种资源取得最大的社会公平效果，即不断缩小区域间的经济水平和收入水平的差别。效率有利于社会财富的日益增长，公平或平等有利于社会稳定和长治久安。从长远来看，效率目标和公平目标是统一的。因为一个国家没有效率，就不可能积累足够的资金，用以支持落后地区的开发；而没有落后地区的开发，发达地区发展所需要的市场、原料与燃料来源也难以保证，且不利于社会的长治久安。然而，在一定意义上，效率和公平又是相互消长的，更大的效率是以牺牲更多的平等为代价的，更多的平等所增加的好处是以牺牲更大的效率为代价的。那么，产业布局政策应当怎样处理效率和公平的关系呢？世界各国的经验表明，应当依据以下几个条件来合理制定不同时期的产业布局政策。

(1)依据经济发展所处的不同阶段。区域发展的不平衡程度与经济发展阶段之间存在一个倒“U”字形相关规律。也就是说，在经济发展的初期阶段，区域间的差异呈扩大趋势；到经济发展的中期阶段，差距趋于稳定；到经济发展的后期阶段，差距则趋于缩小。因此，在经济不发达阶段，产业布局政策应该选择经济效率为主要目标；在经济发达阶段，则应选择社会公平为主要目标。

(2)视区域经济发展不平衡状况而定。倘若一个国家区域间经济发展差距太大,已构成经济进一步发展的障碍,甚至有触发经济、社会、政治危机的可能,产业布局政策应选择社会公平为主要目标;反之则应把效率目标放在重要地位。

(3)社会资金积累能力和政府可能用于开发的财力。公平目标的实现在很大程度上取决于政府可运用的财力、物力。如中国改革开放的最初几年,生产力水平较低,国家财力有限,效率无疑应放在优先地位。但同时应当注意,一方面这种非均衡的增长必须是公正的,是促进总体或宏观经济效率的,而不应是以局部利益如相对发达区域的利益为导向的;另一方面这种非均衡的增长必须维持在有利于或者不至于危及民族团结、社会安定、国家长治久安的限度内。

(二)国家产业布局政策目标与地方产业布局政策目标

国家产业布局政策是指国家为实现国家产业布局的目标而制定的各种政策总和,在具体制定产业布局政策时,国家的产业布局政策和地方的产业布局政策所要解决的问题往往各有侧重。它有如下主要任务:

(1)制定和实施全国产业布局战略规划。

(2)划分经济地带和经济区,选择重点建设地区,妥善安排不同时期重点建设地区的转移和衔接。

(3)确定各产业部门在全国的总体布局与轮廓方向。

(4)确定国家级工业带、工业园的发展方向等。

国家产业布局政策目标是中央政府调节区域经济指导思想的集中体现。而地方产业布局政策则是地方政府为实现地区产业布局目标而制定的各种政策总和,它要实现如下主要任务:

(1)以全国经济发展的总目标和全国产业布局战略为指导,根据本地区的条件和特点,制定和实施本地区的产业布局战略和规划。

(2)选择本地区内的优势区位和重点开发区。

(3)对本地区的重要产业进行规划布局。

(4)确定本地区内部不同规模、不同类型的经济基地的布局等。地方产业布局政策主要是以地方行政区的权益为基本出发点,它服从于中央政府的产业布局政策,但又把这些政策融合于行政区划之内,并带有明显的区域性和创造性特点。

(三)产业布局政策的主要内容

从总体上来看,产业布局政策主要包括五个方面的内容:

(1)制定合理有效的地区产业政策。地区产业政策应当服从于全国产业总体布局的总体要求,按照统筹规划、因地制宜、发挥优势、分工合作、协调发展的原则,正确处理全国经济发展与地区经济发展的关系,正确处理建立区域经济与发挥各省、区、市积极性的关系,正确处理地区与地区之间的关系。各地区要选择适合本地条件的发展重点和优势产业,避免地区间产业结构趋同化,促进各地经济在更高的起点上向前发展。

(2)合理划分产业布局的决策权限。全国宏观产业布局和各大经济区域的产业布局由中央政府统一规划和组织,会同地方政府有关部门具体实施;各省、市、区域内的产业布局由各地方政府分别规划、组织实施。

(3)正确选择地区主导产业。各地区对主导产业的选择和优势产业的配置，应充分考虑资源的丰裕度、市场容量、技术成熟性、经济规模以及产业关联性等因素。在配置主导产业的同时，积极发展专业化协作和配套产业。围绕主导产业和其配套产业的发展，重视加强基础产业和基础设施的建设，尤其是农业、能源、原材料、交通运输业和邮电通信业的发展，保证地区各产业的协调发展。

(4)鼓励发展地区间的横向联合，推进资源优化配置。采取优惠政策鼓励地区经济的横向联合，对于资源优化配置具有十分重要的作用。要特别鼓励军工与民用企业的联合，沿海发达地区企业与内地不发达地区企业的联合，农村工业与城市工业的联合，贫困地区与富裕地区的联合。

(5)地区产业布局政策与全国产业结构政策相结合，实现产业政策区域化，区域政策产业化。

三、产业布局政策手段

产业布局政策手段是指政策制定者能够用来直接或间接影响政策目标实现的某些特殊宏观经济手段、行政命令甚至法律措施，它是实现产业布局政策目标的保证。

(一)经济手段

经济手段是世界各国普遍运用的最重要手段。在我国，政府通常也运用如下经济手段来调整产业布局：

(1)制定产业布局战略和规划。即在对各个区域经济发展的环境和条件进行全面分析的基础上，制定产业布局战略和规划，用以指导全国的产业布局。

(2)区域性差别财政政策和贸易政策手段。即通过利用价格、税收、利率等杠杆间接调节区域产业布局，如对不同地区实行不同的财政补贴、税收优惠，对不同地区生产用的进口品规定不同的关税配额限制等。

(3)劳动力、资本重新分配政策。如劳动力迁移政策、国家直接投资分配政策等。

(4)区域差别性对外开放政策，以及各种支持性政策(如资金援助、技术援助和政策优惠)和限制性政策(如大城市限制一些高能耗、高水耗、高污染工业的发展政策等)。

(二)行政手段

行政手段主要以政府的行政命令、行政文件、行政会议的方式体现。如中央政府以行政命令的方式制止某一产业在各地区的重复建设，以行政文件的方式提出各地产业布局的设想，以行政会议的方式解决产业布局变动中出现的不合理问题等。

(三)法律手段

法律手段以法规条例的形式对区域产业的布局做出硬性规定。一般而言，在实践中运用成熟了的经济和行政手段可规范成为法律手段。

第五节　产业技术政策

一、产业技术政策的含义和必要性

(一)产业技术政策的含义

推动产业发展的决定性因素是科技进步发展,而产业技术政策就是政府为了促进产业发展,从科学技术角度出发采取的一系列政策措施。在实践中,技术的进步一方面能够节约资源,如资本和劳动力等,而且还能将这种节约资源在被节约的生产要素的产业间重新配置,只要这种重新配置的要素资源达到一定程度,必然就会加速某些产业的发展,从而带来产业结构的变动,促进经济增长。另一方面当有重大的技术进步或技术革命出现时,就有可能不仅节约了已有产品生产的生产要素,而且还有可能产生新的产品供给或投入品供给,通常这也意味着新兴的产业部门诞生。产业技术进步的这一特性使得产业技术政策通常被寓于产业结构政策和产业组织政策之中,但同时产业技术政策又成为一种不可或缺的产业政策。

(二)制定产业技术政策的必要性

(1)促进技术进步是政府本身的职能要求。由于技术、知识具有公共产品的属性,政府作为公共物品的主要提供者,因此政府有责任积极参与经济发展过程中的技术进步活动,保证和促进这种公共产品的供给。

(2)单纯依靠市场机制配置资源难以满足技术进步的需要。在技术发展历程中,技术开发成本与技术进步的收益之间存在非对称性,由于个人开发技术成本较高,导致个人收益往往低于社会收益,这必然降低私人技术开发投资的积极性;另外,技术开发还存在较大的不确定性,具有商业和技术双重风险,而且通常难以通过加价等方式转移,使得一些生产者宁愿观望等待,而不愿自己投资开发,特别是技术开发过程往往具有连续性,一般不可分割,必须具有相当的投入规模,因此一般中小企业难以承担。所以,为促进技术进步及发展,政府有必要对相关资源分配进行干预,以及必要的成本投入。

(3)基础科学技术的研究只能通过国家的长期投入和组织。基础科学技术的研究开发是技术进步的前提,而基础科学技术研究往往开发周期长、投资大、见效慢,基本上不可能为投资者带来直接经济效益,因此,私人企业不可能从事科技进步的基础研究,因而只有通过政府出面组织和投入资金。

(4)为了迅速增强本国的技术力量也需要政府强力干预。本国技术的取得以及领先地位维护的重要途径就是鼓励技术创新、支持技术研究开发;而引进、消化、吸收、改进国外先进技术是降低采用先进技术成本,加快本国技术进步的捷径。这些都需要政府制定相应的技术政策,采取相应的政策措施。在当今知识经济时代,产业技术开发的重要性日益突出,因此需要政府的强力介入,主要表现在:

①产业技术开发风险越来越高,规模越来越大,所需的投资额度空前增加,其投资风险

单个企业无法独立承担。因此，从技术开发成本和技术开发风险角度看，国家对技术开发的管理和投入显得尤为重要。

②当今世界技术领域中，国家间的竞争日趋激烈，广大发展中国家的产业技术与发达国家之间的差距呈扩大趋势，如果政府不采取相应积极的产业政策措施，那么本国在国际产业技术竞争中将处于不利地位，特别是发展中国家，与发达国家的产业技术差距将越来越大，更难以赶上世界知识经济发展的步伐。所以这些都要求政府通过正确产业技术政策制定与实施来推动本国技术进步。

二、产业技术政策的内容和手段

(一)产业技术政策的主要内容

产业技术政策主要由以下六个方面内容组成：

(1)技术发展规划。它是政府根据经济和社会发展对科学技术进步的总体要求，对将来一段时期技术进步发展作出总体预测，确定技术发展的目标和方向，列出重点发展的技术领域，并制定具体实施步骤和时间安排。

(2)技术开发政策。技术开发政策主要是指依靠本国自己的科技力量，进行新技术开发和新工艺的研究及推广工作。技术开发政策通常由技术开发的鼓励、保护政策，如鼓励新技术的发明与创造政策；促进新技术传播与扩散政策；基础研究、应用研究和发展研究的协调政策；促进高新技术开发政策；提高新技术、新工艺、新产品普及率的政策等组成。

(3)技术结构政策。产业技术结构政策的重点是协调各种技术类型和技术层次之间的相互联系和数量比例，实现技术结构优化。从技术类型角度看，有节约劳动消耗的技术、提高劳动生产率的技术、节约原材料和能源的技术、提高设备性能和效率的技术、废旧物资再利用技术和防治污染的技术、提高科学管理水平的技术等。从技术层次角度看，有尖端技术、先进技术、中间技术、初级技术等。合理的产业技术结构政策，应综合考虑一定时期内本国的具体国情、资源状况和技术发展规律等因素。一般来说，应根据劳动者数量和质量状况综合考虑是采用先进技术为主，还是以中间技术为主；根据资源状况、资金水平确定是以提高劳动生产率的技术为主导，还是以节约原材料、能源和防治污染的技术为主导。

(4)技术改造政策。技术改造政策通常由技术改造总体计划制定、重大技改项目确定与审查以及技改资金的筹集、使用与管理等组成。

(5)技术引进政策。技术引进政策重点是加强政府在技术引进方面的宏观指导，运用税收、外汇等优惠政策鼓励和支持多种方式的技术引进，以及通过经济、法规和必要的行政干预等手段，鼓励关键技术引进，做好引进技术的消化吸收工作。

(6)人力资源开发政策。作为产业技术政策重要组成部分的人力资源开发政策，近年来受到越来越多国家的高度重视，把教育看作一个产业，把人力看作资本，把人才看作产出；通过增加教育投资，重视职业培训，推行终身教育；通过聘请专家、外派留学人员以及引进国外智力；优化高、中、初级人才结构，形成有层次的人才布局，调动各层次人才的积极性。

(二)产业技术政策的手段

产业技术政策主要靠什么手段来加以实施呢？通常可分为直接手段和间接手段两大

类。直接手段是指政府依据有关产业技术进步的各种法规所实施的行政干预。直接手段形式包括政府对引进技术实行鼓励和管制，对产业技术开发和应用推广进行直接投资，主持或参与重点技术攻关、特定产业技术开发项目等。间接手段主要是指政府对产业技术的发展前景、战略目标、项目重点等提供方向性指导。间接手段主要有完善企业技术进步内在机制，鼓励建立企业内部技术开发体系，设立技术开发基金，健全和发展企业外部技术市场，重视技术设备的更新改造；对产业技术开发提供补助金、委托费、税制优惠和融资支持等，重点是发挥市场对技术进步的促进作用。

本章小结

1.产业政策是国家(政府)为了实现一定的经济和社会目标对产业活动进行干预而制定的各种政策的总称。产业政策体系主要由产业结构政策、产业组织政策、产业布局政策和产业技术政策组成。产业政策的理论依据主要有“市场失灵”理论、后发优势理论、结构转换理论、规模经济理论、技术开发理论等。

2.产业组织政策是指政府为了达到一定的市场标准，而制定和采用的调整市场结构、规范市场行为的产业政策，其核心是对垄断造成的社会福利损失和规模经济带来的社会福利增加的权衡。

3.产业结构政策是指政府依据本国的产业结构演变趋势，为推进产业结构优化升级而制定的产业政策。产业结构政策的实质在于通过推动产业结构逐步演进，实现经济增长和资源配置效率的改善。主导产业是指那些发展速度很快，在产业结构系统中起引导带动作用，对国民经济增长贡献大的产业。战略产业是指能够在未来成为主导产业或支柱产业的新兴产业。幼稚产业是工业后发国家新建立起来的，相对于工业先行国家成熟的同行产业而言的产业。以上三产业统称为成长型产业。要推行产业成长的主要政策、制定产业发展战略和法规、鼓励国内企业引进先进的新技术、在税收方面给予种种优惠、给予金融扶持等。

4.产业布局政策是政府为了实现产业空间分布与组合合理化而制定的政策。产业布局政策的目标主要有经济发展目标、社会稳定目标、生态平衡目标和国家安全目标。

5.产业技术政策是政府为了促进产业的发展，从科学技术角度进行干预，而采取的一系列政策措施。产业技术政策由技术发展规划、技术引进政策、技术开发政策和技术结构政策等组成。

复习思考题

1.什么是产业政策？产业政策的理论依据是什么？

2.产业政策有哪些特性？如何正确评价产业政策的作用？

3.产业政策的实施手段有哪些？

4.如何理解主导产业的选择基准？

5.扶植弱小产业必须遵循的原则是什么？

6.调整衰退产业的原因和措施是什么？

7.产业技术政策主要有哪些类型？产业布局政策的主要类型和手段是什么？

【案例评析】

第二次世界大战后日本产业政策变迁研究

产业政策在第二次世界大战后日本的经济政策体系中居于主导地位，通过产业政策的有效实施，日本成为世界经济史上产业结构调整升级最为成功的国家之一，因此，有必要通过研究产业政策的变迁来考察产业政策在第二次世界大战后日本的产业结构优化升级以及经济高速发展中所起到的作用。

一、日本产业政策的形成与变迁历程

（一）日本产业政策的形成背景

日本在第二次世界大战后初期经济十分困难，重化工业急剧萎缩，经济实力在资本主义国家中处于落后的地位，因而恢复经济，进而实现赶超欧美的既定战略目标，是日本在当时面临的经济发展任务。当时的日本政府和学者认为，单靠市场机制的自发作用来实现赶超欧美的战略目标是很困难的，只有充分发挥政府的作用，通过制定和实施产业政策、调整产业结构，积极培育和发展资本、技术密集型产业，做好能带动整个国民经济发展的产业规划，才能实现经济恢复、促进经济迅速发展、实现赶超欧美的战略目标。在这样的背景下，日本政府采取了以政府干预产业结构调整为核心内容，以保护幼稚产业、推进主导产业、援助衰退产业为主线，包括产业结构政策、产业组织政策和产业布局政策等在内的产业政策，各类产业政策之间相互联系、相互交叉，形成一个有机的政策体系。日本的产业政策具体包括产业结构政策、产业组织政策、产业扶持政策、产业保护政策、产业布局政策、产业技术政策、能源政策、流通政策、中小企业政策等。

（二）日本产业政策的制定

日本产业政策的制定机构是通商产业省的产业结构审议会，其成员构成包括官、产、学三方面，由政府部门、产业界和学术界的代表组成。产业政策在制定的过程中通过官、产、学相结合的方式，采取了自下而上的决策方式，广泛征求各方面意见，集思广益，以期实现兼顾各方利益的最优决策。日本产业政策以特定部门为对象，以促进特定产业的发展为主要目标，在实施过程中，综合利用了经济计划、经济立法、补助金、税收优惠、政策性金融等手段。

（三）日本产业政策的变迁历程

日本的产业政策根据不同经济发展阶段的具体需要及国际经济形势的变化来制定、调整，第二次世界大战后日本实施的产业政策可分为以下四个阶段：

1.经济恢复时期（1945—1955年）的产业政策

1945至1955年是战后日本经济的恢复时期，这一时期产业政策主要体现为战后初期开始实施的以“倾斜生产方式”为核心的产业复兴政策，即20世纪50年代初实施的“产业合理化政策”。战后初期，日本政府通过原材料配给、进口物资配给、税收、信贷等优惠措施和手段，推行“倾斜生产方式”，选择了煤炭、钢铁、电力等原材料和基础产业作为经济复兴的突破口，通过集中有限资源投入到这些原材料和基础产业，促进这些产业的迅速恢复和发展并带动其他产业的发展。从20世纪50年代初开始，日本政府又制定了“产业合理化政

策”，以钢铁、煤炭、电力、造船和化肥等产业为重点，提高技术，改造设备，降低成本，大力刺激民间企业对现代化设备的投资，使工业劳动生产率大幅提高。日本在这一时期，一方面为振兴特定产业而采取保护政策，包括限制进口、限制外国的直接投资，使国内企业免受同外国企业激烈竞争的压力；另一方面，通过产业组织政策，加速企业规模的大型化和集团化，以便实现规模经济效益，增强国际竞争力。从1953年开始，日本政府对石油、化学、机械工业等产业，制订了相应的“扶植计划”，选择一些在技术上、经营管理上都有较大潜力的优秀企业进行重点扶植，由日本开发银行提供长期特别优惠贷款并对引进的机械设备优先提供外汇配额、免除进口税、准许采用特别折旧制度。在产业政策顺利实施的推动下，以及在其他有利条件的共同影响下，日本经济迅速恢复，到1955年，工矿业生产比二战前增加了87%，实际国民生产总值、实际个人消费支出已超过了战前的最高水平，钢铁、化纤、水泥、汽车等重要工业产品的产量实现了大幅增长。

2. 高速增长时期(1956—1973年)的产业政策

从20世纪50年代中期开始日本经济进入高速增长时期，日本政府在这一时期充分运用战后新科技革命的成果，确立并实施了重化工业化战略和出口导向的贸易立国战略，同时采取有效产业政策推动本国产业结构优化升级，工业生产大幅度跃升，年均增长率在10%以上，一跃成为世界制造业强国和经济大国。高速增长时期的产业政策主要面向新兴和成长型产业、支柱产业和“出口先导”产业，重点扶植的产业包括石油化工、机械、电子、汽车工业等。这一时期实施产业政策的具体做法是：通过日本开发银行等金融机构对重化工业等重点扶植的产业提供特别贷款以给予长期资金支持；对重点扶植的产业实行特别折旧制度；鼓励引进外国先进技术，对重点产业技术设备进口实行免税支持；促进规模经济的实现和生产集中，允许成立“合理卡特尔”等。这一时期的产业政策主要通过法律性手段、行政指导性手段、财政金融政策等政策手段来实施。高速增长时期产业政策的实施促进了重化工业的迅速发展和日本产业结构的高度化，到20世纪70年代初，日本的造船、机械、电器和汽车等加工组装型工业已具有很强的国际竞争力。

3. 低速增长时期(1974—1985年)的产业政策

在1973年石油危机的打击下，日本经济从高速增长进入了低速增长时期。低速增长时期的日本，虽然经济发展速度下降，但与英、美等其他发达资本主义国家相比，仍然保持着较高的经济增长率，日本在1973到1980年之间的平均年增长率达4.2%。在20世纪70年代发生石油危机以及重化工业迅速发展造成的环境污染等公害问题越来越严重的背景下，日本对其产业政策进行了调整：着力发展节能和高加工度化的产业，将产业重点从钢铁、水泥、石化等能源消耗大且污染严重的基础材料型产业向汽车、电子等加工组装型产业转型，把产业结构由重化工业型的产业结构转换为知识密集型工业为主导的产业结构，政府开始将更多的注意力转向知识密集型产业的发展，实施促进知识密集型产业发展的产业政策，提出要不断提高知识密集型商品在出口总额中的比重，促进出口商品结构的知识密集化。日本政府在1975年的《产业结构的长期展望》中突出强调了加强尖端技术开发的政策，20世纪70年代末进一步加强了对集成电路、电子计算机、飞机工业等产业的扶持。进入20世纪80年代后，在技术立国战略的确立和实施过程中，日本政府又通过产业政策引导企业重点发展以电子产业为中心的高新技术产业，积极支持集成电路、生物技术、计算机技术等高新技术的开发应用，促进产业结构由重化工业化向知识密集型转变。通过产业政策的适时转型推动了产业结构的升级和出口商品结构的优化，日本高附加值工业制成品占出口商品结构的比例大大增加。到20世纪80年代中期，日本生产的高精密机械、半导体、机器人等高附加值工业制成品已占据了相当大的世界市场份额。

4. 经济结构调整时期(1985年以后)的产业政策

日本经济进入20世纪80年代中期以后仍保持了稳定较快增长，在主要发达资本主义国家中"一枝独秀"。与此同时，日本与欧美的技术差距不断缩小，整体经济实力仅次于美国，赶超型战略目标任务已经完成。从1985年开始，日本经济进入新的产业结构升级转换时期，随着"技术立国"战略的实施，产业政策的重点开始从"引进性知识密集型产业"转向"创造性知识密集型产业"，即"以高技术、未来产业基础技术和公益等技术为科技发展的重点，通过培养和应用创造性、开拓性技术尖子和基础研究人才来提高基础研究的比重，最终走向自主开发创造性技术的'技术立国'战略"。1985年，日本科学技术会议通过了《科学技术大纲》，具体确立了科技发展的总政策。此后，日本不断加大对研究与开发的投入。进入20世纪90年代以来，"泡沫经济"崩溃造成的经济长期低迷使日本的产业政策受到严峻挑战。面对这一形势，日本继续加大对科技的投入力度，积极通过发展"创造性知识密集型产业"来推动产业结构升级。1992年，新的《日本科学技术政策大纲》由日本内阁会议通过，该大纲明确提出了日本面向21世纪的10年科学技术基本政策，并决定把当时一年为2万亿日元的科学技术预算再增加1倍，显示了日本发展科学技术的决心。1995年，日本政府制定《科学技术基本法》，提出："为了开拓光明的未来，必须开发有独创性的尖端技术，并以此创立新产业。"1997年，日本提出《变革经济结构与创造的行动计划》，为信息通信、海洋开发、生物技术、新的制造技术、环境保护、新能源等领域中高技术的产业化做出详细的规划。尽管20世纪90年代以后的日本经济在"泡沫经济"崩溃的打击下陷入长期萧条，但是通过实施技术立国战略、推动产业结构优化升级，日本作为世界经济强国的地位依然没有动摇。

二、对战后日本经济发展过程中实施的产业政策的评价

战后日本的产业政策，是根据国际经济形势及国内经济发展阶段的实际出发，针对市场机制运行存在的缺陷，通过选择和确立各个不同时期的战略性主导产业部门以及对资源的有选择重点配置，来推动各时期主导产业的迅速发展，充分发挥其对相关产业的"前向联系"和"后向联系"效应，以此来拉动相关产业的发展，推动产业结构优化升级并带动整个国民经济迅速发展。战后初期，纺织、化纤等劳动密集型轻工业是日本工业的主要部门，而事关国民经济发展后劲的重化工业则很落后。对此，日本政府利用产业政策把有限的生产要素对重化工业倾斜配置，利用产业组织政策促进企业重组与合并，这不仅扩大了企业规模、保证了重化工业规模经济效应的实现，而且增强了重化工业的国际竞争力，推动了重化工业的快速发展和产业结构的升级。从20世纪80年代初开始，产业政策积极配合技术立国战略，以发展知识、技术密集型产业为重点，推动产业结构向技术密集型转换，在推动产业结构升级、出口商品结构升级和经济继续发展方面起到了重要作用。但是，由于产业政策本质上是政府对经济的干预，产业政策突出强调了政府在产业结构调整优化、产业布局、保护幼稚产业、推进主导产业中的重要作用，因而政府被赋予分配有限的资源、选择重点产业和企业来扶植等很多权利。因此，产业政策在实施过程中也出现了一些问题。此外，由于产业政策突出强调了政府的作用，并且，突出强调政府作用的产业政策推动了战后日本经济的高速增长，因而使得一种"政府万能"的思想在战后日本逐渐产生，这种"政府万能"的

思想使得日本官员、企业家对政府的作用过度迷信，从而使得政府在制定战略和政策时发生失误给国家带来很大损失。综上所述，尽管战后日本政府的产业政策在实施过程中出现了一些问题，但就推动战后日本产业结构优化升级、经济高速发展、实现赶超欧美的战略目标而言，战后日本政府的产业政策无疑发挥了关键作用。

——来源于：徐铁.战后日本产业政策变迁研究.湖北经济学院学报(人文社会科学版)，2009(09).

案例分析题：

1.日本各个不同时期产业政策调整的重点是什么？

2.如何正确评价日本产业政策及对我国的启示？

主要参考文献

1. 刘树林. 产业经济学. 北京：清华大学出版社，2012.
2. 刘家顺. 产业经济学. 北京：中国社会科学出版社，2006.
3. 李悦. 产业经济学. 大连：东北财经大学出版社，2008.
4. 蔡秀云. 产业经济学. 北京：经济日报出版社，2007.
5. 惠宁. 产业经济学. 北京：高等教育出版社，2012.
6. 苏东水. 产业经济学. 北京：高等教育出版社，2011.
7. 简新华，杨艳琳. 产业经济学（第二版）. 武汉：武汉大学出版社，2009.